国学经典｜典藏版

周 易

崔波　注译

中州古籍出版社
·郑州·

图书在版编目(CIP)数据

周易 / 崔波注译. — 郑州：中州古籍出版社，2016. 11 (2024. 7 重印)
(国学经典典藏版)
ISBN 978-7-5348-6685-2

Ⅰ. ①周… Ⅱ. ①崔… Ⅲ. ①《周易》—注释 ②《周易》—译文 Ⅳ. ① B221

中国版本图书馆 CIP 数据核字（2016）第 288172 号

ZHOUYI
周易

责任编辑	刘　晓
责任校对	温向苏
装帧设计	曾晶晶

出 版 社	中州古籍出版社（地址：郑州市郑东新区祥盛街27号6层 邮编：450016　电话：0371-65788693）
发行单位	河南省新华书店发行集团有限公司
承印单位	郑州印之星印务有限公司
开　　本	640 mm × 960 mm　1/16
印　　张	28.25
字　　数	345 千字
印　　数	8 001—10 000 册
版　　次	2016 年 11 月第 1 版
印　　次	2024 年 7 月第 4 次印刷
定　　价	58.00 元

本书如有印装质量问题，请联系出版社调换。

前　言

　　《周易》是中国最早最重要的典籍之一，在中华文化史上占有极重要的地位，儒家尊之为"群经之首"，道家崇之为"三玄之一"。此书产生的历史，充满美妙的神话传说，向来令人神往。其探赜索隐、玄思宇宙的深奥哲学和象数图式，在世界文化史上也是独树一帜的，令古今中外不少思想家、政治家、科学家、术数家为之倾倒。《周易》蕴涵着多方面的文化价值，在中华文化史上占有特殊的历史地位，受到普遍推崇。思想家们看重其大化"流行"，阴阳"对待"，日新"生生"的哲学理论，蕴涵着中华民族的智慧，称之为"辩证的宇宙代数学"；政治家们推崇其"崇德广业"的政治开拓意识，"居安思危"的时代忧患意识，"顺天应人"的社会改新意识，视之为打开宇宙迷宫之门的金钥匙。易学中的河图、洛书、太极图以及卦气、纳甲、爻辰诸说，为古代术数之学提供了思想基础和象数推演程式，发挥了沟通精英文化和神秘文化的桥梁作用。

　　三千多年来，《周易》和易学的精深义理和奇妙象数，在中华文化史上，一脉相承，不断发展。历代易学著述，数以千计，形成浩瀚的易文化思想海洋，令人望洋兴叹。具有广泛实用性的易学思想，渗透到传统文化的方方面面，它同文学、史学、哲学、中医、数学，以及术数之学，有着千丝万缕的联系。它对定于一尊的儒家思想固然有深刻的影响，在道家、法家以及道教、佛教思想中，也打下了或浅或深的烙印。也就是说，数千年来，从帝王将相到平民百姓，从鸿儒博生到江湖术士，从世外高人到凡夫俗子，一直对《周易》抱有浓厚而广泛的兴趣。无论是国家治乱兴衰，还是个人生死得失，人们总企望从《易》中找到合理的解释，企望借《易》以趋吉避凶。《周易》为什么能有如此强大、永恒而普遍的魅力呢？

要回答这个问题，我们从以下几方面略作阐述。

一、 八卦的产生

《周易》古经由筮和卦两大部分构成。据《左传》僖公四年有"筮短龟长"一语，知筮先于卦产生。卦又分为八卦和六十四卦，八卦在先，然后重为六十四卦。八卦产生的下限，不会晚于夏代，因为《周礼·春官·大卜》明言《连山》已具备八卦、六十四卦，而《连山》一般认为是夏代《易》书。那么八卦产生的上限呢？《系辞传》有包牺氏仰观俯察始画八卦之说。其实此说值得怀疑。北宋欧阳修作《易童子问》曾提出疑问，但是未能深究。直到今日相信此说的仍大有人在。据著名史学家、易学家金景芳先生考证，《系辞传》中关于包牺氏画八卦及河出图、洛出书的话是后人窜入的，非孔子之旧文，不可信据。

八卦不可能是包牺氏所画，它的产生不会早于唐尧时代。这从天概念的变化可以得到证明。远古中国人对天的认识曾经有过一次革命性的变革。完成这一变革的显著标志就是八卦的产生。八卦这八个符号有着深刻的世界观意义。根据《说卦传》的解释，八卦反映的完全是一个真实可信的物质世界。天与地，与雷风水火山泽等实物并提，这里的天具有健的性质，显然是自然之天。这就是说，朴素唯物论的天概念，是八卦产生的前提。什么时候有了确切的自然之天的天概念，什么时候就有了产生八卦的可能性。

包牺氏时代原始宗教意识弥漫，人们心目中的天是神的世界，八卦的产生无从谈起。由神主宰之天向自然之天转化，是在尧时完成的。尧时阴阳历产生了，取代了已经落后的火历。以前人们心目中的天除了那个大火以外便是神，而现代太阳及其永恒无差忒的运转成了天的实质性内容。对太阳的认识和理解是形成自然之天的天概念的关键一步。后世人早已明确地指明了这一点。《礼记·郊特牲》所说"大报天而主日"和《汉书·魏相传》所说"天地变化必由阴阳，阴阳之分以日为纪"的说法，就是极好的证明。

唐尧时代正式产生了以日月为主体的阴阳历，《尚书·尧典》"乃命羲和，钦若昊天，历象日月星辰"的记载，其意义不可低估。历是推算，象是观象。星与辰是一事，即后来逐渐认识的经星二十八宿。经星二十八宿相当于布满天空的坐标，用以显示日月的行踪，发现它们在某些恒星星座上有规律地定期交会，一个广阔的天体世界由此在人们面前展开了。这个新世界的界限虽然不知道，它在大地之上大地之外却是清楚的。于是天概念的内涵和外延同时发生变化，内涵由大火和神转向日月星辰，外延则延伸到广大的天体。于是"昊天"这一显赫的名称被发明出来。昊天是以日月星辰为主体的自然之天。有了这样的天概念，才可能产生阴阳的概念，产生乾健坤顺的概念，从而才可能画出八卦来。

如果把筮的问题不计，那么不会早于唐尧时代产生的八卦便可视作《周易》哲学的起点。孔子思想的源头也正在这里。孔子编次《尚书》"独载尧以来"，黄帝百家语一概不取。《中庸》记"仲尼祖述尧舜，宪章文武，上律天时，下袭水土"，尧舜以前亦一概不取。孔子为什么这样，仅仅用孔子治史取舍谨慎作解，恐显不够，还应考虑到人们对天体自然的理性认识开始形成于唐尧时代这个事实。孔子继承并发扬的正是唐尧时代产生、反映在《周易》八卦中的朴素唯物论的思想。

八卦和六十四卦的卦象由阴(--)、阳(—)两个符号依不同次序组合。八卦指：乾(☰)、坤(☷)、坎(☵)、离(☲)、震(☳)、巽(☴)、艮(☶)、兑(☱)，代表天、地、水、火、雷、风、山、泽八种物质性的东西，远古之人认为这是构成宇宙万物的八种基本物质要素；六十四卦，每卦六爻，分别由两经卦组成。六十四卦有一定的先后次序，卦序中包含有深刻哲理，其中否泰、剥复、损益、鼎革、既济未济等卦，从卦名即可看出其有着对立统一的关系。每卦六爻，又组成一套独立的系统结构，内部存在着贞悔、三才、比应、承乘、互体、旁通等关系。

二、《易经》和《易传》

《周易》分《易经》和《易传》两部分。《易经》大约于殷周之际编纂而成，由六十四卦、三百八十四爻的符号系统和卦辞、爻辞的文字系统组成。其卦爻符号系统是在长期的原始卜筮中逐渐把数与形整齐化、有序化、抽象化的结果，具有稳定性和规范性。其文字表意系统将筮占记录的素材整理改造，系附于卦爻之下，赋予卦爻符号以丰富的内容和广泛的信息。《易经》继承了原始的巫术文化传统，反映了殷周之际宗教思想的变革，将当时以德配天的天命神学观念和卜筮相结合，构成一个以天人整体观为理论基础的巫术操作体系，使其迷信成分有所减少，理性成分有所增加，扬弃了原始筮占那种单纯根据蓍草排列以定吉凶的低层次思维模式，在蓍与卦的外壳下蕴藏一定的哲学思想。《易经》还反映了殷周之际人们的精神风貌，以及当时所具备的历史、科学、政治、伦理等知识。它体现了先民以卜问形式、卦爻结构解释客观事物变易规律的企图和寻找宇宙因果联系的努力。

《易传》是指《彖》上下、《象》上下、《文言》、《系辞》上下、《说卦》、《序卦》、《杂卦》共十篇，亦称"十翼"，是对《易经》的解释性著作。它使《易经》从巫术转变为哲学，从迷信转变为学术。它以《易经》框架结构为表现形式，提出了一个包括天道、地道和人道在内的、关于自然和社会普遍规律的哲学思想体系。尤其需要一提的是，关于《易传》的作者问题一直众说不一，在此欲述浅见。我比较赞赏金景芳先生和吕绍纲先生对此问题的看法，那就是《易传》应是孔子所作，《传》和《经》是一个整体，不能割裂开来对待。《周易》的经文部分是在很长时间里经过多人之手逐渐形成的。这一结论已得到大家的共识。卦爻辞作于殷周之际，由于《系辞传》有明确的交代，也可以肯定无疑。后世人明言卦、爻辞文王作或文王、周公分别作，也不能说毫无道理。总之，经文的作者问题不是很大。传文的作者究竟是谁是个大问题。《史记》、《汉书》并言孔子作。北宋欧阳修提出质疑，以为不是孔子作。其理由是《周易》传文文字繁衍丛脞，内容自相乖戾，不似圣人手笔。他的见解一半可贵，一半可议。《周易》传文确实存在他提出的问题，前人没有人敢触及，他第一个提出，极为可贵。但他的思维方法仍未摆脱传统的束缚，即既云圣人孔子作，便不可以有懈可击。他更忽略了先秦古书是写在简策上，辗转抄袭，错简、讹误、窜入后人语在所难免的事实。他还不曾注意到先秦古书之所谓作与后世有所不同。说孔子作，但谓主要部分出于其手，思想属于他，不必字字句句都由他一人写定。事实上，《周易》传文的构成，相当复杂，有些是孔子采纳的前人旧说。如《文言传》"元者善之长也"那一段文字，《左传》襄公二年妇人穆姜讲过，显然不是孔子的发明。《系辞传》"大衍之数五十"一章记载古代的筮法，绝对是孔子以前的成说。有些是孔子弟子记录的孔子语，如《文言传》题"子曰"的那些文字。有些则是后世人转抄时窜入的，除上文言及包牺氏画八卦说以外，《系辞传》"河出图，洛出书，圣人则之"一段，极令人生疑。欧阳修《易童子问》分析得很深刻。谓既言圣人仰观俯察作八卦，又说天赐图书，圣人据以作八卦，岂不自相矛盾！今日看来最合理的解释是，包牺氏作八卦和河图、洛书两说乃后世人窜入的东西，非《周易》传文原物。

《周易》传文除前人旧说，后人窜入，弟子记录孔子语外，其余大部分应是出于孔子手笔：《序卦传》、《象传》、《彖传》、《系辞传》、《文言传》中的大部分，属于这种情况；《说卦传》关于八卦取象的部分则是前人旧说。总之，《史记》、《汉书》谓《易传》孔子作，不误。《史记》是信史。司马迁的父亲司马谈受《易》于杨何，杨何是孔子《易》学的九传弟子，汉初传《易》的大家田何的再传弟子，武帝朝的《易》博士。司马谈的《易》学渊源有自，由来不虚，由他传授给司马迁之孔子作《易传》的旧说，焉有不实之理。况且《史记》的记载与《论语》如出一辙。《孔子世家》说："孔子晚而喜《易》，序《彖》、《系》、《象》、《说卦》、《文言》。"读《易》韦编三绝。曰："假我数年，若是，我于《易》则彬彬矣。"《述而》说："加我数年，五十以学《易》，可以无大过矣。"《论语》只是未将孔子作《易传》的事情明说出来，而《史记》则说得明确无疑。帛书《易传》之《要》篇有孔子"后世之士，疑丘者或以《易》乎"一语，与《孟子·滕文公下》所记孔子说"知我者其唯《春秋》乎，罪我者其唯《春秋》乎"，语意相似。《春秋》是他作的，所以担心后世乱臣贼子咒骂他。这里又说后世之士会因《易经》而怀疑他，岂不等于暗示《易传》是他作的。倘若他未在《周易》书中留下文字痕迹，后世人根据什么怀疑他？

《易传》的思想体系与孔子思想吻合，是《易传》为孔子所作的最有力的证据。《周易》是一部哲学书，卜筮是它的形式。研《易》是研究它的义理，但对象数也应有所认识。《易传》对《易经》这一基本看法和态度与孔子一致。再一点，孔子本人极重时变，孔子自称"我则异于是，无可无不可"（《论语·微子》），《中庸》也记孔子强调时中，孟子则称孔子是"圣之时者"（《孟子·万章下》）。《易传》

最贵时,《彖传》、《系辞传》把时视作卦爻的本质,它总是告诫人们如何通过观卦把握时变。

《易传》把《易经》作为哲学著作研究,特别看重《易经》哲学的时变,证明它的作者是孔子。除了孔子以外,在春秋晚期以至整个战国时代也找不到另外一个或几个有可能写出《易传》这样作品的思想家,因而《易传》的思想只有安在孔子头上最合适。

此外,《易传》继承和发展了取象说、取义说,提出包括当位、应位、中位、趋时、承乘、消长、卦变等多种形式的爻位说,以此解释卦爻辞的吉凶休咎,第一次将《周易》内容逻辑化、系统化。《易传》将"阴阳"看作是表述自然界普遍联系的基本范畴,阴阳不仅是两种气,而且是事物的属性,以阴阳阐释卦爻象及事物的根本性质,说明任何事物都具有两重性。提出"一阴一阳之谓道"的命题,认为天地万物到人类均存在着相吸引或相排斥的关系,对立的事物又具有统一性。一切事物的复杂性("天下之至赜")和变动性("天下之至动"),都受阴阳对立统一规律的制约。

与《老子》不同,《易传》强调刚健的作用,提出一套以"自强不息"为特点的辩证法思想。《易传》提出的阴阳、太极、两仪、道、器、神、几、言、意、象等哲学范畴,对后世哲学发展具有深刻影响。

三、 学易门径

《周易》是一部从古以来不容易学的经籍,所以很多人视学易为畏途。在这里对如何学《易》,略述浅见,供有兴趣学习《易经》者参考。

易学著作比比皆是,先从哪里下手,免得劳而无功,走上弯路?首先就是要了解易学书目,而目录学是治学入门的第一步,现介绍三部书:程启椹《历代易学存目》及《现存易学书目》,沈竹礽《自得斋目睹国朝易学书目韵编》。其次是初学入门书，孙振声《易经入门》（原名《白话易经》）、南怀瑾和徐芹庭合编《周易今注今译》，以上两种港台书，国内重印多，容易购到。此外刘大钧《周易概论》、徐志锐《周易大传新注》也应一读。再进一步的话，金景芳、吕绍纲《周易全解》，黄寿祺、张善文的《周易译注》，唐明邦的《周易评注》亦是不错的版本。再次是易学基本书，通行的有两部：唐·孔颖达《周易正义》和宋·朱熹《周易本义》，这两部书是封建社会唐、宋、明、清的国定本，内容丰富，影响深远，学《易》是不能忽视的，二书有重刊影印本。最后是读法，先通读《周易》的"经"和"传"，然后重点反复多读《易传》，即采取古人所说"读书百遍，其义自见"之理，再回过来读《易》之上、下经，如此打好基础，然后选择与个人兴趣所近的易学论文或专著来开阔视野，这样可以算是进入了易学之门，入门之后，登堂入室那就看个人修行如何了。

如果进一步深入学习《易经》，则清修《四库全书》给我们提供了便利的条件。《四库全书》国内有影印本刊行。上海古籍出版社已将《四库全书》所收《易经》陆续刊出。《四库全书总目》有二百卷之多，经部内首先是"易类"六卷，及易类存目四卷，共十卷。总目对《四库全书》所收历代《易》学著作作了简明提要，其中包括书的作者、卷数、内容提要以及四库书编者对该书的评介，有非常重要的参考价值，此书有影印本，容易在图书馆寻到。近年来有一些高等学校图书馆已经购进了《四库全书》的电子版，使用起来更加方便了。

至于学习《周易》，还要从另一方面下工夫，即《周易》中有的部分需要下工夫背诵，能熟练地记住。《周易》是世界上唯一的符号经，而易之符号与文字是交织在一起的。有人称《易》是诡异之书，西方人认为《易》是东方之谜，就是因此而产生的，符号只有经过背诵才能记住。欲读《周易》，必须先了解它结构的特点，它是由阴爻阳爻符号组成八卦和六十四卦符号，全部六十四卦卦象组成了《易经》一书的符号部分，此外就是它的文字部分。六十四卦卦象由两部分组成，下面的三爻称为内卦，上面的三爻称为外卦。首先要记住八个卦象的名称，仅看、读是不行的，必须要记住。朱熹《周易本义》载的《八卦取象歌》，时至今日仍对学易入门有帮助："乾三连，坤六断，震仰盂，艮覆碗，离中虚，坎中满，兑上缺，巽下断。"这首歌诀，形象地把卦名和卦象的名称连成了一体，是学易入门的一助。

六十四个卦象有六十四个不相同的名称，记住六十四个卦名，在背诵方面当然是很吃力的。这个困难可靠朱熹《周易本义》所载的《上下经卦名次序歌》，它可以使人们较容易地记诵六十四卦卦名和排列的先后顺序。卦名次序歌如下：

乾坤屯蒙需讼师，比小畜兮履泰否。
同人大有谦豫随，蛊临观兮噬嗑贲。
剥复无妄大畜颐，大过坎离三十备。
咸恒遁兮及大壮，晋与明夷家人睽。
蹇解损益夬姤萃，升困井革鼎震继。
艮渐归妹丰旅巽，兑涣节兮中孚至。
小过既济兼未济，是为下经三十四。

《上下经卦名次序歌》将六十四中加上几个虚字如兮、与、兼、及、三十备；另加上最后一句，编成一歌是学易入门的又一助。

学易入门，还要熟习卦画，很多人把学易看作畏途，主要的阻力就在于不知卦画，不知卦画，就误认为卦画太不容易知道，实际上只要下工夫背诵，就能解决这项入门的阻力，这就需要再背诵《分宫卦象次序》，用些时间背诵熟习则卦画难知即可解决了。《分宫卦象次序》如下：

乾宫八卦

乾为天、天风姤、天山遁、天地否、风地观、山地剥、火地晋、火天大有。

坎宫八卦

坎为水、水泽节、水雷屯、水火既济、泽火革、雷火丰、地火明夷、地水师。

艮宫八卦

艮为山、山火贲、山天大畜、山泽损、火泽睽、天泽履、风泽中孚、风山渐。

震宫八卦

震为雷、雷地豫、雷水解、雷风恒、地风升、水风井、泽风大过、泽雷随。

巽宫八卦

巽为风、风天小畜、风火家人、风雷益、天雷无妄、火雷噬嗑、山雷颐、山风蛊。

离宫八卦

离为火、火山旅、火风鼎、火水未济、山水蒙、风水涣、天水讼、天火同人。

坤宫八卦

坤为地、地雷复、地泽临、地天泰、雷天大壮、泽天夬、水天需、水地比。

兑宫八卦

兑为泽、泽水困、泽地萃、泽山咸、水山蹇、地山谦、雷山小过、雷泽归妹。

为了方便起见，八宫卦还可以这样记：

乾姤遁否观，剥加晋<u>大有</u>。

坎节屯<u>既济</u>，革丰<u>明夷</u>师。

艮贲<u>大畜</u>损，睽履<u>中孚</u>渐。

震豫解恒升，井加大过随。

巽小畜家人，益（无）妄噬（嗑）颐蛊。

离旅鼎未济，蒙涣讼同人。

坤复临加泰，大壮夬需比。

兑困萃咸蹇，谦小过归妹。

历代数术家多用《分宫卦象次序》及八宫卦歌诀。传说这出自《火珠林》，是汉代京房易学之法，虽然此对学习易经的关系不甚重大，但用它作熟习卦画入门之用，是最便当的。学习熟了卦画以后，读《易》之上、下经时，就可免去九六之数混淆不清之病。爻有十二个异名，即初九、九二、九三、九四、九五、上九，初六、六二、六三、六四、六五、上六，全都可得而理，而每卦之爻是九是六全不用强记了，并可免去九六之数混淆不清的难处。

卦画上遇到的阻力消除后，最好熟读经文，熟读不是背诵，应当读起来上口，念起来口顺后再求了解经文之意。如果对经文不熟习，就去泛览研究《周易》前贤论著，将得不到什么益处，反而茫然失望，这就是《左传》所说的"多方以误之"。所以先不宜博览诸家，应先读朱熹的《周易本义》，孔颖达的《周易正义》，程颐的《伊川易传》，这三本书是《周易》义理派的代表经籍。以后如欲学象数易，则先读唐·李鼎祚的《周易集解》，这部书收集了许多汉人解"易"的资料。为保存象数之学，他把唐时能见到的汉朝易学家著作收集整理，著成此书，给清朝及后代研究汉代易学留下了宝贵资料，以上的四种书可用作入门后的阶梯。

儒家经籍中，能有助于学习《周易》的，当首推《中庸》，这本书最能发明易义，可以作学易之一助。道家中最有助于学习《易》的有《老子》、《庄子》。读者有兴趣将《易》与《老子》对比而读，自会加强认识。

《周易》研究的前景是广阔的，全世界已有上百个"易学"组织,我国"易学"也受到重视,并得到蓬勃发展。只要坚持学习,持之以恒,不在困难面前丧失信心,总会取得进步和收获的。

四、 关于本书的体例

《周易》这部典籍,古老悠久,又采取占筮书的形式,因而难免给研读者带来了一些困难。为了给读者提供一点帮助,笔者参阅了金景芳、吕绍纲的《周易全解》、唐明邦主编的《周易评注》及薛贻康的《〈周易〉今注今译》等相关的体例方式,不揣浅陋,加以解说。失误之处,敬请专家和读者指正。

关于本书的体例,在此略作阐述。《易经》和《易传》,由于撰写时代不同,当然起初是分开的:这种《经》在前,《传》在后,截然分开的体例,是《周易》的本来面目;《传》是解《经》的,《传》的某些部分,从总体解释《经》,单独成篇放在最后,自然无妨。《传》的有些部分,是对应地解释《经》中语句的,如《彖传》、《大象》是逐条对应地解释卦名、卦辞的。《小象》是逐条对应地解释爻辞的。这些篇章集中地放在后面,要想检索出来就比较困难。因此,从东汉时郑玄和三国时王弼,就将《彖传》、《象传》分居各卦,将《文言传》分属《乾》、《坤》卦。现在的不少《周易》注本是这种体例。如唐·李鼎祚的《周易集解》,宋·张载的《横渠易说》、程颐的《伊川易传》,当代黄寿祺和张善文的《周易译注》,金景芳和吕绍纲的《周易全解》即如此。这种体例亦有不足之处,即除《乾》卦以外的六十三卦,均将《小象》的语句逐条插入诸卦各条爻辞之后,便则便矣,但将爻辞切割零散,使其支离破碎,难以观其全貌。宋朝时朱熹等人有鉴于此,又将《经》和《传》分离。朱熹《周易本义》、元·吴澄《易纂言》、清·惠栋《周易述》等,都是这种体例。以上这两种体例都存在着缺陷,为便当起见,重新作如下安排,即将从《坤》卦到《未济》卦的六十三卦,按乾卦之例编排。

将《彖传》、《象传》分属各卦时，把《彖传》、《大象》移放在六条爻辞之后，把原插入每卦爻辞后的六条《小象》条目集中于《大象》之后。这样就既能使该卦的六条爻辞聚集在一起，使人一目了然；又能使《经》、《传》明显地划分开来。《小象》就近在每卦之后，并注明所属爻位，亦便于检索。另外，该书从相关典籍中采集了河图、洛书、甲骨、易图等图像，丰富易学知识，开拓阅读的视野和思路。

本人虽然在《周易》领域也是不断耕耘，孜孜以求，但在短时间内，注释、解说它，若不是参阅大量时贤的论著，要想写成，那是不可想象的。在此对参阅过其资料的时贤们深表谢忱！这里尤其要感谢我的老师，武汉大学的唐明邦先生、萧汉明先生，正是他们多年来的关怀和指导，使我在易学领域才有信心坚持下来；我的博士指导老师，郑州大学的王蕴智先生也给予我多方的帮助，我铭记心怀。同时，要感谢中州古籍出版社的郭孟良先生、卢海山先生，没有他们的鞭策、督促和尽心帮助，此书也是不可能完成的。当然，由于本人才疏学浅，书中错讹遗漏之处在所难免，希望能得到读者提出的批评意见！

崔　波

2005 年 3 月

目 录

周易上经

乾卦第一 ……………… 3	豫卦第十六 ……………… 93
坤卦第二 ……………… 19	随卦第十七 ……………… 98
屯卦第三 ……………… 29	蛊卦第十八 ……………… 103
蒙卦第四 ……………… 35	临卦第十九 ……………… 108
需卦第五 ……………… 41	观卦第二十 ……………… 113
讼卦第六 ……………… 46	噬嗑卦第二十一 ………… 118
师卦第七 ……………… 51	贲卦第二十二 …………… 123
比卦第八 ……………… 56	剥卦第二十三 …………… 128
小畜卦第九 …………… 61	复卦第二十四 …………… 132
履卦第十 ……………… 66	无妄卦第二十五 ………… 137
泰卦第十一 …………… 70	大畜卦第二十六 ………… 141
否卦第十二 …………… 75	颐卦第二十七 …………… 145
同人卦第十三 ………… 80	大过卦第二十八 ………… 150
大有卦第十四 ………… 85	坎卦第二十九 …………… 154
谦卦第十五 …………… 89	离卦第三十 ……………… 159

周易下经

咸卦第三十一	167	井卦第四十八	251
恒卦第三十二	173	革卦第四十九	256
遁卦第三十三	177	鼎卦第五十	261
大壮卦第三十四	181	震卦第五十一	266
晋卦第三十五	186	艮卦第五十二	271
明夷卦第三十六	191	渐卦第五十三	276
家人卦第三十七	196	归妹卦第五十四	281
睽卦第三十八	200	丰卦第五十五	286
蹇卦第三十九	206	旅卦第五十六	291
解卦第四十	211	巽卦第五十七	296
损卦第四十一	216	兑卦第五十八	300
益卦第四十二	221	涣卦第五十九	304
夬卦第四十三	226	节卦第六十	308
姤卦第四十四	231	中孚卦第六十一	313
萃卦第四十五	236	小过卦第六十二	318
升卦第四十六	241	既济卦第六十三	323
困卦第四十七	245	未济卦第六十四	328

系辞传

系辞上传	335	系辞下传	368

说卦传　　399

序卦传

经上	414	经下	418

杂卦传　　425

主要参考文献　　429

周易上经

乾卦第一

①乾为天（乾下乾上②）

乾③：元亨，利贞④。

初九⑤：潜龙勿用⑥。

九二：见龙在田⑦，利见大人⑧。

九三：君子终日乾乾⑨，夕惕若厉⑩，无咎⑪。

九四：或跃在渊⑫，无咎。

九五：飞龙在天，利见大人。

上九：亢龙有悔⑬。

用九⑭：见群龙无首，吉⑮。

[注释]

①䷀：卦形符号。孔颖达《周易正义》说："卦者，挂也。言悬物象以示于人，故谓之卦。"即悬挂物象让人看，卦是古代占筮用的原始的表意符号。它的两个基本符号表示阴、阳，"—"表示阳，叫阳爻（yáo）。"- -"表示阴，叫阴爻。由三爻组成的卦有八个，通称为八卦。八卦的卦名和卦形是：乾☰、坤☷、震☳、巽☴、坎☵、离☲、艮☶、兑☱。《周礼》称之为经卦，又称单卦。由六爻组成的卦，亦即八卦两两相叠组成的卦有六十四个，通称为六十四卦。《周礼》称之为别卦，又称重卦。六十四卦亦有各自的卦名和卦形。如䷀即是乾卦的卦画。

②乾下乾上：是对六十四卦中乾卦卦形符号的文字描述。说明它是由八卦

中的两个乾卦符号即两个☰组成的。这里所说的上下，是指该别卦的经卦符号的位置。以下别卦符号的文字说明准此。

③乾：卦名。汉帛《易》作"键"。乾象征天，为健。下一卦坤象征地。天地是万物的本源。天广大无垠，神秘莫测，引起人们对天的崇拜、效法、探索和改造。《周易》的作者高瞻远瞩，把象天、地的乾卦、坤卦放在群卦之首，表现了深邃的眼光。乾坤象天地，天地在万物之先，所以，把乾坤放在六十四卦之首。乾作卦名，以象天的刚健。

④元亨，利贞：乾卦卦辞。元，就是开始；亨，就是发展，意即顺利通达；利，适合、适宜；贞，占问。利贞，占问之事有利。古人有把元亨利贞讲为春夏秋冬四季的，也有把其讲为仁义礼智的，等等。在此不尽其详。

⑤初九：每一卦第一爻皆称为"初"。六十四卦凡阳爻称"九"，阴爻称"六"。初九，也称爻题（爻名），表明爻位和爻性。一卦六爻，是由下向上排列的，象征事物由低向高、由微而著的发展过程。一卦六爻自下而上凡阳爻为"初九"、"九二"、"九三"、"九四"、"九五"、"上九"；阴爻为"初六"、"六二"、"六三"、"六四"、"六五"、"上六"。例如：

```
         —上九         —上六         —上九
         —九五         —六五         —六五
     乾  —九四    坤   —六四    蒙   —六四
         —九三         —六三         —六三
         —九二         —六二         —九二
         —初九         —初六         —初六
```

⑥潜龙勿用：潜伏之龙，不可轻举妄动。潜，潜伏，"初九"一阳在下，故谓"潜"。龙为中国古代最受崇拜的吉祥物。勿用，无所施行，无所作为。乾之初九，犹如龙在潜伏之中，不能动也不宜动。

⑦见龙在田：龙出现在地上。见，读作现（xiàn），出现、呈现。

⑧大人：一般有两种含义：一是指有道德有作为的人；二是指有道德并居于高位的人。此处指第一义。

⑨乾乾：戒慎恐惧，勤奋不懈。

⑩夕惕若厉：晚上警惕着，如同有危险一样。惕，警惕。厉，危。

⑪无咎：无害。咎，灾害。

⑫或跃在渊：指龙在渊中欲跃而未跃之势。"或"是不定之词。渊是深水，是龙安居的地方。

⑬亢龙有悔：龙飞得过高则要产生悔恨。亢，过甚，极度。悔，悔恨。

⑭用九：帛《易》作"迥九"。迥，通也。这是说乾卦六爻皆九也。另，由于乾卦六爻皆九，坤卦六爻皆六，不能满足占筮时两卦六爻全变时对比的需要，故乾、坤两卦各增加一条爻辞即乾卦增加用九的爻辞，坤卦增加用六的爻辞。用九、用六两条爻辞没有相应的爻位，所以又称有象无位之爻。

⑮见群龙无首，吉：六爻都变了，但还是龙。六爻都是龙，所以无首。见，同现。呈现群龙，而无首领，是吉利的。

[译文]

乾卦，乾下乾上。象征天道伟大、崇高、阳刚、健美。是宇宙万物的开始，并统率宇宙万物。是生命的元气，构成万物的要素，云行雨施，使万物具有各自的形体，生生不息，亨通无阻。天的伟大和光明贯彻始终。同时，它也说明了为君之道，要保持大和谐。

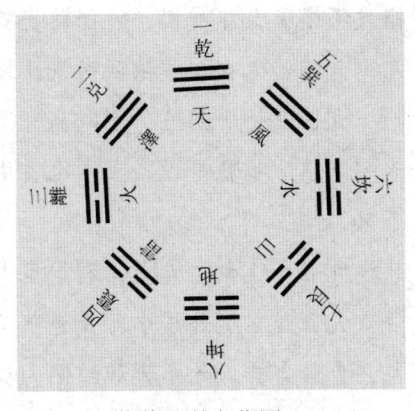

伏羲八卦方位图

乾卦：开始就通达而占问是有利的。

乾卦卦意显示，乾为空。虽然形势正在好转，但是事实的情势却未能配合。对事既不可操之过急，也不宜就此退缩，应经常不懈地努力，终会取得成功。

初九：处于潜伏时期，应当隐忍待机，不可行动，不能有所作为。

初九是乾卦的第一爻，虽然是阳爻，但位置在最下方，亦即阳气刚在地下发生，还不能对外活动的时刻，所以用"潜龙"象征。

九二：阳气已经显现，伟大人物出现了，应主动去接近。

九二是乾卦的第二爻，在下卦的中央位置，因而"得中"，处于有利的地位。"二"属于阴，在阴的位置出现阳爻，通常认为是不正；但在乾、坤两卦，并不发生正与不正的问题。另外，与"五"的阳爻相对的，"二"位应当是阴爻，才能相应，但在乾卦，虽然是阳爻，仍然可以与"五"位相应。

九三：君子白天勤奋不懈，到了夜晚还戒慎恐惧，如同面对危险，这样做就无灾害。

九三爻阳爻阳位，因而阳刚得正。但已到下卦的最高位置，过分刚正，反而会有危险。有德行的君子，本性刚健正直，如果终日奋发不懈，又能戒惧，将能防止灾祸。

九四：龙在渊中欲跃而未跃之势。无害。

九四爻处于阴位，刚刚离开下卦，升到上卦的最下方，仍然缺乏安定感。也就是说，正在准备中，进退行动的意向，还没有决定下来。

九五：飞龙在天上，利于见大人。

九五爻在上卦居中，又是阳爻阳位得正，所以，是最理想的地位，也最吉祥。到了大展鸿图的极盛时期，上级更应接近下属，下属应拥戴上级。在成就事业之时，君子就应为实现自己的最终目的而发挥出最高能量。

上九：龙腾飞到极高处，终将有所悔恨。

上九爻是乾卦最高最末的一爻，已经达到极点，没有再高的位置，因而物极必反，位置虽高，反而不如九五爻。

用九：呈现一群龙，却没有首领，是吉利的。

一群龙，仔细观察，不论多么刚健勇猛，却没有逞强好胜、领先变化的现象，当然就会大吉大利了。

《彖①》曰：大哉乾元②，万物资始，乃统天③。云行雨施，品物流形④，大明⑤终始，六位时成⑥，时乘六龙以御天⑦。乾道⑧变化，各正性命⑨，保合大和⑩，乃利贞。首出庶物⑪，万国咸宁。

[注释]

①彖（tuàn）：解释论断卦辞的话，称为《彖传》，又称《彖辞传》。

②乾元："天"的元始之德，亦即"天"的元气。

③统天：统，统领；天，犹言大自然。以上的"大哉乾元，万物资始，乃统天"释的是乾卦卦辞"元"字。

④品物流形：品物，即各类事物；流形，在流动中成形，在成形中见流动。"云行雨施，品物流形"，乃释卦辞"亨"字。这是指万物因雨水的滋润而不断变化发展，壮大成形。

⑤大明：即太阳，因属天上最光明之物，故称"大明"。

⑥六位时成：六位，指乾卦六爻之位；时成，指时而有成。六爻相继，时而有成，这是对"利"的解释。

⑦时乘六龙以御天：凭因不同时机分别运用飞、潜等六龙以驾驭天道。时，因时；乘，为驾，引申为运用；六龙，乾卦之飞、潜、跃等六龙；御，为驾驭。

⑧乾道：犹言天道，即大自然的运行规律。

⑨各正性命：指万物各以其类。

⑩保合大和：保持四时风调雨顺寒暑适宜的自然景象。保，保持；合，犹成；大和，亦写作太和，为四时之气极其调谐。

⑪首出庶物：乾阳生出万物。首，乾阳；出，生出；庶物，众物、万物。

[译文]

《彖传》说：伟大啊，天的元气。万物赖以开始生长，乃统率着大自然。云朵飘行，霖雨降落，万物受滋润而不断变化发展，壮大成形。太阳周而复始地运转着，乾卦六位以时而形成。如同乘着六条巨龙驾驭天道。天道的运行变化，使宇宙万物各有其禀赋和生命，保持着极度的和谐，乃因守正而得利。乾阳生出万物，并使天下万方都和美顺昌。

天道生生不息，统领万物，施云布雨；赋万物以形体，随着时间完成其潜伏、显现、成长、跃动、飞腾、满盈等六种变化，就像乘着六条巨龙驾驭天道，自由奔驰，保持大和谐。宇宙变化是永不停息的，在其变化中往往不断地显示着变化的内涵和周期。当顺应周期变化之时，就能利于正道，就可与宇宙和自然保持着和谐。只有和谐，才有平衡，才有美满，才有幸运，才有吉祥。为了和谐、促进和谐、保持和谐，就是为了顺应天道，与自然保持统一，与社会保持统一。

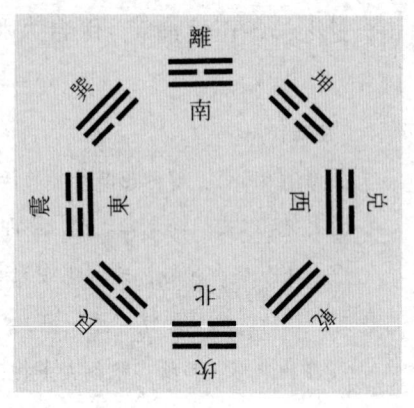

文王八卦方位图

《象①》曰：天行健②，君子以自强不息③。"潜龙勿用"，阳在下④也。"见龙在田"，德施普⑤也。"终日乾乾"，反复道⑥也。"或跃在渊"，进无咎也。"飞龙在天"，大人造⑦也。"亢龙有悔"，盈不可久也。"用九"，天德不可为首⑧也。

[注释]

①象：形象，象征。卦形和卦辞、爻辞所显示的该卦、该爻的象征意义。象称《象传》。随上经、下经分为上下两篇，解释各卦卦象和各爻爻象。解释六十四卦的叫"大象"，解释三百八十六条爻辞的（包括乾卦的用九和坤卦的用六两爻），叫"小象"。

②天行健：释乾卦卦象。说明天体运行，刚健有力，周而复始，永无止息。

③自强不息：终生自勉前进，无一时一刻止息。自强，自我勉力，全无

外物胁迫；不息，没有止息。

④阳在下：初九阳气初生而居下。

⑤德施普：九二阳气已由地下升到地上，指圣人已出世，天下人必然普遍受到他的影响。

⑥反复道：反反复复而合乎正道。反复，重复践履之意。道，合理的行为。

⑦造：作为。

⑧天德不可为首：指阳刚之德不可为首领。

[译文]

《象传》说：天道刚健，运行无忒，君子要效法天道，终生自勉前进，不停地发愤图强。

[初九]"潜龙勿用"，因阳气初生故而居位低下，并要隐居不出。

[九二]"见龙在田"，是以德行感化，普施于万物，使民间广受惠泽。

[九三]"终日乾乾"，反反复复均合于正道。

[九四]"或跃在渊"，已经做好准备，进退有据，即使勇往直前，也不会有过失和灾难。

[九五]"飞龙在天"，具有才德之人居于高位，应奋起大展雄才。

[上九]"亢龙有悔"，因盈难以持久，满则招损。

"用九"，循环发展，遵循天的德性，顺其自然而变通，不可逞强好胜，只有刚柔兼备，才能安全吉祥。

《文言》①曰：元者，善之长②也；亨者，嘉之会③也；利者，义之和④也；贞者，事之干⑤也。君子体仁⑥足以长人，嘉会足以合礼，利物足以合义，贞固⑦足以干事。君子行此四德，故曰"乾：元，亨，利，贞"。

[注释]

①《文言》：《易传》的一部分，是对《易经》乾坤两卦的文饰之言。因

乾坤两卦在六十四卦中最为重要，如同门户，故特加阐说。这些对乾坤两卦进一步地推衍解说，已与卦辞、爻辞的原义，多少有些出入。很明显，这是专以人事的德行修养来阐扬，用儒家的理论解释《易》。《文言》分前后两节，前节解说乾卦，称《乾文言》；后节解说坤卦，称《坤文言》。

②善之长：众善之首。
③嘉之会：美之荟萃。
④义之和：义，宜也。犹如阴阳调和得宜。
⑤事之干：干，树木的主干，犹言主体。
⑥体仁：就是实行仁，以仁为体。
⑦贞固：坚持正道足以成事。贞，正；固，坚固。

[译文]

《文言传》说：元始，是众善之首；亨通，是美的荟萃；有利，能使一切事物各得其宜，彼此和谐；正固，纯正而执著，为一切事物的骨干。君子实行仁，以仁为本，足可以做人们的尊长；荟萃众美，足以合乎礼义；能够使万物得到利益，足以使道义达到和谐的状态；能够执著地固守纯正，足以干好各种事情。只有君子才能实践仁、义、礼、正这四种德行，所以说"乾：元，亨，利，贞"。

初九曰"潜龙勿用"，何谓也？子①曰："龙德而隐者②也。不易乎世③，不成乎名。遁世无闷④，不见是而无闷。乐则行之，忧则违之⑤。确乎其不可拔⑥，'潜龙'也。"

九二曰"见龙在田，利见大人"，何谓也？子曰："龙德而正中者⑦也。庸⑧言之信，庸行之谨，闲邪存其诚⑨，善世而不伐，德博而化⑩。《易》曰：'见龙在田，利见大人。'君德⑪也。"

九三曰"君子终日乾乾，夕惕若厉，无咎"，何谓也？子曰："君子进德修业⑫。忠信所以进德也，修辞立其诚⑬，所以居业也。知至至之⑭，可与几⑮也。知终终之⑯，可与存义⑰也。是故居上位而不骄，在下位而不忧，故乾乾因其时而惕，虽危无咎矣。"

九四曰"或跃在渊，无咎"，何谓也？子曰："上下无常，非为邪⑱也。进退无恒，非离群也。君子进德修业，欲及时也，故无咎。"

九五曰"飞龙在天，利见大人"，何谓也？子曰："同声相应，同气相求⑲。水流湿，火就燥，云从龙，风从虎，圣人作而万物睹⑳，本乎天者亲上，本乎地者亲下，则各从其类也。"

上九曰"亢龙有悔"，何谓也？子曰："贵而无位，高而无民㉑，贤人在下位而无辅㉒，是以动而有悔也。"

[注释]

①子：孔子。

②龙德而隐者：以人事释"潜龙勿用"。指有圣人之德但未呈现。龙，代指圣人；龙德，圣人之德；隐，潜隐；者，虚词。

③不易乎世：自己意志坚强，不为社会的影响所改变。易，改变。

④遁世无闷：隐遁于世而能自乐。遁，隐遁。闷，烦闷，不乐。

⑤乐则行之，忧则违之：对某事该不该行动有自己的主张。

⑥确乎其不可拔：遁世守道的心志坚定不可夺。确，坚定、稳定；不可拔，不可夺、不可动摇。

⑦龙德而正中者：有为君之德（未即君位）而所行正当适中。

⑧庸：平常。

⑨闲邪存其诚：人要时常提防邪恶念头的侵袭，保持其诚实的品德。闲邪方可存诚，存诚才能闲邪。闲，防；邪，邪恶之心；诚，信，实。

⑩德博而化：圣人之德博施于世，使人人受其教化。

⑪君德：九二虽未登君位，却有君主的品德。

⑫进德修业：释乾九三"君子终日乾乾"。不断地增进忠信之德，使之日日新，谨慎修行其事业。

⑬修辞立其诚：修省言辞，使之表里如一，以便使诚有所归宿，有所安

顿，亦即诚在言行上有所表现。

⑭知至至之：知道自己处事之极而无过失。知，知道，明了；至，事至；至之，好自为之，即无过失。

⑮几：事态的苗头，吉凶的先兆。

⑯知终终之：知道事将终了而能善其终。也就是说，事情的结果已经明朗，要坚持把它干到底，直到最后完成。

⑰存义：保持适宜。存，保留，保持；义，适宜。

⑱非为邪：与下句"非离群"为互文，指九四的上下进退，是顺利形势，不为不正当。非离群，不为脱离社会群体，即不算卓绝遁世。也就是说，无论上进抑或后退，都不是不正当和脱离社会群体的事。

⑲同声相应，同气相求：事物之间相互感应，相同的声调产生应和，相同的气息产生吸引。

⑳圣人作而万物睹：圣人兴起，天下光明，万物呈现本色，各尽其用。

㉑贵而无位，高而无民：这是对乾上九爻辞"亢龙有悔"的解释。上九爻居上为尊贵，但失正不能守其位；上九爻不及九五爻，身虽高贵，但无隶属之民（高而无阴，即上九爻之下无阴爻相应，无阴即无民）。

㉒贤人在下位而无辅：九三爻在下体得正，但不与上九相应，就像贤人不能辅佐其君，完全是一派高高在上，孤立无援的景象。贤人，贤达之人，指九三爻；辅，辅佐，辅助。

[译文]

初九说"潜龙勿用"，这是什么意思呢？孔子说："这是比喻像龙一样有作为而隐居的人。他意志坚强，不因世俗而改变，也不求成名。避世隐居而无苦闷，主张不被接纳，也不愤愤不平。称心的事就去做，忧虑的事就不做。坚定信念而不动摇，这就是潜龙的德行。"

九二说"见龙在田，利见大人"，这是什么意思呢？孔子说："这是比喻有龙一样品德而实行中正之道的君子。他日常说话恪守信用。日常行为严谨有节，为防止邪念而心存诚实。对世人有贡献却不自夸,以广博的德行感化天下。《易》说'见龙在田,利见大人',即指有德行的贤人。"

九三说"君子终日乾乾,夕惕若厉,无咎",这是什么意思呢?孔子说:"这是指君子要增进美德、营修功业,讲求忠信是为促进道德的进步。修省言辞应以诚信为本,这是为了立业。知道自己处事之极,只能全力以赴,把握时机,知道什么时候当终止,就断然终止,这才能保全事物发展的分寸。因此,这种人居于领导地位而不骄傲,为人下属亦不忧愤。所以,总是自强不息,因应时机,随时警惕慎行,虽然处于危险境地,也不会有过失和灾祸了。"

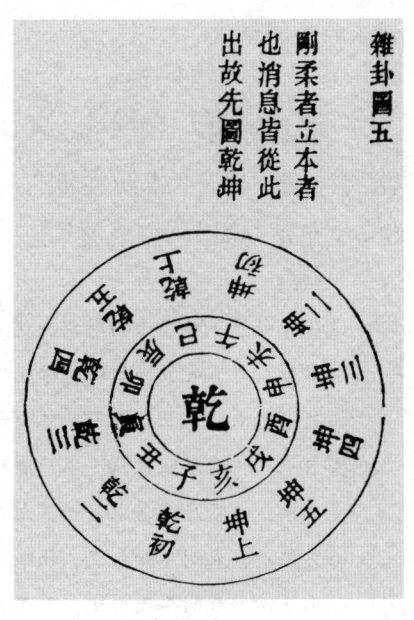

杂卦图五

九四说"或跃在渊,无咎",这是什么意思呢?孔子说:"贤人或在上位,或居下位,并非经常不变,但却不是为了邪僻。或者前进,或者后退,没有一定的规律,但并非脱离群众。如同君子进德修业,就要把握时机,所以不会有过失和灾难。"

九五说"飞龙在天,利见大人",这是什么意思呢?孔子说:"声调相同,产生共鸣;气息相同,相互吸引。水往低湿处流,火向干燥处烧,景云随着龙吟而出,谷风随着虎啸而生。圣人的所作所为,使万物自然而然地感应,真情得以显现。本来受之于天的就附丽天空,本来受之于地的就依附天地。这就是万物各依其类别,相互聚合的自然法则。"

上九说"亢龙有悔",这是什么意思呢?孔子说:"虽然高高在上，但已经失去了九五帝王之位，因而脱离了群众。即使有九三这样贤明的属下，却得不到他们的辅佐，所以，有所行动，必然会招来懊悔的结果。"

"潜龙勿用"，下①也。"见龙在田"，时舍②也。"终日乾乾"，行事③也。"或跃在渊"，自试④也。"飞龙在天"，上治⑤也。"亢龙有悔"，穷之灾⑥也。乾元"用九"，天下治⑦也。

[注释]

①下：处于下位，未为时用。这一章是从人事方面解释乾卦爻辞。

②时舍：舍，安置。表明时势变化，已作如此安排。

③行事：表明九三正勤勉地从事创造事业的活动。

④自试：比喻跃跃欲试，不甘潜隐。

⑤上治：比喻应当居上治世，九五之时出现了最好的政治局面。

⑥穷之灾：表明不知权变，物极必反，自取灾祸。

⑦天下治：表明群英并出，天下大治。

[译文]

〔初九〕"潜龙勿用"，指处于下位，还不能发挥作用。

〔九二〕"见龙在田"，指时机还没有成熟，仍须等待。

〔九三〕"终日乾乾"，指自强不息，勤勉办事。

〔九四〕"或跃在渊"，指自试才干、观察物情，表明正处于自我试练的时期。

〔九五〕"飞龙在天"，指处高位正在施展抱负。

〔上九〕"亢龙有悔"，指不知权变，物极必反，自取灾祸。

乾元"用九"，表明群英并出，天下大治。

"潜龙勿用"，阳气潜藏①。"见龙在田"，天下文明②。"终日乾乾"，与时偕行③。"或跃在渊"，乾道乃革④。"飞龙在天"，乃位乎天德⑤。"亢龙有悔"，与时偕极⑥。乾元"用九"，乃见天则⑦。

[注释]

①阳气潜藏：表明阳气潜藏，难于发挥作用。这一章是从天道来解释乾卦的爻辞。

②天下文明：指阳气上升到地面，所以说"见龙在田"。此时草木萌发，大地文采焕发。

③与时偕行：指阳气侵长，万物将盛，随着天时变化，运转不息。

④乾道乃革：指阳气发展到一个新阶段，万物正临转化。乾道，即天道。

⑤乃位乎天德：指纯阳主事，万物繁茂，旺盛生长，充分体现乾阳功德。天德，乾阳造成万物的功德。

⑥与时偕极：指阳气依时而变，将向尽极，必然转化。

⑦乃见天则：指阳气尽后反阴，阴极反阳。用九的阳爻，显示阳气又生，这符合自然法则。

[译文]

〔初九〕"潜龙勿用"，指阳气仍在潜藏，难以发挥作用。

〔九二〕"见龙在田"，指阳气已上升到地面，天下已见到欣欣向荣的文明气象。

〔九三〕"终日乾乾"，指随时令一同运行。

〔九四〕"或跃在渊"，指天道在此时已开始革新。

〔九五〕"飞龙在天"，指这时已具备了天的德行，正处其位。

〔上九〕"亢龙有悔"，指阳气与时节都达到了极限。

乾元"用九"，指妥善地把握阳刚的变化，就可以实现天道运行的法则了。

"乾，元"①者，始而亨者也。"利贞"者，性情②也。乾始能以美利利天下③，不言所利，大矣哉！大哉乾乎！刚健中正，纯粹精也④。六爻发挥，旁通情也⑤。"时乘六龙"，以御天也。"云行雨施"，天下平也。

君子以成德为行⑥，日可见之行也。"潜"之为言也，隐而未见，行而未成，是以君子"弗用"也。

君子学以聚之，问以辩之⑦，宽以居之，仁以行之⑧。《易》曰"见龙在田，利见大人"，君德也。

九三，重刚而不中⑨，上不在天，下不在田⑩，故"乾乾"因其时而惕，虽危"无咎"矣。

九四，重刚而不中⑪，上不在天，下不在田，中不在人，故"或"⑫之。"或"之者，疑之矣⑬，故"无咎"。

夫"大人"者，与天地合其德，与日月合其明，与四时合其序，与鬼神合其吉凶⑭。先天⑮而天弗违，后天⑯而奉天时⑰。天且弗违，而况于人乎？况于鬼神乎？

"亢"之为言也，知进而不知退，知存而不知亡，知得而不知丧，其唯圣人⑱乎！知进退存亡，而不失其正⑲者，其唯圣人乎！

[注释]

①"乾，元"（当作"乾，元亨"）：谓乾阳使万物始生而畅茂亨通。

②性情：乾阳以其本性约束其情。

③以美利利天下：指乾阳能以和美利他的特性普利天下万物。美利，和美、利物之特性。

④纯粹精也：指六爻均为阳爻，纯阳不杂，粹而无疵，故曰"纯粹精"。

⑤旁通情也：可旁通万物之情理。旁通，广泛会通。

⑥以成德为行：一切行为以完善道德为基准。成德，自我道德完善。

⑦学以聚之，问以辩之：努力学习以积聚知识，质疑问难以辨别是非同异。

⑧宽以居之，仁以行之：以宽厚态度处世，以仁慈之心行事。宽，宽厚待人；居，安居；仁，仁爱；行，践履。

⑨九三，重刚而不中：以乾接乾为重刚，九三爻非处二、五爻之中位为不中。

⑩上不在天,下不在田:六爻之中,五、上为天位,三、四为人位,初、二为地位。乾九三居人位,故上不在天,下不在地(田),易于招祸。

⑪九四,重刚而不中:九四非重刚,重字疑衍。但九四处于上卦之下,亦非得中,所以说不中。

⑫"或":未必然,主意不定。

⑬"或"之者,疑之矣:有惑必须审慎行事。或,疑惑不定。

⑭与鬼神合其吉凶:大人的言行应如阴阳二气有规律地变化,影响着万物的生灭。鬼神,阴阳二气的屈伸变化;合,符合、相同。

⑮先天:先于天象,这里指自然界尚未出现变化时,就预先采取行动。

⑯后天:后于天象,在天时变化之后行动。

⑰奉天时:严格遵循天时变化的规律办事。

⑱圣人:具有高度智慧的人。

⑲不失其正:不违背中正原则。指进退、存亡、得失,随时变通,保持中和,不至过分。

[译文]

乾卦说的"元",表示天使万物创始而得以亨通,无往不利。"利贞",是指乾阳赋予万物以特性和情感。天创始万物,能以和美利他的特性普利天下万物,但又不张扬利他之功,这是多么伟大啊!伟大的天啊!刚健而又中正,纯粹而又精美。六爻的变化无穷,但发挥的作用,却无不与天的本性和真情相互沟通。"时乘六龙",就可掌握万物生、长、成、藏的自然变化了。"云行雨施",带来天下太平。

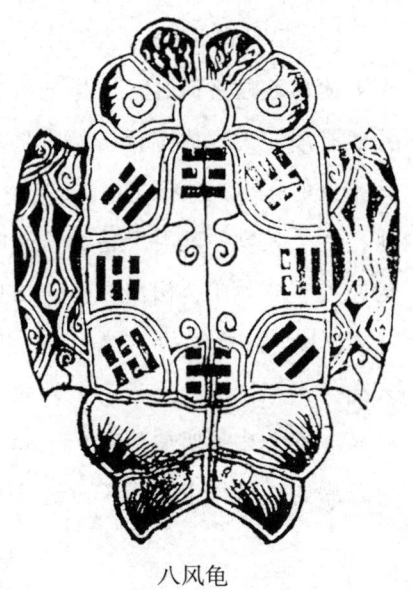

八风龟

君子一切行为以完善道德为基准，并且每天都能见到合于德的行动。〔初九〕所说的"潜"，虽有美德，却隐藏着看不见，行动的时机还不成熟，所以，君子还不能发挥作用。

君子努力学习以积聚知识，质疑问难以辨别是非同异，以宽厚态度处世，以仁慈之心行事。正如《易》〔九二〕所说"见龙在田，利见大人"，这是君子应有的美德。

〔九三〕以乾接乾，过于刚强，又不在九二、九五爻所处的中位。所以说，上不着天，下不落地，是易于招致灾祸的时候。因而，必须自强不息，随时警惕，虽有危险，但也不会发生过失和灾难了。

〔九四〕性刚但不居中位，所以说，上不着天，下不落地，中又即将不属于人，处在不安定的地位，动而有悔，故主意难定。"或"是疑惑不定的意思，仍在迟疑不决，尚未采取行动，所以不会有过失和灾难。

〔九五〕说的"大人"，应有天地的德行，无私地化育万物，大人的功德应当同日月一样光明普照，大人的行为像四时运转一样井然有序，大人的言行应如阴阳二气有规律地变化，影响万物的生灭。他的作为先于天象，但能预见天道规律的变化，天不会背弃他；后于天象，就要严格遵循天时的变化规律行事。天尚且不背弃他，人亦应如此，阴阳屈伸变化也有其规律。

〔上九〕所说的"亢"，是指只知道前进而不知道及时引退，只晓得生存而不知道衰亡，只知道索取而不知道所得终将丧失。大概只有圣人才是明智的吧！深知前进、生存、灭亡的道理，不违背中正原则，保持中和，不至过分，大概只有圣人了！

坤卦第二

坤为地（坤下坤上）

坤①：元亨，利牝马②之贞。君子有攸往③，先迷后得主④，利。西南得朋⑤，东北丧朋⑥。安贞，吉⑦。

初六：履霜，坚冰至⑧。

六二：直方大⑨，不习无不利。

六三：含章可贞⑩。或从王事⑪，无成有终。

六四：括囊，无咎，无誉⑫。

六五：黄裳⑬，元吉。

上六：龙战于野，其血玄黄⑭。

用六：利永贞⑮。

[注释]

①坤：卦名，为地，为顺。卦象坤下坤上，由六阴爻"— —"组成。阴性形体，最大莫过于地。大地是人类的母亲，它包容和滋养万物的特点，使它显现出母亲般的慈爱和女性的柔顺。本卦涉及农业生产、商业活动和战争，较全面地反映了大地上人们的各种活动。

②牝马：雌马。因坤卦六爻皆阴，故称雌马。

③有攸往：有所往，指出访之事。

④先迷后得主：坤领先于乾则迷失，顺从于乾才是正常的。也指（商人）

先迷了路，后来才遇上招待客人的房东。

⑤西南得朋：往西南方可得到同类。朋，朋友或古货币朋贝（十贝为朋）。

⑥东北丧朋：往东北方则要失去同类，是不利的。

⑦安贞，吉：安居于正则吉利，或占问安居、安康之事，吉。

⑧履霜，坚冰至：脚踩着秋霜，预示了结上坚冰的寒冬季节即将来临。履，踩踏；坚冰，厚实坚硬的冰。

⑨直方大：坤六二爻体现了坤德平直、方正、广大的特性。

⑩含章可贞：德含章美可得正通，指坤六三爻以阴居下体之上，是为有章美而未露。含，蕴涵；章，章美；贞，正。

⑪王事：国之大事。

⑫括囊，无咎，无誉：将口袋束扎，虽不会招来灾难，也不会带来美誉。喻人要缄口无言。囊，口袋。

⑬黄裳：穿黄色裙裤即可大吉。周人认为黄色为吉祥之色。裳，一般指下服。

⑭其血玄黄：坤上六仍为阴质，但已有与天地之色相杂、阴阳合聚之势。

⑮利永贞：宜于永远固守正道。

[译文]

坤卦，坤下坤上，它由六个阴爻组成。象征地。坤属于静、柔、顺。它以顺从为主，其性柔弱。象征天地间生息之气始于天，其形生于地。天是所施之本源而地是承载之基。它和乾卦分开来看，各有自己的特点和性质，合起来又是无法分离的整体。三画卦乾的性质是健，六画卦乾的性质则是至健；三画卦坤的性质是顺，六画卦坤的性质是至

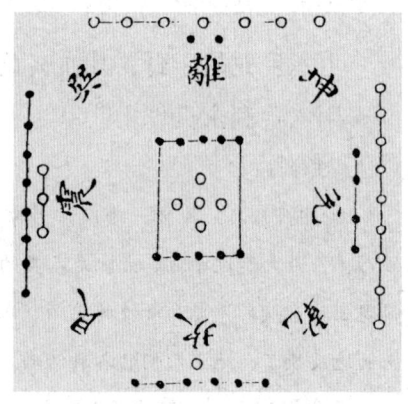

胡方平绘后天八卦合河图

顺。有健才有所谓顺，有顺才有所谓健。健与顺是互为前提，对立统一的。犹如天地、阴阳、男女之两两不可分割一样，所以古人说乾坤是"易之门"，而不单说乾或单说坤。《序卦传》说"有天地然后有万物"，正是把天地生万物与乾坤成诸卦看成是一回事。天与地是同步的，乾与坤也是同步的。天地是万物之首，乾坤是六十四卦之首。《周易》首乾次坤，正如所说的"有天地然后有万物"和六十四卦生诸乾坤，把乾坤是"易之门"、"易之蕴"的思想完整、深刻地表达出来了。

坤卦：有使万物滋生、亨通之性，利于以柔顺为其性，就像健行的母马执著于正道。君子前进，必有所为，但领先则要迷失，随后才能有所得，有主宰，困而有利。如果不遵守柔顺之德，想要炫耀自己，求自我表现，则失去其所依归。若能跟从其主，以阳为主，而听从之，便可以达到亨通之境。西南属于坤的方位。西南又是阴卦——巽、离、坤、兑等卦之居所；东北属艮的方位。凡阳卦——乾、坎、艮、震等卦之居所。因此，以坤之阴往西南，就可得到自己的同类，以便携手而得到吉利。至于东北，那是属于阳的方位。往东北去，便失去其同类。可是如果能安分守其贞正，也就可以吉利。

坤卦依通常的情形来说，任何事只要多加努力，自有吉利的结果。卦意显示，受用于他人，奉命以行事是良好的时机。坤含有优柔寡断之意，因而商谈之事总会遇到对方在敷衍，以至于事体不得顺利进展。同时，也会陷入为他人之事费神操心甚为辛劳的情形。

初六：脚踩在薄薄的秋霜上，预示了结上坚冰的寒冬季节即将来临。

初六爻是坤卦最下方的阴爻，在初始的位置，阴气凝结成霜，论气力还相当薄弱。但是，到了降霜的季节，阴气相加，必然逐渐增强其力，终将成为坚冰——冰为乾之象。这是取极其平凡的季节变化来说明这一卦。君子应见微而知著,见小而知大,见因而知果,见果而知因。

六二:阴爻居阴位,最为纯正,坤德具备了平直、方正、广大的特性。本于自然,不需要学习,也不会不利,这正是大地法则的光明伟大。

六二阴爻阴位得正,又在下卦中位,所以中正,最纯粹。是坤卦成卦的主爻。直、方、大,完全是以坤卦代表大地的形势观象而言。因为大地一直向前延伸,有方向可循,而且又极其广大,代表了大地的三种德性。

六三:蕴涵文采美德,可以守持正道。但随着时间的推移,终会被发现,或许不得不跟随君王从事政务。但只要自己谨慎而不居功自傲,最后才能有结果。

六三是阴爻,在奇数的阳位,是从属的地位,但仍保有积极的力量。不过,"三"在下卦的最高位,已不能永远不变。

六四:将口袋收紧,不会有什么过错,谨言慎行,虽然得不到赞誉,却可避免灾祸。

六四爻是阴爻,处于阴位,却在上卦的最下位,虽然得正,但不得中,过于阴柔,仍然是危险的位置。说明要进行收敛。

六五:穿黄色的下服,以象征要保持中庸,是最为吉祥的。

六五爻在上卦中位,处阳位,故不正。因处中,故以黄色象征。黄色指大地的颜色,是土,也是中央的颜色,坤卦以示人为臣、为妻之道为主,所以才以下饰之服系其爻辞。

上六:龙在原野相斗,流出黑黄色的血。

上六爻已达到六爻的最高位,又是阴位,而坤卦又全部是阴爻,因而,阴已旺盛到极点,处在阴极反阳的地位,不能不与阳争。阴气凝结之初为霜,逐渐到坤卦的上爻,经过了一段时间,终于达到极点成为坚冰——(乾)。上爻是成为坚冰的时候。阴阳相争，亦即小人与君子、邪恶与正义相争，结果两败俱伤。所以，用两条龙在野外战斗，流出黑黄色的血来象征。

用六：宜于永远恪守正道。

用六正好与乾卦的用九相对称，它的意思是阴之道即为臣、为妻之道。因此要始终不违背柔顺的态度，守其贞正永不变志，则事事得其宜，可获得圆满的结果。

《象》曰：至哉坤元①，万物资生，乃顺承天②，坤厚载物③，德合无疆④。含弘光大，品物咸亨⑤。牝马地类⑥，行地无疆⑦，柔顺利贞。君子攸行，先迷失道，后顺得常⑧。西南得朋，乃与类行。东北丧朋，乃终有庆。安贞之吉，应地无疆⑨。

[注释]

①坤元：阴气，与乾元阳气相对。

②顺承天：指承奉乾阳之气而变化。顺承，顺从、承受。

③坤厚载物：坤德厚实以承载万物。

④德合无疆：坤德与乾德配合而健行不已。

⑤含弘光大，品物咸亨：地能包容宏大的阳气，使其皆能发展壮大，并使万物品类无不亨通。

⑥牝马地类：牝马即坤与地同类。牝马，雌马；地，坤；类，同类、同性。

⑦行地无疆：牝马（即坤）驰骋于地而不已。行，驰骋；无疆，不已。

⑧后顺得常：后于阳而动，守顺从之德，则合常理。后顺，随后、顺从；常，常道。

⑨安贞之吉，应地无疆：君子行事，能安定固守坤道，永远与柔顺之坤德相应，则得吉。

[译文]

《象传》说：至善至美啊！坤卦的元始，万物赖以生长，顺承着天。大地深厚，负载万物，具备无穷的德行。包容、广阔、光明、远大，使各种各类的物，都能顺利地生长。雌马阴柔，属地一类，具有在地上驰骋的无限能力，而且性情柔顺、纯正、执著，这是君子应当效法的。坤在乾前，就会迷失路途，随其后才能找到常规。向西南方向，可以得到朋友，能与同类偕行；向东北方向，将会失去朋友，但最终仍有喜庆福祥。君子行事，能安定固守坤道，永远与柔顺之坤德相应，就可永保平安。

《象》曰：地势坤①，君子以厚德载物②。"履霜坚冰"，阴始凝③也。驯致其道④，至"坚冰"也。六二之动，直以方⑤也。"不习无不利"，地道光⑥也。"含章可贞"，以时发⑦也。"或从王事"，知光大⑧也。"括囊无咎"，慎不害也。"黄裳元吉"，文在中⑨也。"龙战于野"，其道穷⑩也。用六"永贞"，以大终⑪也。

[注释]

①地势坤：以地之形势喻坤顺。坤，顺。

②厚德载物：以仁厚的品德容育万物。厚，厚实，引申为仁厚；德，品德；载物，承载万物。

③阴始凝：阴气开始与阳气结合，凝结而成霜。

④驯致其道：顺从这一规律发展，阴气日渐增长，将导致"坚冰"产生。

⑤直以方：平直且方正。

⑥地道光：发挥柔顺之性，与阳结合，使万物发育光大。地道，阴气柔顺之特性；光，借为广。

⑦以时发：指地有饱含文采之美质，按照时令变化以发扬之。

⑧知光大：君子从事王业，其智慧则依时机变化而光大。

⑨文在中：表明含蓄、谦和，文采居中不外露。文，文采。

⑩其道穷：坤阴发展到上位，已至终极。

⑪大终：光大终了其事。大，光大；终，终了。指以坤阴代乾阳，或以地代天。

[译文]

《象传》说：坤象征着大地的形势，君子应当效法大地，如同坤地包容万物又能承载万物的德性一样，将德化推广普施，以完成天赋予的使命。

〔初六〕"履霜坚冰"，阴气开始与阳气结合，凝结而成霜。这是以大地的现象，说明阴阳的消长，在这一地位，阴气开始伸长，阳气逐渐消失，顺从这一规律发展，阴气日渐增长，将导致"坚冰"的产生。

〔六二〕六二代表阴气，它的运动，凝为大地，平直且方正。"不习无不利"，这正是大地法则的光明伟大。

〔六三〕"含章可贞"，按照时令的变化发扬大地之美质。"或从王事"，其智慧则以时机的变化而广大。

〔六四〕"括囊无咎"，谨慎小心就不会有祸患。三爻四爻固然都是隐藏其才不显露，可是三爻的含章带有谦让之意，而四爻的括囊促人警戒的意思较为深切。

〔六五〕"黄裳元吉"，表明含蓄、谦和，文采居中不外露。

〔上六〕"龙战于野"，是因为穷途末路，迫不得已，当然凶险。事物的变化，总是到了极点处，才变成另一番面目。

用六"永贞"，表明坤卦之六爻皆变为阳，即转化为乾阳，乃是永恒的法则。也就是说，只有永远坚持纯正，目光远大，才能获得有利的结果。

《文言》曰：坤至柔而动也刚①，至静而德方②。"后得主"而有常，含万物而化光③。坤道其顺乎？承天而时行。

积善之家必有余庆，积不善之家必有余殃。臣弑其君，子弑其父，非一朝一夕之故，其所由来者，渐矣，由辩④之不早辩也。《易》曰："履霜，坚冰至。"盖言顺⑤也。

直其正也,方其义也。君子敬以直内⑥,义以方外⑦,敬义立而德不孤⑧。"直方大,不习无不利",则不疑其所行也。

阴虽有美,含之;以从王事,弗敢成⑨也,地道也,妻道也,臣道⑩也,地道无成而代有终也。

天地变化,草木蕃⑪;天地闭⑫,贤人隐。《易》曰"括囊,无咎,无誉",盖言谨也。

君子黄中通理,正位居体⑬,美在其中,而畅于四支,发于事业,美之至⑭也!

阴疑于阳必战⑮,为其嫌于无阳也,故称龙焉。犹未离其类也,故称血⑯焉。夫"玄黄"者,天地之杂也。天玄而地黄⑰。

[注释]

①坤至柔而动也刚:坤的本性极其柔顺,但其承乾而动,也刚强不息。所以,坤是柔中有刚。

②至静而德方:坤的本性为至静,但德行方正。

③含万物而化光:阳施阴受而含育万物,并使之化育光大。含,含载;化,化育;光,广。

④辩:假借为"辨",觉察。

⑤顺:必然趋势。

⑥敬以直内:正直出于内心,则必有尊敬之意。敬,尊敬;直,正直;内,内心。

⑦义以方外:待人接物不苟同而得其宜。义,为仁义的"义",通宜;方,为形方,引义为不苟同。

⑧敬义立而德不孤:敬义确立于心,表明君子的德性绝非浅陋。孤,陋。

⑨弗敢成:不敢居功,有功要归乾阳。

⑩地道,妻道,臣道:均指顺从之道,不敢与乾阳争功,不敢外露其美。

⑪天地变化,草木蕃:阴阳之气调和,使万物得以生育繁茂;蕃,繁茂。

⑫天地闭:阴阳不通。闭,闭塞不通。

⑬黄中通理,正位居体:君子体坤道而禀正色、得中道,则事理无不通

达条畅。黄为地之正色,中乃地之中位。通理,通达事理。正位居体,坤六五面对尊位而不失为臣之体。

⑭美之至:坤之美德,得到了最高体现。

⑮阴疑于阳必战:上六乃阴之极盛,类似于阳,与阳势力对等,所以必发生战斗。疑,类似、等同。

⑯血:阴之属。阳属气,阴属血。

⑰天玄而地黄:玄(青)为天之色,黄为地之色。

[译文]

《文言传》说:坤的本性极其柔顺,但其承乾而动,也是柔中有刚;极静,但德行方正,坤阴承乾阳之后,遵守主从关系的常规,阳施阴受而含育万物,并使之发扬光大。坤道体现的规律岂不是非常柔顺吗?它秉承了天的意志,而依时序运行。

积善的家族,必然有众多吉庆遗留给子孙;积恶的家族,必然有众多的祸殃遗留给后代。臣下杀死君王,儿子杀死其父等大恶事,绝非偶然爆发,必有根

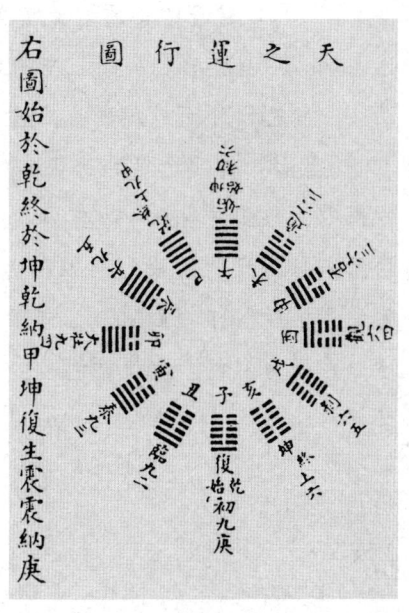

天之运行图

由,定是小恶逐渐积累出来的。由于为君为父的该早日辨别是非,却未能早日觉察防范的缘故。所以,《易经》坤卦〔初六〕说"履霜,坚冰至",这是事物发展的必然趋势。

〔六二〕"直"即正,"方"指义。君子的正直出于内心,则必有尊敬之意,待人接物各得其宜。只要确立了敬义精神,他的德性绝非浅陋,所以说,"直方大,不习无不利",是说君子的行为,是不必怀疑或指责的。

〔六三〕阴柔虽然是美德，但要含蓄，不能外露；用来从事君王的政务时，不敢居功。这是地顺天的道理，妻从夫的道理，臣忠君的道理，亦即处于从属地位时必须遵守的道理。坤阴只成乾阳之德，生育万物，自己无成功可言，但能够代替乾阳终其功业。

在天地的自然变化中，会出现草木繁茂；如果天地闭塞不通，贤能的人就要隐退匿迹了。所以，《易经》坤卦〔六四〕说"括囊，无咎，无誉"，大概是阐述谨慎戒惧处世的道理吧！

〔六五〕君子的美质好比黄色中和，通情达理，则事理无不通达条畅。应当使自己处于正当的地位，把美德蕴存于内心，畅流于四肢，发挥于外而成就事业，这才是坤之美德得到了最高的体现。

〔上六〕坤阴已经到达极盛的位置，类似于阳，因而一反从阳的原则，与阳发生战斗。交战双方本是极盛的阴与消退的阳，为消除无阳与阴战的嫌疑，所以称为"龙"战。称"龙"战，又恐认为无阴，所以称"血"表示未离阴位。玄黄，表示天地相杂，阴阳不分。天为玄色，地为黄色。

屯卦第三

䷂ 水雷屯（震下坎上）

屯①：元亨，利贞。勿用有攸往，利建侯②。

初九：磐桓③，利居贞，利建侯。

六二：屯如邅如④，乘马班如⑤。匪寇婚媾⑥。女子贞不字⑦，十年乃字⑧。

六三：即鹿无虞⑨，惟入于林中。君子几不如舍⑩，往吝⑪。

六四：乘马班如，求婚媾，往吉⑫，无不利。

九五：屯其膏⑬，小贞吉，大贞凶⑭。

上六：乘马班如，泣血涟如⑮。

[注释]

①屯（zhūn）：卦名，卦象震下坎上，象征险难。屯卦排在乾、坤两卦之后，象征着生的开始充满艰难，但若能把握事物发展的规律，前景必将充满光明。屯卦之旨在于启迪人们要注意化险为夷。

②利建侯：宜于建立诸侯国。利，宜；侯，诸侯。

③磐（pán）桓：徘徊难进。

④屯如邅（zhān）如：不能摆脱困境的样子。屯，难；邅，绕圈子；如，语气词。

⑤乘马班如：骑在马上，在原地旋转不进。班，旋转不进。

⑥匪寇婚媾（gòu）：不是盗寇，而是来求婚的。匪，同非。

⑦女子贞不字：女子守贞节，婚媾以后，不会马上怀孕生育。字，妊娠。

⑧十年乃字：满十年即可妊娠。"十"为数之极，极则反。至十年，屯难可解，二五相合，故能孕育。

⑨即鹿无虞：追捕鹿没有虞人（做向导）。即，追逐；虞，虞人，古代掌管山泽禽兽的人。

⑩君子几不如舍：君子企望得到（鹿），不如舍弃它。这是指君子预见事理之微危及其由凶转吉的办法，宁可安居不动。这是相对六三爻在无应援之下而躁进妄动而言的。几，企望；舍，舍弃。

⑪吝：困难，穷困。

⑫求婚媾，往吉：等待男子求婚而后嫁是吉利的。

⑬屯其膏：恩泽积滞无所施及。屯，积聚；膏，油脂，引申为恩泽。

⑭小贞吉，大贞凶：贞问小事遇上此卦则吉利，占问国家大事则为凶兆。因为恩泽不能广施，则国无贤臣辅佐，故为凶。

⑮泣血涟如：哭泣不止以致泪中带血不断往下淌。上六爻处屯难之极，孤立无援，故悲伤不已。

[译文]

屯卦，震在下坎在上，震为草，春天将近，草芽在地下正要伸长，然而地上是外卦的坎，那是冰冻未解之象。因此草芽不得上伸而苦恼，这是屯卦卦意之所在。屯卦为四大难卦之一，就是由此而起。

屯：虽有险难，但前途光明。占得此卦，不宜外出，但宜于建立诸侯国。

屯卦显示，就大体而言，并非吉断。例如一个人胸怀大志，满腹经纶，正期大展鸿图，然而周围却满布荆棘阻碍其前进，以致抑郁其志不得伸展。唯有静待时机成熟，方有可为，凡事总要谨慎、忍耐，不可轻举妄动。

初九：徘徊难进，宜于静居而守正，利于建立诸侯。

初九是屯卦的开始，足以代表在苦难中之动，所以初九可作屯卦的主爻。阳爻处于阳位，得正，又处在阴爻的下方，以人事比拟，正是有才能，正当有利于建立诸侯基业的草创时期，前途大有可为。

六二：许多人聚集在一起，骑着马来回兜圈子，欲进不进，但他们不是盗寇，是为求婚而来的。但女子贞静自守，婚媾以后，不会马上怀孕生育，满十年即可妊娠。

六二为柔中之爻，与九五正应。可是，乘于初爻阳之上，又与其要比。而且初九又是足以"利建侯"的对象，难免为它动心，心以致不能与正应的九五相接近，心里有所逡巡与犹豫；婚姻之正道，当以应爻为其配偶。六二与九五正应，九五应为六二的丈夫。六二虽然内心极想接近九五，可是目前正处在屯难之中，很难达成心愿。六二得中正之位，虽然迷惑而踌躇，可是它毕竟是柔顺中正之爻，决不致舍弃正应的九五而去轻易亲近初九。即使婚媾，六二亦坚守其贞节操守，直到满十年屯难解除，才会怀孕生育。

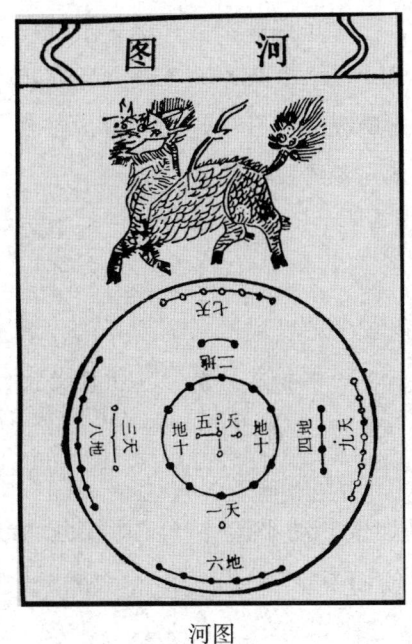

河图

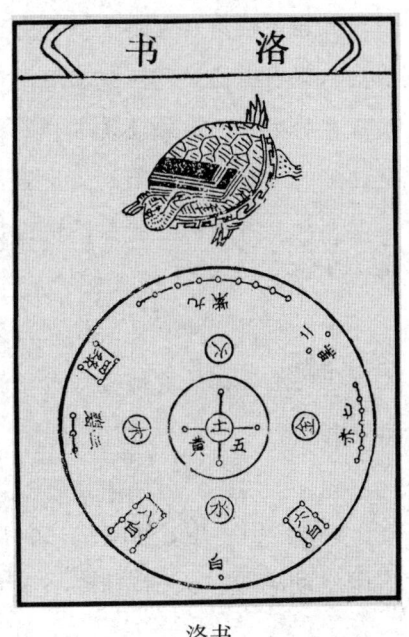

洛书

六三：追捕鹿没有虞人做向导，独自进入山林中，君子企望得到猎物，但那是很危险的，还不如舍弃它。因为再前进，必然要陷入困难。

六三在屯难之时，本身阴柔又没有才干，其志行又欠缺中正，而且还处在内外交接之境地上，如果一心专注于前进，则容易发生过错，这爻的用意在促使我们多加警惕。

六四：骑马人迂回不进，此行是为了求婚。前往是吉祥的，不会不顺利。

六四与下卦初九阴阳相应，但却与上卦的九五过于接近，由于初九、九五的相互牵制，使六四意志动摇，处于进退两难之境地。然而，六四毕竟与九五接近，只要向前去求，就能够结合，所以说吉祥，没有不利。

九五：恩泽积滞而无所施及，占问小事遇到此卦还可吉利，但占问国家大事则为凶险之兆。因恩泽不施，则国无贤臣辅佐。

九五虽位居君主之位，又中正，但是在屯难之时，以至于行动困难，颇感困扰。既然施其惠泽而遭受孤立以致力又不及，所以对于日常的小事，去做还是吉祥的；对于大事，则不足以承担，而且是凶险的。这种情况下，应退守自保，不可逞强冒进。

上六：乘马的人犹豫不决，（因看到）有人哭泣不止以致泪中带血不断往下淌。

上六阴柔，却上升到极点，又缺应援，以致陷入进无可取，退无可守的绝境，又看到有人血泪流淌，心中非常忧惧。以物极必反引以自戒。

《彖》曰：屯，刚柔始交①而难生。动乎险中②，大亨贞③。雷雨之动满盈，天造草昧④，宜建侯而不宁⑤。

[注释]

①刚柔始交：即阴阳始交，或指乾坤始交（金景芳）；或指雷雨并作（高亨）。屯卦的下卦为震，震卦一阳爻在下，两阴爻在上，此阴阳相交，于阳尤为不利；屯卦的上卦为坎，坎卦一阳爻居中，但上下均为阴爻，阳处于孤立无援的境地，难免落入陷阱。综观全卦，阴阳相交，阳均处于不利地位，故曰"难生"。

②动乎险中：震动处于坎险之中。动，震动；险，坎险。

③大亨贞：要想畅通无阻，就必须守贞，坚定纯正的初衷。

④草昧：天地初开时的混沌状态。草，草创；昧，冥昧。

⑤不宁：不可安宁无事。

[译文]

《彖传》说：屯，阴阳开始相交接，发生创始时期的困难现象。震的作用是动，坎的象征是险，震动处于坎险之中，但这并不可怕，要想畅通无阻，就必须固守贞正。鼓动发育的雷气与润化滋育的坎雨的作用，充满于宇宙之间，天地造物之初，是一片混沌状态。这时虽是创建诸侯基业的有利时期，但也不会安宁无事。

《象》曰：云雷，屯①。君子以经纶②。虽"磐桓"，志行正也。以贵下贱，大得民也。六二之难，乘刚③也。"十年乃字"，反常④也。"即鹿无虞"，以从禽⑤也。君子舍之，"往吝"，穷也。求而"往"，明⑥也。"屯其膏"，施未光⑦也。"泣血涟如"，何可长也？

[注释]

①云雷，屯：云不成雨，雷则潜伏。屯卦上体为坎水，坎水在上不下，故称云；下卦震为雷，雷在下，所以称云雷屯。

②经纶：治乱丝，使之经纬分明，即以治丝喻治国。

③乘刚：初九阳爻被压于下，六二阴爻乘坐于上。阳爻为刚，故称乘刚。

④反常：婚后十年才生育，违反常情。

⑤禽：鸟兽的总称。

⑥明：明智。

⑦光：广。

[译文]

《象传》说：雷被压抑，云不成雨，困难重重。这就需要君子来治理乱世，使之井然有序。

〔初九〕虽然踌躇，但志向、行为纯正，只要不高高在上能以其才干屈居于六爻的最下位，谦卑之德足以感人，从而大得民心，成为天下众望之所归。

六二的艰难，是位于阳刚初九的近上方，难于摆脱困扰："十年乃字"，是违背常情的。

〔六三〕"即鹿无虞"，是盲目地追逐猎物。君子应当舍弃，"往吝"，因为将会阻塞不通，无路可走。这爻是说，君子应把握时机，明辨取舍，不可盲目行动。

〔六四〕求婚而"往"，是明智的。

〔九五〕"屯其膏"，说明恩泽积留而未普遍布施。

〔上六〕"泣血涟如"，怎能长久呢？其不能长久，已经非常明白。

蒙卦第四

山水蒙（坎下艮上）

蒙①：亨。匪我求童蒙，童蒙求我②。初筮告，再三渎③，渎则不告。利贞。

初六：发蒙④，利用刑人，用说桎梏⑤，以往吝。

九二：包蒙⑥吉，纳妇吉⑦，子克家⑧。

六三：勿用取女，见金夫，不有躬⑨，无攸利。

六四：困蒙⑩，吝。

六五：童蒙，吉。

上九：击蒙⑪，不利为寇，利御寇⑫。

[注释]

①蒙：卦名，卦象坎下艮上。坎水在下，艮山在上，水是流动的，遇到山而止，莫知所之，象征蒙稚。蒙卦的形象，是山下有险，因有险而停止不前，所以蒙昧不明。《象传》说："山下出泉，蒙。君子以果行育德。"此卦又象征以果敢的行为，培育美德。蒙卦紧扣"教"、"学"两端，阐发了作《易》者所具有的辩证特点的教育思想。

②童蒙求我：幼稚的蒙昧者主动求教于启蒙者。童蒙，幼稚蒙昧之人。卦中九二爻处中位，其质阳刚，代表启蒙者；五爻以阴爻之质而处尊位，故为童蒙。

③初筮（shì）告，再三渎：第一次占筮则告之（吉凶），接二连三占筮

(问事)，便渎犯神灵。初，第一次；渎，亵渎、渎慢。

④发蒙：启发蒙昧。发：启发。

⑤利用刑人，用说桎梏：发蒙之道在于先用刑禁而后可施教化。采取去掉刑具的办法，初六以阴居下，像社会下层之民，是发蒙的对象。爻辞认为，对此种蒙者只利于采取刑罚惩戒的办法发蒙，如果去掉其桎梏，即不对其加以刑罚束缚，则是取吝之道。刑人，用刑罚惩罚人；说，同脱；桎梏，古代刑具，木用在脚称"桎"，用在手称"梏"。

⑥包蒙：治蒙者应包容各种蒙昧者。包，包容、包含。蒙卦九二爻象征主治天下之蒙的人，其治蒙的面极宽，因而必须要有包容精神。

⑦纳妇吉：容纳妇人之善而获吉利。九二爻以刚居中，为治蒙之主，能与诸阴爻刚柔相济，容纳"妇人"之善，则可避其自专。纳，容纳；妇，为妇人，指蒙卦诸阴爻，引申为妇人之善。

⑧子克家：儿子成家。克，成。

⑨见金夫，不有躬：见了有钱财的男人，即不顾体统而失身。

⑩困蒙：处于困境的蒙昧者。六四阴爻处于上下两阴爻之间，与阳爻相隔最远，象征蒙昧者周围无贤人，故说困蒙。

⑪击蒙：上九为治蒙者，上九阳刚极不中，其性过躁，故其治蒙之法为击蒙。击，打击。

⑫利御寇：击蒙要紧的是掌握击的分寸、界限。击蒙不可太深太过，目的要明确，方法要得当，理由要充分，这就能起到"御寇"的目的。否则，击之过猛过激，结果很糟，则击蒙者本身就成为寇了。"御寇"吉，"为寇"不吉。

[译文]

蒙卦，坎下艮上，内卦为水，外卦艮为山，那是山下有水之象。我们看了卦画，就像前面有一座山十分稳固，山下有水，正冒着烟气来。山峰与坑谷，也看不清楚。这般风景，也就是蒙卦之象。

蒙：亨通。并非我去求蒙昧的幼童，而是蒙昧的幼童来求我进行教导。就像卜筮一般，应当诚心诚意去求教。第一次告诉他（吉凶),如果二次、三次来麻烦,便渎慢了神灵,就不再告诉他(吉凶)了。占问是吉利的。

蒙卦的"亨"字,并不意味着现在就此可以亨通。正如屯卦一样,当一切还在蒙昧的幼稚时期,凡事总是暗昧无知。要想前进或后退,仅仅凭借个人单薄的力量,还是无法达成的。务必要得到良好的指导培育,随着导引去解除其心里的疑惑,加以教导培育,才能达到亨通之境。

初六:启发蒙昧,开始时使用刑罚禁止罪恶,然后可以施教化,这是有利的。然而刑罚的作用应在于用刑具以示警诫,期望刑期无刑,脱去刑具。如果超出限度,一味用重刑,反而会引起反抗,招来羞辱。

初六是阴爻,又在最下方的位置,是最幼稚蒙昧的时期,是启发蒙昧的开始,为达到启发的目的,面对这个顽迷的蒙昧者,与其过于温和,则不见其成效,所以务必严加督励。唯有利用刑罚严加警戒,使其有所惧,然后施以教导,才能收到预期的效果。

天地自然河图

九二:治蒙者应包容各种蒙昧者;容纳妇人之善而获吉利,儿子能成家。

九二爻为蒙卦成卦之主爻,是担任启蒙责任的老师。九二爻得到刚中,又与六五正应。这爻包容了所有蒙昧的人,并加以教育。初、三、四、五等四阴爻在这里当作蒙来看。本爻一变下卦变为坤,坤有包的意思,对家庭关系来说，说明九二能容纳妇人的善行而获吉利。

六三：不要娶这女子。见了有钱的男人，她就轻佻得身不由己。这样的婚事不吉利。

六三，阴爻阳位不正，虽与上九的阳爻相应，但却紧接在九二之上。即向望上九，又舍不得九二，因而失去主张。

六四：处于困境的蒙昧者，不利。

六四阴爻而又无才能，而且蒙卦中只有这爻，其应爻与比爻都没有阳爻。这好比一个蒙昧又懦弱的人没有足以启导的师友，每逢有事更加觉得困扰的情形。

六五：幼童蒙昧，但虚心，能够接受教导，因而吉祥。

六五爻是阴爻，但得中，处尊位，上方有阳刚上九相比，下方又与阳刚的九二相应，是上下都有应援的形象。所以，是在待变、将变、适变的阶段，一旦变阳爻，就可获吉利。

上九：所治之蒙，是昏蒙至极者，所以采用的手段是猛的，故为"击蒙"。击蒙要把握深浅、轻重适度，能达到"御寇"的目的就是吉利的，若"为寇"就不好了。

上九爻阳刚，又在最高的位置，好比一个不知自我省察检讨，自以为是的人。对付这种人，非要以严厉的方法去压制他，使其改变态度，否则将难以奏效。

《彖》曰：蒙，山下有险，险而止①，蒙。蒙，亨，以亨行时中②也。"匪我求童蒙，童蒙求我"，志应③也。"初筮告"，以刚中也。"再三渎，渎则不告"，渎蒙④也。蒙以养正⑤，圣功也。

[注释]

①险而止：蒙卦坎下艮上，坎为水为险，艮为山为止，内险则不可处，外止则不能进，处与进皆不宜。故有"险而止"之意。

②时中：因其九二与六五相应，乃刚柔得中之象，即阴阳相和。意即要

适时地施行中正之教。时，适时；中，引义为中正之教。

③志应：卦中九二与六五阴阳相应，九二阳刚居中为刚明贤者之象，六五居尊位而柔顺，犹如"蒙师"、"学子"志趣相投。

④渎蒙：过度愚昧所造成。对过度愚昧之人，告亦无用，不如不告。孔子《论语·述而》说："不愤不启，不悱不发。举一隅不以三隅反，则不复也。"可与此意相参照。

⑤蒙以养正：蒙昧之人，修养正道不显明于外。养，修养；正，正道。

[译文]

《象传》说：蒙卦的形象，是山下有险，因有危险，停止不前，所以蒙昧不明。蒙卦所说的亨通，是因为及时地施行中正之教。"匪我求童蒙，童蒙求我"，是因双方的志趣相投。"初筮告"，是因为下卦九二以阳刚居于中位的缘故。"再三渎，渎则不告"，对过度愚昧的人，告亦无用，不如不告。启蒙是为了培养正道，这是神圣不可侵犯的事业。

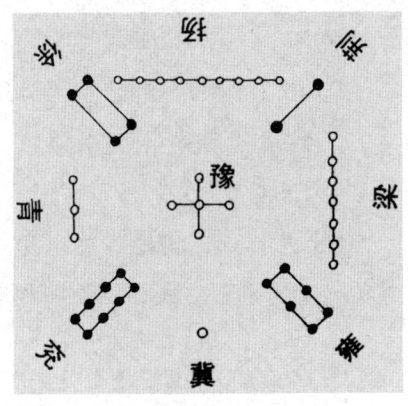

洛书九宫对应九州

《象》曰：山下出泉，蒙。君子以果行育德①。"利用刑人"，以正法②也。"子克家"，刚柔接也。"勿用取女"，行不顺也。"困蒙"之吝，独远实③也。"童蒙"之吉，顺以巽④也。利用"御寇"，上下顺也。

[注释]

①果行育德：果敢的行动，如山之坚固；培育美德，如泉水长流。果，果断或果决；行，行为；育，培育；德，道德。

②正法：对法典的修正。

周易上经　蒙卦第四

③独远实：蒙卦六四远离九二与上九两阳爻，孤立无主，故说"独远实"。实，指阳刚、贤明之人。

④巽（xùn）：卑顺、谦让。

[译文]

《象传》说：山下涌出泉水，刚流出，处于蒙昧状态，故称蒙卦。君子观此象，应当以果敢的行动，培育美德。

〔初六〕"利用刑人"，这是对法典的修正，为的是端正法制。

〔九二〕"子克家"，因与三、四、五的阴爻接近，并且具有包容精神。

〔六三〕"勿用取女"，因为这事以后不会顺利，难遂人意。

〔六四〕"困蒙"，遭致艰难，是因为远离贤明之人。

〔六五〕"童蒙"所以吉利，是因为柔顺而谦逊。

〔上九〕以"御寇"的态度，防止邪恶的出现，对教导和被教导的人都有利。这是因上下相和顺。

需卦第五

☵☰ 水天需（乾下坎上）

需①：有孚②，光亨③，贞吉。利涉大川④。

初九：需于郊⑤，利用恒⑥，无咎。

九二：需于沙⑦，小有言⑧，终吉。

九三：需于泥，致寇至⑨。

六四：需于血，出自穴⑩。

九五：需于酒食⑪，贞吉。

上六：入于穴⑫，有不速之客三人来⑬，敬之，终吉。

[注释]

①需：卦名，卦象乾下坎上。乾虽刚健，但前有坎险，不可贸然前进，应该等待。《序卦传》说："物稚不可不养也，故受之以需。需者，饮食之道也。"需卦发"需待"之义。

②有孚：心怀诚信。

③光亨：广为亨通，大为通顺。光同广。

④利涉大川：虽有险阻亦可渡过大河。古人涉川，工具简陋，常遇险难，事先多需占筮，故《易》断占涉川，时有所见。利，宜；涉，涉渡；大川，大河。

⑤需于郊：等待于旷野之地。初九爻既在需卦，就有待时而后进之义，因其位在最下，距上体坎险最远，故说"于郊"。郊，城外旷野之地。

⑥利用恒：宜守其常，亦即安守其处，保持平常之心。恒，常。

⑦需于沙：在沙洲旁等待。沙，沙洲。

⑧小有言：招致小的口舌是非。九二爻已近于险，但因其尚未接触到险，是为有伤亦轻微之象，受人言语之伤为小伤，故说"小有言"。

⑨需于泥，致寇至：等待于水边淤泥之处，即逼近于险，将招引来盗贼，亦即自陷于险难。泥，泥沼；寇，盗贼；至，到。

⑩需于血，出自穴：需待于杀伤之地，亦可脱险。六四爻已入坎险，故说需于血；又因以阴处阴，安居五阳之下，故能出自穴。

⑪需于酒食：需要做的是饮食之事。九五爻以中正居尊位，在需待之时，饮食而已。

⑫入于穴：陷入险中。上六以阴柔处坎险之极，故说之。

⑬有不速之客三人来：来了三位不召自来的客人。上六爻处需卦之终，需待之意已尽，三人指下边的初九、九二、九三，此三阳急欲前进、上升，不须召唤而自来，故有此说。

[译文]

需卦是乾下坎上，好比云已升到天上，已失去原来所具有坎水的滋润作用。于是在等待雨水之下降，以"求"其滋润涵养。需是等待、需要的意思。虽然一样地等待，但需与待的情形却不同。需是在心理上积极地等待，而待却是消极地等候，因而并不自己采取行动。

需卦：有诚信之心，就可广为亨通，占问吉利。虽有险阻也能渡过大河。但为事之前，先应等待时机。

需卦与屯卦相差不大，现在是凡事宁可退守等待的时候，其实多半已经在进退维谷的无可奈何的苦境之中，等到了五爻，变为地天泰卦，就可以前进了。

初九：在旷野之地等待，应保持一定距离，而且要有恒心，没有什么危险。

初九爻在需卦的最下方，离上卦的险最远，所以是在旷野之地等待。初九为阳爻，刚毅有恒，因而，不会有过失灾难。

九二：在沙洲旁等待，将招致小的口舌是非，但最终还是吉祥的。

九二比初九，稍微接近险阻。虽不会有大的灾害，但已经比较困难，会听到一些责难的话。但九二带有乾的刚毅前进的性质，并含有刚中之德，不慌不忙不急进，以待时机之到来，所以最终还是吉利的。

九三：在泥沼中等待，会招致盗寇的到来。

九三爻比九二爻更加接近坎险，增加其危险的程度。这是处在一失足成千古恨的极其危殆的地方。只差一步前进，必将陷于坎陷之中而受到伤害。九三是下卦乾的极点，在三阳当中，其前进的气势最为激烈，因此不可不格外戒慎。

六四：虽在杀伤之地等待，但还是可以脱险的。

六四阴爻阴位，虽然柔弱但得正，因而不会轻举妄动，不久就会由陷入的"穴"中走出。等时机已到，险难可济，即在陷入危险之中时，不可逞强，应顺应变化，才能化险为夷。

九五：需要做的是饮食以等待，占问是吉利的。

九五爻是水天需卦的主爻，这爻居于尊位而刚健，比喻一个人思虑周到而不急求事功，以悠然的心情等待时机。

上六：陷入险中，有三名不速之客到来，只有以礼相待，最终吉利。

上六阴爻又柔须，到了三阳爻前进过来时，能不加拒绝给予敬重，才能得到吉利。在下的三个贤人（内卦三阳爻）已等待许久，现在是察知该进之时上进过来，上六居于需卦最终的位置，应给予款待。本来应由九五君位的人去接待。然而上六以阴爻居阴位，所以对上进来到的刚强的乾不会相争。也正因这样，终于得到吉利。它强调了以柔制刚的道理。

《彖》曰：需，须也。险在前①也，刚健而不陷②，其义不困穷矣。需，"有孚、光亨、贞吉"，位乎天位③，以正中也。"利涉大川"，往有功也。

[注释]

①险在前：坎险在乾阳之前。需卦乾下坎上，坎水有险，乾阳在下，由下至上为进，故说险在前。

②刚健而不陷：以阳刚健行而不陷于险，喻需待之义。刚健，乾阳刚健行。

③天位：君位。指九五爻。

[译文]

《彖传》说：需，是等待的意思。前方有坎险，所以必须等待。下卦乾刚健，本来不应停止前进，但为了等待有利的时机，以免陷入危险，采取了等待的正当方式，就不会困顿穷乏了。需："有孚、光亨、贞吉"，是因为这一卦的主爻九五刚健，又居于至高无上的地位，而且九五中正。所以"利涉大川"，是说前进定会成功。

《象》曰：云上于天①，需。君子以饮食宴乐②。"需于郊"，不犯难行也。"利用恒，无咎"，未失常③也。"需于沙"，衍④在中也。虽"小有言"，以吉终也。"需于泥"，灾在外⑤也。自我"致寇"，敬慎不败也。"需于血"，顺以听⑥也。"酒食贞吉"，以中正也。"不速之客来"，"敬之，终吉"。虽不当位⑦，未大失也。

[注释]

①云上于天：成雨还需待时。需卦乾下坎上，乾为天，坎为云。这是以卦象明卦义。

②饮食宴乐：在需待之时切不可有所作为，而应积蓄精力，待机而动。饮食宴乐只是一种比喻。

③未失常：不违反常规。

④衍：宽绰。朱熹《原本周易本义》说："衍，宽意，以宽居中，不急进也。"

⑤灾在外：九三虽遇险难，但毕竟不在坎卦。与下面的"敬慎不败"联系在一起，就是此时若能谨慎从事，便不致招灾。

⑥顺以听：随顺天命（指时机）。听，听从天命。

⑦不当位：指上六不在中正之位。

[译文]

《象传》说：云在天上，待时而为雨，故卦名为需。君子观此卦，暂时不可有所作为，应待机而动。

〔初九〕"需于郊"，不冒险行动，"利用恒，无咎"，因其不违反常规。

〔九二〕"需于沙"，以宽居中，犹可补救。虽"小有言"，仍能以吉告终。

〔九三〕"需于泥"，九三以阳刚而逼近上坎，故云"灾在外"，由于其自动而"致寇"。但只要能敬慎从事，待时而动，就不致遭伤败。

〔六四〕"需于血"，随顺时机，顺应变化，最后才会脱险。

〔九五〕"酒食贞吉"，因其有中正的德行。

〔上六〕"不速之客来"，"敬之，终吉"。上六不在中正之位。不过能以诚相待，不会有大的损失。

讼卦第六

天水讼（坎下乾上）

讼①：有孚，窒惕②，中吉，终凶。利见大人，不利涉大川。

初六：不永所事③，小有言，终吉。

九二：不克讼④，归而逋⑤，其邑人三百户，无眚⑥。

六三：食旧德⑦，贞厉⑧，终吉。或从王事，无成。

九四：不克讼，复即命⑨，渝安贞⑩，吉。

九五：讼，元吉。

上九：或锡之鞶带⑪，终朝三褫之⑫。

[注释]

①讼：卦名，卦象坎下乾上。讼，诉讼、争辩、斗争。坎为水为险，乾为天为刚。乾刚在上以制下，坎险在下伺机窥上。一方刚健，一方阴险，必然引起矛盾而争讼。《象传》说："天与水违行，讼。君子以作事谋始。"以讼卦象征处理事情，一开始就要慎重思考谋划，以防争讼。

②窒（zhì）惕：闭塞而害怕。窒，闭塞；惕，恐惧。

③不永所事：不为争讼的事而纠缠不休。永，恒常、长久；事，讼事。

④不克讼：没有在争讼中取胜。九二爻与九五爻两刚相敌，故成讼，以下讼上，力不能胜，故称之。克，胜。

⑤归而逋（bū）：回来后要躲避。逋，逃避。

⑥眚（shěng）：灾祸。

⑦食旧德：享有自己旧有的俸禄。食，享用，相当于食邑的食，即古代官吏享用分封采邑的税收。旧德，已有的俸禄。

⑧贞厉：占之有危厉。厉，危厉。

⑨复即命：返就正理。复，返；即，就；命，正理。

⑩渝安贞：改变初衷，安顺守正。渝，变；贞，正。

⑪或锡之鞶（pán）带：或许凭借胜诉被赐予官职。锡，通赐；"鞶带"，古时依据身份颁赐的腰带。

⑫终朝三褫（chǐ）之：一天中所赐官服被剥夺三次。褫，剥夺。

[译文]

讼卦坎下乾上，正好是水天需卦所颠倒过来的形状。讼卦由于坎乾本性之差异，互不相容而相争。就人际关系而言，在刚强者底下受压制的人，懊恼烦闷之余，心生险恶对待居其上的刚强者，责其非而攻之。

讼卦：有诚信，受到闭塞而感到惧怕。（争讼）中期可得平安，要逞强，最终必凶险。筮得此卦，利于见大人，（但）不宜涉渡大河。

讼

诉讼并不是愉快的事，非万不得已还是不要轻易兴讼。无论自己如何诚信有理，如果一味地固执己见，结果必受辱而不得亨通。

初六：不要为争讼的事纠缠不休，即使遭受小的谴责，但结果吉利。

初六阴爻处阳位不正，又在最下方，因而柔弱。虽然与上卦九四阴阳相应，但中间有九二阻隔，力量薄弱，所以无力排解争讼。

但只要不再纠缠不休，受到稍微地指责，最后还是吉利的。

九二：没有在争讼中取胜，最好的办法是隐退，逃到自己的只有三百户人家的邑里去藏起来。如此，尚可免灾无事。

九二阳爻，在下卦中央，本来就喜欢争讼，又与九五不能相应，发生争讼是无疑的，但九二不当位且低，因此是不利的。它强调的是不可逞强争讼，应当退让深自反省。

六三：享有旧有的俸禄，占到这爻虽有危厉，最终当获吉利。顺从上九，而不能以成功自居。

六三爻阴柔，无力与人争讼，享用已有的俸禄，不存非分之想，终将获得吉利。

九四：争讼失败，返就正理，改变了初衷，安顺守正，吉利。

九四阳刚，不中不正，争讼必败。不过能改变初衷，返上正道，终于吉祥。强调顺其自然，安于正理，便可吉祥。

九五：争讼得胜，大吉。

九五位尊，阳刚既中且正，象征公平、公正、合理地裁断诉讼，因而吉祥。

上九：君王赐以鞶带，遭到反对，于是发生了一日内三赐三夺，足见争讼的激烈。

上九阳刚已达极位，处在讼卦的终了，诉讼不可坚持到底，要守其中，早日谋求和解。即使逞强争讼得胜，也不能长久。若要坚持把官司打到底，压制对方而且又伤害人家，以这种做法得到自己想得的东西，那不是君子之道，是不值得推崇的。

《彖》曰：讼，上刚下险①，险而健②，讼。讼，"有孚，窒惕，中吉"，刚来而得中③也。"终凶"，讼不可成也。"利见大人"，尚中正④也。"不利涉大川"，入于渊⑤也。

[注释]

①上刚下险：此以卦象明卦义。是说讼卦上体为乾（刚），下体为坎（险），两者合而成争讼之象。

②险而健：坎险与乾健相合（而成讼）。

③刚来而得中：九二、九五均为阳爻居上下体之中位，以示刚健之人，守中正之道，是吉利的。

④尚中正：九五中正决讼而被崇尚，解释卦辞"利见大人"。

⑤入于渊：坎在下为渊，涉川必然遇险。

[译文]

《象传》说：讼卦，上为乾刚，下为坎险，坎险和乾健相配合而构成争讼的卦象。讼卦"有孚，窒惕，中吉"，因为阳刚处于中正之位，应是吉利的。"终凶"，是说争讼最终不能取得成功。"利见大人"，得中正之道而被崇尚。"不利涉大川"，是怕沉入深渊。

《象》曰：天与水违行①，讼。君子以作事谋始②。"不永所事"，讼不可长也。虽"小有言"，其辩明也。"不克讼"，"归逋"，窜③也。自下讼上，患至掇④也。"食旧德"，从上吉也。"复即命，渝安贞"，不失也。"讼元吉"，以中正也。以讼受服，亦不足敬也。

[注释]

①天与水违行：上天与下水反向而行。天象西转，水流东去，故说违行，并以此明讼卦卦义。违，违背、反向。

②作事谋始：做任何事情，从一开始就应深谋远虑。这是避免争讼的根本方法。

③窜：逃走。

④掇：拾取。

[译文]

《象传》说：天西转，水东流，上下违行。违行必讼。君子观之，当于做事之初，便深谋远虑，以防争讼。

〔初六〕"不永所事"，诉讼不能持续长久。虽然"小有言"，终会弄清是非。

〔九二〕"不克讼"，"归逋"，逃窜。以下对上进行诉讼，祸患的到来是自取的。

〔六三〕"食旧德"，顺从在上位者，是吉利的。

〔九四〕"复即命，渝安贞"，不会有损失。

〔九五〕"讼元吉"，以阳刚而居中正之位，故大吉。

〔上九〕经过争讼而被赏赐服饰，也不足以受人尊敬。

师卦第七

地水师（坎下坤上）

师①：贞，丈人②吉，无咎。

初六：师出以律③，否臧凶④。

九二：在师中⑤，吉，无咎。王三锡命⑥。

六三：师或舆尸⑦，凶。

六四：师左次⑧，无咎。

六五：田有禽，利执言⑨，无咎。长子帅师，弟子舆尸⑩，贞凶。

上六：大君有命⑪，开国承家⑫，小人勿用⑬。

[注释]

①师：卦名，卦象坎下坤上。坎为险为水，坤为地为顺。即从卦画看，上为坤，下为坎，是地下积水，象征着集众人成为军队。坤为顺、坎为险，内险外顺，象征出师行军。从爻看，六爻中，只有一阳爻，五个阴爻，是一阳为众阴之主。象征着将帅统领着军队。因此，该卦为"师"。卦、爻辞对出师、行军、打仗进行了理论探讨。特别重要的是提出了"师出以律"的论断，就是要军纪严明，否则就会落个可悲的下场——凶、舆尸等。《彖传》、《象传》对卦爻辞作了补充和发挥，特别是把行军打仗和国家治乱兴衰联系起来，强调君子要"容民畜众"、"小人勿用"。"能以众正"，才能成为天下之王。

②丈人：《子夏易传》为"大人"。

③师出以律：军旅出征，必须纪律严明。律，纪律。初六爻为师卦之始，而兴师之道，以纪律严明、统一号令为首要，故于此爻发此义。

④否臧（zāng）凶：不然，出师虽顺成亦凶。否，不，帛《易》作"不"。臧，善，此指执事顺成。

⑤在师中：在军旅之中。九二是师卦唯一的阳爻，处下体之中，上应六五，是一卦之主。象征统率军队出征的主将，肩负重任，内受君主（六五）的统制，在外有专制之权。

⑥王三锡命：君王三次赐命嘉其功劳。锡，赐。三次赐命：一说为一命受职，二命受服，三命受位；另一说为一命受爵，二命受服受车，三命受马。

⑦师或舆尸：出师疑惑，以致战败，用车载尸而归。六三爻柔质无才，又无中正之德，兴师必败。或，惑；舆，车，此指车载。

⑧师左次：军旅主动后撤。六四阴柔而居上卦之下位，有退舍之意。左次，退舍也。

⑨田有禽，利执言：良田中跑入禽兽，宜捕获之。比喻有来犯之敌，可予以讨伐。六五以阴柔处尊，非好兴师动众之君，必不得已而为之。田，良田；禽，禽兽；执，捕获，言，虚词无意义。

⑩长子帅师，弟子舆尸：长子统率军队作战，次子以车载尸。长子，系指作战主帅；弟子，次子。

⑪大君有命："天子"赏赐之命到。上六爻位于师卦之终，为功成行赏之时。大君，即所谓"天子"；命，赐赏之命。

⑫开国承家：封诸侯立卿大夫。开国，封侯建国；承家，世袭卿大夫之位。

⑬小人勿用：无才德的人不能开国承家。小人，无才德的人，亦即无能之辈。用之，必有后患。

[译文]

师卦，坎下坤上。水之为用，必须在地中或地之上，才能够滋润生物。像师卦，水不在地上却在地下，这便不是平常的状态。以天气来说，可能是干旱，而在人类社会中也是一种灾变如战争。因而，师卦就是一个有关战争的卦。

师卦：占问担任统帅的大人，吉利，无害。

用兵行师不能随其所好任意为之，必须遇到凶顽的暴徒在危害民众时，不得已加以征伐。因此，务必挑选智仁勇三者兼备如本卦九二爻的人为将领。这里"丈人"指刚中的九二爻，如果能这样做，便可以行天下正道而不违背，因此，就会"无咎"。

初六：军队出征，必须纪律严明，否则，出师虽好，也是凶的。

初六爻居于师卦之始，等于军队出阵之始，这时候最要紧的是讲求纪律。军律之严，为的是保持军队的调和。

九二：丈人在军旅之中，吉利。无害。王三次给予嘉奖。

九二是本卦成卦的主爻。它是这卦唯一阳爻，得到许多阴爻的信赖，又处中位，象征刚毅、中庸。并与六五爻阴阳相应，得到君王的宠信。它既刚健又在用兵的军旅之中，充分具备将领之器，率领三军足以得到吉利的一爻。

六三：出师疑惑，以致战败，用车载尸而归，凶险。

六三阴爻阳位不正，象征缺乏才能，又刚愎自用。位置不中，象征统帅行动乖张，轻举妄动，必然失败。也是指虽有气力却没有实力，是一个阴柔暗昧之爻。

六四：军队主动后撤，无害。

六四阴爻居阴位，得其正，却不中而且志气和力量均薄弱，也就难以控制住敌人而制胜。由于知道己力所不及，又体察时势的结果退避下来，就可保平安。

六五：良田中跑入禽兽，宜捕获之，无害。长子统率军队，又让小儿子们参与此事，必然失败，他们就要用车载尸而归，占问是凶险的。

六五阴爻，是这一卦的主体，在上卦中央至尊的位置，柔顺、中庸，不会主动发动战争，只有在不得已时应战，而且必胜。"长子"指九二，"弟子"指次子以下，比拟小人物，指"六三"、"六四"。如果用人失当，就不能统一指挥，即使动机纯正，结果也是凶。这爻强调了统帅权统一的重要性。

上六：天子颁布命令，封诸侯、封大夫。无才德的人不能任用。

这爻是战争终了的爻。"师出以律"的战争已经终结，现在正是要论功行赏的时候。它暗示，事业或事件将在此告一段落。诚然，长久的辛勤和艰难之后，稍一停歇，心里不免会松懈。但是，正因为现在才是成功、巩固创业的关键时刻，所以应更加警惕。

《彖》曰"师"，众①也。"贞"，正也。能以众正，可以王矣。刚中而应，行险而顺②，以此毒天下而民从之③，吉，又何咎矣！

[注释]

①众：士卒。

②刚中而应，行险而顺：九二以阳刚居中，而六五以阴柔应之。九二处于下体坎险之中，顺即顺动，亦即受命于六五之义。

③以此毒天下而民从之：（兴师讨逆）虽有害于天下，但民众乐从。毒，多训为害。

[译文]

《彖传》说"师"，部属众多的意思，"贞"，守持正固的意思。军队首领能统率士兵维持正义，则无敌于天下，可以成为国王。刚健持中而互相应合，行于险地，也能到达顺利之处。师旅之兴，难免伤财害人，毒害天下，但有民众的支持和拥护，自然太平，又能有什么灾害呢！

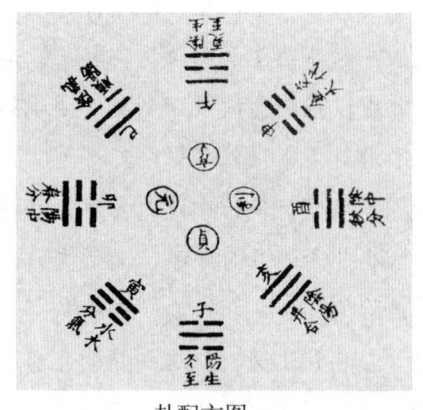

卦配方图

《象》曰：地中有水①，师，君子以容民畜众②。"师出以律"，失律凶也。"在师中吉"，承天宠③也。"王三锡命"，怀万邦④也。"师或舆尸"，大无功也。"左次无咎"，未失常也。"长子帅师"，以中行也。"弟子舆尸"，使不当也。"大君有命"，以正功也。"小人勿用"，必乱邦也。

[注释]

①地中有水：本卦坎下坤上，即水在下地在上。

②容民畜众：容纳下民，畜养其众。战时则兵强士多。容，容纳；畜，畜养；民与众一体，平时为民，聚则为众。

③承天宠：受天恩，喻受君王嘉奖。

④怀万邦：考虑到天下万国，需要能臣去治理。

[译文]

《象传》说：地中有水，为师卦。君子应当效法这一精神，包容下民，在人民中蓄积群众力量。

〔初六〕"师出以律"，相反，军队丧失纪律，会带来凶险。

〔九二〕"在师中吉"，是承受了上天的宠爱。"王三锡命"，是考虑天下万国的治理，皆需能臣。

〔六三〕"师或舆尸"，战斗遭惨重失败，大为无功。

〔六四〕"左次无咎"，没有违背战争的规律。

〔六五〕"长子帅师"，行事合于中正之道。"弟子舆尸"，是用人不当造成的。

〔上六〕"大君有命"，用以论功行赏。"小人勿用"，因为用了必定要危害国家，造成灾乱。

比卦第八

水地比（坤下坎上）

比①：吉。原筮②，元永贞③，无咎。不宁方来，后夫凶④。

初六：有孚比之⑤，无咎。有孚盈缶⑥，终来有它⑦，吉。

六二：比之自内⑧，贞吉。

六三：比之匪人⑨。

六四：外比之⑩，贞吉。

九五：显比⑪，王用三驱，失前禽⑫，邑人不诫⑬，吉。

上六：比之无首⑭，凶。

[注释]

①比：卦名，卦象坤下坎上。水地比卦刚好是地水师卦相反的形象。师为相争战斗而比却是和乐相亲。比卦是地在下水在上以便滋润它，二者彼此得其所在而相亲。这就是比卦卦名之由来。比是有亲辅、亲密无间、辅佐、辅助的意思。人类社会生活中，志同道合的人们，或者有一定利益关系的人们，结成亲辅的关系去干一番事业，或维持和争取一定的利益。如果一味地相斗争，最终必然自取灭亡。《彖传》、《象传》对卦、爻辞的含义作了应有的补充和发挥。指出"比，辅也"。比要"下顺从"，"上下应"。特别强调要贯彻"舍逆取顺"的原则。

②原筮：再筮。原，再一次。

③元永贞：开始就要永守正道。贞，正道。

④不宁方来，后夫凶：不安分的诸侯且来朝，迟迟不至者必有凶险，比卦九五独尊，下有四阴相从，唯上六向背，故有此说。后夫，迟迟不至者。

⑤有孚比之：有诚信然后与人亲比。指初六爻为比卦之始，应始于诚信。孚，诚信；比，亲比，即亲近辅助。

⑥有孚盈缶：有诚信就像内已充盈，而外无纹饰的容器。孚，诚信；盈，充满；缶，不加纹饰的容器。

⑦终来有它：应为倒语，犹言"终有它来"。终会有他人来亲比。

⑧比之自内：出自内心的亲比，是正常的表现。比，亲近；之，代指九五；自内，出自内心。

⑨比之匪人：所要亲近的并非应当亲近的人。匪人，为不正派的人。

⑩外比之：向外与贤人亲比。六四本与初六有应，但同性相斥，转而上比五。之，代指九五，为贤人。

⑪显比：明显的亲比，指君王公开亲近百姓。九五以中正之德而处尊，故比道必显。

⑫王用三驱，失前禽：君王狩猎，派人从左、右和后方三面驱赶禽兽，放走迎面而来的。失，走失；前禽，迎面而来的禽兽。

⑬邑人不诫：邑人不戒惧。指九五君王，所讨伐的是叛逆，而不是己邑之人。诫，惧怕。

⑭比之无首：亲辅而没有首领。

[译文]

比卦，坤下坎上。地上有水，正好让水得其所，地可以滋润而济其用。因此，比卦的内、外卦位置是极其自然的，而且，也是相互依附的象征。

比卦：吉利。再次占筮。开始就应永远守正，无害。不安分的诸侯且来朝，迟迟不到必有凶险。

本卦以亲相交往的相对关系为主题在教示，所以一开始便以比为吉利。与人亲比相交往固然好，还需要看对方是否值得相与亲比。一定要与九五爻那样刚健中正的人相亲和不可。交际往来选择益友良友是十分应当的。这卦是让人明白，独来独往，就得不到好的结果。凡事与他人相亲和而能得到吉利，同时也是会得到可靠的人的时候。

初六：有诚信而亲辅，无害。诚信若充实于内，终会有他人来亲辅，吉利。

初六是比卦开始的第一爻，说明人人相亲相辅，应由诚信开始，才不会有过失。

六二：出自内心的亲比，是正常的现象，也是吉利的。

六二阴爻阴位，在下卦中位，又与上卦九五阴阳相应，因而柔顺、中正、上下呼应。相亲相辅，坚持纯正，必然吉祥。

六三：所要亲辅的人并非应当亲辅的人。

比卦

六三阴柔，不中不正，上下爻及相应的上六，又都是阴爻，以致阴阳相斥，亲非其人，怎能不令人伤心？说明应当选择相亲相辅的对象。

六四：向外与贤人亲比，占问是吉祥的。

六四与初六不能呼应，于是，转向外寻求，与九五相亲。强调依附贤明高尚之人。

九五：光明正大地亲辅。君王狩猎，三面驱围，放走迎面而来的禽兽，邑人并不惧怕，吉祥。

九五是水地比的主爻，唯一的阳爻刚健中正，又在尊位，其他的阴爻都来亲附。但亲附不可强求，应感化使其自动自发。

上六：亲辅却没有首领，凶险。

上六阴柔，已达到这一卦的极点"上位无位"的位置，又缺乏刚毅，不具备成为领袖的条件，必显凶象。

《彖》曰：比，吉也。比，辅也。下顺从①也。"原筮，元永贞，无咎"，以刚中②也。"不宁方来"，上下应③也。"后夫凶"，其道穷④也。

[注释]

①下顺从：在下群阴顺从于九五，故"比，吉"。
②以刚中：九五刚健又居中正之位。
③上下应：上指九五，下指初、二、三、四诸爻，九五与下四阴相比应。
④其道穷：上六处卦终而"亲比"道穷。

[译文]

《彖传》说：比卦，吉祥。比，亲辅的意思。就如下级对上级的亲辅和顺从。"原筮，元永贞，无咎"，因为九五阳爻阳位，又居上卦中位，刚毅中正，具备领袖的条件。"不宁方来"，说明上下阴阳相应合。"后夫凶"，说明迟缓必使亲辅之道穷尽。

《象》曰：地上有水①，比。先王以建万国，亲诸侯②。比之初六，有它吉也。"比之自内"，不自失也。"比之匪人"，不亦伤乎？"外比"于贤，以从上也。"显比"之吉，位正中也；舍逆取顺③，"失前禽"也。"邑人不诫"，上使中④也。"比之无首"，无所终也。

[注释]

①地上有水：本卦坤下坎上。坤为地，坎为水，故地上有水。
②建万国，亲诸侯：分封万国，亲比诸侯。上下亲密，以安王业。建万国，近于民、辅于民；亲诸侯，亲天下、平天下。
③舍逆取顺：舍弃违逆的，选择顺从的。

④上使中：亲上的使臣守中正之道。

[**译文**]

《象传》说：地〔坤〕上有水〔坎〕，为比卦。比喻先王建置万国，亲近诸侯。

〔初六〕比卦的初六通过六四，上比于九五，是吉祥的。

〔六二〕"比之自内"，自己没有失误。

〔六三〕"比之匪人"，怎能不令人伤心呢？

〔六四〕"外比"于贤人，是要追随比自己高尚的人。

〔九五〕"显比"是吉利的，就在于居于中正之位。舍弃违逆的，选择顺从的，这才会出现"失前禽"。"邑人不诫"，是因亲上的使臣守中正之道。

〔上六〕"比之无首"，不会有好结果。

小畜卦第九

䷈ 风天小畜（乾下巽①上）

小畜②：亨。密云不雨，自我西郊③。

初九：复自道④，何其咎，吉。

九二：牵复⑤，吉。

九三：舆说辐，夫妻反目⑥。

六四：有孚，血去惕⑦出，无咎。

九五：有孚挛如，富以其邻⑧。

上九：既雨既处⑨，尚德载⑩，妇贞厉。月几望⑪，君子征凶。

[注释]

①巽（xùn）：八卦卦名之一，象征物为风，象征意义为入。

②小畜：卦名，卦象乾下巽上。内卦乾凭它的刚健之性前进，而外卦有柔顺的巽卦把它留住了，这好比以柔制刚的情形。"畜"字除了畜止、畜积之外，还有畜养的意思。这卦一阴要畜止五阳，其力量不足，因此才叫小畜。对自然事象来说，乾为天，巽为风，风吹于天之上，因为风吹天上，所以达不到下面。风本来就有更新并振作万物的作用。可是现在这些作用不能普遍，以致植物被稍加畜止而不能充分伸长，这就是小畜的情状。

③密云不雨，自我西郊：从城西方向飘来浓密的云层，还未下雨。寓意为由阴先倡，阴阳二气尚未和顺。自，从或由；西郊，城西方向（西方属

阴）；密云不雨，阴阳二气未和顺，小畜未成之象。

④复自道：由正道返回，初九爻位于最下，以上进为其正道，与六四相应，正合其宜。复，复归；自，由；道，指正道。

⑤牵复：九二与初九都是阳爻，互相牵引着上升复回到在上的位置。

⑥舆说辐，夫妻反目：车身与轴分离，夫妻不和，怒目而视。舆，车，帛《易》作"车"。说，脱；辐，即輹，帛《易》作"緮"，指古代车子上连接车身与车轴的部件。

⑦有孚，血去惕出：有诚信则可免去伤害和忧惧。六四爻以一阴畜止五阳，非力所能，必以其诚，得九五、上九之助而成其功。孚，诚信；血，即流血，喻伤害；惕，忧惧。

⑧有孚挛（luán）如，富以其邻：有诚信则相牵连，与邻居共享富有。九五爻处中得正而居尊位，为有孚，为富有；诸阳相从，为挛如；处阴畜阳之时，诸阳皆赖五之资，五以其畜济诸阳，为以其邻。挛如，牵连之状；以，与。

⑨既雨既处：雨刚下又止。喻阴和于阳，又能畜止阳。阴阳和合，方为雨；阴畜止阳，故雨止。既，已；处，居、止。

⑩尚德载：（舆车）尚可运载。德，得。

⑪月几望：月亮已经圆满。喻阳将消。旧历每月十六日为既望。几，既。

[译文]

小畜卦，乾下巽上。乾为天，巽为风。以一阴畜五阳，力量有限，有不得不稍微停顿的现象，所以称小畜。亦即虽然正直有时会因为力量不足，不得不暂时停顿，不能有大的作为；不过，这只是小的停顿，不足以阻止行动，不久就可以亨通，原有的理想，终究会实现。

小畜卦：亨通。从城西方飘来浓密的云层，但还未下雨。

这卦以一阴之小，而畜止五阳之大，阴阳不相交合，不能发生作用。就像密云布满于天空上，却老是不下雨，地上的万物得不到应有的滋润的景象。遇到这卦的时候，在各方面总是困扰很多。正要着手之事，总是还不能如意。

初九：按自己的正道回复原位，有什么害处？吉祥。

初九阳爻阳位得正，又与六四阴阳相应，在升进中，六四不足以成为障碍，仍能够循正道回去。这是返回自己原来应走的正道，不会有什么过失，所以吉祥。

九二：牵引复位，吉祥。

九二爻凭阳性之刚亟欲前进，又在下卦中位，与初九携手并进，当可突破阻碍，回到原来的位置，所以吉祥。

九三：车身与车轴分离，夫妻失和，怒目而视。

九三爻在内卦乾的极点，很容易向前猛进。六四却在阻止它前进，二者之间起了冲突。

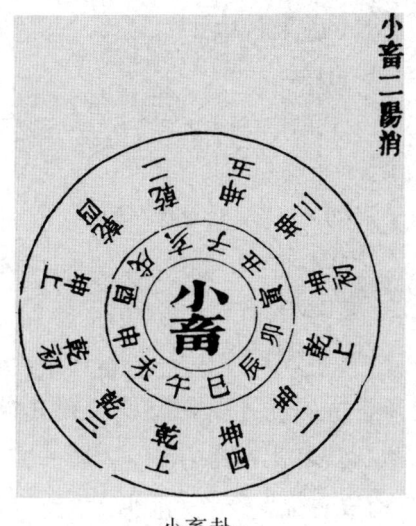

小畜卦

六四：有诚信则可免去伤害和忧惧。无害。

六四是小畜卦的成卦的主爻，成为下面的三个阳爻前进的阻力，当然担心会受到伤害。可是，阴爻柔顺，又处阴位得正，能谦虚容人。加上上方有两个阳爻援助，因而能够避免伤害和忧惧。

九五：有诚信则紧密相连，与邻居共享富有。

九五爻至尊中正，具有实力，可以与六四同心协力，进行合作，进行小畜之道。只要能彼此以诚相待，其富有当与其邻共享。

上九：雨刚下又止。有车尚可运载。妇女占问有危险。每月既望，君子出征有凶险。

上九爻已是畜积的极点，就应当安于现状，不再贪得无厌。阴已功德圆满，受到五阳的尊敬，恒阴极盛，已凌驾于阳之上，处于畜养五阳的地位，则是反常现象。以人事比拟，则是妻压制夫，虽然和谐，用心正当，结果也危险。

《彖》曰：小畜，柔得位而上下应之①，曰"小畜"。健而巽②，刚中而志行③，乃"亨"。"密云不雨"，尚往也。"自我西郊"，施未行也。

[注释]

①柔得位而上下应之：六四爻以阴居阴位得正，上下诸阳爻皆与之应和。柔，指六四爻。

②健而巽：阳爻健而有所约束，此君子之德也。乾，健；巽，入。

③刚中而志行：九二、九五以阳刚居中，其志得以实行。

[译文]

《彖传》说：小畜卦，〔六四〕阴柔得位，而上下阳爻与它呼应，所以叫"小畜"。阳爻刚健而有所约束，阳刚居中，其志得以施行，因此获得亨通。"密云不雨"，因云只从天上飞过（往）。"自我西郊"，有雨还没有下来。

《象》曰：风行天上①，小畜。君子以懿文德②。"复自道"，其义"吉"也。"牵复"在中，亦不自失也。"夫妻反目"，不能正室也。"有孚惕出"，上合志也。"有孚挛如"，不独富也。"既雨既处"，德积载也。"君子征凶"，有所疑也。

[注释]

①风行天上：小畜卦象为乾下巽上，乾为天，巽为风，故说风行天上，以风未行于地上而行于天上明畜止之义；风性好动，不能久行于天，以明畜之小。

②懿文德：日益完美自己的文章、道德，积蓄力量，以待大展鸿图。懿，美。

[译文]

《象传》说：风行天上，还没有普降甘霖，是在酝酿的时刻，称为小畜。君子观此象，应日益完美自己的文章、道德，积蓄力量，以便时机成熟，可以大展鸿图。

〔初九〕"复自道"，"吉"的意义在其中。

〔九二〕"牵复"九二居中位，自己不会有损失。

〔九三〕"夫妻反目"，指不能家庭和睦。

〔六四〕"有孚惕出"，与上方的阳爻志向相合，并能齐心防卫。

〔九五〕"有孚挛如"，不能独享财富。

〔上九〕"既雨既处"，得到车子运载积物。"君子征凶"，是因为对于敌方的情况疑惑不定。

履卦第十

☰ 天泽履（兑①下乾上）
履②：履虎尾③，不咥人④，亨。

初九：素履往⑤，无咎。

九二：履道坦坦⑥，幽人贞吉⑦。

六三：眇能视，跛能履⑧，履虎尾，咥人，凶。武人为于大君⑨。

九四：履虎尾，愬愬终吉⑩。

九五：夬履⑪，贞厉。

上九：视履考祥⑫，其旋元吉⑬。

[注释]

①兑（duì）：八卦卦名，象征物为泽，象征意义为悦。

②履：卦名，卦象兑下乾上。乾有前进之象，兑也有向前进之象。好比两脚强健的人（乾）走在前面，后头有柔弱的人（兑）在跟着走，这样走起路来颇为辛苦，也是难行之象。与强健的人一同行走，必须要非常的努力。履为践履、行动之意。帛《易》作"礼"。本卦意在鼓励人们要敢于实践、敢于行动。在实践中，要勇于克服困难，大胆探索前进。并要立志刚强，尤其要"辨上下、定民志"，才能取得实践的成功。

③履虎尾：踩了老虎的尾巴。

④不咥（dié）人：不咬人。咥，咬，噬。

⑤素履往：清白行事。素，纯白；素履，喻行为清白。

⑥履道坦坦：所履之道平坦。比喻前途广阔。九二爻以阳刚处中居阴位，有执中行谦之义。人之履谦而执中，无往不利。

⑦幽人贞吉：隐居的人贞问得此吉利。幽人，隐居之人。

⑧眇（miǎo）能视，跛能履：瞎一只眼也能看，瘸一条腿也能行。言外之意：视而不明，行而不远。六三爻阴柔无才却居阳位，又逆乘二刚，故以眇目、跛足为喻。眇，一目失明；跛，瘸了一条腿。

⑨武人为于大君：欲登上国君宝座而凌驾于众人。六三有上进九五尊位之野心，以达凌驾诸阳之目的。武人，以武凌人；大君，国君。

⑩愬愬（sù）终吉：虽怀恐惧而最终得吉。愬愬，畏惧。

⑪夬（guài）履：决然而行。夬，决。

⑫视履考祥：周密地考察其所履之道，求索其祸福吉凶。视，审视，考察；祥，祸福。

⑬其旋元吉：只有返回方可得吉。旋，返回。

[译文]

履卦，兑下乾上，乾为天在上，居其应处之所在；兑为沼泽，居于低处为其恒常之位置。这一卦的卦形，恰好与小畜卦上下相反，彼此是综卦，一停一进交互作用。

履卦：踩了老虎的尾巴。（老虎）不咬人，（此占）亨通。

柔弱的兑跟在刚健的乾后面，所以用踩到老虎尾巴来比拟。不过，兑具备和悦的德行，无论凶猛得像老虎一般的人也不会去危害他。占断时可以表述为通达。

初九：清白行事，不会有过失。

初九阳爻居阳位，然而无比爻亦无应爻，好比既没有人接引也没有人相助，仅仅凭个人的素质和力量，去努力伸展而在践履前进中。

九二：前途广阔。隐居的人占问得此吉利。

九二阳爻处下卦中位，性格刚健、中庸，但与九五应爻同性排斥，不能被用而显于世。其执著纯正，心底坦然，不为荣辱劳其心志，当然吉祥。"贞吉"主要指精神上的安泰。

六三：瞎一只眼的也能看，瘸一条腿的也能行，踩了老虎的尾巴，（老虎）咬人，呈凶象。武人欲登国君之位而凌驾于众人。

六三阴爻居阳位，既不中又不正。自己柔弱却不自量力，不安分守己。其气有余而力不足。这个性格倔强又骄傲的人，所以有被老虎噬伤的危险，自取其咎而受灾祸。

九四：踩了老虎的尾巴。虽使人惊惧，但最终吉祥。

九四阳爻居阴位，虽有才干，但欠缺勇气，（与六三正相反）而且在九五爻君主之近侧，恭敬而戒惧，才得到吉祥。

九五：决然而行，占之将有危厉。

九五爻是履卦的主爻，刚健中正，在乾的刚强之中位，加上下卦兑又悦服，会使其有偏颇而忽视宽宏仁慈之心，造成其独断专行，肆无忌惮。这样，即使动机纯正，也有危险。

上九：周密地考察其祸福吉凶，而后付诸行动，返回便可大吉。

上九阳爻处阴位，不中不正，却"元吉"，是因为它已到履卦的最后阶段，如果践履圆满，没有过失，当然会大吉大利了。

《象》曰：履，柔履刚①也。说而应乎乾②，是以"履虎尾，不咥人"，亨。刚中正，履帝位而不疚③，光明也。

[注释]

①柔履刚：六三阴爻在九二阳爻之上，为"柔履刚"。六三为阴、为柔；九二为阳、为刚。

②说而应乎乾：以和悦的态度与乾相呼应。说同悦，喜悦。兑象征悦。

③履帝位而不疚：履居帝王之位而无失。疚，病。不疚，无病，引申为无失。

[译文]

《彖传》说：履卦，以柔和的阴爻加在刚健的阳爻之上。兑喜悦地与上卦乾相呼应，所以"履虎尾，不咥人"，达到亨通。九五爻以阳刚居于中正之位，践履帝王之位而无过失，是光明正大的。

《象》曰：上天下泽①，履。君子以辨上下、定民志②。"素履"之往，独行愿也。"幽人贞吉"，中不自乱也。"眇能视"，不足以有明也。"跛能履"，不足以与行也。"咥人"之凶，位不当也。"武人为于大君"，志刚也。"愬愬终吉"，志行也。"夬履贞厉"，位正当也。"元吉"在上，大有庆也。

[注释]

①上天下泽：履卦，兑下乾上。兑为泽，乾为天，所以说是上天下泽。

②辨上下、定民志：辨别上下之位，使民安居乐业。

[译文]

《象传》说：天在上，泽在下，为履卦。君子效法此象，应辨别君臣上下之位，并且确定民志之所向，加以引导使其向正确的方向前进，能使民众安乐。

〔初九〕以"素履"前往，那是独自推行其志愿。

〔九二〕"幽人贞吉"，内心安定不烦乱。

〔六三〕"眇能视"，但视力不足。"跛能履"，但行动困难，太迟缓。"咥人"的凶险，是因为位置不当。"武人为于大君"，那是刚愎的行为。

〔九四〕"愬愬终吉"，有志于实现志愿。

〔九五〕"夬履贞厉"，虽然处位正当。

〔上九〕"元吉"在上面，是大为吉庆的。

泰卦第十一

地天泰（乾下坤上）

泰①：小往大来②，吉，亨。

初九：拔茅茹，以其汇③，征吉。

九二：包荒，用冯河④，不遐遗⑤。朋亡⑥，得尚于中行⑦。

九三：无平不陂，无往不复⑧，艰贞无咎。勿恤其孚⑨，于食有福。

六四：翩翩⑩不富，以其邻不戒以孚。

六五：帝乙归妹⑪，以祉⑫。元吉。

上六：城复于隍⑬，勿用师，自邑告命⑭。贞吝。

[注释]

①泰：卦名，乾下坤上。卦象天在下，地在上。泰为通达、安宁的意思。天、地凭其本性相互交往，生育万物，才合乎其生成之德。泰卦，并不是看天地本体，而是从它的作用来讲的。在《周易》中，有交感之象的卦为吉，反之则凶。泰卦就是以上下交通，阴阳应和，阐明事物的"通泰"之理。泰卦的三阴爻在上，三阳爻在下，排列整然有序，给人协调的印象。外卦坤，阴气下降；内卦乾，阳气上升，吉利而亨通。像这样天地之气相交，万物才能生长；上下沟通无阻，君臣才能协力同心。爻辞中提出"无平不陂，无往不复"，认为事物向对立面转化，是具有普遍意义的现象，包含有十分可贵的朴素的辩证法思想。

②小往大来：坤阴离去，乾阳近来。即阴阳之气，一来一往，一升一降，交错调和。小为坤阴，大为乾阳。阴在外，为降，为往；阳在内，为升，为来。

③拔茅茹，以其汇：拔茅的时候，其根系相连，会带动一片，同类者连带而起，喻君子有为之时必须与同志一道上进。茹，相牵引之貌；汇，类。

④包荒，用冯河：取其大川，足涉大河。包，取；荒，大川，古作"巟"；冯，徒劳。

⑤不遐遗：不因偏远而有遗弃。遐，偏远。

⑥朋亡：不结朋党。此复申九二刚中之德。

⑦得尚于中行：以中行为九二之德。中行，中道，居中不倚之德。

⑧无平不陂，无往不复：没有只平不陂的，没有只往不返的。陂，倾斜；复，返回。

⑨勿恤其孚：不必忧虑，诚信不移地坚持所追求的。恤，忧；孚，诚。

⑩翩翩：轻佻，说大话。

⑪帝乙归妹：帝乙嫁女。帝乙，商纣王之父；归妹，少女出嫁；归，女子嫁人。

⑫祉：福。

⑬城复于隍（huáng）：城墙倒塌，土又回到了壕沟之中。上六处泰之终极，有泰极否来之兆。复，恢复；隍，城下壕沟。

⑭自邑告命：在邑中祷告天命。

[译文]

泰卦，乾下坤上。天在下，地在上，象征天地阴阳相交而生成万物，因而安泰。恰当运用这一法则，使人们的生活和谐通达。

泰卦：坤阴离去，乾阳近来。如此一阴一阳，一升一降，一来一往，交错调和。吉祥而

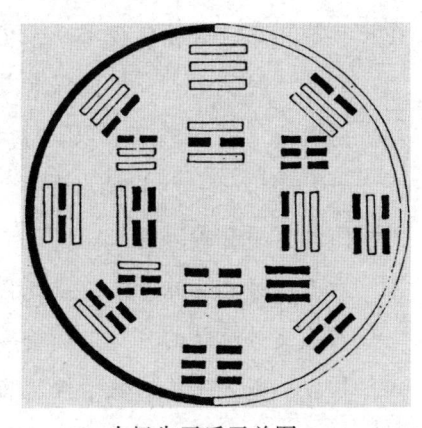

太极先天后天总图

亨通。

泰卦说明现在所处状况很不错，可是再过不久，将开始发生动荡不安，所以不能不谨慎行事。如果这卦变到其他的卦，多半都是不吉利或不如意；相反地由另一卦变到这卦的时候，常常都是吉利或如意的情况。

初九：拔茅草连带其同类，行动吉利。

初九阳爻，在最下位，已是阳刚开始升进的形象。但升进必须结合同志，共同努力。而下卦的三个阳爻，就象征志同道合，相互结合的同志。这爻告诫不可沉湎于安乐，仍应团结，继续求发展。

九二：取其大川，足涉江河，不因偏远而有遗忘。不结朋党，得配中正之位。

九二刚爻在柔位，是内心刚毅果断，外表宽大柔和性格。但有时也要有取大川、涉大河的果断手段。不遗忘疏远的人和地方。具有刚柔并济和坚持宽容的中庸原则，就能保持安泰景象。

九三：没有只平而不陂的，没有只往而不返的。在艰难中持守中正则可无害。不必忧虑，应诚信不移地坚持其追求。（此占）将有口福之吉。

九三爻是阳刚极盛的时候。安泰到达极盛，必然遭遇阻塞，现在正是临界点。告诫物极必反，仍应一本初衷，坚守正道。

六四：轻佻之人，不能保有其财富，不用去怀疑邻人的诚信。

六四阴爻阴位得正，又与初九阴阳相应，所以能得到近邻六五、上六的信任，不必提出警告，就能跟随一起行动。居安思危，仍应团结，不可掉以轻心。

六五：帝乙嫁妹于人，以此得福。大吉。

六五爻是泰卦的主爻，阴爻得中，柔顺中庸，内心谦虚，又与九二相应，是天子将妹妹下嫁给属下有力量的人物的形象，当然吉庆。说明在安泰之时，更应当选贤与能。

上六：城墙倒塌，土又回到了壕沟之中，不能出师，必须在邑中祷告天命，占之有悔吝。

上六是泰卦的极点，盛极而衰的时刻。告诫泰极而否，颓势已经显现，只可消极地使损失减少到最低限度，不可逞强力图挽救。

《彖》曰：泰，"小往大来，吉，亨"。则是天地交而万物通也，上下交①而其志同也。内阳而外阴，内健而外顺，内君子而外小人②。君子道长，小人道消③也。

[注释]

①上下交：上下交感，矛盾调和，统治稳定。上喻君，下喻臣。

②内君子而外小人：泰卦卦象是阳在内，阴在外。内为外之主，像职居要津的君子主政于朝廷，而官位卑下的小人听命于君子。

③君子道长，小人道消：君子之道兴盛起来，小人之道衰落下去。说明阳息阴消。

[译文]

《彖传》说：泰卦，"小往大来，吉，亨"。就是天地之气相互交感而万物得以通达，上下相交，矛盾调和，统治得以稳定。内卦乾为阳，外卦坤为阴；内卦刚健，而外卦柔顺，内卦为君子，外卦为小人。君子之道兴盛起来，小人之道衰落下去。

《象》曰：天地交，泰。后①以财成天地之道，辅相天地之宜②，以左右民。"拔茅征吉"，志在外也。"包荒""得尚于中行"，以光大也。"无往不复"，天地际也。"翩翩不富"，皆失实也。"不戒以孚"，中心愿也。"以祉，元吉"，中以行愿③也。"诚复于隍"，其命乱④也。

[注释]

①后：君王。李鼎祚《周易集解》引虞翻说："后，君也。阴升乾位。坤，女主，故称后。"

②财成天地之道，辅相天地之宜：当裁（同财）成天地之道，即掌握利用自然变化规律；辅助（相）天地之宜，即辅助自然变化合乎时宜。财，同裁；辅相，辅助。

③中以行愿：以中道履行其志愿。六五阴柔居中，有中德，而乐于顺应下体之九二，故有此说。

④命乱：命，天命；乱，变乱。

[译文]

《象传》说：天之阳气上升，地之阴气下降，阴阳交合，化生万物，使万物通泰。人君观此象，当裁成天地之道，以适应自然变化的规律；辅助天地自然变化以合乎时宜，从而治理百姓，使之安泰。

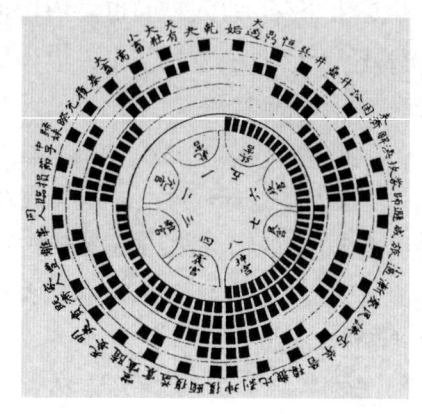

先天六十四卦方位图

〔初九〕"拔茅征吉"，其行动将与外卦六四的志向相投合，从而出于世，以伸其才能。

〔九二〕"包荒""得尚于中行"，这是光明正大的。

〔九三〕"无往不复"，达到天地变化的极限了。

〔六四〕"翩翩不富"，都是不诚实造成的。"不戒以孚"，是发自内心的意愿。

〔六五〕"以祉，元吉"，以中道履行其志愿。

〔上六〕"城复于隍"，天命要发生改变，政权有倾覆之危险。

否卦第十二

䷋ 天地否（坤下乾上）

否①：否之匪人②，不利君子贞。大往小来③。

初六：拔茅茹，以其汇，贞吉，亨。

六二：包承④，小人吉，大人否⑤。亨。

六三：包羞⑥。

九四：有命，无咎⑦，畴离祉⑧。

九五：休否⑨，大人吉。其亡其亡，系于苞桑⑩。

上九：倾否⑪，先否后喜⑫。

[注释]

①否（pǐ）：卦名，卦象为坤下乾上，即地在下，天在上。本卦合于正常序位，应该安泰，但因事物是不断变化的，天和地是不断循环的。天自上而下，地自下而上，这个循环过程将带来错位，所以叫作否。否为闭塞不通的意思。泰极而否，否极而泰，互为因果。否卦体现了事物对立面之间不相应和，即上下不交，阴阳不合。天地之气背离而不能交感，万物就不能生长。

②否之匪人：否塞之时利在小人。否，否塞不通；匪人，小人。

③大往小来：乾阳离内而居外（上），坤阴来复而居内（下）。因内为主，故否卦为阴得势，阳失势。比于人事，则是利在小人。

④包承：包容、承顺。

⑤大人否：大德之人不顺利；大人，大德之人。

⑥包羞：屈己从上而无羞耻。六三爻以阴柔近上，所处不中不正，象是小人谄媚。包，包涵顺承于上，亦即屈己从上之义；羞为羞耻。

⑦有命，无咎：领受君命（而行）无过错。九四以阳刚居九五之下，是为有济否之才，若有顺于九五而不自专，就能成济否之志愿。命，君命。

⑧畴离祉：众人依附而同得福禄。畴，众；离，附；祉，福。

⑨休否：停止否运。

⑩其亡其亡，系于苞桑：念念不忘危亡，就像处在桑树的细条将断的危急情况中。其亡其亡，是对人告诫再三的意思；苞桑，桑树的细条，引申为危殆。

⑪倾否：倾倒否运，即化否为泰。倾，倾倒。

⑫先否后喜：先天下而忧，后天下而乐。否，忧；喜，乐。

[译文]

否卦，坤下乾上。正好与前一卦泰卦具有相反的意思。在泰卦里，天与地二气相交流，以建造安泰之境，万物均得亨通。然而在否卦，天高高在上而地居于下面越来越低。彼此间的隔阂越来越大，而且不得发生其应有的作用，也就是事物处于否塞之时。但否泰两卦并不是各自独立处在自己的态势中，而是它们就像一个铁环的两极，具有不可分离的密切关系。

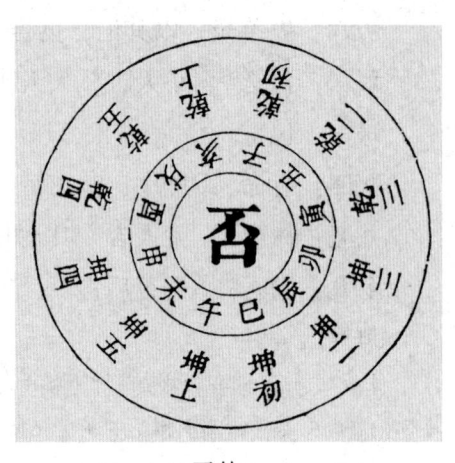

否卦

否卦：否塞之时利在小人，不利君子占问。大的前往，小的到来。

否卦是阴在内卦成长，将阳驱逐到外卦，喻小人得势，君子被排斥的形象。否与泰两卦，以内卦为其时，到了外卦，将是气运转移,而相反的卦旨开始发生作用之时。泰卦一到外卦,渐见否卦的气运;天地否这一卦,应该以内卦之时为否中之否、外卦为否中之泰去判断。否卦表面上处在阻塞不通的形势,而背面却渐见泰安通达的迹象。因此,不要循表面正面而尽量走内线工作,才能达到目的。

初六:拔茅草,牵动其同类,占卜吉利,通达。

下卦的三个阴爻,就像茅草的根,相互牵连,是上下闭塞的形象。因是初爻,小人凶恶的面目,还未充分显露,因而告诫君子应精诚团结,就可吉祥亨通。

六二:包容,顺承,小人吉,大人不吉。亨通。

六二阴柔,但在中位,阴爻阴位得正,虽然是小人,但还能明辨是非,顺应时势,因此能得吉利。然而大人在这君子道消无可作为之时,也就不要与时势相逆而行,也不要显现其道,始终顺从否塞的气运,自我包承之,以期他日的亨通。

六三:屈己从上而不感羞耻。

六三阴爻阳位不正,又离开了中位,已经完全是小人了。而且已与上卦的阳爻接近,阴谋伤害君子,丝毫不知道羞愧。

九四:领受君命(而行)无过错。众人依附而同得福禄。

九四爻为否中之泰的开始,居于君侧的重要位置,为君子而效力,得以无咎。这样的努力,并非自己个人之福,其惠泽将施及许多同辈。

九五:停止否运,大人吉利。念念不忘危亡,就像处于桑树的细条将断的危急情况中,动一动就要断掉了的时候。

九五阳刚中正,可以排除小人势力的时机已经到来,但仍应谨慎从事,警惕反击。

上九:否运已经倾倒,先天下而忧,后天下而乐。

上九已经是否的终了,物极必反,这是事物发展的必然趋势。

上九阳爻刚毅，足以使闭塞之运倾倒。说明了否极必然泰来。

《彖》曰："否之匪人，不利君子贞，大往小来。"则是天地不交而万物不通也，上下不交①而天下无邦②也。内阴而外阳，内柔而外刚，内小人而外君子③，小人道长，君子道消也。

[注释]

①上下不交：君臣上下不相通。

②天下无邦：国家散乱不得治理。

③内小人而外君子：本为卑贱的人在（朝廷）内主事，有才德的人在（朝廷）外听命。坤卦，为柔、为小人，居内；乾卦，为刚、为君子，居外。

[译文]

《彖传》说："否之匪人，不利君子贞，大往小来。"就是指天地、阴阳之气不相交接而万物不得通畅，君臣上下不相沟通而使国家散乱无法治理。内部阴而外部阳，内里柔而外部刚，小人在〔朝廷〕内主事，而君子在〔朝廷〕外听命，这是小人得势而君子力量渐渐消失的情况。

《象》曰：天地不交①，否。君子以俭德辟难，不可荣以禄②。"拔茅贞吉"，志在君也。"大人否，亨"，不乱群也。"包羞"，位不当也。"有命无咎"，志行也。"大人之吉"，位正当也。否终则"倾"，何可长也。

[注释]

①天地不交：乾，为天为阳，阳在上，升而不降；坤，为地为阴，阴在下，降而不升，故阴阳背离，不相交合。

②以俭德辟难，不可荣以禄：当收敛自己的才德，避开乱世；不可享受荣华俸禄，免于与小人同流合污。

[译文]

《象传》说：天地不相交接，是否卦。君子应当收敛自己的才德,避开乱世;不可以俸禄为荣,免于与小人同流合污。

〔初六〕"拔茅贞吉",只安于下位而心祟君上〔指九四〕。

〔六二〕"大人否,亨",不能使上下不分,阴阳不明。

〔六三〕"包羞",以阴柔处阳刚之位,不中不正,称位不当。

〔九四〕"有命无咎",以其阳刚志在与下位初六之阴柔相交,以改善否塞状况。

〔九五〕"大人之吉",居中正之位,下有六二相应,故可以完成大人的志向。

〔上九〕否卦发展到终极,就会被"倾",这是因为否极泰来,不会闭塞长久的。

同人卦第十三

☰ 天火同人（离下乾上）

〔同人①〕：同人于野②，亨。利涉大川。利君子贞。

初九：同人于门③，无咎。

六二：同人于宗④，吝。

九三：伏戎于莽⑤，升其高陵，三岁不兴⑥。

九四：乘其墉，弗克攻⑦，吉。

九五：同人，先号咷而后笑⑧，大师克相遇⑨。

上九：同人于郊⑩，无悔。

[注释]

①同人：卦名。二字脱去，今补上。卦象离下乾上。离的象征物为火，象征意义是附丽。乾为天为健。乾的阳气与离的火气均具有上升的德性，同时两者都是有气而无形。乾的阳气当太阳，离之性附丽于物体而发出火来，两者都能以其光亮照物，其作用相似。因此，这卦比喻志同道合的人共同协力的意思，而起名为同人。《杂卦传》说"同人亲也"，同志之间总是亲切的，这是自然的道理。同人卦中只有六二为阴爻，得位得中，具有柔顺中正之德。且与九五阳爻相应。否卦是天地不交，发展到一定阶段就要被同人否定，以便进入泰安之境。

②同人于野：与人和同，其亲辅之情达于旷野。同人，卦名，有与人和同、亲辅之义。野，旷野。古代邑外谓郊，郊外为野。

③同人于门：走出家门与人和同，亦即求大同。初九爻为同人卦之始，与九四不相应，故有无私而同人之象。

④同人于宗：只与宗族的人和同。宗，宗族。

⑤伏戎于莽：埋伏兵于草丛之中。九三不中，与上九不应，欲近取六二，而九五与六二正应，欲比六二必战九五，故有伏兵于途中之象。伏，潜伏；戎，戎兵即军队；莽，草丛。

⑥升其高陵，三岁不兴：敌人先上了高坡，居高临下，将伏兵打得惨败，多年不能恢复元气。亦即不与人和同，结果造成大祸。陵，高地；不兴，不振兴。

⑦乘其墉（yōng），弗克攻：登上高墙而不攻取。九四爻居九三之上，有登高墙之象，以上攻下有失为上之道，故不宜攻取。乘，登；墉，高墙。

⑧先号咷而后笑：先遭危难而大哭，后得援助而喜笑颜开。号咷，大哭。

⑨大师克相遇：大军攻克（城）而会师。大师，大军。

⑩同人于郊：与邑外之人和同。郊，金景芳《周易全解》说："古代国家以邑为中心，邑外是郊，郊外是野。"

[译文]

同人卦，由离下乾上构成。事物不会老在否塞的状况下，否到极点，上下间相违背的情形逐渐解除，只要人们上下一心去行动，必能打开否塞而建立亨通之境，所以否卦之后就配上了同人卦。

同人卦：处旷野与人和同，亨通。宜于涉越大河，利君子行其正道。

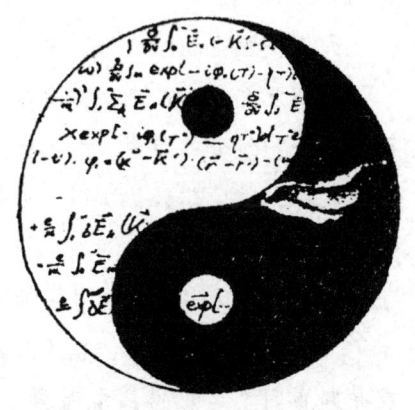

玻尔在阴阳太极图上演算的手稿

以光明正大为目标，与人协力合作努力向前，人人调和，意志沟通，即使有如"涉大川"的冒险犯难的大事，也能够完成。

初九：走出家门与人和同，无害。

初九是同人卦开始的第一爻，刚毅，又与九四不相应。但也象征其与人交往无私情，所以能走出家门与人和同。说明和同首先要打破门户的成见。

六二：只与宗族的人和同，则难行。

六二中正，与九五阴阳相应，通常是吉的象征；但这一卦却甚为不利。这是因为六二乘于初九，又承九三，初九、九三为"宗"，所以就有了"于宗"之词。六二只与其宗为同人，却不符合正道。舍弃正应的君、夫，而亲近于自己的同宗，因此才是"吝"的。

九三：埋伏兵于草丛之中，敌人却先占了高陵，居高临下，将伏兵打得惨败，以至于多年不能恢复元气。

九三阳爻阳位，不在中位，情性暴躁，过于刚强，与上九又同性相斥，其追求六二的意思尤为强烈。可是六二与九五正应，关系密切夺走六二，九五必定加以攻击，这样九三却埋伏兵，仍是被强大的九五打败。

九四：登上城墙而不再进攻。吉利。

九四既非六二的应爻，也非比爻。因此，虽登上城墙，却知难而退，不抱过分的希望。九三伏戎于莽，要施用计谋。但九四却有自知之明，就此想开，所以，占断吉祥。说明和同代表正义，必然使邪恶屈服。

九五：与人和同，先号哭而后大笑，大军攻克（城）而会师。

九五爻是成卦之主，也是与具有同人之因的六二正配之爻。那就是践履同人之正道，求而得之的一爻。因为和同，并达到了目的，所以用先哭而后笑来比拟。说明和同仍需排除障碍，必要时不惜采取强硬手段，先苦而后甘。

上九：与邑外之人和同，无悔恨。

上九在这一卦的最外面，里面没有呼应，无人与他和同，所以只有与邑外人和同。但他不管怎么孤独，也不同流合污，早已觉悟，因而会有悔恨。说明和同应本着积极的态度，但也并非同流合污。

《彖》曰：同人，柔得位得中，而应乎乾①，曰"同人"。同人曰"同人于野，亨，利涉大川"，乾行②也。文明以健③，中正而应，君子正也。唯君子为能通天下之志。

[注释]

①柔得位得中，而应乎乾：这是说明同人卦六二爻为主爻。乾，指九五。以六二得位居中，与九五志通相应。孔颖达《周易正义》疏说："柔得位得中者，谓六二也；上应九五，是应于乾也。"

②乾行：君道得以推行。

③文明以健：同人，下离上乾，乾为健，离为火，象文明。

[译文]

《彖传》说：同人卦，阴爻柔顺，得位又持中，又与九五相呼应，叫作同人卦。同人说："同人于野，亨，利涉大川"，君道得以推行。禀性文明而又刚健，行为中正而又互相应和，这是君子的纯正美德。只有君子才能统一天下民众的意志。

《象》曰：天与火，同人。君子以类族辨物①。出门"同人，又谁咎也？""同人于宗"，吝道也。"伏戎于莽"，敌刚②也。"三岁不兴"，安行也。"乘其墉"，义"弗克"也。其"吉"，则困而反则③也。"同人"之先，以中直也。"大师相遇"，言相克也。"同人于郊"，志未得也。

[注释]

①类族辨物：君子小人以类相聚，使事物得以分辨。类，同类；族，聚；辨，分辨；物，事物。

②敌刚：敌人（指九五）太强大。

③困而反则：因穷困而回复到原则立场。困，穷困；反则，回复到原则立场。

[译文]

《象传》说：天与人，合成同人卦。君子观此象，用以分析事物的族类，辨别事物的情况。

〔初九〕出门能与"同人"，有谁怪咎呢？

〔六二〕"同人于宗"，范围过窄，故作"吝道"。

〔九三〕"伏戎于莽"，遭到失败，是因为敌人太强大，"三岁不兴"，怎能取得行动成功呢？

〔九四〕"乘其墉"，这是不义的举动，所以不能胜利。其"吉"，则是因其处穷困而能改过。

〔九五〕"同人"的先哭，是表示九五刚健、中正，专心一志在追求应位的柔顺中正的六二。"大师相遇"，说的是共同克敌制胜。

〔上九〕"同人于郊"，尚未得志。

大有卦第十四

䷍ 火天大有（乾下离上）

大有①：元亨。

初九：无交害②，匪咎，艰则无咎。

九二：大车以载③，有攸往，无咎。

九三：公用亨于天子④，小人弗克。

九四：匪其彭⑤，无咎。

六五：厥孚交如，威如⑥，吉。

上九：自天祐之⑦，吉，无不利。

[注释]

①大有：卦名，卦象为下乾上离。乾为天为健，离为火为附。火在天上，光热遍天下，比喻获得大丰收。大有卦与同人卦互为综卦。大有的一阴爻，在君位上虽然柔弱，却能包容，具备支配五阳爻之强力，所以才叫大有。这是从卦象、爻象上看大有是大丰收。同时大有还有盛大、丰富的意思。

②无交害：不要彼此侵害。

③大车以载：大车能载物，喻堪负重任。九二以阳刚居乾体之中，是中刚不弱能载之象。

④公用亨于天子：公侯向天子献贡品。亨，通享，指朝献。帛《易》作"芳"，乃音近，与"亨"字通假。

⑤匪其彭：不以盛大骄人。匪，非；彭，盛大。

⑥厥孚交如，威如：诚实守信用，光明磊落，而又显露出威严。厥，其；孚，诚信；威，威严、敬畏。

⑦自天祐之：有上天保佑。祐，即佑，保佑。

[译文]

大有卦，下乾上离，由天火同人卦而易位成为大有卦之后，可以取象为天上有太阳的景象。太阳在天上照耀并化育万物，是具有大德的象征。一阴爻六五，在尊位得中，与下卦"乾"的天相应，象征应天命，得人心，足以领导人民完成伟大的事业。所以，占断是大亨通。

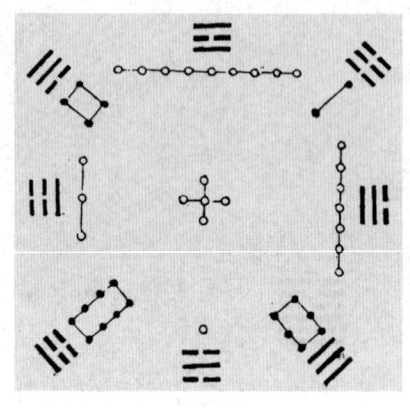

后天八卦与洛书贯图

大有卦：大亨通。

这卦正是诸事处在荣盛光耀的顶峰，是旺盛而又丰裕的时候。随着时间的推移，其优势必将减低。所以，凡事务必趁此时作周全之防备。同时，这卦与泰卦有相似之处，与其在本卦得到它，不如在之卦得到的较为有利。

初九：不彼此侵害，就没有灾祸。遇到艰难，警慎戒惧，仍无害。

初九为大有之始，正专心致志努力保其大的阶段。虽然还不能出人头地，尚缺少有力的援助，但只要不彼此侵害，无大收获，也不会有大的过失。

九二：大车载着货物，对别人有所赠予，无灾。

九二阳刚，居中位，有才能，做事又不过分，又与六五相应，象征受到信任。并被委以重任，就像车载满货物，无论所往皆有所赠予，是无灾的。强调了中庸的重要性。

九三：公侯向天子朝献贡品，小人做不到。

九三阳刚，阳爻阳位得正，在下卦的最上位，相当于公侯。将自己拥有之物呈奉给天子。能尽臣子之节，能尽心尽力朝献贡品，但小人贪欲而不知奉献。

九四：不以盛大骄人。无灾。

九四阳刚，本来势力至为充沛，但是强自压抑而不表露出来。这爻在六五的君王之侧，又是阳爻，本来具有权威，但自己知道加以节制。自己能够因守其位，不炫耀其聪明，所以不至招来灾祸。

六五：以其诚信相交，又有威严，吉利。

六五爻为成卦的主爻。柔顺谦虚，在中位，中庸而不偏激；又处尊位，与九二刚柔相应。以人事比拟，这是上以诚信待下，下必也以诚信回报的时候。但是还必须要有威严，恩威并济，才会吉祥。

上九：有上天保佑，吉祥，没有不利。

上九爻是大有卦的终了，那是日丽中天，大有的盛极之时。强调应有满而不溢的修养。

《彖》曰：大有，柔得尊位大中，而上下应之①，曰"大有"。其德刚健而文明，应乎天而时行，是以元亨。

[注释]

①柔得尊位大中，而上下应之：指六五爻为大有卦之主爻。六五爻为阴，故柔，处五故得尊位，居大体（离明光大）之中故大中，独阴为诸阳所与，故说上下应之。

[译文]

《彖传》说：大有卦，阴爻以柔处大有的尊位，而上下阳爻均相呼应，称为大有。它的德性刚健又文明，又能得天之因应而按时运行，因此，大亨通。

《象》曰：火在天上，大有。君子以遏恶扬善，顺天休命[①]。大有"初九"，"无交害"也。"大车以载"，积中不败也。"公用亨于天子"，"小人"害也。"匪其彭，无咎"，明辨晢[②]也。"厥孚交如"，信以发志也。"威如"之吉，易而无备[③]也。大有上吉，"自天祐"也。

[注释]

①顺天休命：顺应天理，完美性命。大有卦象为火在天上，光明普照，似乎表示天命的"美"与"善"。君子顺应之，就要遏恶扬善。休，美。

②明辨晢（zhé）：金景芳《周易全解》注为"非常明智"。

③易而无备：简易而行无须防备。六五爻以诚信交诸阳爻，故说易；不以威而威，上下皆应之，故说无备。

[译文]

《象传》说：〔乾下离上〕火在天上，是大有卦。君子观此象以行事，当制止恶人恶事，彰扬善人善事，顺应天理，完美性命。

〔初九〕大有卦初九，没有彼此侵害。

〔九二〕"大车以载"，财物堆积车中不会变坏。

〔九三〕"公用亨于天子"，"小人"那样做就有祸害了。

〔九四〕"匪其彭，无咎"，非常明智。

〔六五〕"厥孚交如"，目的是伸信义以明大志。"威如"而吉，是因为简易而行无须防备。

〔上九〕大有卦的"上九"吉利，是"自天祐"获得的。

谦卦第十五

䷎ 地山谦（艮下坤上）

谦①：亨。君子有终②。

初六：谦谦君子③，用涉大川，吉。

六二：鸣谦④，贞吉。

九三：劳谦⑤，君子有终，吉。

六四：无不利，㧑谦⑥。

六五：不富以其邻⑦，利用侵伐⑧，无不利。

上六：鸣谦，利用行师征邑国⑨。

[注释]

①谦：卦名，卦象为艮下坤上。艮为山为止，坤为地为顺。地在上，山在下。艮为高耸的山，它虽具有高高在上的位置，却以卑低的态度，让于地之下。不自夸耀其才能。以谦卑的态度待人，这是本卦卦德之所在。谦，谦虚、谦让、谦逊的意思。谦卦大义，均是赞扬"谦虚"的美德。可贵的是，这种"谦虚"是有原则的谦虚，不是无原则的谦虚。它也明确提出对搞掠夺、搞侵略的邻国要予以坚决的回击。《象传》和《彖传》进一步阐发了谦虚的意义和要求。

②君子有终：君子有好的结果。

③谦谦君子：谦之又谦的君子。初六爻以阴柔处卦之最下，可谓谦中之谦，如此之谦逊，非君子不能做到。谦，谦虚。

④鸣谦：有声望而谦虚。鸣，声，指声望。

⑤劳谦：有功劳而能谦。九三爻以一阳应诸阴，故劳，居下体，故谦。劳，功劳。

⑥㧑(huī)谦：注意施行谦德。㧑，施行。

⑦不富以其邻：国之不富，因受邻国掠夺。不富，物资不丰富；以，因；邻，邻邑或邻国。

⑧利用侵伐：宜于讨伐侵略者。

⑨利用行师征邑国：利于举兵讨伐邻国。行师，指挥军队；邑国，邻国。

[译文]

谦卦，艮下坤上，高耸的山在地之下，象征谦虚、谦让。谦卦排在大有卦之后，大有是隆盛富有的时候，但富有之极，或将导致灾祸。究竟怎样才能既富有又不至于酿成灾殃呢？那就需要以谦逊谦卑之德而守之有恒，所以就配以谦卦。

谦卦：亨通。君子有好的结果。

这卦是说，凡事应戒轻举妄动，务求隐藏其才能，静待时机，必能遇到真正施展的机会。如果忍耐不住盲目地前进，必将失败。另外可观察出，此卦有高处的树枝掉落到下面被掩盖埋藏之象。

初六：谦而又谦的君子，用以涉越大河，吉利。

初六阴爻，柔顺，甘心在最下位，这才是君子应有的态度。一个"用"字强调谦虚并非消极的退让，而是积极的有所作为。

六二：有声望而谦虚，占问得吉。

六二阴爻阴位，在下卦中位，因而吉祥。

九三：有功劳而能谦，君子有好的结果，吉利。

九三是这卦唯一的阳爻，处于下卦的最上位，相当于负有重大责任的人物，九三阳爻刚毅，阳爻阳位得正，因而上下五个阴爻都信赖它，以它为重心。说明可骄傲而不骄傲，才是真正的谦虚。

六四：无不顺利，随时注意施行谦德。

六四阴爻居于阴位得其正，又在君主之近侧，其施行谦卑之德，占断不会不利。

六五：国之不富，因受邻国掠夺，宜于讨伐侵略者，无所不利。

六五阴爻，柔顺、谦虚，在至尊的地位象征有德之人，但过于谦卑，必将遭受讥侮。如果有人来欺侮，是宜于讨伐的。因为自己有谦德，众望所聚，也就必能获得胜利。无往不吉利。

上六：有声望而又谦虚，利于举兵讨伐邻国。

上六是谦卦的极点，将变成不逊的兆头。现在要和应位的成卦主劳谦君子同心协力，去讨伐不逊不服的邻国。

《彖》曰：谦，"亨"。天道下济而光明①，地道卑而上行②。天道亏盈而益谦③，地道变盈而流谦④。鬼神害盈而福谦⑤，人道恶盈而好谦⑥。谦，尊而光，卑而不可逾，君子之终也。

[注释]

①天道下济而光明：以乾阳居下明谦，表现为光明普照。九三爻为谦卦唯一阳爻，乾阳为天。居下体，故说天道下济；一阳处诸阴之中，故说光明。

②地道卑而上行：以坤体在上明谦义，结果却能气上云天。坤体本在下，故说地道卑，而在谦卦居上，故说上行。

③天道亏盈而益谦：天行之道使盈满者减损，虚缺者增益。亏，亏损；谦，谦卑，引申为虚缺。

④地道变盈而流谦：地势变化使高者损，低下者流注。地道，犹说地势的变化规律；变，损变；流，流注；谦，谦卑，引申为低下。

⑤鬼神害盈而福谦：鬼神惩罚骄盈者，保佑谦恭者。害，祸害；福，福佑。

⑥人道恶盈而好谦：人道也讨厌骄盈，喜好谦逊。恶，厌恶；好，喜好。

[译文]

《彖传》说：谦卦，"亨"。天道是对下周济而光明普照，地道虽位置卑下结果能使气上云天。天道使盈满者减损，虚缺者增益；

地势变化使高者损、虚缺者增益。鬼神惩罚骄盈者，而保佑谦恭者；人道也讨厌骄盈，喜好谦逊。谦虚受到尊敬，发出光辉，在卑贱时也不违背原则，所以君子能够有始有终。

《象》曰：地中有山，谦。君子以裒①多益寡，称物平施。"谦谦君子"，卑以自牧②也。"鸣谦贞吉"，中心得也。"劳谦君子"，万民服也。"无不利，㧑谦"，不违则也。"利用侵伐"，征不服也。"鸣谦"，志未得也。"可用行师"，征邑国也。

[注释]

①裒（póu）：减少。

②卑以自牧：自甘卑下，以养谦德。牧，养。

[译文]

《象传》说：地中有山，是谦卦。君子观此象以行政事，当减少多的而增益少的，称量物品多少，平均施之于人，使天下无不平。

〔初六〕"谦谦君子"，自甘处于卑下的地位，以养谦德。

〔六二〕"鸣谦贞吉"，这是由于心中对谦虚的美德有所领悟的缘故。

〔九三〕"劳谦君子"，使万民无不归服。

〔六四〕"无不利，㧑谦"，这是不违原则。

〔六五〕"利用侵伐"，是为了讨伐不服的人。

〔上六〕"鸣谦"，仍然不能得志，可以"用行师"征战邻国，以伸张正义。

豫卦第十六

䷏ 雷地豫（坤下震上）
豫①：利建侯，行师②。
初六：鸣豫③，凶。
六二：介于石④，不终日，贞吉。
六三：盱豫⑤，悔；迟，有悔。
九四：由豫⑥，大有得。勿疑，朋盍簪⑦。
六五：贞疾，恒不死⑧。
上六：冥豫成，有渝无咎⑨。

[注释]

①豫：卦名，卦象为坤下震上。帛《易》作"馀"。外卦震为雷，内卦坤为地。指春天一到，雷气奋出，万物显得有活力，又充满喜悦逸乐的意思。雷自由地飞腾于太空，比喻人们突破、摆脱一切羁绊，发舒自得，纵情适意，欢快逸乐。卦辞着重指出，这种愉悦的心情对于事业很有意义，有利于封侯建国，出兵打仗。同时强调"乐"的两个要点：一是应当顺性而乐，适可而止；二是使天下同归安乐。

②利建侯，行师：宜于建侯国，用兵作战。侯，侯国；行师，用兵。

③鸣豫：逸乐过甚，闻之于声。初六与九四皆不得位而相应，像轻浮之人有恃无恐，玩物丧志。鸣，声闻；豫，逸乐。

④介于石：坚如石。介，同砎，坚；于，如。

⑤盱豫：仰视于上，以媚颜附势为乐。盱（xū），张目，指得势喜悦之貌。六三不在二五，非中，阴质居阳位；非正，以不中不正切近九四，故称之。

⑥由豫：有来由的安乐。由，来由。

⑦勿疑，朋盍（hé）簪：至诚不疑，群朋聚合而速来。九四阳爻，使诸阴相合而欢。勿，不；朋，朋友；盍，合；簪，古代用来绾头发的针形首饰，此引申为连合、聚会。

⑧贞疾，恒不死：居正而患疾，长久而不死。六五爻居尊位，故贞；乘九四之刚，受凌于专制之臣，故疾；以阴柔处中自守，未至于害，故恒不死。贞，正；疾，疾患。

⑨冥豫成，有渝无咎：糊涂而享受安乐已成习性，有所悔改，方可"无咎"。冥豫，糊涂享受安乐；成，成性也；有渝，有悔改。

[译文]

豫卦，坤下震上。震为雷，坤为地，雷出地上。当春季，雷从地上跃出，惊醒万物，万物和乐，欣欣向荣。揭示人们应与物同乐，去忧存乐，使天下同归安乐。

豫卦：宜于封侯建国及用兵作战。

豫卦像雷奋出于地上之象一

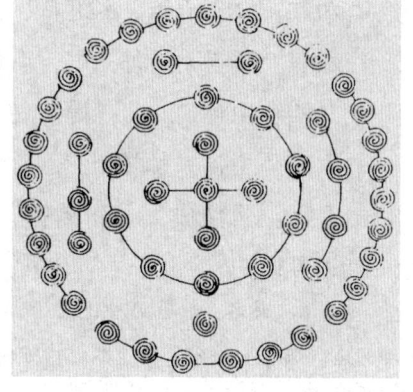

古河图

般，人与诸万物，都到了奋进而出动的时候。从前屈居于低下的人，现在开始为社会所认识，并渐渐见其喜悦的时候。不过，雷之为物，有声而无形影。所以，也可认为只有其虚名而没有实效实利可言。同时愉悦与虚逸又是相通，往往会导致懈怠而失败，以至于不但得不到幸运却反而造成灾祸。即使如此，也反映出其地位、身份、居住等方面会有所变动。

初六：逸乐过甚，闻之于声，将有凶。

初六阴爻阳位不正，却与九四相应，在上层有强大的支持和援助，能够随心所欲，得意扬扬，以致忘乎所以，这种过度逸乐，结果必凶。愉快享乐应适可而止，否则，便不会吉祥。

六二：坚如石，在一天中，随时都慎思明辨，看破吉凶，固守纯正，因而吉祥。

六二阴爻阴位得正，又居中位，象征上下各位都沉逸于欢乐之中，唯独他保持着清醒的头脑，欢乐得有分寸，不至于终日耽溺。

六三：佞媚为乐，应悔改；迟迟不能改正，将有悔恨。

六三阴爻阳位不正，又不在中位，接近强劲的九四，因而，仰视九四的脸色，迎合其心意，以取媚为乐。因此要悔改，如果不及时悔悟，必将落到悔之莫及的凶恶境地。

九四：安乐而有缘由，自会大有所得。至诚不疑，群朋聚合而速来。

九四爻是本卦唯一的阳爻，是众阴求取安乐的对象。它是成卦的主爻。又是大臣的地位，与上下各阴爻呼应，成为朋友、同志，更得六五君王信任，成为安和乐利的中心人物，所以大有所得。它毕竟是一阳系住众阴，其诚心确实没有疑问，同志就速来而聚合。说明了精诚团结，才能安乐。

六五：居正而患疾，长久而不死。

六五阴柔处至尊之位，下有刚强的九四，像是重病的人。不过，六五处上卦中位，还没有丧失权威，不至于灭亡。强调乐而不可忘忧，坚守纯正，可避免灭亡。

上六：糊涂而享受安乐已成习性，有所悔改，无害。

上六阴柔，已达到安乐的极点，乐极生悲，离灾祸已经不远。但能够悔改，仍不会有祸。强调乐极生悲，应时时求变，才可以保持长久。

《彖》曰：豫，刚应而志行顺以动，豫①。豫顺以动，故天地如之，而况"建侯行师"乎？天地以顺动，故日月不过，而四时不忒②。圣人以顺动，则刑罚清而民服。豫之时义大矣哉！

[注释]

①刚应而志行顺以动，豫：此释卦名。以柔应刚，则柔顺刚动，阳刚之志推行，其乐无比。刚应，指以柔应刚。豫卦五爻皆阴柔，唯九四为阳刚，是众柔应一刚。顺以动，豫卦坤下震上，震为动，坤为顺，故说顺以动。

②忒（tè）：差错。

[译文]

《彖传》说：豫卦，以柔应刚，阴柔顺刚动，阳刚之志得以实现，顺应自然而动，称为豫卦。豫卦顺应自然而动，所以天地和它一样，何况能够"建侯行师"呢？天地按照自然的规律而动，所以日月的运行无过差，而四时的循环也不会错。圣人顺应自然而动，虽不至于动用刑罚，民众还是心悦诚服以乐太平。豫卦讲顺时而动，意义多么重大啊！

《象》曰：雷出地奋①，豫。先王以作乐崇德②，殷荐之上帝，以配祖考③。初六"鸣豫"，志穷"凶"也。"不终日，贞吉"，以中正也。"盱豫有悔"，位不当也。"由豫，大有得"，志大行也。六五"贞疾"，乘刚也。"恒不死"，中未亡也。"冥豫"在上，何可长也？

[注释]

①雷出地奋：以卦象明卦义。豫卦坤（地）在下，震（雷）在上。古人认为雷冬藏地中，于春始出，雷在上故说雷出，雷震报春，地上万物生机勃发，故说地奋。

②作乐崇德：创制音乐以歌功颂德。作，创制；乐，音乐；崇，颂扬。

③殷荐之上帝，以配祖考：将盛乐进献给天帝以及祖先，亦即与鬼神同

乐之义。殷，盛、热烈、殷勤；荐，进献；上帝，天帝（神）；以配，犹说以及；祖，祖父；考，父亲；祖考，祖先。

[译文]

《象传》说：雷出地动，是豫卦。正当春季，雷出地上，惊醒万物，万物和乐，欣欣向荣。先王据此制作音乐来歌颂鬼神之德，隆重地进献给上帝以及祭祀祖先的亡魂，揭示人们应与物同乐，去忧存乐，使天下同归安乐。

〔初六〕"鸣豫"，是说欢乐之志穷极导致凶险。

〔六二〕"不终日，贞吉"，是因为居中持正。

〔六三〕"盱豫有悔"，因为六三居位不正当。

〔九四〕"由豫，大有得"，说明九四的阳刚志向大为施行。

〔六五〕"贞疾"，阴柔乘于阳刚之上。"恒不死"，因为居中不偏不至于败亡。

〔上六〕"冥豫"，在最上的位置，安乐至极，怎能长久呢？

随卦第十七

泽雷随（震下兑上）

随①：元亨，利贞。无咎。

初九：官有渝②，贞吉。出门交，有功③。

六二：系小子，失丈夫④。

六三：系丈夫，失小子⑤。随有求得⑥，利居贞。

九四：随有获⑦，贞凶。有孚在道⑧，以明，何咎？

九五：孚于嘉⑨，吉。

上六：拘系之，乃从维之⑩，王用亨于西山⑪。

[注释]

①随：卦名，卦象震下兑上。豫卦之后紧接着来到泽雷随卦，随卦里兑在上卦，兑为西方，季节为秋季，那是阳气衰的时候。因此，这卦是到了秋季，原先奋动的雷气将潜藏下来，蓄积其力以待来日再度奋起而出来的象。豫卦以顺而动，到时雷气发动而升起，随卦也是如此，顺着时而雷气潜藏。这两卦特别重视"时"这一特点。随，随从、跟随、随和之意。从卦画来看，刚爻在柔爻之下，也有随的意义。阳卦在阴卦之下，刚爻在柔爻之下，六十四卦中这两种情况都具备的，只有这一卦。阳下于阴，刚下于柔，联系到社会人事来看，象显贵者从于下贱者，学问多的人问于学问不多的人，这正是随的意思。《彖传》、《象传》对随卦卦辞、爻辞又作了进一步发挥。

②官有渝：官吏有变。初九爻为随卦下体之主，故说官。处随之时，不

能不有所偏，故有渝。官，通馆，指馆舍，后引申为在官舍中做事的官吏；渝，变。

③出门交，有功：出门社交，必有功劳。交，社交。

④系小子，失丈夫：与小伙子结合，则失去了丈夫。六二爻与九五爻相应，又近比初九，两者不可兼得，因九五与六二正应，故说丈夫，初九近比不当，故说小子。

⑤系丈夫，失小子：六三爻从九四而舍初九。九四处六三之上，又在上体，得男女之正，故说丈夫，相应的初九称为小子。

⑥随有求得：随从别人，因求而有所得。随，从。

⑦随有获：随从别人而有所获得。九四居兑之初，有悦义，有六三相求，是为有获。

⑧有孚在道：有诚信而守正道。孚，诚信；道，正道。

⑨孚于嘉：施诚信于善意相随者。孚，诚信；嘉，美而善。

⑩拘系之，乃从维之：先遭囚禁，后释放。拘系，囚禁；从维，释放。

⑪王用亨于西山：大王在岐山举行享祭。王，大王；亨，享、享祭；西山，岐山。

[译文]

随卦，震下兑上。震为雷为动，兑为泽为悦。随为跟随、随和、随从之意。兑为西方，季节为秋季，是阳气衰的时候。这卦是到了秋季，原先奋动的雷气将潜藏下来，以蓄积其力以待来日再度奋起而出来。

随卦：开始就亨通。利于占问，无灾害。

雷气之力，得其时足以鼓动万物，现在却隐藏于兑泽之下，

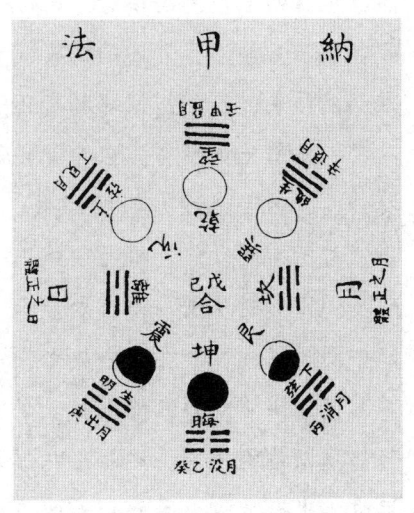

纳甲法图

以待时机之来临。然而，现在之潜伏并非终久在隐伏不动。一旦时机到来，便出现于地上、天上以鼓动万物。就全卦而言，九五之君主以刚居正中之位，而且六二爻也是以阴爻居于阴位，既柔又得中，能与九五之君相应；为臣的也将遵奉君王之命以顺从之，诸事均得随其正而行之。

初九：官吏有变，筮遇此爻，吉利。出门社交，必有功劳。

初九是下卦的主体，凡是一阴二阳的卦，以阴为主体；二阴一阳的卦，以阳为主体。下卦震为动，有动才会随。初九追随他人，有时自己的主张不得不变通，但也不能违背原则。以人事比拟，当官吏有变动时，占得此爻，是吉祥的。出门扩大交往，随从大众的利益，必有功劳。

六二：与小伙子结合，必失去丈夫，不可贪图小利，而有失本分。

六二既想应九五又想与初九相比，不能坚守贞节，等待正当的配偶九五。却因追随身旁的初九，以致失去了丈夫。虽不能说是凶险，但这明显应是恶事。

六三：倾心于九四的丈夫，而丢弃了初九的小伙子。相追随而求必然得到，利于居家守其贞正。

六三的上方没有相应，就会依附靠近的阳爻九四，下方虽有阳爻初九，由于亲近九四的缘故，就舍弃了初九。追随刚强有力的人，虽然有利，但动机必须纯正。

九四：随从别人而有所获得，占问则凶险。有诚信而守正道，能够明哲保身，使在上者放心，还能有什么灾祸呢？

九四阳爻刚毅，接近尊位的九五，实力与君位相当，有能力，当然可以达到愿望。然而，九四凌驾于君王，就难免被猜疑，即或忠贞，也有危险。因此必须诚信、守分，而且能明辨进退之道，方可无灾祸。

九五：存诚于善美，吉利。

九五阳爻阳位得正，在上卦的中位，又与下卦的六二阴阳相应，而且六二也是阴爻阴位得正，也在下卦的中位，亦即中正与中正相应，善与善相随，当然可以信赖，非常吉祥了。本爻强调了择善追随的原则。

上六：先遭囚禁，后又获释，(为此)大王在岐山进行享祭。

上六阴柔，已经到达追随的极限，向上再也找不到出路，就被九五、九四束缚，像囚禁一般难以摆脱。他的心已被收笼，所以虽然将他释放，仍然关系很牢固，所以，用大王在岐山享祭以示其诚。

《彖》曰：随，刚来而下柔，动而说①，随。大亨贞无咎，而天下随时，随时之义大矣哉！

[注释]

①说：同悦。

[译文]

《彖传》说：随，因为刚卦震居于柔卦兑之下，震动而兑悦，有随和顺从之象。大通顺，占问无害。天下人都看准时机而相跟随，可见"随时"的意义是多么重大啊！

《象》曰：泽中有雷①，随。君子以向晦入宴息②。"官有渝"，从正"吉"也。"出门交，有功"，不失也。"系小子"，弗兼与也。"系丈夫"，志舍下也。"随有获"，其义"凶"也，"有孚在道"，"明"功也。"孚于嘉，吉"，位正中也。"拘系之"，上穷也。

[注释]

①泽中有雷：以卦象明卦义。随卦震下兑上，震为雷，兑为泽，故说泽

中有雷。这说明随含潜藏之义。

②向晦入宴息：当日暮之时，及时休息。向晦，日暮；晏息，安息。

[译文]

《象传》说：泽中有雷，是随卦。君子观雷入泽中之象，当日暮之时，及时休息。

说明随卦中蕴涵着"相随"的原则，社会中人与人的关系有上随下、下随上、己随人、人随己，日常生活中的朝作晚息，遇事随时，均当不违正道，诚心从善。其中明显表露《周易》作者处世、修身的哲学观念。

〔初九〕"官有渝"，遵从正道则"吉"。"出门交，有功"，不会失误。

〔六二〕"系小子"，不能兼有。

〔六三〕"系丈夫"，志在舍弃下边的而从上。

〔九四〕"随有获"，它的意义有"凶"。"有孚在道"，"明"有功劳和效应。

〔九五〕"孚于嘉，吉"，因为九五其位中正。

〔上六〕"拘系之"，到达随和的极致，已经没有办法了。

蛊卦第十八

䷑ 山风蛊（巽下艮上）

蛊①：元亨。利涉大川，先甲三日，后甲三日②。

初六：干父之蛊③，有子，考④无咎。厉，终吉。

九二：干母之蛊⑤，不可贞。

九三：干父之蛊，小有悔，无大咎。

六四：裕父之蛊⑥，往见吝。

六五：干父之蛊，用誉。

上九：不事王侯，高尚其事⑦。

[注释]

①蛊（gǔ）：卦名，卦象巽下艮上。巽为风为入，艮为山为止。风具有流通振作的性质，这股风，却被迫停留在山麓之下，不得发生流通作用，以至于空气显得污浊，又有湿气，甚至于发霉，使物体败坏生出蛆虫来。蛊可解为错误惑乱，或解为事，也可解为蛊败。蛊卦与随卦为综卦，《序卦传》说："以喜随人者必有事"，那是过惯了和平又沉溺于悦乐的结果，渐渐失去向上进取的气力，并且在沉闷败坏的空气中，发生毒害的缘故。这种情况如果任其发展，必将更加腐败，所以务必注入清新之气，以资调剂而加改善。在各爻辞中提到改正旧有弊端的重要性。《杂卦传》说"蛊则饬也"——处在蛊乱之中，将着手去进行整饬。有乱并不可怕，关键在于有人能挺身而出与之作斗争。《象传》从"蛊"即乱，能联系到"天下治"的转化时机和趋向。《象

传》讲到"振民育德",都反映出从乱到治的思想,具有积极的意义。

②先甲三日,后甲三日:我国古代用天干(甲、乙、丙、丁、戊、己、庚、辛、壬、癸)、地支(子、丑、寅、卯、辰、巳、午、未、申、酉、戌、亥)记时。甲为天干之首,每旬的第一日为甲日,第十日为癸日,周而复始。先甲三日,即甲日前第三日,为辛日;后甲三日,即甲日后第三日,为丁日。又有人说,"先甲三日"指辛壬癸三日;"后甲三日"指乙丙丁三日。

③干父之蛊:匡正父之过失。干,树干,与枝相对,引申为匡正;蛊,蛊坏、坏事。

④考:父。

⑤干母之蛊:匡正母亲的过失。蛊,蛊坏,即过失。

⑥裕父之蛊:宽容父亲的过失。裕,宽缓。

⑦不事王侯,高尚其事:不为王侯做事,是高尚行为。

[译文]

蛊卦,卦象巽下艮上。艮为山为止,巽为风为入。风能发舒万物,现受阻于山下,万物得不到风的发舒,久必蛊坏,所以卦名为蛊。蛊并不可怕,蛊而后治,可以获得长治久安。蛊与随为综卦,随和容易同流合污,以致腐败;腐败就需要整饬,整饬又要随和众利,两者交互为用。

蛊卦:开始就亨通顺利,利于涉越大河,以甲日前的辛日或甲日后的丁日(为宜)。

蛊卦

这卦是由泰卦的爻位发生变化而来,本来处于安泰之境,久而久之心里开始松懈,耽溺于怠惰安逸,才带来蛊败。因此,正是面临谋求振作以图打开困顿衰颓局面的时候。以人的性格来比喻,本卦卦意所显示，这个人表面上相当威严又有绅士的外貌，然而内心却是浮躁不安而喜欢骚扰。一件事物，那是蛊坏的局面还没有表面化，其污浊的一面尚藏在内部罢了。处在这种境地，腐败的要让它彻底败坏，才能产生清新健全的事物。

初六：匡正父亲的过失，有这样的儿子，父亲无灾祸。虽有危厉，最终得吉。

初六爻是蛊卦的开始，败坏还不严重，容易挽救，因而初六已兢兢业业，开始挽救前人败坏的事业。然而，面临的困难重重，必须奋发勤勉，最后才能吉祥。

九二：匡正母亲的过失，不可固执。

九二阳刚，在下卦的中位，象征有才干的儿子。九二与六五相应，六五是阴，以母亲比拟。这是儿子匡正母亲之过失，应当缓和地劝告，不可固执己见，甚或严辞谴责。应致力于未来的事业。

九三：匡正父亲的过失，虽稍许有些后悔，却无大害。

九三阳爻阳位，过于刚强，又不在中位，其性急躁，亟欲一气呵成去纠正父亲的过失，因而多少会有懊悔。不过，只要动机纯正，就不会发生大的过失。说明挽救败坏的事业，不可刚强过度。

六四：宽容父亲的过失，往后必有困难。

六四阴爻柔位，过于柔弱，不足以担当大任。以这种性格，去处理父亲失败之事，就会过于宽大，不能追究到底和彻底整顿，以致愈陷愈深，困难愈大。说明挽救败坏的事业，必须彻底，不要过于宽容。

六五：匡正父亲的过失，因而得到荣誉。

六五阴爻柔顺，在上卦至尊的中位，下方又有相应的阳爻九二，象征后面有刚毅的儿子为后盾可继承父亲的事业，当会使声誉日隆。说明挽救败坏的事业，必须任用贤能。

上九：不为王侯做事，是高尚的行为。

上九处于边远之地,距蛊的中心远,又是艮山的主爻,相当于山中的君子,孤高居于山顶,无有烦心,身退隐居的情形,不为王侯做事。

《彖》曰:蛊,刚上而柔下①,巽而止②,蛊。蛊,"元亨",而天下治也。"利涉大川",往有事也。"先甲三日,后甲三日",终则有始③,天行也。

[注释]

①刚上而柔下:蛊卦为泰卦爻变而成,泰卦为乾下坤上,初九与上六置换,即为蛊卦。初九阳刚至上,故说刚上;上六阴柔居下,故说柔下。

②巽而止:以卦象明卦义。蛊卦巽下艮上,艮为山为止,故说巽而止。

③终则有始:乱到极点而为治的开始。终,终极;始,开始,意指治之始。

[译文]

《彖传》说:蛊卦,刚卦刚爻都在上,柔卦柔爻都在下;刚柔不交,上下不接,有久绝不通而生事之象。蛊卦讲"元亨",是指天下将大治。"利涉大川",正是向前迈进有所作为的时候。"先甲三日,后甲三日",乱到极点而为治的开始,这是天体运行的法则。

《象》曰:山下有风,蛊。君子以振民育德①。"干父之蛊",意承"考"也。"干母之蛊",得中道也。"干父之蛊",终"无咎"也。"裕父之蛊",往未得也。"干父用誉",承以德也。"不事王侯",志可则也。

[注释]

①振民育德:振济于民,养育其德。振,振济或振起;育,养育或化育。

[译文]

《象传》说:上卦艮为山,下卦巽为风,山下有风,狂风为山所阻,激荡回环,草木乃至万物多有败坏,称为蛊卦。君子观此象当知社会风气败坏，欲振起民心，养育其德。

〔初六〕"干父之蛊"，用意是继承前辈的意志。

〔九二〕"干母之蛊"，符合中正之道。

〔九三〕"干父之蛊"，最终"无咎"。

〔六四〕"裕父之蛊"，往后无所得。

〔六五〕"干父用誉"，是继承了先辈的美德。

〔上九〕"不事王侯"，这是有他自己的志向，自己的准则。

临卦第十九

地泽临（兑下坤上）

临①：元亨，利贞。至于八月有凶②。

初九：咸临③，贞吉。

九二：咸临，吉，无不利。

六三：甘临，无攸利④；既忧之，无咎。

六四：至临⑤，无咎。

六五：知临，大君之宜⑥，吉。

上六：敦临⑦，吉，无咎。

[注释]

①临：卦名，卦象兑下坤上。兑为泽为悦，坤为地为顺。汉帛《易》作"林"。居高视下，引申为临民治政的意思。从自然现象说，这是地临于泽渊的象征。蓄水满满的泽渊，人人均感到好奇，又会起警戒之心，抱一种兴趣去看它。从地与泽两者的关系看，泽水浸入地下，水给予滋润使地中有了生气，这是两者有相临之象。本卦的临字主要取"治"义。引申为威逼、监督、领导、统治等。临，实际也是指事物的一种发展态势而言。临卦之六爻下二阳上四阴。在复卦只是初九一个阳爻，到临卦则发展到初九、九二两个阳爻，正是阳刚盛大之时。

②至于八月有凶：过了八个月，会有凶险。这是以卦象配十二月令，说明阳长亦有消之时，诫人居安思危。十二消息卦（复、临、泰、大壮、夬、

乾、姤、遁、否、观、剥、坤）配十二地支（子、丑、寅、卯、辰、巳、午、未、申、酉、戌、亥），以十一月为始（建子），一阳生为复卦，算至二阴生的遁卦亦即建未之月六月止，凡历八个月。也就是说，八月是自十一月算起的第八个月，不是八月份的意思。因遁卦和临卦正相反对。临卦是二阳生，是二阳方长盛大之时，有元亨之义。至于遁卦的时候，情况发生了根本变化，由于阴阳消长，二阳生变为二阴生，有凶不必至；有凶只是一种可能性，经过主观努力，有凶可以变为无凶。

③咸临：以感化之心临民。咸，感；临，临近。初九爻与六四爻为正应，初九临之则行得正。

④甘临，无攸利：用甜言蜜语，笼络人心，治理民事，必无所利。甘，甘甜，引申为甜言蜜语。六三爻无正应。逆乘二刚（初九、九二），处兑体上，不中不正是以媚悦临于人者，故说甘临。

⑤至临：相临而以诚意相与。六四爻处阳刚浸长之时，以其正位下应初九，故说至临。至，心至，亦即诚意。

⑥知临，大君之宜：大人君子，宜于运用智慧，知人善任，治理民事。知，同智，智慧。

⑦敦临：以敦厚态度临民，民心悦服。敦，敦厚。

[译文]

临卦，卦象兑下坤上，本义为由上往下看，而且应当一切都由自己向对方前进，临卦与下一卦观卦，虽然都具有看的意思，但临卦是由上向下看，而观是由下仰上去看，二者有所不同。在这一卦，临的意思有监督、领导、统治等意义。这一卦也由阳气浸长即从纯阴坤之下的一阳

古太极图

（地雷复）爻，更向前浸长，变成了临卦。临卦将继续变成泰、大

壮、夬。

临卦：开始就亨通，利于占问。过八个月将有凶事。

这卦大体上说是运气在上升。然而，现在虽然走上盛大的气运，不久将有衰微之日。因此，务必谨慎以处置诸事。新的事业，正是着手的大好时机。但展望未来，凡事务须妥为节制。

初九：以感化之心临民，占问吉利。

初九阳爻刚毅，阳爻阳位得正，又与六四阴阳相应，有相互感召的关系，所以，初九不是以威势，而是以人格使六四感动服从。具备了这种德行，所以吉祥。

九二：以感化方法治理民事，吉无不利。

九二在临之世，上应君主之所需，下符民众之所望，是开太平盛世的先锋；九二阳爻刚毅，在下卦中位，与六五又阴阳相应，即升进不会有障碍；所以，占断吉祥，没有不利。

六三：用甜言蜜语，笼络人心，治理民事，必无所利。既然忧而能改，则无灾祸。

六三阴爻居阳位，有其不正之处。它又在下卦兑的主体位置，兑为悦，因而，六三是以甜言蜜语及和悦态度为诱饵，领导众人，当然不利。不过，它能够知过而勿惮改，知道改正其不逊的态度，既忧苦又愿改进以临之，则可得救了。

六四：相临而以诚意相与，无灾祸。

六四阴爻阴位，地位正当，而且与初九阴阳相应。所以，不至于过于自信，又得到贤人的辅助，才会无灾祸。说明领导者能任用贤能。

六五：大人君子宜于运用智慧，知人善任，治理民事，吉利。

六五爻是临卦成卦的主爻，阴爻柔顺，处至尊之处，又在中位，与下方九二阴阳相应，象征本身不必行动，大胆委任下方的贤能（九二）去承担一切事务。大君知道举用有真才实学的人，因而相宜和吉祥。

上六：以敦厚态度临，民心悦服，吉利，无灾祸。

上六在这一卦的最高位，居高临下，但已经是终点，到达领导的极致，通常为不吉祥；但这一卦，上六阴爻柔顺，对下方的阳爻能以敦厚的态度相待，所以吉利而无灾祸。临卦尤其重视位之当与不当加以解释。上六因其位为当，才得以无灾祸。

《彖》曰：临，刚浸而长①，说而顺，刚中而应②。大亨以正，天之道也。"至于八月有凶"，消不久③也。

[注释]

①刚浸而长：初九、九二有阳刚渐长之象。

②说而顺，刚中而应：临卦，兑下坤上，兑为悦，坤为顺，是悦而顺。刚中而应，指九二阳爻为刚，居下卦之中位；六五阴爻为柔，居上卦之中位，两相呼应。说，同"悦"。

③消不久：临卦九二爻以后全为阴爻，象征阳气渐消，不能长久。

[译文]

《彖传》说：临卦有阳刚浸长，和悦顺从，刚柔相应的特点。大亨通而守正道，符合天（自然）的法则，"至于八月有凶"，阳气渐消，不能长久了。

《象》曰：泽上有地①，临。君子以教思无穷，容保民无疆②。"咸临贞吉"，志行正也。"咸临，吉，无不利"，未顺命也。"甘临"，位不当也。"既忧之"，咎不长也。"至临无咎"，位当也。"大君之宜"，行中之谓也。"敦临"之"吉"，志在内也。

[注释]

①泽上有地：临卦，兑下坤上，兑为泽，坤为地，故说泽上有地。地高泽低，居高临下，故说临。

②教思无穷,容保民无疆:当与民众亲密无间,教化、关心人民毫不中断,宽容、保护人民无有止境。教,教化;容保,容纳安保;无疆,无有止境。

[译文]

《象传》说:泽上有地,是临卦。地高于泽,泽容于地。君子观此象,当以教民关心民毫不中断,容民保民以至无限。

〔初九〕"咸临贞吉",思想行动都应端正。

〔九二〕"咸临,吉,无不利",民未顺从君命。君需要以感化之道相临。

〔六三〕"甘临",位置不当。"既忧之",灾咎短暂,不会长久。

〔六四〕"至临无咎",位置正当。

〔六五〕"大君之宜",行为中正的意思。

〔上六〕"敦临"之"吉",显示君王志在邦国,深受爱戴。

观卦第二十

䷓ 风地观（坤下巽上）

观①：盥而不荐②，有孚颙若③。

初六：童观④，小人无咎，君子吝。

六二：窥观⑤，利女贞。

六三：观我生，进退⑥。

六四：观国之光，利用宾于王⑦。

九五：观我生⑧，君子无咎。

上九：观其生⑨，君子无咎。

[注释]

①观：卦名，卦象为坤下巽上。坤为地为顺，巽为风为入。观为观看、观察、瞻仰之义。观卦与临卦互为综卦。它们都是十二消长卦之一，临是阳气浸长的卦，观是阴气浸长的卦。也就是秋风将起，冬天不远阳气逐渐衰退之卦。然而在观卦里解卦时，对于这个消长的道理，却不怎么重视。在观卦里是以"大观在上"为解卦的要点。观卦之象，是风在地上对万物吹拂，既吹去尘埃，使之干净，使之可观。又在吹拂中遍观万物，无一物可隐。从卦象所示，两个阳爻高高在上，被下面的四个阴爻所仰视。《象传》言"先王以省方观民设教"是说古代的圣明君主，受到风行地上，周观世界，遍及万物的启发，巡视四方，观察民情，设立教化。这就把正确地观察事物看得极为重要了。《序卦传》说："临者，大也。物大然后可观，故受之以观。"物体小则无

论怎样的美，也不致为人所仰观。到了大，才可以吸引众人的视听，所以，临卦之后就排上了观卦。

②盥（guàn）而不荐：祭前先洗手自洁，而不必奉献酒食以祭。盥，祭前先洗手自洁。荐，奉献酒食以祭。

③有孚颙（yóng）若：内外诚信而敬仰之。孚，诚信；颙若，敬仰之貌。

④童观：幼稚地观看。初六爻体质阴柔，居位不当，离可观之爻九五最远，故称之。

⑤窥观：从门缝向外偷看。六二爻以阴处阴，固守其中，犹如古代女子足不出户，只从门缝中向外瞧。

⑥观我生，进退：自观其所作所为，以决定进退。六三爻以阴居阳，处上下体之际，进退随时。我，自己，指六三爻；生，出，犹说动作施为。

⑦观国之光，利用宾于王：观看考察一国的风俗民情，则宜于用宾主礼朝贡于王。国之光，即一国风俗民情；宾，即仕，古代德行之仕，前往朝廷，天子以宾客之礼相待。

⑧观我生：君主观自己的所为。我，自己，此处指君主；生，出，指动作施为。九五爻为观卦之主，己无德则人不观，故常需自观。君为民之主，君自观，即观其治民之道。

⑨观其生：考察异族民众的意向，吸取教益。

[译文]

观卦，卦象坤下巽上，风行地上，普遍吹拂万物，有周观之象。观卦二阳在上，四阴在下。二阳居于尊位，为四阴所瞻仰，也是观的意思。

观卦：祭祀前洗手自洁，而不必奉献酒食以祭。内外诚信而敬仰之。

本卦卦旨显示，在精神上的问题大致可断为吉，但在物质上却以凶断之。原来受人羡慕的美好日子，怕是到了明日黄花的境地，现在是必然发生一大转变的时候。表现出心里浮躁、迷惑，种种纷扰接二连三，倘非十分镇定或大彻大悟的人，是很难处置的时候。事体的进退也是宜止而不宜进。

初六：幼稚地观看，小人无灾，而君子将会陷入困境。

卦辞是以九五为重心，各爻所说的，则是观看九五。初六阴爻柔弱，在最下位，仰观九五，距离遥远，因而观察幼稚。对小人来说无过失或灾祸，但对身负教化之任的君子来说，则是耻辱了。

六二：从门缝中偷看，宜于女子守正。

童观的时候，是幼稚又蒙昧；到了窥观，却有一股意愿，想要正确地观察事物。然而，还没有到达完全把握全貌的境地，好似从门缝中偷看一般。六二阴爻，女子安分守己不逾越的话，反而能得到吉利。说明观察不可偏狭。

六三：审视自己的所作所为，以决定进退。

六三在观之道上，已更加增长，观在到了反省自己的内观的境地，不必再观察高高在上的九五，而是对自己的进退出处，能够判断其是非得失的时候。

六四：观看考察一国的风俗民情，则宜于用宾主之礼朝见国王。

六四爻居于上面以观其下，又是阴爻居于阴位，得其正，因此其观国之光也得其正。能辅导他人使其从于正道。既然具有这样的能力，了解他国的风情，在九五的君王应该以宾主之礼相待，使其治理地方。

九五：审视自己的所作所为，君子无灾。

九五阳爻阳位，在至尊的中位，下面有四个阴爻仰观，象征是一位有德行的君王，成为这一卦的主体。君子不但要独善其身，还要兼善天下，自己之所思所行处处均足以影响民众。观察民众的风俗、行动可借以判断自己所思所行之正与不正。由于能这样做，并且时常省察又改进、勉励自己，所以才无咎。

上九：考察异族民众的意向，吸取教益，君子无灾。

上九是这卦的极地，自己虽然不当位，可是与九五同是阳爻，所以仍被天下人观察。他能够省察异族民众的意向，看君王教化是否普遍实施。

《彖》曰：大观在上①，顺而巽，中正以观天下。观。"盥而不荐，有孚颙若"，下观而化②也。观天之神道，而四时不忒③。圣人以神道设教④，而天下服矣。

[注释]

①大观在上：指在上位的君主以开阔之眼界遍观天下。观卦九五为阳爻而处君位，其下四爻为阴爻，像臣民居下，故有君居上观下之象。

②下观而化：下面的人仰观而受感化。

③四时不忒：四时的运行无差错。

④神道设教：体察天道的神妙（即自然无为而四时有序），设制其教化（即采取无形感化的政教方式）。神，不见其形而有其功，即神妙作用；道，天道；设，设制；教，教化。

[译文]

《彖传》说：大观在上，〔坤下巽上，坤为顺〕顺从而谦逊。九五执中正之道以观天下。观卦"盥而不荐，有孚颙若"，下面的人仰观而受感化。观察天象变化的神妙法则，知其四时运行无差错；圣人遵循神妙法则制定并推行其教化，天下之民无不心悦诚服。

《象》曰：风行地上①，观。先王以省方，观民设教②。初六"童观"，"小人"道也。"窥视，女贞"，亦可丑也。"观我生，进退"，未失道也。"观国之光"，尚宾也。"观我生"，观民也。"观其生"，志未平也。

[注释]

①风行地上：观卦坤下巽上，坤为地，巽为风，故说风行地上。以风喻

人,风行遍及万物,犹如人无所不察,故为观。

②先王以省方,观民设教:君子应效法先王,亲自视察四方,观视民俗、民情而设施教化。省方,巡察地方。

[译文]

《象传》说:风行地上,为观卦。君子观风行地上之象,应像先王那样亲自视察各方,观视民俗与民情而设施教化。

〔初六〕"童观",是"小人"观察的方法。

〔六二〕"窥观,女贞",果如君子也如此的话,不但把握不住事体的真相,更是一件可耻的事。

〔六三〕"观我生,进退",没有离开正道。

〔六四〕"观国之光",待为王的宾客。

〔九五〕"观我生",关键在观察人民。

〔上九〕"观其生",治国安民之志尚未平安。

噬嗑卦第二十一

火雷噬嗑（震下离上）

噬嗑①：亨，利用狱②。

初九：屦校灭趾③，无咎。

六二：噬肤灭鼻④，无咎。

六三：噬腊肉，遇毒⑤，小吝，无咎。

九四：噬干胏，得金矢⑥，利艰贞，吉。

六五：噬干肉，得黄金⑦，贞厉，无咎。

上九：何校灭耳⑧，凶。

[注释]

①噬嗑（shì hé）：卦名。噬，以齿咬物；嗑，合口。噬嗑，以齿咬物合口咀嚼。卦象震下离上。震为雷为动，离为火为附。雷和火是雷、电交加，十分威严，象征治狱。以口里含着东西咀嚼，施加力量咬合，把东西嚼烂，即比喻治狱、解决狱讼。作《周易》的人把口中有物、必噬而合的道理推广应用到社会人事上来，重点阐述了国家用刑狱除奸恶的问题。噬嗑先与颐卦（䷚）初上二阳，中间四阴不同。而与贲卦（䷕）离下艮上的情况极为相似，都是上下两个阳爻，中间有一个阳爻，似乎贲卦也是口中有物之象。然而贲卦不是噬嗑，这是因为凡噬者必下动，而贲卦无震，故不得为噬嗑。

②利用狱：宜于对罪犯使用刑狱。

③屦（jù）校灭趾：足部拖着木制刑枷，遮住了足趾。屦，拖曳；校，

木制刑具,如枷;灭,遮住。

④噬肤灭鼻:吃大肉,享美餐,肉掩其鼻。肤,肉,一般指柔脆肥美的肉。古人将此肉放在鼎中作为祭品,叫"肤鼎"。

⑤噬腊肉,遇毒:吃腊肉而中毒,毒性不烈。腊肉,为兽肉经风干烘制而成的陈年干肉。人们用毒箭射得野兽,故肉中有毒。亦指对人用刑,人不服而怨言。

⑥噬干肺(zǐ),得金矢:咬连骨的干肉,得到铜箭头。比喻办理难案,宜取刚直之道。干肺,带骨的干肉;金矢,铜箭头。

⑦噬干肉,得黄金:咬干肉,得到黄色金属,喻用刑人不服,有赖于居中有刚。

⑧何校灭耳:罪人肩负着沉重的木枷,遮盖了耳朵,罪行严重。

[译文]

噬嗑卦,卦象震下离上,震为雷为动,离为火为附。雷和火是雷、电交加,十分威严,象征治狱。噬嗑的本义是口里含着东西咀嚼,施加力量咬合,把东西嚼烂。这一卦的占断是亨通。凡事不能亨通,必然中间有障碍;这一卦,将中间的障碍咬碎,当然就亨通了。这一含义,象征刑罚。

噬嗑卦:亨通,宜于处理刑狱之事。

这卦在事业等相关事体上正面临艰难的局面,从卦与爻来往看,它可以由否卦或由颐卦变过来,所以可以说到目前还处在否运不通的穷困境地,凡事不顺心,

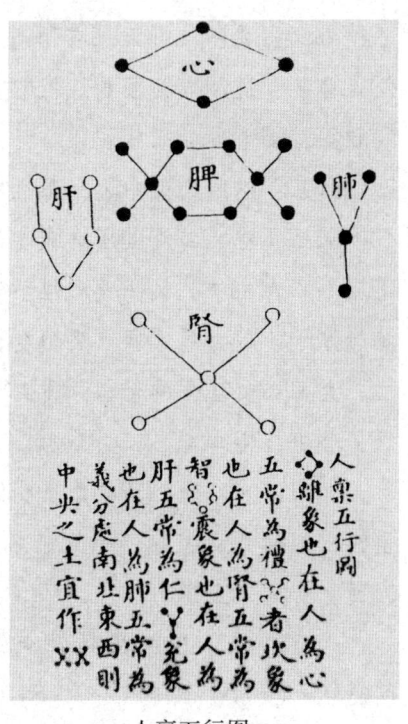

人禀五行图

又无希望。可是否运原因已明，正需下定决心以热诚的态度积极努力消除障碍的情形。就是只要努力奋斗，必定能够成功。目前宜保持冷静，不要再争吵不休，应去弄清事体的真相，也就能够打开艰困局面。

初九：足部拖着木制刑枷，已经遮住了足趾，无害。

初爻是震的主爻，其性喜欢猛进，以至于自暴自弃犯了大罪。所以在初犯轻罪时，加以惩治。现在地位又低，只不过是一般庶民，所犯罪又轻，只要惩罚一次，便不敢重犯，所以才无害。初爻与上爻是指受刑的人，二爻至五爻均是有爵位的人，亦即施刑的人。

六二：吃肉掩其鼻，无害。

六二阴爻阴位得正，在下卦中位，因而裁判公正，刑罚适当，处置罪犯，进展颇为顺利。但有时还要有严峻的态度，因初九刚强又顽固，要审理必须软硬兼施，便可得无咎。

六三：吃腊肉而中毒，毒性不烈，引起小麻烦，最终无害。

六三爻比六二爻其所含噬嗑的意思较强，罪也较深重。但六三柔弱，不在中位，又阴爻阳位不正，所以做一个裁判也不得当，虽然有才干，但力量太弱，恐怕会受到罪人的愚弄。

九四：咬连骨的干肉，得到铜箭头。筮遇此爻，利于在艰难中保持坚贞，得吉祥。

九四阳爻刚毅，又在象征明的离卦中，刚而且明，就难免过于果断，因而必须警惕，不可轻率。九四刚爻在阴位，容易动感情，因而，应固守正道。

六五：咬干肉，得到黄色金属。占遇此爻，有危险，无大问题。

六五是主卦的主爻，它以离卦之明辨去析狱。所以不至于错误，且能得其宜。六五阴爻柔顺，位于外卦至尊的中位，是以君断刑罚，又能适中，自然容易使人信服。不过，刑罚毕竟是不得已而为之的，所以，必须坚持正道，谨慎用刑，才不会发生过错。

上九：罪人肩负着沉木枷，遮盖了耳朵，罪行严重，皆因不听忠告，故凶险。

上九已达到刑罚的极限，罪大恶极。罪状的重大，已经不可能消解。所以占断凶险。

《彖》曰：颐中有物①，曰噬嗑。噬嗑而亨，刚柔分②，动而明③，雷电合而章④。柔得中而上行⑤，虽不当位，"利用狱"也。

[注释]

①颐中有物：口中填有食物。颐，腮，代指口；物，食物。

②刚柔分：以卦体明卦义。噬嗑卦的阳爻和阴爻是相分隔的，引申为"明辨"之义。刚，阳爻；柔，阴爻；分，分隔。

③动而明：也是以卦体明卦义。噬嗑卦震下离上，震（雷）动，离（火）明，故说动而明。

④雷电合而章：震（雷）与离（火），电（闪电）亦为火。两者相合而相得益彰。喻断狱必须威、明并用。章，同彰。

⑤柔得中而上行：此说噬嗑卦六五爻为卦之主爻。六五阴性居上体中位，六二居下体，故说柔得中。六二上行到六五之尊位，故说上行。

[译文]

《彖传》说：口中咀嚼食物，叫噬嗑卦。噬嗑卦是亨通的，因为它的阴爻与阳爻均分为三，震雷动而光明，雷电相合而相得益彰。阴柔占中位而上行，阳刚虽不当位，却利于施用刑狱。

《象》曰：雷电，噬嗑。先王以明罚敕法①。"屦校灭趾"，不行也。"噬肤灭鼻"，乘刚也。"遇毒"，位不当也。"利艰贞，吉"，未光也。"贞厉无咎"，得当也。"何校灭耳"，聪不明也。

[注释]

①明罚敕法：修明刑罚，整敕法令，以严刑峻罚，惩治不良。明，修明；罚，刑法；敕，整理；法，法令、律令。

[译文]

《象传》说：雷电交加，声光并厉，若咬牙切齿之凶象，称为噬嗑卦。君子观之，当修明刑罚，敕定律令，惩治不良。

〔初九〕"屦校灭趾"，警告不能再犯以往的罪行。

〔六二〕"噬肤灭鼻"，以阴柔凌驾于阳刚之上。

〔六三〕"遇毒"，是由于位置不当。

〔九四〕"利艰贞，吉"，未能光大通理之道。

〔六五〕"贞厉无咎"，六五居中以柔承刚，位置得当。

〔上九〕"何校灭耳"，因其听不进忠告。

贲卦第二十二

☲☶ 山火贲（离下艮上）

贲①：亨。小利有攸往。

初九：贲其趾②，舍车而徒③。

六二：贲其须④。

九三：贲如濡如⑤，永贞吉。

六四：贲如皤如，白马翰如⑥。匪寇，婚媾⑦。

六五：贲于丘园，束帛戋戋⑧。吝，终吉。

上九：白贲⑨，无咎。

[注释]

①贲（bì）：卦名，卦象离下艮上。汉帛《易》作"蘩"。它与噬嗑卦为综卦，但卦义却无相通之处。而是饰、文饰的意思。贲卦的离为日，艮为山。日在山下，乃太阳出山或落山之时，阳光五彩缤纷，把大地装饰得很美，故"贲"为饰也。贲卦并不是假装门面或表面上的虚饰，而是在于表现其本来的真面目，是为了有效地显示事物本身的价值。《彖传》讲"观乎天文，以察时变；观乎人文，以化成天下"，《象传》说"君子以明庶政"，都与如何治理天下联系起来了。

②贲其趾：饰其脚趾。意指在下而修其行。贲，文饰；趾，脚趾。

③舍车而徒：有车不乘而步行。喻贫贱不移，洁身自爱。舍，舍弃；徒，徒步。

④贲其须：修饰其须。须附口下，口动须兴，其暗示文不离其质。六二虽处中得正，但在九三之下，必须依于九三，故有此说。须，胡须之须。

⑤贲如濡如：文饰华丽而又光彩润泽之状。如，然；濡，润泽。

⑥贲如皤（pó）如，白马翰如：虽然还是白丝之素一般，但是想要文饰之心，有如疾驰的白马一般快。六四爻具有皤如的素质，极想去文饰应爻初九。可是比爻的九三在邻近阻挡了它与初九的关系。贲如，贲饰；皤如，白丝未染，喻为尚未文饰的素质；翰如，言马奔跑如鸟飞之疾速。

⑦匪寇，婚媾：并不是强盗，而是来求亲的。匪，即非；寇，盗寇。

⑧贲于丘园，束帛戋戋：文饰于丘墟园圃，须用许多束绸布。喻聘请隐贤，须以重礼。六五处尊，在下无应，而招上九。上九居外之极，犹如贤人隐居丘园。以重礼相待，意在示诚。

⑨白贲：文饰素雅。白，素。

[译文]

贲卦，卦象离下艮上，山下有火，此为文饰的象征。贲为文饰，文与质相对，质是指事物的本质，文是指事物的文饰。对于社会来说，等级名分、礼仪制度等是文、是饰。文饰对社会来说也是必不可少的。贲卦的大旨有两义：一是刚柔相杂成文；二是文饰不尚华丽。

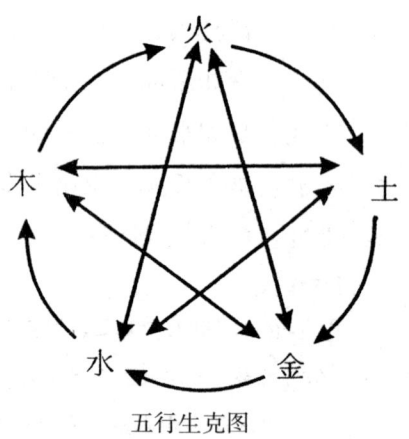

五行生克图

贲卦：亨通。有小利，可以前往。

这卦显示，过分注重修饰装潢的结果，怕引起失败。无论做任何事，仍需加以适当的润饰，才有利益。小事可以达成。目前想进行的事体，还是有很多困难，要想去除这些阻碍，总不能像噬嗑去采用强硬的手段。因此其内心之苦痛，有增不已。这个时候最需要以冷静头脑去思考分析。因为凡事容易判断错误。

初九：对其足加以修饰，放弃车子而徒步行走。

初九阳刚处阳位，下卦离为明，所以，刚毅贤明，甘心在最下位，一心美化自己的行为，择善固守。初九得其正，可以乘车而不想乘坐，这才是君子之贲。象征是贫贱不移、洁身自爱的人。

六二：文饰其胡须。

六二阴柔中正，与上方阳刚的九三接近，双方在上卦又都无应，因而异性相吸，关系密切，一起行动，得以兴盛。说明文饰应与上同步进行。

九三：文饰华丽而又光彩润泽，但还必须长久坚持守正才会吉利。

九三阳刚，在两个阴爻之间，被装饰得光彩润泽。然而，六二、六四皆非九三正当匹配，虽然令人陶醉，却不能被诱惑，以致沉溺不能自拔。所以，长久守正道，才会吉祥。

六四：文饰素白如白马疾速飞奔一般。（他们）不是强盗，而是来求亲的。

六四的位置是危惧之位，贲卦在四爻上，显得进退至为纷繁。六四本来与正应的初九相互修饰，可是，九三隔在中间，形成障碍，以至于应当得到的修饰却落了空。六四要奔驰前往，但九三阳刚得正，所以阻挡，并非要强暴，不过是求婚而已。

六五：修饰山林家园，须用许多束绸布。遇到些麻烦，终能获吉。

六五爻柔顺，在外卦中位，是这一卦的主爻。以修饰山园为喻，象征应重礼聘用贤能。因此虽遭到一些讥评，但是既然遵循的是为贲之道，也就终于得到吉利而喜悦了。

上九：文饰素雅，无害。

上九已是贲卦的极点，上爻是外卦艮的主爻，上爻已到山顶，根本不会有文饰。现在既然无可饰之处，便又回归自然。悟到了装饰的空虚，而恢复其本来面目，就会无害。

《彖》曰："贲，亨。"柔来而文刚①，故亨。分，刚上而文柔②，故"小利有攸往"。刚柔交错，天文也；文明以止③，人文也。观乎天文，以察时变；观乎人文，以化成天下。

[注释]

①柔来而文刚：指下体离卦，一柔文二刚，刚柔交错。文，装饰。

②分，刚上而文柔：指上体艮卦，一刚文二柔。分，刚柔分。

③文明以止：贲卦，下离上艮，离为文明，艮为止，此乃"文明以止"。意指文明在使人之行为有所止，即有所约束。

[译文]

《彖传》说："贲，亨。"阴柔来而文饰阳刚，所以是亨通。刚柔分，阳刚在上而文饰阴柔，所以说"小利有攸往"。刚和柔交错，阴阳迭运，此乃天然的现象；文明而有所约止，这是人类社会的伦理道德现象。观察自然现象，以掌握四时的变化；考察人类社会伦理道德现象，以教化天下，成全礼俗。

《象》曰：山下有火，贲。君子以明庶政，无敢折狱①。"舍车而徒"，义弗乘也。"贲其须"，与上兴也。"永贞"之"吉"，终莫之陵也。六四当位，疑也。"匪寇，婚媾"，终无尤也。六五之"吉"，有喜也。"白贲，无咎"，上得志也。

[注释]

①明庶政，无敢折狱：修明庶政，不敢据文饰之词折狱判刑。庶政，诸项政事；折狱，判决讼狱。

[译文]

《象传》说：贲卦的上卦艮为山，下卦离为火，山下有火，此为文饰之象征。君子观象悟理，当兴礼乐以修明庶政，不可据文饰之词折狱判刑。

〔初九〕"舍车而徒",守义而不愿乘车。

〔六二〕"贲其须",与在上者共同兴起。

〔九三〕"永贞"之"吉",谁能凌侮之!

〔六四〕六四阴爻居阴位,位置适当,但下有阳刚相逼,难免心有疑虑。"匪寇,婚媾",明白之后,才如释重负,再无怨尤。

〔六五〕六五之"吉",在于喜事临门。

〔上九〕"白贲,无咎",居上位而得志。

剥卦第二十三

山地剥（坤下艮上）

剥①：不利有攸往。

初六：剥床以足，蔑贞，凶②。

六二：剥床以辨③，蔑贞，凶。

六三：剥之，无咎④。

六四：剥床以肤⑤，凶。

六五：贯鱼，以宫人宠⑥，无不利。

上九：硕果不食⑦，君子得舆，小人剥庐⑧。

[注释]

①剥：卦名，卦象坤下艮上。剥，剥落、击落、侵蚀的意思。从卦象看，坤为地为顺，艮为山为止。大地是广阔无边的，而山却在风化剥落。本卦一个阳爻在上，五个阴爻在下。前人认为是阴盛阳衰，五阴侵蚀一阳，一阳将被剥落而尽。在消息卦中，剥卦配以建戌之月即夏历九月。喻示事物发展过程中"阳"被"阴"剥落的情状；犹如描绘一幅秋风萧瑟、万物凋零的图景。爻辞以床作比喻，形象地写出侵蚀剥落的情况。全卦的意旨，阐发善处"剥落"之道，揭明"剥"极必"复"、顺势止"剥"的哲理。

②剥床以足，蔑贞，凶：剥灭床先从床脚开始，剥灭正道则有凶。蔑，灭也。

③剥床以辨：剥灭床干。辨，床干。

④剥之,无咎:虽遭剥灭,并无灾咎。

⑤剥床以肤:剥灭床已危及人的皮肤。肤,皮肤。

⑥贯鱼,以宫人宠:使宫女依次如鱼贯地得到君王的宠御。贯鱼,像鱼一样一个一个连续向前;宫人,宫女;宠,宠御。

⑦硕果不食:硕大之果不予食用。硕果,肥大的果实;食,食用。

⑧君子得舆,小人剥庐:李鼎祚《周易集解》引侯果说:"处剥之上,有刚直之德,群小人不能伤害也。故果至硕大,不被剥食矣。君子居此,万姓赖安,若得乘其车舆也。小人处之,则庶方无控被剥其庐舍,故曰剥庐。"

[译文]

剥卦,卦象坤下艮上,山本高耸于地上,因土剥落,颓倒委附于地,此为剥落的象征。事物衰落了,残谢了,都可以叫作剥。剥卦的剥是阴剥阳的剥,阴自下生,逐渐成长,已达到盛极的地步,五阴剥一阳,阳已被阴剥落几尽,所以这一卦叫剥。

剥卦:不宜有所往。

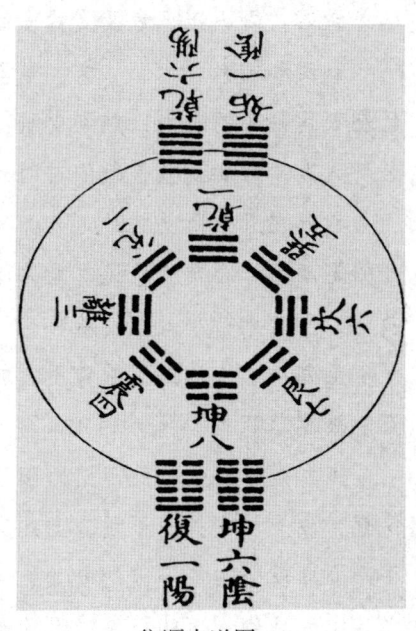

往顺来逆图

这卦和山火贲一样,是处理事情很容易发生错误的时候。凡事由我方积极进取去做的事,终归会失败,那是因为所抱的希望过大,或不够慎重所引起的。处在这种情况下,与其停下来等待,倒不如再后退一步,才是贤明的对策。

初六:剥灭床先从床脚开始,剥灭正道则有凶。

初六正当剥落的开始时刻,其危害尚未及身上,但已是阴之气势逐渐在增强,行将剥灭正道,其为凶兆,自不待言,必须猛然醒悟、谨慎戒惧为要。

六二：剥灭床干，剥灭其正道则为凶。

剥灭由下而上，已到床干，即床与脚之间的部分，邪恶更进一步地侵蚀正直，愈加凶险。说明小人的势力，愈来愈凶。

六三：剥灭了，无害。

六三与上九正应，处在剥卦之中，不忍心去剥上九，逃避而不参与阴谋，亦即不同流合污。剥的五个阴爻正同一步骤去剥尽一阳爻时，唯有六三，心向一阳爻，不与其他各爻一起行动，可以说是小人中的君子，所以得以无咎。

六四：剥灭床已危及人的皮肤，凶。

六四和初六、六二一样，借着破坏君子的床来说明卦义。现在已剥灭达到床的表面，触到皮肤，是十分危险的情况。

六五：宫女如鱼贯般依次而入受君王宠御，没有不利的。

六五在五个阴爻的最上方，又处尊位，率众阴依次受到君王上九的宠幸，不会发生争风吃醋的不利现象。说明在剥落时期，无可救药，唯有期待小人改过从善。

上九：硕大的果不予食用，君子居此万民幸得乘车，小人居此万姓被剥落庐舍。

上九是本卦唯一的阳爻，阳已被剥落殆尽，仅剩这一个，硕果仅存，没有被吃掉。不过，上九变成阴，并非所有的阳都完全消失了，立即就会由最下方的初爻，又产生一阳，成为复卦（䷗）。总之，上九已到剥落的极点，混乱已极的时刻，人们期待有德的君子出现在"上"位，就会受到众阴拥戴，就像得到可以乘坐的车。若小人当此位，就像庐舍被剥落，没有希望了。

《彖》曰：剥，剥也，柔变刚①也。"不利有攸往"，小人长也。顺而止之，观象也。君子尚消息盈虚②，天行也。

[注释]

①柔变刚：剥卦反映阴柔侵蚀阳刚的现象。柔，阴的属性；刚，阳的属性。

②尚消息盈虚：顺从（事物）消长或盈虚的变迁。尚，顺从；消息盈虚，消亡与生息，盈满与亏虚，指对立统一的两对范畴。

[译文]

《彖传》说：剥卦，剥落的意思，即由柔来侵蚀刚。"不利有攸往"，是因小人势力在增长。顺势而止，在于观察卦象。君子重视自然界的消长盈虚变化，这是天道运行的规律。

《象》曰：山附于地①，剥。上以厚下安宅②。"剥床以足"，以灭下也。"剥床以辨"，未有与也。"剥之无咎"，失上下也。"剥床以肤"，切近灾也。"以宫人宠"，终无尤也。"君子得舆"，民所载也。"小人剥庐"，终不可用也。

[注释]

①山附于地：剥卦，坤下艮上，艮为山，坤为地，卦象山附于地；又坤三爻与艮二阴爻相接，是山基被蚀之象，故称为剥。

②厚下安宅：地基牢固房屋安全，喻施惠于民，统治者才能安居。厚，加固，引申为施惠；下，比地基，引申为民；宅屋，引申为居。

[译文]

《象传》说：山附于地，为剥卦。在上者（君主）观此象，当知君与民乃山与地的关系，应施惠于民，才可使自己安居，免遭崩剥之祸。

〔初六〕"剥床以足"，是要毁灭下面的根基。

〔六二〕"剥床以辨"，没有相呼应者。

〔六三〕"剥之无咎"，与上下的阴爻失群，不去协调一致。

〔六四〕"剥床以肤"，灾祸迫近了。

〔六五〕"以宫人宠"，没有怨尤。

〔上九〕"君子得舆"，为人民所爱戴，"小人剥庐"，终究不可信用。

复卦第二十四

地雷复（震下坤上）

复①：亨。出入无疾②，朋来无咎。反复其道③，七日来复④。利有攸往。

初九：不远复，无祗悔⑤，元吉。

六二：休复⑥，吉。

六三：频复⑦，厉，无咎。

六四：中行，独复⑧。

六五：敦复⑨，无悔。

上六：迷复⑩，凶，有灾眚。用行师，终有大败，以其国君凶，至于十年不克征。

[注释]

①复：卦名，卦象下震上坤。复，反复、还归、返本。是十二消息卦之一，是阳卦渐长的基本卦。它与山地剥互为综卦。复卦配以建子之月即夏历十一月，预示事物正气回复、生机更发的情状，犹如描绘了一幅大地微阳初动，春天即将到来的图景。全卦义旨在于：生命剥落不尽，一阳终将来复，揭示"正道"复兴是不可抗拒的自然规律。复卦的下体震为雷为动，上体坤为地为顺。一阳爻在下，五阴爻在上。是阴到极盛，物极必反，阴将衰，阳将复生。复卦借阳刚喻"美善"，其象征意义以"复善趋仁"为指归。

②出入无疾：出入无疾病；疾，疾病，亦有说为快速者。

③反复其道："反复"为往来迭至，"其"泛指阴阳。即阴阳往来消长合乎规律地变化。反，返；复，复出。

④七日来复：七日返复变化。李鼎祚《周易集解》引虞翻曰："乾成坤及出于震而来复"，"消乾六爻为六日，刚来反初，故七日来复"。此即是说：以卦之每一爻代表一日，由乾（☰）→姤（☰）→遁（☰）→否（☰）→观（☰）→剥（☰）→坤（☰）→复（☰），阳（—）渐消尽而复生，七日而成，故言七日来复。自此而后阳渐长而阴渐消，象征君子道长，小人失势。

⑤不远复，无祗（zhī）悔：失之不远就返回，没有造成太大的悔恨。祗，大。

⑥休复：美好的复返。休，美。

⑦频复：频繁多次地反复。频，频繁、接连不断。

⑧中行，独复：与人同行至中途独自返回（正道）。六四爻处五个阴爻之中，故说中行，独与初九爻正应，故说独复。

⑨敦复：敦促而复返。敦，敦促。

⑩迷复：执迷不悟，不知悔改。迷，执迷。

[译文]

复卦，卦象震下坤上。复有反复、返本、还归之义。从卦来看，一个阳爻在五个阴爻之下，是阴极而阳反。从自然变化来看，夏历十月阴盛至极，至十一月冬至的时候，阳气反生于坤地之中。从人事来看，阳代表君子之道，君子之道消至极点，就要反复，就要长了。阴阳消长是自

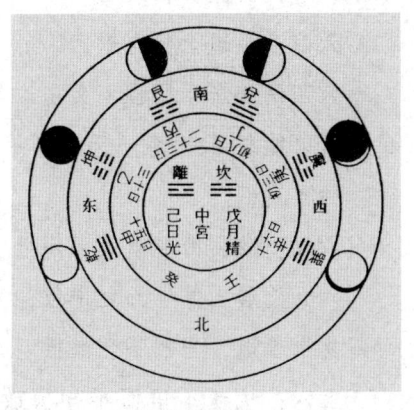

月体纳甲图

然规律，阴可以剥阳，但不可能剥尽，剥至极处，阳便要复生了。

复卦：亨通。出入无疾病，朋友来往不会有灾祸；往而复来，

来而复往，往复变化以七日为一周期。(故)利有所往。

这卦在判断诸事时，对于"反复"的意思，看得特别重、从前没有进行的事体，目前正准备积极进取有所作为。虽然展望未来，充满着希望，但是务必认清自己的去向与前程。目前以前进为宜，但务必要控制住急进的心，由近而远循序渐进才最要紧。

初九：失之不远就返回，没有大的悔恨，大吉。

初九是复卦成卦的主爻，在纯阴的坤卦里有如自己置身于不善之中。现在坤的初爻一阳生，有如很快地又返回善之道（正道）。这里指未犯错之前知其不善，而立即返回于善，所以获得大吉。

六二：美好的复返，吉祥。

六二爻其地位柔顺又中正，与初九近邻，还是离"道"不远，并得到其引导而能归复于善，所以，才算吉祥。

六三：接连不断地反复，有危厉，无灾祸。

六三爻阴柔，不中不正，又在内卦震（动）的极点，所以，把握不定，频频犯错，又频频改过，屡屡失败，当然危险，但每次又知道改过，故无灾祸。

六四：半道上独自返回。

六四阴爻居于阴位，又是这卦的成卦的主爻初九的正应。其位正，所以能复其正道。也像与一群为非作歹的伙伴，在前进的中途，独自返回。

六五：敦促而复返，无悔恨。

六五爻居上体坤卦之中位，又处尊位，中庸柔顺，能够不逃脱而归复于善道，当然不会悔恨。

上六：执迷不悟而不知悔改，就会遭到凶险灾祸。如此去用兵，必将大败，去治国，连君位也保不住，以至于十年之久不能出兵征战。

上六爻是这卦的极点，与复之道相去甚远。甚至还不能迷途知返，必然凶险，天灾人祸接踵而至。若用兵将大败，治国将失位，甚至花十年工夫也难以重整旗鼓，出兵征战。

《彖》曰：复，亨。刚反①，动而以顺行。是以"出入无疾，朋来无咎"。"反复其道，七日来复"，天行也。"利有攸往"，刚长②也。复，其见天地之心③乎！

[注释]

①刚反：即阳刚之气自剥卦剥落殆尽终于从上九反而向下，成为复卦的初九，说明阳气得以复苏。刚，表示阳爻。

②刚长：阳刚之气渐长。

③天地之心：即天地运行的机制、规律。

[译文]

《彖传》说：复卦，亨通。阳刚反而向下，动而以顺行。因此"出入无疾，朋来无咎"。"反复其道，七日来复"，是天道运行的规律。"利有攸往"，是因阳刚在生长。复卦，可以想见天地运行变化的一般规律。

《象》曰：雷在地中，复。先王以至日①闭关②，商旅不行，后③不省方。"不远"之"复"，以修身也。"休复"之"吉"，以下仁也。"频复"之"厉"，义"无咎"也。"中行独复"，以从道也。"敦复无悔"，中以自考也。"迷复"之"凶"，反君道也。

[注释]

①至日：冬至之日。古称"冬至一阳生"，以此日表示"复"卦。

②闭关：锁闭关卡。

③后：君主。

[译文]

《象传》说：复卦下震上坤，震为雷，坤为地，有"雷在地中"之象。先王观复卦之象，知阳气方生，有待静养。故当锁闭关卡，禁止商旅通行。君主亦安居静养，不再省察四方。

〔初九〕"不远"之"复"，由于加强了自身的修养。

〔六二〕"休复"之"吉"，在于能与仁德者亲近。

〔六三〕"频复"之"厉"，"无咎"是应该的。

〔六四〕"中行独复"，在于能遵循自然规律。

〔六五〕"敦复无悔"，能以中道原则进行自我考察。

〔上六〕"迷复"之"凶"，因为违背了君主的阳刚之道。

无妄卦第二十五

天雷无妄（震下乾上）

无妄①：元亨，利贞。其匪正，有眚②，不利有攸往。

初九：无妄往，吉。

六二：不耕获，不菑畬③，则利有攸往？

六三：无妄之灾④，或系之牛，行人之得，邑人之灾。

九四：可贞⑤，无咎。

九五：无妄之疾，勿药有喜⑥。

上九：无妄！行有眚，无攸利。

[注释]

①无妄：卦名，卦象震下乾上。先儒释其有两端：一是不敢虚妄；二是无所希望。帛《易》作"无孟"，"孟"是勉义，"无猛"为"无勉"。无妄，实为不违背自然法则而妄为。不妄为，乃符合"元亨，利贞"四德。《序卦传》说："复则不妄矣，故受之以无妄。"无妄，没有虚妄。没有虚妄，就是实的意思。复卦在阴消之后阳又复长的时候，复以后便是实，所以复卦之后接着无妄卦。卦象震下乾上，天和雷都显示出巨大的神威，天下万物不敢虚妄。又，震象征动，遵循自然规律即天之道，就不是妄动；只凭自己的欲望行事就是妄行。

②其匪正，有眚：不守正道则有灾异。匪，非；匪正，不守正道；眚，灾异。

③不耕获，不菑畬（zīyù）：不耕而获，不开荒而种熟田。意为不倡始而守其成。菑，开垦荒田；畬，耕种了三年的熟田。

④无妄之灾：对无妄是灾难，即非无妄。六三爻以阴柔处阳位，又在上下体之间，不中不正而妄行，以此与上九相应，无妄何在？

⑤可贞：能坚守正道。九四爻以阳刚居阴柔之位，有谦虚能守之象。

⑥无妄之疾，勿药有喜：意想不到的病，不必用药即可自愈。疾，疾病；古人指病愈为有喜。

[译文]

无妄卦，卦象震下乾上，因为天之行也健，而雷也不相悖地在运行，而且其运行并没有所谓的愿望与期待，乃是天地自然原原本本地运转，更具公明而不夹杂任何疑惑。这是自古至今甚至将来仍然不会变动的发生作用。这才是真正的无妄。同时震与乾既不叫你用手去抓它，也不至于

天地自然河图

直接利用它以满足人类的欲望，这也是天雷构成无妄的重要理由。无妄不以天道之运行全是为人类，或是全是为善人而存在。在无妄之下，善人和恶人都在生生不息，也都一样地会死去。

无妄卦：开始即亨通，利于占问。不守正道则有灾异。故不利有所往。

这卦显示，首先应顺着自然之推移变迁，能获其利。自己既不以积极的态度出面，也不逃避现实，只是以被动的态度处之，最为适宜。其次是焦虑之余，卖弄小聪明，会招灾异。多管闲事反而遭到厌烦，要求过分会受羞辱，务宜慎重。继续固守正业，不至于有灾祸。

初九：不妄行，守正道，吉利。

初九阳刚，是内卦的主爻。既当位又无所希望和企求，又不妄所作为和期待，事事存其自然之成，坚守正道，便可获吉了。

六二：不耕而获，不开荒而种熟田。难道会有利于进行下去吗？

六二柔顺中正，因应天时，顺应天理，本可悠然自得，一切听其自然，但是奢望过高，必然反受其咎。

六三：没有妄行，也会遭到灾祸。就像拴在村中的牛，被行人顺手牵走，反而牵连了村里的人，被怀疑为偷牛的贼，蒙受了不白之冤。

六三阴爻居阳位，不中又不正，所以受到无妄之灾。在"或系之牛"这个故事里，其结果牛被偷的人固然受了无妄之灾，被怀疑的村人，也是受到了无妄之灾。但是行人却不劳而获，得到这头牛，而邑人却是凭空被怀疑，这就是所谓的无妄之灾了。

九四：能坚守正道，无灾。

九四爻也是不配无妄之道的一爻。凡是卦位不得正的爻，都可算是"妄爻"。这一阳爻，容易趋于过刚，恐怕有妄动妄进之虞。

九五：意想不到的疾病，不需用药即可自愈。

九五是无妄主卦的主爻，刚健中正，在尊位，又有六二与之相应，在无妄卦中是最好的一爻。

上九：不可妄行，若妄行则有灾祸，无所利。

上九处在这卦的极点上，既不中又不正，也就顾不得天时而动，其所以有灾，并非偶然。处在无妄之极，却得不到真正的无妄，这比起听任其欲望发展，更是不该。

《彖》曰：无妄，刚自外来而为主于内，动而健，刚中而应。大亨以正，天之命也。"其匪正，有眚，不利有攸往"，无妄之往，何之矣？天命不祐，行矣哉？

[译文]

《彖传》说：无妄卦，阳刚自外卦而来，成为内卦的主爻，动而健，〔九五〕阳刚居上卦中位而与阴柔的〔六二〕相应。行正道必获大亨通，这是天命啊！"其匪正，有眚，不利有攸往"，"无妄"已经失去，必陷于"妄为"，终将走向何方？其行没有天命的保佑，行吗？其往必然"不利"。

《象》曰：天下雷行，物与无妄①。先王以茂对时育万物②。"无妄"之"往"③，得志也。"不耕获"，未富也。"行人"得牛，"邑人灾"也。"可贞无咎"，固有之也。无妄之"药"，不可试也。无妄之"行"，穷之灾也。

[注释]

①天下雷行，物与无妄：无妄卦震下乾上，震为雷，乾为天，故说天下雷行。此句犹说：春雷响彻天下，万物无不萌生。物与，万物应雷声而起。

②先王以茂对时育万物：先王见雷行天下之象，当勉力配合天时，助长万物发育，不可妄自作为。

③"无妄"之"往"：无虚妄之行。初九爻为震之主，以阳刚居二阴之下，犹人以贵下贱，如此而往，故为无妄。

[译文]

《象传》说：天下雷行，万物无不萌生，是无妄卦。先王见雷行天下之象，当尽力应时助长万物发育。

〔初九〕"无妄"之"往"，是能遂其志的。

〔六二〕"不耕获"，未必真能富足。

〔六三〕"行人"得到牛，邑人反遭无妄之灾。

〔九四〕"可贞无咎"，是固有的事。

〔九五〕无妄之疾而服药，是不可尝试的。

〔上九〕无妄之"行"，是穷极而生灾。

大畜卦第二十六

䷙ 山天大畜（乾下艮上）

大畜①：利贞。不家食②，吉。利涉大川。

初九：有厉，利已③。

九二：舆说輹④。

九三：良马逐⑤，利艰贞，日闲舆卫⑥，利有攸往。

六四：童牛之牿⑦，元吉。

六五：豮豕之牙⑧，吉。

上九：何天之衢⑨，亨。

[注释]

①大畜：卦名，卦象乾下艮上。汉帛《易》作"泰蓄"。有大畜积之义。《序卦传》说："有无妄然后可畜，故受之以大畜。"无妄是有实而无虚妄，故可以畜积。因此大畜排在无妄之后。大畜卦和无妄卦是宾主的关系。然而其卦名之所起，以及卦的意义，二卦并没有相互的关系。大畜与小畜两卦倒成为对照：大、小相对照的关系。从卦象看，乾为天为健，艮为山为止。总之，广阔无垠的天（乾）被巍峨的山（艮）止住了。天在山中，山蓄天。大畜卦，说明了事物发展过程中，顺从时势而行事，竭力畜积刚健和正气的道理。于是卦辞中强调"守正"、"养贤"，指出"畜聚阳刚正德"是"大畜"的关键所在。

②不家食：不在家吃饭，而是食禄于朝。是国家以俸禄养贤士。

③有厉，利已：有危险而宜于停下来。厉，危险；已，停止。

④舆说辐：车子脱去辐，意在不行。说，即脱。

⑤良马逐：乘良马追赶。逐，追。

⑥日闲舆卫：每日练习用车马防卫。闲，练习；舆，车；卫，防卫。

⑦童牛之牿（gù）：童牛角上系上横木，加以保护，以防其抵人。童牛，小牛；牿，牛角上横木。

⑧豮（fēn）豕之牙：阉割了的猪，其性驯，虽有牙不伤人。豮，阉割了的猪。

⑨何天之衢（qú）：肩负天之通途。何，通荷；衢，四通八达的道路。

[译文]

大畜卦，卦象乾下艮上，天藏于山中，有所畜至大之象。畜有止与聚两层含义。取天在山中之象，则畜为畜聚；取乾为艮所止之象，是畜为畜止。物止便可有所积聚，所以止也是畜的意思。

大畜卦：利于占问。不在家吃饭，吉利。利于涉越大河。

这卦大致可以推断为吉利。

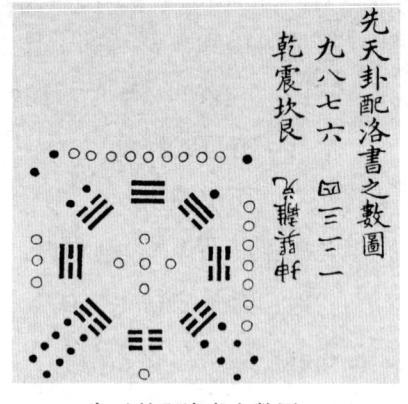

先天卦配洛书之数图

以进退而言，既然已有足够的畜养，也就堪以进出以遂其事功。当然这并不意味着凡事均能毫无困难地顺利进行。我们必须明白，几乎每一卦所示，莫不十分艰难。只不过有些卦的旨意徒劳而无功，有些卦明示经辛勤努力终有所获而得遂其志。就这点来说，大畜卦是明示其劳力并不白费，必能获良好的结果。

初九：有危险而宜于停下来。

初九正想前进，却与六四相应，受其阻止，加上初九本身经验偏少，所以，立即前进不但不能收获，反而有伤自身，以损害其太好的资质，既然知道危险，还是一进不如一退。

九二：车子的辐被脱掉。

九二被相应的六五阻止,但这爻在内卦得中,因此不至于过激地去冒险,能够自我节制,及时停下来。

九三:乘良马奔驰追逐,宜于在艰难中守持正道,每日练习车马防卫,利于有所往。

九三爻在内卦的极点,上九阳刚,不与之相应,象征极端阻塞,难以通行的时刻。所以仍须压制前进爱动的心,保持其艰贞之志。只有练就成文武全才,才能有所进展。日常之锻炼,为的是能为天下所用。

六四:童牛角上系上横木,加以保护,以防其抵人。大吉。

六四爻在外卦三爻中最能胜任畜养实力而努力以赴。因为六四爻的应爻初九算是稚嫩,要劝它畜养实力,必然能够温顺接受,也就是很容易就阻止了初九。

六五:阉割了的猪,其性温驯,虽有獠牙也不会伤人。

六五爻与九二爻为正应,这两爻是居于正位的主从关系。能够顺从其性情,不加束缚在自由中去畜止,所以得以吉利。

上九:肩负着天之通途,亨通。

上九爻居于该卦的最高处,又是成卦的主爻,相当于君主六五的师傅、顾问的地位。其职责之重大,犹如肩负着天之通途。然而,其所肩负的上天,却是四通八达无何阻碍。这爻现在可以起用那些已经畜养其德的一些贤者,以完成涉渡大川的事业。

《象》曰:大畜,刚健笃实辉光①,日新其德②。刚上而尚贤③,能止健,大正也。"不家食,吉",养贤也。"利涉大川",应乎天也。

[注释]

①刚健笃实辉光:刚健而笃实,则必将对外发出光辉荣耀。大畜卦乾下艮上,乾性刚健,艮性笃实,艮山将乾止住于内,以充实其学养。

②日新其德：每日都增进其道德。如同太阳，每天行而健，又能保持其清新的辉光。以每日之所累积培育之，以至其大。这是以乾为主在说明大畜之德。

③刚上而尚贤：上九阳刚居六五尊位之上，而要尊重贤人。刚上，即上九爻；贤，指内卦的三阳爻。这里是以艮为主，来看大畜卦的。

[译文]

《象传》说：大畜卦，刚健而笃实，必将对外发出光辉，每日都增进其道德。〔上九〕阳刚居上而尊重贤人，畜养其德，以备来日为天下所用，这就是"大正"的政治之道。"不家食，吉"，国家要养育贤才。"利涉大川"，是因顺应了自然（天）规律。

《象》曰：天在山中①，大畜。君子以多识前言往行，以畜其德②。"有厉，利已"，不犯灾也。"舆说輹"，中无尤也。"利有攸往"，上合志也。六四"元吉"，有喜也。六五之"吉"，有庆也。"何天之衢"，道大行也。

[注释]

①天在山中：大畜卦乾下艮上，乾为天，艮为山，故有"天在山中"之象。这是以卦象明卦义。

②多识前言往行，以畜其德：多学习前人的言论和经验，以不断增进其道德修养。多识，多学多记；往行，已往的实践经验。

[译文]

《象传》说：天在山中，为大畜卦。君子观此象，当虚怀若谷，多学习前人的言论和经验，以不断增进其道德修养。

〔初九〕"有厉，利已"，可避免灾祸。

〔九二〕"舆说輹"，因居中，能行中道，终无怨尤。

〔九三〕"利有攸往"，合于上进的志向。

〔六四〕"元吉"，刚柔调和，故有喜庆。

〔六五〕六五之"吉"，象征仁君畜贤臣，故"有庆"。

〔上九〕"何天之衢"，大道畅行无阻。

颐卦第二十七

山雷颐（震下艮上）

颐①：贞吉。观颐，自求口实②。

初九：舍尔灵龟，观我朵颐③，凶。

六二：颠颐④，拂经于丘⑤，颐征，凶。

六三：拂颐⑥，贞凶。十年勿用，无攸利。

六四：颠颐，吉。虎视眈眈，其欲逐逐⑦，无咎。

六五：拂经⑧，居贞吉，不可涉大川。

上九：由颐⑨，厉，吉。利涉大川。

[注释]

①颐：卦名，卦象震下艮上。颐卦是根据上颚与下颚的样子取象的。初爻为下颚，二、三爻为下齿；上爻为上颚，四、五爻为上齿，即由嘴巴的样子取象。凡是食物，务必由口进入而养育其身体，这是嘴巴的最大作用，这作用推而广之，如培养其道德，或培养人才。那就是说一方面努力畜养，而另一方面使其更为丰裕。正如《序卦传》所说："物畜然后可养，故受之以颐。"颐，引申为养生、颐养。本卦震雷在下而动，艮山在上而止，是雷突破山的压抑而出，显示依靠自己内部的力量，通过自我运动，才能达到颐养。

②观颐，自求口实：观察颐养之道，自己动手求得口中之食。观颐，观察颐养之道；口实，口中之食。

③舍尔灵龟，观我朵颐：舍弃你的灵龟（卜出的龟兆），观看我咀嚼东

西。灵龟，古人认为龟不食，而且长寿，因而灼其龟甲以卜，故称之为"灵龟"。朵颐，咀嚼食物的样子。尔，指初九；我，指六四。

④颠颐：颠倒求颐养。颠，颠倒。

⑤拂经于丘：违背从六五获养之常理。拂，违；经，常，常理；丘，小山。颐卦上体为艮（山），六五爻居艮体之中，以丘为喻。

⑥拂颐：违背养之正道。拂，违；颐，养，引申为养之正道。

⑦虎视眈眈，其欲逐逐：虎视眈眈求养于上，欲望相继而不歇。眈眈，专一的样子；逐逐，相继。

⑧拂经：有违于常理。六五爻以阴处尊，处尊则养天下，阴质而才不足，反求于上九，故有此说。拂，违；经，常理。

⑨由颐：养的来源。上九以阳刚居颐养之极，下有四阴，皆赖其所养，故称之。由，源出。

[译文]

颐卦，卦象震下艮上，震为动，艮为止。初爻和上爻均为阳爻，而其他爻为阴爻，这些无异于在表示外刚而内柔，或外实而内虚。颐养之道，并不只是一方为其对方尽力，而是彼此都蒙受其利。无论在休养或德养或学养，都可以这么说。

颐卦：占问吉利。观察颐养之道，自己动手求得口中之食。

这卦推断一个人的话，那是虽然内心所想极多，却很不容易

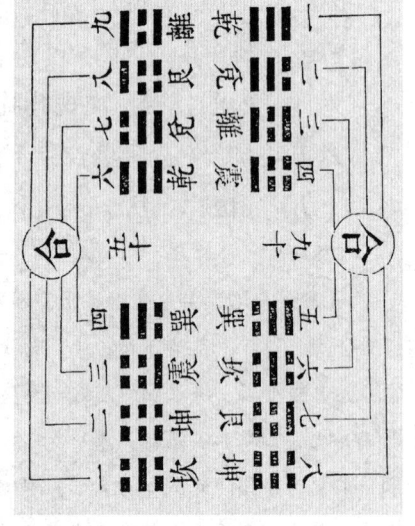

河洛卦数图

吐露出来。或心里要说的话很多，却很难说出口。我方若以震的态度前进，对方乃以倒震相向，双方互相同心协力以促成其事。饮食之于身体，一旦由口而入，必须经过一段时间和过程。由此可推

146 周易

知，一件事务必假以相当时日，不能即刻完成或见其效果。

初九：舍弃你的灵龟，观看我咀嚼东西，凶。

初九阳刚是震的主爻，堪称猛动之主，自己具有相当实力又有作用，但与六四相应，起贪欲之心，舍弃自己的灵龟般的智慧，而垂涎于别人口中的食物，当然是凶了。

六二：颠倒求颐养，违背获养之常理。为颐养而征战，必凶。

六二阴爻因其力量薄弱，不能凭着自己的地位去颐养。于是首先找到其比爻初九，然而初九爻位在下，托付它有悖于颐养之道。必须以其应爻而且又居于君位的五爻来颐养，才为适合。然而，五爻仍是同类的阴爻，不能求到口实。不得已，找到上九，但是上九爻既非应爻又非比爻，过于追求，当然凶了。

六三：违背养之正道，占问有凶。十年之久无所用，没有什么利。

六三阴柔，不中不正，而且在下卦震亦即动的最高位置，象征不正当的行动。已经到达极点，为达到目的，甚至不择手段，违背了养的正道，所以凶险无疑。恐怕很难听从劝导，所以在十年内不会得到供养，没有任何利益。

六四：颠倒求颐养，吉利。虎视眈眈求养于下，欲望相继不绝，无灾祸。

六四爻与六二爻都说"颠颐"，但结果却不同，六二为"拂经"，六四为"吉"。因六四与初九都得正，而且相应，以柔顺的六四，就养于刚正的初九，反而理所当然，所以吉祥。说明求养只要光明正大，不妨取之于民，用之于民。

六五：有违于常理，居而守正，可获吉利，不能涉越大河。

六五是主卦的主爻，其任务在于普及颐养于万民，以发扬颐养之道。只是六五阴柔不正，虽在君位，却不能养天下，只好求助于阳刚的上九，这有违常理。自己既然欠缺实力，只可以保住其地位安稳为满足。在此时不可冒险去行事。

上九：顺从颐养的来源，开荒种粮，虽然难免有病苦，终将得吉。利于涉越大河。

上九是颐卦的成卦主爻。天下万物都仰望它而得到颐养之资。上九刚毅，处在最上位，大公无私，能够排除一切困难，毫无忌惮地救济万民。即使处在危厉之中，还是能获吉利。

《彖》曰：颐，贞吉，养正则吉①也。"观颐"，观其所养也。"自求口实"，观其自养也。天地养万物，圣人养贤以及万民，颐之时大矣哉！

[注释]

①养正则吉：养以正道才能获吉。养所涉及的范围很广，天地养育万物，圣人养人，人以自养，养身养德，都属养的范围。养的问题关键在于是否得正。

[译文]

《彖传》说：颐卦，占问吉利，养以正道才能获吉。"观颐"，就是观察其养生之道。"自求口实"，考察其自我颐养之道。天地养育万物，圣人养贤人以至万民。由此可见，适时的颐养，意义是十分巨大的。

《象》曰：山下有雷，颐。君子以慎言语，节饮食。"观我朵颐"，亦不足贵也。六二"征凶"，行失类也。"十年勿用"，道大悖也。"颠颐"之"吉"，上施光也。"居贞"之"吉"，顺以从上也。"由颐，厉，吉"，大有庆也。

[译文]

《象传》说：（震下艮上，雷下山上）山下有雷，是颐卦。君子观此象，要语言谨慎，饮食有节。

〔初九〕"观我朵颐",这种行为不能恭维。

〔六二〕六二"征凶",因其行为丧失了颐养的准则。

〔六三〕"十年勿用",是因严重违反大道。

〔六四〕"颠颐"之"吉",在上能布施光明于下。

〔六五〕"居贞"之"吉",顺从了阳刚上九。

〔上九〕"由颐,厉,吉",大有福庆。

大过卦第二十八

泽风大过（巽下兑上）

大过①：栋桡②，利有攸住，亨。

初六：藉用白茅③，无咎。

九二：枯杨生稊，老夫得其女妻④，无不利。

九三：栋桡，凶。

九四：栋隆⑤，吉；有它，吝。

九五：枯杨生华，老妇得其士夫⑥，无咎，无誉。

上六：过涉灭顶⑦，凶，无咎。

[注释]

①大过：卦名，卦象巽下兑上。汉帛《易》作"泰过"。此卦四阳爻为大，阴爻为小，阳爻太多，所以称"大者过也"。六十四卦中还有雷山小过卦，只有三、四为阳爻，其他为阴爻，这是"小者过也"的卦，它正和大过卦相反。这两卦一比较，便可发现都是以阴爻夹住阳爻，阳爻在中间。像这样的卦，除这两卦之外，别无他求。根据阴阳势力的均衡来看，阳爻太过叫大过；阴爻太过叫小过，这是极为合理的说法。大过卦的卦象巽下兑上，巽属五行的木，兑象征泽。汪洋大水压在木上，也是大过的意思。

②栋桡（náo）：房屋的栋梁弯曲了。栋，房上屋脊之木；桡，曲木，引申为弯曲。

③藉用白茅：用洁白的茅草铺垫放祭品。藉，铺垫。

④枯杨生稊（tí），老夫得其女妻：枯老的杨树新生出嫩枝芽，老头子娶到小娇妻。稊，新生的枝芽嫩叶。

⑤栋隆：栋梁隆起。喻大臣能够胜其任，并治乱有方。它是相对"栋桡"而言的。隆，隆起。

⑥枯杨生华，老妇得其士夫：干枯的杨树开了花，老妇招来个年轻的丈夫。华，花；士夫，年轻丈夫。

⑦过涉灭顶：涉水过深而淹没其头顶。灭，没；顶，头顶。

[译文]

大过卦，卦象巽下兑上，泽在木上。泽当润养于木，而今竟至把木灭掉，有大过之象。大过是阳之过。阳为大，故阳过称大过。《序卦传》说："颐者，养也。不养则不可动，故受之以大过。"世间万事万物都是养而后成，成了则能动，动了就产生过的问题。所以颐卦之后次以大过卦。

大过卦：房屋的栋梁弯曲了，宜于有所往，亨通。

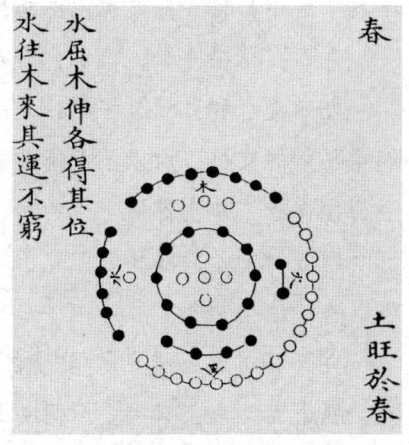

河图变后天八卦图

大过卦是本末柔弱之卦，是非常时期，将发生大事件，将有人建立大功的时候。论谋事，却是过于重大而力有不足，也就是颇为吃力的时候。凡事逾越本分或时机过晚之事，均不宜进行。私事务宜缓办或隐退，公事上义不容辞则必须毅然决然奋勇而为之。

初六：用洁白的茅草铺垫放置祭品，无灾祸。

初六为阴爻，又是"本末弱"的"本"之所在。而且因载运四个阳爻而心生畏惧。为应对刚强还是以轻柔出之为佳，而且戒慎恐惧，就像在祭祀时，放祭品的下面再铺上白茅般的郑重，因此无咎。

九二：枯老的杨树发嫩芽，老头子娶到小娇妻，没有不利。

九二爻是这一卦四个阳爻中最下方的一个，正当阳刚盛大过度的开始。九二与上卦无应，与下面的初六有亲近的可能。并由下面的阴性，得到生气，重新长出新芽，老头子讨个年轻的妻子，还能生育，所以才能无不利。

九三：栋梁弯曲了，凶。

九三刚爻刚位，过度刚强，就像栋梁弯曲，不久就有倒塌的危险，这是大过中之大过的象，至凶之兆。九三虽与上六相应，但由于九三过于自信，应爻也无所指望。其危殆的情况正日益加深。

九四：栋梁隆起，吉利；有意外的事故出现，会有危害。

九四爻也和九三爻一样，是屋顶的重量加重的一爻，然而下面有了初六的支撑，所以不至于曲折，因而吉利。如果舍弃在下的初六而倾向于不能支撑的上六的话，就是有吝的了。

九五：干枯的杨树开了花，老女人招来个年轻的丈夫。既无过失，也不值得称赞。

九五爻在这一连四个阳爻的最上方，位于阳刚过度盛大的极点，在下面无应，只有上六阴爻亲近。但上六是这一卦的终极，已经衰老，又没有生育能力，所以，即使无过失，也不值得赞誉。

上六：涉水过深而淹没其头顶。有凶险，终将无害。

上六已经是该卦的终极，又是阴爻，软弱无力，却又过分地想有所作为，由于缺少自知之明，当然凶险。比拟于人事，有如自己力量至为薄弱，却又承担大责重任以至于伤害身体。本卦所指的承担重任，不堪负荷而曲折的，是初六与上六两爻。

《象》曰：大过，大者过也。"栋桡"，本末弱①也。刚过而中②，巽而说，行，"利有攸往"，乃"亨"。大过之时大矣哉！

[注释]

①本末弱：从本到末都太柔弱。本，树干；末，树梢。

②刚过而中：大过卦四阳二阴，有"刚过"之象，但九二、九五皆得中位，称为"刚过而中"。

[译文]

《彖传》说：大过卦，阳刚过于强大的意思。"栋桡"，从本到末都太柔弱。阳刚太过而又居于中位，内卦巽顺，外卦兑悦，以自己的顺，换取众人的悦乐，行动起来，"利有攸往"，而且无不亨通。大过卦的时机把握，意义重大。

《象》曰：泽灭木，大过①。君子以独立不惧，遁世无闷②。"藉用白茅"，柔在下也。"老夫女妻"，过以相与也。"栋桡"之"凶"，不可以有辅也。"栋隆"之"吉"，不桡乎下也。"枯杨生华"，何可久也！"老妇士夫"，亦可丑也。"过涉"之"凶"，不可咎也。

[注释]

①泽灭木，大过：此以卦象明卦义。大过卦，巽下兑上，木下泽上，水泽淹没了林木，是太过分了。

②君子以独立不惧，遁世无闷：君子面对大过危局，可采取两种态度：一是独立不惧，见危不屈；一是遁世无闷，避世隐居，待时而起。遁世，逃避现实；无闷，不悔。

[译文]

《象传》说：水泽淹没了林木，是大过卦。君子观此象，应当独立而见危不屈，避世隐居，待时而动。

〔初六〕"藉用白茅"，是以阴柔处于卑下。

〔九二〕"老夫女妻"，其结合太不合适。

〔九三〕"栋桡"之"凶"，是因找不到辅助的办法。

〔九四〕"栋隆"之"吉"，因其不是向下弯曲，而是向上隆起。

〔九五〕"枯杨生华"，好景不长。"老妇士夫"，实堪羞丑。

〔上六〕"过涉"之"凶"，无可责难。

坎卦第二十九

坎为水（坎下坎上）

习坎①：有孚，维心，亨②。行有尚。

初六：习坎，入于坎窞③，凶。

九二：坎有险，求小得④。

六三：来之坎坎，险且枕⑤，入于坎窞，勿用。

六四：樽酒，簋贰，用缶⑥，纳约自牖⑦，终无咎。

九五：坎不盈，祗既平⑧，无咎。

上六：系之徽纆，寘于丛棘⑨，三岁不得，凶。

[注释]

①习坎：卦名，卦象坎下坎上。汉帛《易》作"习赣"，简称为坎。习是重复的意思，坎下坎上为坎的重复。一阳陷于二阴中，其性为险陷。坎为水为陷，陷本危险，加之重坎，更加危险。坎虽然表面上相当脆弱，但是骨子里却很刚强。以水为例，或以冬季为例，都能够容易了解坎水的本性。也都可以明白它是阴中的阳气。坎就是陷于阴的坤中的阳气，所以称陷。由陷和洞穴的象意，又有险、苦、难的意义。然而，在这艰苦中，其内心却不失为正为强。这些又是坎的心，相当于人的"诚心"。坎又是智慧和学问，可是与离卦华丽的才智不同，乃是冷静又透彻的智慧。坎又为法律，然而坎是刑罚，而离才是法律的条文。

②有孚，维心，亨：诚信在心中，唯其如此方可亨通。孚，诚信；维，

同唯；亨，亨通。

③入于坎窞（dàn）：陷入深坑。窞，深坑。初六爻以阴居初，与六四无应，故有此说。

④坎有险，求小得：坎中有险，故其求仅有小得。意为在坎险之时，身处险境而能求得自保。

⑤来之坎坎，险且枕：来往皆为坎，有险而不安分。之，往；枕，倚靠枕头，不安之状。

⑥樽酒，簋（guǐ）贰，用缶：有一樽酒，两簋饭，用瓦器盛着。樽，酒器；簋，盛黍稷的方形竹器；缶，无文饰的陶器。这些都是极其朴实简略的祭神器具。

⑦纳约自牖（yǒu）：献祭简约从窗口送进去即可。纳，入；约，简约；牖，窗户。

⑧坎不盈，祗既平：陷阱尚未填满，小丘却已铲平。盈，充满；祗，当为坻，小丘也。

⑨系之徽纆（mò），寘于丛棘：被绳索捆绑，投入牢狱之中。徽纆，绳索，两股为徽，三股为纆；寘，置；丛棘，牢狱四周的荆棘围篱。

[译文]

习坎卦，卦名前加个习字，强调险之重、险之难，提醒人们要特别注意。坎卦为周易八纯卦之一，也唯独坎卦前加一个习字。习字，即重复的意思。《序卦传》说："物不可以终过，故受之以坎。"坎和大过意义相反。大过是阳之过，坎是阳之陷。一阳居二阴之中，有陷之象，所以坎也是陷。阳的发展也不可过，至一定程度便要变为坎陷。坎陷

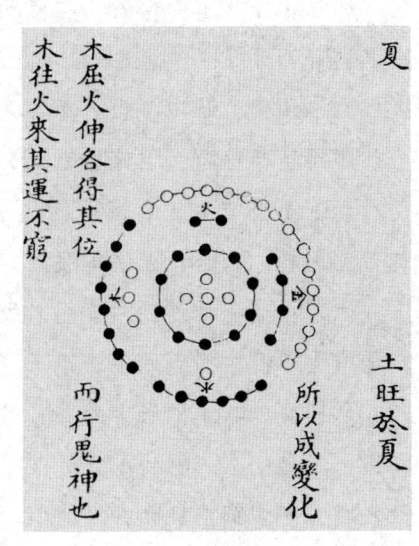

土旺于夏

的意思也就是险难。

习坎卦：诚信在于心中，唯其如此方可亨通。行动必有赏。

坎卦有如面临进退维谷受尽艰难的情景。既然处在艰难困苦的逆境中，必须鼓起最大勇气，以不屈不挠的信心和勇气去克服它。卦义显示，精神和肉体各方面受尽困扰痛苦，以至于心理失去平衡，或将发生自暴自弃的危险。目前，务必隐忍自重，以谦让的态度求退守之道，并且倾注心力于学问等事项中，才能克服逆境。

初六：坎险重重，陷入坎险的深坑之中，很凶险。

初六阴柔不正又居于重险卦的最下位，是陷入陷中的陷，亦即陷的最底层，无法脱身，所以凶险。再就社会生活来说，坎为刑罚又为法律，坎之相重叠，是曾经犯法受罚之后又重犯之象。

九二：坎中有险，故其求仅有小得。

九二仍在艰难中，前方仍有险阻。不过，这爻是内卦的主爻，又阳刚得中，虽然不能完全克服险难，但所求不大时，仍然可以达到目的。

六三：来往皆为坎险，在险而不安分，进入险坑之中，（此爻占之）不可用。

六三阴柔，不中不正，而且夹在上下两个坎卦的中间，进退皆险。不得已想停留，但停留之处又是在坎中，因而得不到安稳。任何行动都不会有用。它试图挣扎从险坑中浮出，只不过力有未逮，徒劳而无功，以至于无法解脱。

六四：有一樽酒，两簋饭，用瓦器盛者，献祭十分简约，从窗口送进去即可，终于无害。

六四爻以其柔顺居于九五君侧，其内心之所念并不在于一己的私情，乃是一心一意致于九五，以期平息坎难局面。然而，处在坎险之时，一切都很俭朴，只能以简约的祭礼以代之。可是六四、九五阴阳相比，其孚诚将得以通达，终将无灾。

九五：陷阱尚未填满，小丘却已铲平，无害。

九五阳刚中正，而且在尊位，无论德性与地位，都是以拯救天下的艰难为己任。但九五的中德在坎的时用之大比起来还是小的，而且只不过是拯救民众之难，却还没有使人民感到真正的愉悦。

上六：被绳索捆绑，投入牢狱之中，被囚三年，有凶。

上六阴柔，在坎卦的终极，就像被绳索重重地束缚着，放置在狱内，三年不得自由，所以凶险。此爻告诫，在险难中轻举妄动，将愈陷愈深，最终将难以自拔。

《彖》曰"习坎"，重险也，水流而不盈①。行险而不失其信，"维心亨"，乃以刚中也。"行有尚"，往有功也。天险②不可升也。地险山川丘陵也。王公设险以守其国③，险之时用大矣哉！

[注释]

①水流而不盈：坎险重重，如流水无止境。

②天险：自然的险境。

③王公设险以守其国：古代统治者设置险要以守护其国家。王，国王；公，大臣之首；设，设置。

[译文]

《彖传》说"习坎"卦，即多重险境，如流水无有止境。在险境中行进而不失其诚信，"维心亨"，乃是行刚健中正之道。"行有尚"，前往会取得成功。自然的险境不可以再上升，地险有山、川、丘陵等险要地势。古代统治者设置险要以守护其国家。看准时机设置险阻，意义重大啊！

《象》曰：水洊①至，习坎。君子以常德行，习教事②。"习坎入坎"，失道凶也。"求小得"，未出中也。"来之坎坎"，终无功也。"樽酒簋贰",刚柔际也。"坎不盈",中未大也。上六失道,"凶""三岁"也。

[注释]

①洊(jiàn):再。

②常德行,习教事:坚持道德修行,习熟政教之事。熟悉险则不为险困,习教事则德行不失常。常,恒久;德行,道德修行;习,习熟;教,政教或教令。

[译文]

《象传》说:水来之又来,是习坎卦。君子观之,当德行常新,教事常习,不可停滞不前。

〔初六〕"习坎入坎",位不当而失道,凶险。

〔九二〕"求小得",未出中位。

〔六三〕"来之坎坎",最终没有脱险成功。

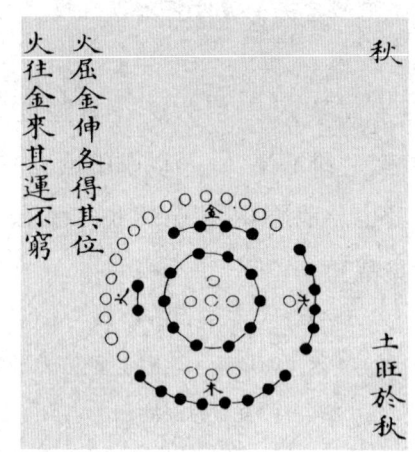

土旺于秋

〔六四〕"樽酒簋贰",〔九五与六四〕刚柔相交际而相亲。

〔九五〕"坎不盈",虽居中位而未能光大。

〔上六〕上六爻以阴柔乘九五阳刚,柔弱无力,而居极险之地失去正道,要"凶""三岁"。

离卦第三十

䷝ 离为火（离下离上）

离①：利贞，亨。畜牝牛②，吉。

初九：履错然③，敬之，无咎。

六二：黄离④，元吉。

九三：日昃之离⑤，不鼓缶而歌，则大耋之嗟⑥，凶。

九四：突如其来如⑦，焚如，死如，弃如⑧。

六五：出涕沱若，戚嗟若⑨，吉。

上九：王用出征⑩，有嘉折首，获匪其丑⑪，无咎。

[注释]

①离：卦名，卦象离下离上。汉帛《易》作"罗"。离卦是上经的最后一卦。《序卦传》说："坎者，陷也。陷必有所丽，故受之以离。离者，丽也。"说明事物往往需要附着于一定的环境。就自然现象而言，火焰依附于燃料而发热，这是从火的性向来说的。《杂卦传》说："离，丽也，明也。取其附丽于上下之阳，则为附丽之义。取其中虚则为明义。离为火，火体虚，丽于物而明者也。又为日，亦以虚明之象。"离为火为附，所以有附丽、光明之义。更因为六二、六五为阴爻，为柔，所以柔顺之意也尤为明显。离为太阳，虽然这是阴卦，却是附丽于阳的阴卦，所以具有明亮而又有阳性的意思。

②畜牝牛：养母牛。畜，养；牝牛，母牛。

③履错然：杂乱的脚步。履，脚步；错然，杂乱。

④黄离：处中而得明。黄，黄色、中色，表示中和柔顺的美德。

⑤日昃（zè）之离：太阳偏西后的光明。昃，太阳偏西。

⑥不鼓缶而歌，则大耋（dié）之嗟：不敲击缶而唱歌，老年人发出叹息声。缶，瓦器，用来盛酒浆，古人鼓之以节歌。耋，九十岁的老人。嗟，叹息。

⑦突如其来如：突然而至。九四爻从下体来到上体，即逼近六五之尊，故有此说。以此为继，众所不容。如，语辞。

⑧焚如，死如，弃如：烧、杀、抢、掠，无恶不作，器物丢弃满地，一片狼藉。

⑨出涕沱若，戚嗟若：泪如雨下，（幸存者）无限忧戚和悲叹。涕，眼泪；沱若，滂沱状，流泪如雨的样子；戚，忧愁；嗟，叹息。

⑩王用出征：君王可以兴师征讨。上九爻以刚居离明之极，引申为天下大治之时。

⑪有嘉折首，获匪其丑：嘉奖折服作乱者之魁首，而不是折服其胁从，执获甚众。嘉，嘉许、嘉奖；匪，贼寇；丑，类，引申为众多。

[译文]

离卦，卦象离下离上。离为火为附，所以是附丽、光明的意思。《说卦传》说："离，丽也。"丽，不是美丽的丽，而是附丽的丽。离卦六爻，阴附丽于上下之阳，所以是丽。离卦二、五两爻都是阴，阴为虚。离又为火，为明，火的外部特征也是虚，不能自成自生，必附丽于他物而明。

离卦：利于占问，亨通。畜养母牛，吉利。

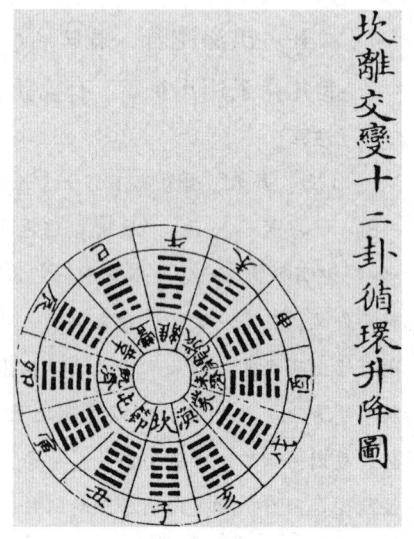

坎离交变十二卦循环升降图

遇到这卦时，务必特别留意，必须如同处置"火"一般，格外地慎重。火固然足以有助于人类生活，又是生活所不可或缺。然而它也极其危险，万一处置不当，必将引起灾祸。人世间的诸多事体，如果只顾其吉利的一面而为所欲为，必将如同玩火以至失火一般，反而造成祸端；相反地，只顾其凶恶的一面，则恨不得要去消灭它。离卦在告诉我们事物的发展过程，渐渐趋于繁复，变化多端，准予因应对处。凡交涉等事体，可察如其意志不相投合，所谈论的事没有成功的把握。

初九：脚步声杂乱，谨慎小心地对待则无害。

初九阳刚，积极前进，在离卦的开始，象征聪明，然而，在开始时，方向未定，脚步杂乱，就有陷入危险的可能。因此，告诫不可妄动，要谨慎从事。说明依附应先认清对象。

六二：处中而得明，大吉。

六二爻在内卦的中位，因而附着于中色；这爻又是阴爻阴位得正，具备中正的德性，当然大吉。

九三：太阳偏西附着在天，不用敲缶而唱歌，老人发出了叹息声，有凶。

九三爻是内卦离之终了，好比一天的傍晚，又可比之于人的一生行将完了之时，即是人在衰老的时候。既然到了衰老之年，只好顺从自然的定律，乐天知命不必愁苦烦忧。乐天知命的境地，也就是离之附丽于天命不失其道的卦义所在。然而九三阳爻居于阳位，一心只顾前进而力气枯衰气力有所未逮，以致徒加叹息，这便是凶了。

九四：〔敌人〕突然来袭，烧、杀、抢、掠，无恶不作，造成一片狼藉。

九四爻处在上下两个离，亦即太阳的接连处，前面的太阳已经西沉，后面的太阳正在升起的微妙时刻。九四爻由于强暴炎烈，既不能退而处于离之柔顺；进而向前又不为所容，所以被焚烧以终其生而被抛弃。

六五：泪如雨下，（幸存者）无限忧戚和悲叹，幸而一命尚存，还算吉利。

六五爻虽然和六二爻一样柔而得中，可是其位不正而又处在君位，又受到九四暴烈作风之逼迫，所以日夜忧惧，也正是如此时刻警惕，反而能化险为夷，才获吉祥。

上九：君王可以兴师征讨，有令嘉奖折服作乱者之魁首，而不是其胁从，执获甚众，无害。

上九为离卦之极，也是火力最炎烈之处。这爻的位置高，能够明察到全国的每一个角落，而且阳刚果断，因而可以用兵，诛杀恶人。不过，也不是滥杀无辜，杀的是首脑，而不是胁从，所以无害。说明应当断然排除邪恶，但只杀首恶。

《彖》曰：离，丽①也。日月丽乎天②，百谷草木丽乎土，重明以丽乎正，乃化成天下。柔丽乎中正，故"亨"，是以"畜牝牛吉"也。

[注释]

①丽：附着、附丽。

②日月丽乎天：日月附着于天。

[译文]

《彖传》说：离卦，是附丽或附着的意思。日月附着在天上，百谷草木附着在地上。重明六五附着于中而光明正大，从而化育出天下万物。阴柔的（六二）附着在中正的位置上，所以"亨"，因此，以"畜牝牛"为"吉"。

《象》曰：明两作①，离。大人以继明照于四方②。"履错"

之"敬",以辟③咎也。"黄离,元吉",得中道也。"日昃之离",何可久也。"突如其来如",无所容也。六五之"吉",离王公也。"王用出征",以正邦也。"获匪其丑",大有功也。

[注释]

①明两作:离卦上下卦都是离。离为火为明,所以是明两作。

②继明照于四方:光明美德继续普照四方。

③辟:同"避",避免。

[译文]

《象传》说:离为日为火,二离并起叫离卦。大人观此象,当以其光明美德继续普照四方。

〔初九〕"履错"之"敬",为的是避免灾咎。

〔六二〕"黄离,元吉",因其位正而且得中道。

〔九三〕"日昃之离",光明不会久长。

〔九四〕"突如其来如",难得容身之地。

〔六五〕六五之"吉",附丽于王公。

〔上九〕"王用出征",以正邦国。"获匪其丑",大有功劳。

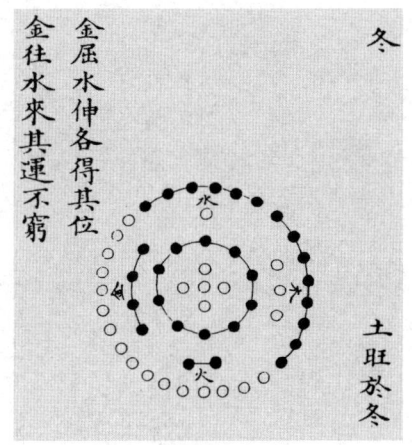

土旺于冬

周易下经

咸卦第三十一

䷞ 泽山咸（艮下兑上）

咸①：亨。利贞。取女，吉②。

初六：咸其拇③。

六二：咸其腓④，凶。居吉。

九三：咸其股，执其随⑤，往吝。

九四：贞吉，悔亡。憧憧往来，朋从尔思⑥。

九五：咸其脢⑦，无悔。

上六：咸其辅、颊、舌⑧。

[注释]

①咸：卦名，卦象艮下兑上。汉帛《易》作"钦"。咸音义同感，为感的古字，取交感相应的意义。《序卦传》说："有天地然后有万物，有万物然后有男女，有男女然后有夫妇，有夫妇然后有父子，有父子然后有君臣，有君臣然后有上下，有上下然后礼义有所错。"依据《序卦传》的看法，上经三十卦至离卦结束，从咸卦开始共三十四卦为下经。下经第一卦咸卦不是接着离卦而来的，它是一个新的开始。《周易》上经在说明理论，而下经讲解实践之道。上经为基础，下经为应用和变化。对于上经的道理能够透彻明白，才能够领会下经，依序而进以达成完美的效果。这也是颇有意义的安排。咸卦的交相感应问题，最直观、最常见、最容易被人理解和接受的表现是男女、夫妇之间的关系，而且夫妇关系是人伦之始，是文明社会一切现象之所以产生的最初契

机，所以把咸卦的咸字的感应意义用夫妇关系加以说明是再合适不过了。从卦体看，咸卦艮下兑上。艮为山，为止，为少男；兑为泽，为悦，为少女。这种"二气通而相应"的现象引申为夫妇之道，以艮比为男，以兑比为女，少男少女，交相感应，以成夫妇。这是"天地万物之本，夫妇人伦之始"。在男求女的过程中，男处于主动的地位，要讲究方式。除了"以诚感"外，还要暂抑阳刚之气，采取谦柔的态度，决不可躁急。也比喻君王寻求贤臣时，一定要采取诚恳谦逊的态度。六十四卦以乾坤为首，乾坤象天地，乾象天，坤象地，天地被看作二物。下经以咸恒为首，咸恒象夫妇。但是，咸象一夫妇，恒也象一夫妇，夫妇被看作一事。不是咸象夫，恒象妇，咸恒在这一点上与乾坤情况不同。

②取女，吉：娶此女，吉祥。取，娶。

③咸其拇：感应远在足指，喻感受粗浅。咸，感；拇，足之大指。

④咸其腓（fēi）：感应传至腿肚，喻感受稍有深入。六二爻处下体之中，故取腓象；与九五爻相应，不宜躁进，顺应则为感之正而获吉。腓，腿肚。

⑤咸其股，执其随：感应传到臀部，制动其相随的部位，喻感受失正。股，臀部；执，制动，牵动；随，随从。

⑥憧憧（chōngchōng）往来，朋从尔思：双方情感融洽，不时眉来眼去，双方相期默许。憧，通瞳，眼珠；朋，友朋，此即恋人。

⑦咸其脢（méi）：感应传到背部。喻无私而感通天下。脢，背。

⑧咸其辅、颊、舌：（说话时）因感而牙床、面颊、舌头齐动。喻耍弄言语口舌。辅，牙床；颊，面颊。

[译文]

咸卦的咸字是取交相感应的意义。交相感应的问题，最易被人理解和接受的表现是男女、夫妇之间的关系。夫妇关系是人伦之始，是文明社会一切现象的最初契机。自然界的感应还是以人类的生活为其基础，而生活上的感应，还是以男女间的感情为最微妙。男女间的感应形成一股无可压抑的巨大力量，以推动人类生活的发展。由这点说来，男女情感的发展，就是人类社会的起点。艮为少男，兑为少女，本卦卦名"咸"的由来就是如此。咸卦可参照天地泰卦的道理，坤阴居于上乾阳居于下，阴阳得以沟通而不再否塞。咸卦也是兑阴在上艮阳在下能沟通之，其中会有相互沟通的道理。咸卦卦辞取象男女婚姻，爻辞却都从人体部位取象，这是一个值得注意的问题。

咸卦：亨通。利于贞问。娶此女，吉利。

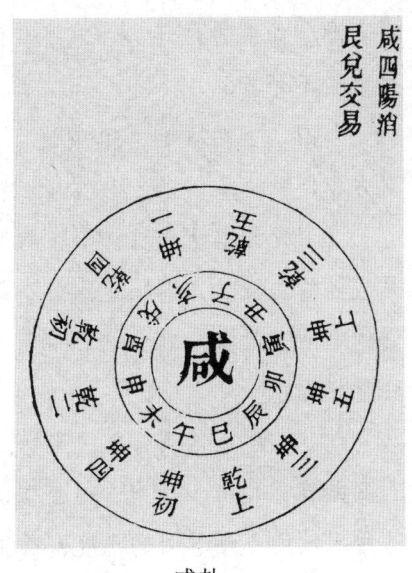

咸卦

这卦需留意，那是物与物相互感应之时，而且其所感应的并不是理论上的问题，乃是如同声音响应一般，事体的进行至为快速，同时感情上超越理智的情形为多。目前正是上下一条心团结合作的时候，尽可以努力进行而有机会发展。虽然进行事体未免有拙速之嫌，然而卦象显示迅速进取以奏效，不宜迟疑逡巡。还是开门见山地表达自己的愿望，以便早解决，以求通达，太迟恐会坐失良机。

初六：感应远在足指。

初六在咸卦的最下方，象征人体最下方的大脚趾。初六与九四相应，想去追求。虽然大脚趾已有感应，但力量微弱全身移动，想前进还不能前进，因而吉凶未定。

六二：感应传至腿肚，凶。安居不动，吉利。

六二爻相当于腿肚，它的应爻九五，但九五是背肉而不相感应，而且腿肚一动，脚就要跟着动，它就疏远了九五容易跟从九三，因此将会有凶。然而，如果能以柔顺中正固守自己之正而不妄动的话，也就能够免受其凶而得到吉。

九三：感应传至臀部，（身体）随之而动，前往则有困难。

九三爻相当于人体的臀部，它不能随自己的意思而动作，当下面的脚和腿肚要行动时，它亦随之而动，从而使身体也动起来。不过，九三阳刚，有主见，又在内卦艮的顶点，因而，要静候发展而不妄动。如果随初六、六二阴柔小人妄动，就会有困难。说明应有主见，不可盲从。

九四：占问吉利，悔事消亡。双方情感融洽，不时眉来眼去，双方相期默许。

九四爻相当于心脏，心在胸部，感性的根源在于心，因而这爻是咸卦的主爻。九四阳爻阴位不正，但处在九三、九五一连三个阳爻的中间，加上与初六之阴相感，他们情感沟通，不时眉来眼去，两情相许。

九五：感应传到背部，无悔。

九五爻相当于背肉，是感觉极为迟钝的部位，甚至没有反应。这种无欲而不烦其心的态度，既不会与外界沟通，相应地又不会与外界发生纠葛，因而不会有悔。

上六：（说话时）因感而牙床、面颊、舌头齐动。

上六已经是咸卦的终极，又是上卦兑的终了。以动人的语言，取悦于人，使其感动，根本缺乏诚意，这是小人的行为。上六阴爻，代表小人。说明应当以至诚感应，不可玩弄口舌。

《彖》曰：咸，感也。柔上而刚下，二气感应以相与①，止而说，男下女②，是以"亨，利贞，取女吉"也。天地感而万物化生③，圣人感人心而天下和平④。观其所感，而天地万物之情可见矣。

[注释]

①二气感应以相与：阴阳二气相互感应和合共处。二气，阴阳二气，即

山泽之气，山属阳刚，泽为阴柔。感，交感；应，相和；与，相合相亲。

②男下女：咸卦艮下兑上，艮为阳卦，比男；兑为阴卦，比女，是男在女下。又：古代婚礼礼俗，男到女家迎娶以成正婚，男下女，亦即男子主动求女之义。

③天地感而万物化生：一切事物都因天地（阴阳）二气交感和合而生成变化。这说明交感之事并不限于男女，而是极为普遍的自然现象。

④圣人感人心而天下和平：最富道德修养的人与众人以心相感通，这样就必定达到天下大治。

[译文]

《象传》说：咸卦，感应也。柔在上而刚在下，阴阳二气相互感应和合共处，艮止而兑悦，男下而求女，所以"亨，利贞，取女吉"。一切事物都因天地（阴阳）二气交感和合而生成变化，圣人与众人以心相感通，而使天下大治。观察其相感应之道，而天下万物的情状都可看得清楚了。

《象》曰：山上有泽，咸，君子以虚受人①。"咸其拇"，志在外也。虽"凶，居吉"，顺不害也。"咸其股"，亦不处②也。志在"随"人，所"执"下也。"贞吉悔亡"，未感害也。"憧憧往来"，未光大③也。"咸其脢"，志末也。"咸其辅、颊、舌"，滕口说④也。

[注释]

①以虚受人：以谦虚的态度接受容纳别人的意见。受，接收、容纳。

②不处：不止。

③未光大：男女相感的心理，尚未公开化。

④滕口说：徒送口舌，言语相感而已。指以虚言巧语取悦对方。滕，张口骋辞貌。

[译文]

《象传》说：山上有泽，为咸卦。君子观此象，当以谦虚的态度接受别人的意见。

〔初六〕"咸其拇"，所感在外，兴趣在对方。

〔六二〕虽然"凶，居吉"，顺从柔顺的本性就不会有害。

〔九三〕"咸其股"，也不止。如果一心跟随别人，所执著的就未免过于低劣了。

〔九四〕"贞吉悔亡"，并未感到受损害。"憧憧往来"，尚未公开化。

〔九五〕"咸其脢"，志在细微小事。

〔上六〕"咸其辅、颊、舌"，以花言巧语取悦对方。

恒卦第三十二

雷风恒（巽下震上）

恒①：亨，无咎。利贞，利有攸往。

初六：浚恒②，贞凶，无攸利。

九二：悔亡③。

九三：不恒其德，或承之羞④，贞吝。

九四：田无禽⑤。

六五：恒其德⑥，贞；妇人吉，夫子凶。

上六：振恒⑦，凶。

[注释]

①恒：卦名，卦象巽下震上。恒，训为长久。恒卦下卦巽为长女，上卦震为长男，男尊女卑，象征夫妇关系的常理。巽还为风为入，震为雷为动。巽为阴卦为柔，震为阳卦为刚。巽的下爻，震的中爻、上爻为阴爻；震的下爻，巽的中爻、上爻为阳爻。阴爻阳爻分别相应。又巽为谦逊，震为动。因此卦象呈现出风雷结合、柔下刚上、刚柔相应、谦逊而动的特点。由此说明了恒久之道的存在，而恒久之道典型的表现是男尊女卑的夫妇之道。夫妇之道务必维持长久，所以本卦乃以"恒"名之。凡事恒常遵守其原则而不加改变，必然能够亨通。

②浚（jùn）恒：深求于恒久，将损害恒。浚，深挖河道，引申为深求。

③悔亡：无悔事。亡，无。

④不恒其德，或承之羞：不能常保美德，因而蒙受羞辱。承，蒙受。

⑤田无禽：田猎未获禽兽。田，田猎；禽，飞禽走兽。

⑥恒其德：常保美德。

⑦振恒：动摇破坏了常道。程颐《伊川易传》说："振者，动之速也，如振衣，如振书，抖撒运动之意。"

[译文]

恒卦在咸卦之后，咸卦是讲夫妇之道，夫妇之道贵在长久，终身不变，所以《序卦传》说："夫妇之道不可不久也，故受之以恒。恒者，久也。"恒的含义为久常。恒卦震在外，巽在内，是男动于外，女顺于内。这是尊崇男人，夫妇有别，才是维持一家的恒常之道。恒没有交感的意义而有久常的意义。

恒卦：亨通，无灾祸。利于占问，利于有所往。

卦辞表明的愿望方面，可推断应效法雷与风之有恒，有始有终自勉不懈，才能通达。如果心存急功近利，总是徒劳而无功。

初六：深求于恒久，将损害恒，占问则凶，没有什么利。

初六与九四阴阳相应，初六又是内卦巽卦的主爻，巽为入，所以初六必定会深入追求。然而，在初爻一开始就追求其深，殊非真正追求恒常之道。九四爻又以阳居阴位，这些表示男女所居各非其位，因而会带来凶险，又无利可求。

九二：无悔事。

九二阳爻阴位不正，本来会后悔。然而，由于它居中，能够弥补其过刚之失，也将得以无悔。

九三：不能常保美德，因而蒙受羞辱。即使动机纯正，也难避免耻辱。

九三爻已过巽卦的中爻，虽然以阳爻居阳位得其正，处在恒之时而不能停留于一处，加上与上六相应，更是不满现状，不安于位。以夫妇而言，如同妇人不能固守其贞。既然这样，必将蒙羞，以致无地自容。纵然居于正位，却不得其中，故遭受耻辱。

九四：田猎未获禽兽。

九四阳爻阴位不正，它又是外卦震的主爻，为守其恒常而励，其所作所为因不称其位，也就无所成。

六五：常保美德，固守之。妇得吉，男人则凶。

六五阴爻柔顺，在中位，又与九二阳爻相应，象征坚守柔顺服从的德性，永久不变。不过，柔顺服从是妻子的正道，坚持这一纯正的德性，会吉祥；但对丈夫来说，如此，则为凶险。

上六：动摇破坏了常道，凶。

上六爻居震卦之极点而妄动，这一爻又阴柔，难以坚持；加上上六到达这卦的极点，象征极端恒久，也有违常理，因而凶险，自不待言。

《彖》曰：恒，久也。刚上而柔下，雷风相与①，巽而动，刚柔皆应，恒。恒"亨，无咎，利贞"，久于其道也。天地之道，恒久而不已也。"利有攸往"，终则有始也。日月得天而能久照，四时变化而能久成，圣人久于其道，而天下化成。观其所恒，而天地万物之情可见矣。

[注释]

①雷风相与：恒卦巽下震上，巽为风，震为雷，又雷动而风行，故以此为恒。

[译文]

《彖传》说：恒卦，久的意思。阳刚在上而阴柔在下，雷与风交相参助，巽顺而动，全卦的六爻皆刚柔相应，是恒卦。恒卦"亨，无咎，利贞"，在其能长期保持正道。天地的自然法则恒常而无穷止。"利有攸往"，自然变化终始相因，往复不穷。日月在天上而能恒久照耀，四时变化着而使万物生生不已。圣人长久地掌握着道，使天下之民均受其教化而有所成就。洞察宇宙间一切恒常之道，而天地万物的情状便可看清楚了。

《象》曰：雷风，恒。君子以立不易方①。"浚恒"之凶，始求深也。九二"悔亡"，能久中也。"不恒其德"，无所容也。久非其位，安得"禽"也。"妇人贞吉"，从一而终②也。"夫子"制义，从妇"凶"③也。"振恒"在上，大无功也。

[注释]

①立不易方：确立不可改变的原则，即以恒久之道立身。

②从一而终：女子嫁从一夫而终其一生。

③"夫子"制义，从妇"凶"：丈夫主持决断事宜，果断处理问题，顺从妇人，则凶险。夫子，丈夫；制，创制；义，通宜。

[译文]

《象传》说：雷和风相结合，是恒卦。君子观此象，应确立不可改变的原则。

〔初六〕"浚恒"之所以凶，在于开始就盲目求其深。

〔九二〕九二"悔亡"，在其恒久地保持中道。

〔九三〕"不恒其德"，为人所不容。

〔九四〕不能久安其位，怎能得到"禽"呢？

〔六五〕"妇人贞吉"，女人嫁从一夫而终其一生。"夫子"果断地处理问题，顺从妻子则"凶"也。

〔上六〕"振恒"居于上，大而无功。

遁卦第三十三

䷠ 天山遁（艮下乾上）

遁①：亨，小利贞②。

初六：遁尾，厉③。勿用有攸往。

六二：执之用黄牛之革，莫之胜说④。

九三：系遁，有疾厉⑤，畜臣妾⑥吉。

九四：好遁⑦，君子吉，小人否。

九五：嘉遁⑧，贞吉。

上九：肥遁⑨，无不利。

[注释]

①遁：卦名，卦象艮下乾上。汉帛《易》作"掾"。是逃避、隐退的意思。卦中二阴自下而生，阴将长而阳渐消，小人道长而君子道消，君子不得不退而避之，故卦名为遁。遁卦，艮为山为止，乾为天为健。山在下，天在上，比喻贤人隐退，不在朝廷。初六、六二都是阴爻，是阴的势力逐渐增长，所以阳爻只能退避。遁卦在十二消息卦中属于消卦之一，由乾卦从下二阴浸长以消阳而成之。上经的第三卦，紧接着乾、坤的是水雷屯卦。屯之艰难，具有开拓草莽的意味；而遁卦却是指示人们，在邪佞泛滥的时世里，为求保全其身的良策。在《序卦传》却说："恒者久也。物不可以久居其所，故受之以遁。遁者退也。"诚然，恒常之道也不能持续于永久，久而久之，必将遭遇退避的境地。

②小利贞：占问有小利。

③遁尾，厉：遁逃落在末尾。遁，退避，遁逃；尾，尾巴，引申为末尾。

④执之用黄牛之革，莫之胜说：用黄牛皮带捆缚它，使之不能逃脱。执，缚；革，皮；说，脱。

⑤系遁，有疾厉：当隐遁却被羁系，只会加深其危急。喻人处遁世，因有所牵累而不能遁。系，羁系，引义为受牵累；疾厉，苦痛。

⑥畜臣妾：畜养奴隶。古者称男奴隶为臣，女奴为妾。

⑦好遁：既爱好其位，又能决然隐遁。

⑧嘉遁：赞美遁避。嘉，赞美。

⑨肥遁：从容自如地隐遁。

[译文]

遁卦的含义是退，是避而去之。卦由乾艮二体组成。乾为天，艮为山。天在上，是阳物，有上进的性质。艮为止，有上陵而止不进之象。一个要上进，一个上陵而止不进；乾艮相违遁，故名为遁卦。又卦中二阴自下而生，是阴将长而阳渐消的时候，小人渐盛，当此之时若能压制并加以引导使其迁善，固不失为良策。

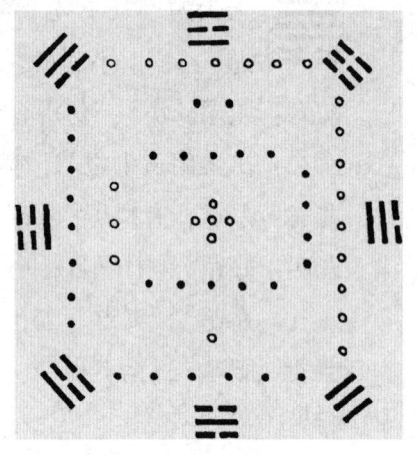

后天八卦与河图贯图

然而，时运所趋，有不得制止的时候。当此之时，如其一味地讲求控制之道，只有劳民伤财而自身恐亦难保。与其这样，如能退而避之，以待回天之机，犹不失为得计。遁卦排在咸、恒两卦之后，着实有着深长的意味。

遁卦：亨通，占问有小利。

处在遁之时，凡是正当的意图、希望等，很难行得通。同时由于阳气消阴气长，因此一切情况（境遇）总是显得阴沉。

初六：遁逃落在末尾，有灾祸，故不要有所往。

初六是遁卦的末尾，先逃的已逃往上方，迟疑的落到最后。在小人得势的时刻，逃避落后，当然危险；但是若积极行动，再前进，反而有灾殃。

六二：用黄牛皮带捆缚它，使之不能逃脱。

六二阴爻阴位得正、持中，又与九五爻阴阳相应，象征它能以牝马之贞顺从其主，意志坚定，不至于自己去设法脱离其羁绊。

九三：应当隐遁却被羁系，只会加深其危急，畜养奴隶吉利。

九三爻与两个阴爻都在内，正想尽快地遁避远处，它又是阳爻阳位，刚强得正，但被两个阴爻拖累。会有一种危急感，若是如同对畜养奴隶一样对待它，也就不至于受其累而终于会得到吉利。

九四：既爱好其位，又决然隐遁，君子吉利，小人则凶。

九四阳爻，性格刚健，虽然较九三快逃一步，但是处在内、外卦的境界上，却未完全退遁，其与初六相应的关系，被认为有所喜好而受牵引的情形。但它又能够断然遁去，君子能够做到这一步，当然吉祥；然而，小人就做不到了。说明不可眷恋，应当断然退避。

九五：赞美遁避，坚守正道，吉利。

九五爻阳刚中正，虽与六二相应，但六二也柔顺中正，不会成为累赘。既不为退避而烦忧，乃生喜悦之心。但是还必须坚守正道，才会吉利。

上九：从容自如地隐遁，没有什么不利。

上九爻论位置离得最远，既无应也不比，没有牵累，尽可以无烦无忧，更不至于迟疑，这正是迅速逃遁而又能够远离的好时机，适合自己达成志愿之时。

《彖》曰：遁，"亨"，遁而亨也。刚当位而应，与时行也。"小利贞"，浸而长[①]也。遁之时义大矣哉！

[注释]

①浸而长：指初六、六二两个阴爻所代表的阴柔势力逐渐发展。浸，逐渐的意思。

[译文]

《彖传》说：遁卦，"亨"，是说该隐遁时便隐遁，故亨通。〔九五〕阳刚当位，而与〔六二〕相呼应，须把握时机行事。"小利贞"，阴柔势力逐渐发展成长。遁卦的隐退而注意时机，现实意义是多么巨大啊！

《象》曰：天下有山，遁。君子以远小人，不恶而严。①"遁尾"之"厉"，不往何灾也？"执用黄牛"，固志也。"系遁"之"厉"，有疾惫②也。"畜臣妾吉"，不可大事也。君子"好遁"，"小人否"也。"嘉遁，贞吉"，以正志也。"肥遁，无不利"，无所疑也。

[注释]

①远小人，不恶而严：当疏远小人，但并不是憎恶，而在于示以威严，使其敬而远之。远，疏远、远离；恶，憎恶；严，威严。

②惫：疲乏至极。

[译文]

《象传》说：天的下面有山，为遁卦。君子观此象，当疏远小人，但并不是憎恶，而在于示以威严，使其敬而远之。

〔初六〕"遁尾"之"厉"，不遁逃，有什么灾呢？

〔六二〕"执用黄牛"，意在固守志向。

〔九三〕"系遁"之"厉"，只有加深其危急而使其感到疲困不堪。"畜臣妾吉"，不可做大事。

〔九四〕君子"好遁"而"小人否"。

〔九五〕"嘉遁，贞吉"，是由〔九五〕能端正隐退的志向。

〔上九〕"肥遁，无不利"，是没有什么可怀疑的。

大壮卦第三十四

☰ 雷天大壮（乾下震上）

大壮①：利贞。

初九：壮于趾②，征凶，有孚。

九二：贞吉。

九三：小人用壮，君子用罔③。贞厉，羝羊触藩，羸其角④。

九四：贞吉，悔亡。藩决不羸⑤，壮于大舆之輹⑥。

六五：丧羊于易⑦，无悔。

上六：羝羊触藩，不能退，不能遂⑧，无攸利。艰则吉。

[注释]

①大壮：卦名，卦象乾下震上。汉帛《易》作"泰壮"。大壮卦是遁卦上下颠倒的卦。卦画既然这样，卦义当然也相配合。遁卦是阴在增长而阳（君子）在逃遁的意思。大壮却是阳的势力在伸展，而阴（小人）在逃走或屈服。在这里，我们也可看出，以阳为主以阴为从乃是《周易》的基本性质。大壮卦为消息卦之一，配以建卯之月即夏历二月。大壮，为大而强盛的意思。乾为天为健，震为雷为动，天大无垠，雷动有威，都显示广大强盛。大壮是阳刚势力发展的表现，是好事。但一定要正确地运用，不能莽撞，盛气凌人，否则大壮会走向其反面。大者壮盛之时，其大者或壮者乃至于乘势而扩张者，务必戒其过盛，知其所止而止。当然，事实上这是至难之事。

②壮于趾：伤了脚趾。壮，伤；趾，脚趾，帛《易》作"止"。

③小人用壮,君子用罔:小人以势大骄人,君子以无力处世。壮,盛;罔,无。

④羝(dī)羊触藩,羸(léi)其角:公羊喜欢用头角冲撞羊圈的篱笆,把角陷入其中。羝羊,公羊;藩,篱笆;羸,拘系,长陷。

⑤藩决不羸:篱笆被公羊抵裂,不再受到束缚。决,裂。

⑥壮于大舆之輹:触坏了大车之辐。壮,伤;舆,车;輹,辐。

⑦丧羊于易:羊丧失在田野之畔。易,通"埸",即田畔。

⑧不能退,不能遂:进退两难。遂,进,进取。

[译文]

大壮卦下乾上震,以刚而动,有大壮的意义。《周易》里以阳为大,阴柔为小。此卦阳刚已达到四,过中了,有大者壮的意义。大壮是阳的壮,壮的意义是强盛。事物衰则盛,消则必长,既遁则必壮,所以遁卦之后排的大壮卦。内卦的乾为大刚,外卦的震为奋进,大刚者奋进,自然会大壮。

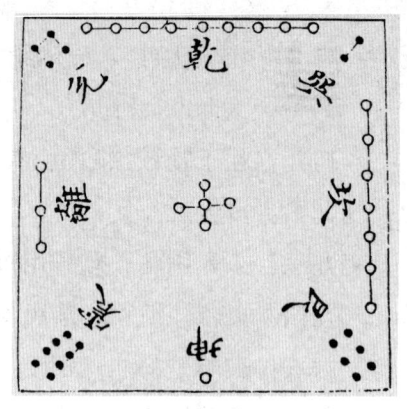

先天八卦合洛书数

大壮卦:利于守正。

这卦首先应该明白,那是气势过于强盛,反而呈现出失败的征兆的时候。正如同车子下坡,其势之速又大,无法予以制止。破疑之兆,隐隐可见,足以令人警惕。壮者恃其方刚之血气,才子恃其才,富者恃其富,强者仗其势。凡自以为得意者,必恃之以强行。其势之所趋,反而招致破败。

初九:伤了脚趾,出征有凶;但有诚信。

初九虽然阳爻阳位得正,但与九四阴阳不能相应,上方没有援引,所以,前进有凶。初九以龙而言,在潜龙之地位,还不足为用。只不过，当兹大壮之时，急欲前进。如此必将发生挫折失败，纵然有诚信，还是不得通达。

九二：守正吉。

九二爻以阳居中，虽处阴位，还是能够得到吉利。虽然与初九都是阳爻，却自知节制，不言以前进为要务，而且又得中。因此，处大壮之时，也可获吉利。

九三：小人以势大骄人，君子以无为处世。占之危厉。公羊喜欢用头角冲撞羊圈的篱笆，却把羊角陷入其中。

九三阳爻阳位得正，但居于乾卦之极位，还是有过刚而妄进的危险。小人会利用这种过刚气势欺凌他人；但君子能妥为节制，虽处壮而不用壮。说明不可利用壮，逞强任性。

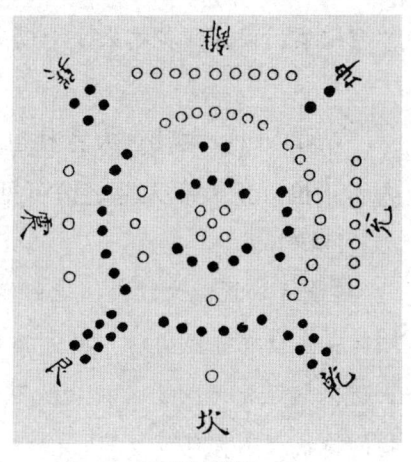

后天位卦图

九四：守正则吉，悔事消失。篱笆被公羊抵裂，不再受到束缚，却又触坏了大车之辐。

九四爻与九二爻一样居于阴位，不至于陷于大壮之暴进，所以为贞吉。这样坚守纯正，可使悔事消除。又因前方是柔爻，因而像公羊抵裂篱笆，摆脱束缚，却又触坏了车辐，竟然不会断落，只能不慌不忙地间断前进。

六五：羊丧失在田野之畔，无悔。

六五阴爻处中而居尊位，是掌司一卦的主爻。如果以整个卦比之为羊，则这一爻该是羊的饲主。然而却不把羊当做自己的羊，又不用其强壮，而听任其逃出羊圈之外，也不去追回。只有这样，才能既不因大壮之暴进而招致凶祸，也不会发生后悔的结果。

上六：公羊抵触篱笆，既不能进，也不能退，无所利。预示着经受艰困磨炼才能吉利。

上六以阴爻居阴位没有暴进之咎。但从大壮卦之极位来看，它自己力气不足，却躁进而触到篱笆，这爻又是震卦之末，既有要动之性而不知退，又不能进，可说一无是处。那是由于不去认真估量自己的力量，以致陷于穷困之境地。如果身历其境，受尽艰苦才能体会觉察，而返回其本来之心以守本分，结果还会吉祥。

《彖》曰：大壮，大者壮也。刚以动，故壮。大壮"利贞"，大者正也。正大而天地之情可见也。

[译文]

《彖传》说：大壮卦，是阳刚强盛之义。卦体下乾纯阳，最为刚健；上震刚健而尚动，更见其强壮。大壮卦"利贞"，必须固守正道，方可久大。欲求久"大"，必先守"正"。正而大，天地万物的情状，不言可见。

《象》曰：雷在天上①，大壮。君子以非礼弗履②。"壮于趾"，其"孚"穷也。九二"贞吉"，以中也。"小人用壮，君子罔"也。"藩决不羸"，尚往也。"丧羊于易"，位不当也。"不能退，不能遂"，不详也。"艰则吉"，咎不长也。

[注释]

①雷在天上：大壮卦乾下震上，乾为天，震为雷，故有此说。又雷在天上，以助天威，故说大壮。

②非礼弗履：违背礼的事不做。即《论语》所说的"克己复礼"。照儒家的解释，它并不意味着消极保守，而是君子自强、大壮的表现。履，践，行动。

[译文]

《象传》说：雷震于天上，声威俱壮，为大壮卦。君子观此象，违背礼的事不能做。

〔初九〕"壮于趾",他的"孚"穷困了。

〔九二〕九二"贞吉",由于居于中位。

〔九三〕"小人用壮,君子罔"。

〔九四〕"藩决不羸",因其好往前冲。

〔六五〕"丧羊于易",所处位置不当。

〔上六〕"不能退,不能遂",对自己的处境未能详审。"艰则吉",其祸不会长久。

晋卦第三十五

火地晋（坤下离上）

晋①：康侯用锡马蕃庶②，昼日三接③。

初六：晋如摧如④，贞吉。罔孚，裕无咎⑤。

六二：晋如愁如⑥，贞吉。受兹介福，于其王母⑦。

六三：众允⑧，悔亡。

九四：晋如鼫鼠⑨，贞厉。

六五：悔亡，失得勿恤⑩。往吉，无不利。

上九：晋其角⑪，维用伐邑⑫。厉，吉；无咎，贞吝。

[注释]

①晋：卦名，卦象坤下离上。汉帛《易》作"溍"。古晋、溍互通。晋与进同音同义，《序卦传》说："物不可终壮，故受之以晋，晋者，进也。"晋卦揭示事物的"进长"途径。晋卦，内卦坤为地为顺，外卦离为火，也为太阳。取太阳在地上辉耀之象。在六十四卦中，与"进"的意思相接近的，除了火地晋外，还有渐卦和升卦。升卦是植物的种子发芽出来，在伸长的意思；渐卦是小树长成为大树的培育生长的意思。而晋卦是伴随着光气而盛大起来的意思。这三者的"进"之所以不同的地方，在于晋具有光明，而又盛大，所以它才是最充满活力的上进。从"维用伐邑"的话看，是讲战争的。正义的战争，既有奋斗，也有光明的前途，就把光明和前进联系起来了。

②康侯用锡马蕃庶：康侯得到王赏赐很多马。康侯，安邦定国之侯。锡，

赏赐。蕃庶，屡次。

③昼夜三接：一天之内三次接见。

④晋如摧如：前进抑或退居。初六与九四正应，九四在上体离明，初六进则遇明，退则居下体坤顺。进以明，退以顺，皆不失其正。

⑤裕无咎：宽以待命则无过失。初六爻进则遇明，虽属可晋，但居下位贱，尚需待时而进，不宜急进。裕，宽裕，引申为待命。

⑥晋如愁如：前进又犯忧愁。

⑦受兹介福，于其王母：从他祖母那里享受此大福。介，大；王母，即祖母。

⑧众允：众人信任。李鼎祚《周易集解》引虞翻曰："允，信也。"

⑨晋如鼫（shí）鼠：职位高升如同硕鼠窃居而得。九四以阳居阴位，不中不正而切近至尊，故有此说。晋，进，引为职位的升迁。鼫鼠，硕鼠，即大鼠。

⑩失得勿恤：失与得都不必忧虑。恤，忧虑。六五爻以柔居阳不当位是"失"，但六五爻处尊在上体离明之中，似有推诚委任下贤之明，如此而行，上下皆得欢喜。

⑪晋其角：钻进了牛角尖，喻为进到极点，无可进也。角，头角。

⑫维用伐邑：只有攻伐其城邑。维，唯；邑，城邑。

[译文]

晋卦坤下离上，有明出于地之象，仿佛太阳冉冉自地平线上升起，越升越光明盛大。这一壮观景象恰好可用一个晋字表达出来。晋与进同音同义，都是前进的意思。卦之所以名晋而不名进，是因为晋字除了进义以外，还包括明盛的意思。

晋卦：康侯得到王赏赐的很多马，一天之内三次被接见。

这卦可推知，前程光明，犹如夜将去而黎明之到临。原来经过辛苦艰难的人，这才脱离黑暗，情况开始好转。自己的计划、交易等也将见诸实现的时候了。然而，这并不意味着现在已通达，更不是马上可以行事，只不过已出现好转的征兆而已。当然还有阻碍摆在前面，不可以就此而得意忘形。在晋卦里，对事体来说，是不必迟疑而向前迈进，才能得到预期的成果。

初六：前进抑或退居，守正则吉，无诚信，宽以待命则无过失。

初六阴柔，在最下位，力量弱，虽然与九四相应，可是九四阳爻阴位不正，并不能给以援手，如果前进，就会受挫。不过守正还是吉利的。即或不能取信于人，只要心底坦然，面对现实就不会有灾难。说明前进时，要正确对待，即或失败，也能坦然。

六二：前进又犯忧愁，守正吉利。就像孙子从他祖母处享受的幸福一样。

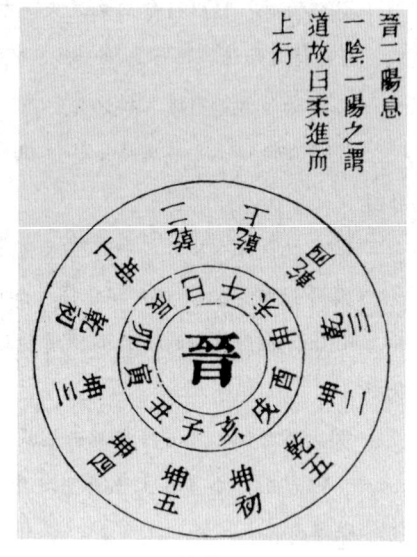

晋卦

六二阴爻阴位，在下卦中位，中而且正，当然会升进。但与六五阴爻未应，上方缺乏援引，因而，前进困难，不能不犯忧愁。但只要坚持纯正，还可吉祥；就像从祖母处，得到很大的福气。

六三：众人信任，悔事消亡。

六三阴爻阳位不正，又不在中位，当然会后悔。可是，下方的两个阴爻，志同道合，也要前进，得到信赖，悔事就消失了。

九四：职位高升如同硕鼠窃居而得，占问有危厉。

九四阳爻阴位，离开中位，不中不正，却晋升到高位；由于缺乏道德，地位高反而更加贪婪，就像田间的野鼠。如此，晋升到高位，却行为不正，前途也有危险。说明不可幸进，不可贪得无厌。

六五：悔事消亡，失与得都不必忧虑，前往则吉，没有不利。

六五阴爻阳位不正，但它是上卦离象征光明的主爻，下卦坤是顺，因而以光明磊落的态度，高居君位，下面又有服从者，后悔就消亡了。所以，不必为得失忧虑，前进吉祥，没有不利。

上九：进到顶角，退无可退，只有攻伐其城邑。虽有危厉，终获吉祥。无灾祸，占问将有困难。

上九是晋卦的极点，以阳爻过刚而暴进，将讨伐上行的阴柔，其危厉，自不待言。如果能深切认清其危厉之害，深自反省的话，当可获得吉利并得以无害。如其不然，始终顽迷不知悔改，也就有困难了。

《彖》曰：晋，进也。明①出地上。顺而丽乎大明②，柔进而上行，是以"康侯用锡马蕃庶，昼日三接"也。

[注释]

①明：太阳。

②顺而丽乎大明：（地）柔顺而依附于太阳。晋卦坤下离上，坤为地为顺；离为日为附丽。大明指太阳。

[译文]

《彖传》说：晋卦，是前进的意思。太阳一片光明从地上升起，柔顺的大地，依附于太阳。阴爻柔顺，上行挺进。所以，"康侯用锡马蕃庶，昼日三接"。

《象》曰：明出地上①，晋。君子以自昭明德②。"晋如摧如"，独行正也。"裕无咎"，未受命也。"受兹介福"，以中正也。"众允"之志，上行也。"鼫鼠，贞厉"，位不当也。"失得勿恤"，往有庆也。"维用伐邑"，道未光也。

[注释]

①明出地上：晋卦坤下离上，坤为地，离为日，日主明，此为日出之象，

故说晋。

②自昭明德：努力使自己本来具有的光明德性，愈加显明光大。昭，显明；明德，光明磊落的道德品质。

[译文]

《象传》说：太阳一片光明从地上升起，是晋卦。君子观此象，当自珍自爱，使自己原本的美德，更加显明光大。

〔初六〕"晋如摧如"，是由于独行正道的缘故。"裕无咎"，未接受王命。

〔六二〕"受兹介福"，由于守中正之道。

〔六三〕"众允"的志向，向上发展。

〔九四〕"鼫鼠，贞厉"，位置不当。

〔六五〕"失得勿恤"，奋勇前行，定有吉庆。

〔上九〕"维用伐邑"，正道尚未发扬光大。

明夷卦第三十六

䷎ 地火明夷（离下坤上）

明夷①：利艰贞。

初九：明夷于飞，垂其翼②。君子于行，三日不食③。有攸往，主人有言④。

六二：明夷，夷于左股，用拯马壮⑤，吉。

九三：明夷于南狩⑥，得其大首，不可疾，贞。

六四：入于左腹⑦，获明夷之心，于出门庭。

六五：箕子之明夷⑧，利贞。

上六：不明晦⑨，初登于天，后入于地⑩。

[注释]

①明夷：卦名，卦象离下坤上。汉帛《易》作"夷"。"夷"通痍，为伤。明为光明。明夷即光明受到损伤的意思。明夷卦离下坤上，离为火为日，闪耀着光明。坤为地，日出地上，光照太空。现在日反在地下，光照便受到损伤。光明受到损伤是指昏君在上，小人弄权，圣人君子有明德的人被排斥不用，并受到伤害。《序卦传》说："晋者，进也。进必有所伤，故受之以明夷。夷者伤也。"因为一直前进的结果，会引起伤害。所以把明夷卦放在晋卦后面。晋与明夷两卦，如果一并来研究，既可以说明明与暗之循环，或白昼与夜晚之交替。这两卦可以当作综卦去看待。明夷，即光明受到伤害，比喻圣人君子受排斥，本是坏事，而圣人君子采取正确的态度和高明的策略，能够避难消

灾，获得安全。

②明夷于飞，垂其翼：明夷，借为鸣鹈，一种鸟。鸣鹈飞行，低垂着翅膀。

③君子于行，三日不食：君子外行，多日吃不到饭。喻行旅之难。

④有言：有所责骂。

⑤明夷，夷于左股，用拯马壮：在明受到伤害之时，伤了左腿，用健壮的马救护。六二爻以柔处中，虽不能飞离，但有祸不凶，故有此说。明夷，明受伤害；夷，伤；拯，救。

⑥明夷于南狩：明受到伤害的时候，到南方去狩猎。喻臣下诛其暗主。九三爻以阳刚处离明之极，有阳上制阴，以明克暗之象，其意在五之尊位，尊位面南，又六五爻处位不当，故说明夷于南狩。

⑦入于左腹：进入腹地。腹，腹地。六四爻进入上体坤顺之地，以阴居阴而得位，故有此说。以柔自居，可得上六之心。六四爻"入于腹"的目的并不为与主魁共谋合作。倒是由于能够明白其内心之所想，不愿参与不正当的作为。同时，又察知行将伤害其身而远遁。

⑧箕子之明夷：箕子佯狂，自晦其明。

⑨不明晦：天空变得阴暗之极。晦，昏暗不明。

⑩初登于天，后入于地：最初升于天，后来入于地。

[译文]

明夷卦离下坤上，明入地中，与晋卦恰成反对。晋卦是明盛之卦，明君在上，群贤并进。明夷是昏暗之卦，昏君在上，明者受伤。明夷之时，日不是出于地上，而是入于地中，一则是明者伤，二则是昏而暗。

明夷卦：经受艰难，宜于守正。

这卦显示，平常的道理，却是不能适用于通常之事体。纵然有才能，仍不为世所用。家庭中有如灯火熄灭一般，阴气深重不胜其萧条寂寞。尤其以暗为主而言之，那是内容有欠充实，如果仅仅凭外表去判断，必将归于失败。这卦还含有辛劳困惑之意。但是，这并不因欠缺之困惑，乃是丰裕所带来的。正是由于拥有钱财而受灾难，或有才能为人所嫉妒便是。自己所拥有的，不可炫耀于人，不可轻易为人所知，这是十分重要的。

初九：鸣鹢飞行，低垂着翅膀。君子外行，多日吃不到饭。有所前往，必遭主人责骂。

初九爻在这一卦的开始，就像鸟在空中飞行时负伤，羽翼下垂，飞得高，距离远，负伤不重，还能脱离险境，于是君子舍弃一切逃亡，难免穷困，会多日得不到吃的；就是有所前往，也会因不识时务，而受到主人的责骂。说明在正义受到残害的时候，唯有退避韬光养晦以自保。

六二：在明受到伤害之时，伤了左腿，只好用健壮的马救护，吉利。

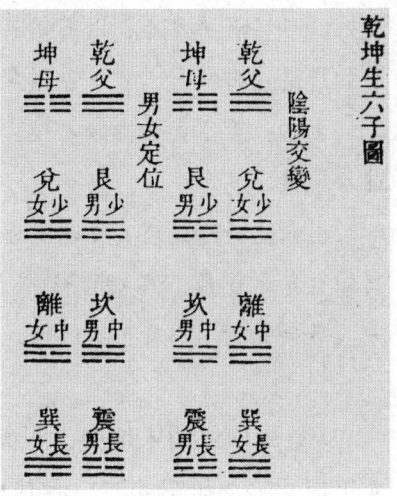

乾坤生六子图

六二比初九更进一步，负伤也较重，初九还可以飞，六二已经行动困难了。不过，迅速挽救，仍然会吉祥。

九三：明受到伤害的时候，到南方去狩猎，得到其元凶，不可过急，当守正固。

九三爻处在内卦离的极点，最为明智。九三又刚爻刚位，至刚。它不用离火的明德，却凭着烈火的猛威，要想前进。当然，其目标是在明夷暗昧的主魁——应爻的上六。然而，这种行动，不可操之过急。

六四：进入腹地，探知明夷之君的残暴用心，于是迅速出逃。

六四爻并不是为的与主魁共谋合作。倒是由于能够明其内心之所想，不愿参与不正当的作为。同时，不察知情由行将伤害其身而远遁。

六五：光明磊落的箕子将自己伤害以守正。

六五爻处在外卦坤的全部阴爻的中间，是最黑暗的时刻，而且又接近昏暗的上六。要改变现状，阴柔的六五确实力量有限。既然这样，与其表明其志，以引起具有实权的人来加害而蒙受灾难，还不如隐忍以晦其明，才足以保身。这就是所说的"箕子之明夷"。

上六：天空变得阴暗之极，开始好像进入了天堂，之后立即又进入地狱。

上六爻是造成明夷昏昧局面的首魁。又居于外卦坤的极点，不察知自身之昏愚，只知自恃其力。这爻指纣王暴虐，开始威震四方，最后灭亡，违背正义的行动，必然失败。

《象》曰：明入地中，明夷。内文明而外柔顺①，以蒙大难，文王以之。"利艰贞"，晦其明也。内难而能正其志②，箕子以之。

[注释]

①内文明而外柔顺：明夷卦离明在内，坤顺在外，比之于人事，似人内怀文明，外行柔顺，周文王是其例。

②内难而能正其志：明夷卦为明入地中，明未息只是晦藏而已，比之于人事，似人有难而不致其志，又不锋芒毕露，殷人箕子是其例。

[译文]

《象传》说：光明进入地中，是明夷卦。内怀文明而外行柔顺，要蒙受大的艰难，周文王是其例。"利艰贞"，隐藏着光明正直的大志，以待时机。内部遭受险境而能端正其志向，箕子的行为是其例。

《象》曰：明入地中，明夷。君子以莅众，用晦而明①。"君子于行"，义不食也。六二之"吉"，顺以则也。"南狩"之志，乃大得也。"入于左腹"，获心意也。"箕子"之"贞"，明不可息也。"初登于天"，照四国也。"后入于地"，失则也。

[注释]

①君子以莅众，用晦而明：君子临众治民，要运用隐晦的方法，而善于明察。莅众，治理民众；用晦，晦藏不露。

[译文]

《象传》说：光明进入地中，是明夷卦。君子观此象，在临民治众时，要运用隐晦的方法而善于明察。

〔初九〕"君子于行"，为了义可以不吃饭。

〔六二〕六二的"吉"，柔顺且合乎中正的法则。

〔九三〕"南狩"的志向，大得民心。

〔六四〕"入于左腹"，乃能探得其真实意图。

〔六五〕"箕子"之"贞"，其明德不可熄灭。

〔上六〕"初登于天"，明照四方侯国；"后入于地"，丧失君主治国的法则。

家人卦第三十七

☲☴ 风火家人（离下巽上）

家人①：利女贞②。

初九：闲有家③，悔亡。

六二：无攸遂，在中馈④，贞吉。

九三：家人嗃嗃⑤。悔厉，吉。妇子嘻嘻⑥，终吝。

六四：富家，大吉⑦。

九五：王假有家⑧，勿恤，吉。

上九：有孚威如⑨，终吉。

[注释]

①家人：卦名，卦象离下巽上。汉帛《易》作"家人"。家人，即一家之人，亦即家庭的意思。《序卦传》说："伤于外者，必返其家，故受之以家人。"家人卦在于开发"治家"之道。家人卦离下巽上，离为火，巽为风。火是明，风是化。风助火势，相辅相成，才能家道昌隆。先明正而后教化。父母明正，而后可以教化子女。"家道正"而后才能"天下定"。家人卦，阴爻六二在内卦居中得正，阳爻九五在外卦居中得正，象征古代家庭中女子的正道在于主内，男子的正道在于主外。从另一方面说，离下巽上为家人，也是因为将离火点燃巽木，并且要守住它，这才是"家"。而且，在古人最贵重的也不外乎"火"了，而固守这个"火"，也是女人的任务了。这个卦不是指家屋之"家"，而是指被畜止的"火"所象征的人类的生活为其主题来说的，所以才

不称之为"家"而称之为"家人"。

②利女贞：利于女子守正。贞，正。

③闲有家：家中有防备。初九爻为家人卦之始，治家之道首当明家规，以防患于未然。闲，防。

④无攸遂，在中馈（kuì）：无所抱负，在家中调理饮食之事。攸，所；遂，成就，抱负；馈，食。

⑤家人嗃嗃（hèhè）：家人叫苦不迭。嗃嗃，嗷嗷，哀怨之声。九三爻以阳刚居离火之上，以此治家，有严厉之象。治家过严，并未失治家之道。所以，《象传》说："家人嗃嗃，未失也。"

⑥妇子嘻嘻：妇人，孩子成天骄佚嬉笑。嘻嘻，笑乐无节也。

⑦富家，大吉：使家庭富裕为最大的吉利。富，富裕。

⑧王假有家：君王明其家道。九五爻以阳刚居中又处尊，有君王能治其家之象。君王治家以六亲和睦为目标，所以《象传》说："王假有家，交相爱也。"假，至，引义为明；家，治家之道。

⑨有孚威如：家长诚信，家教威严。孚，诚信；威如，威严、庄重。

[译文]

家人卦，离内巽外，风自火出，风自内而出，有自家而及外之象。自六爻观之，六二与九五，是女居中得正于内，男居中得正于外，有男女各得其正之象。因此，叫家人卦。

家人卦：利于女子守正。

家人卦卦义显示，与家庭或骨肉至亲具有密切的关系。同时可推知，容易发生家庭中的纷争或行为错误的时候。由于内部不得整治，以致出外工作也不能尽力。这卦是在教人务必整治其内部。与其进取不如固守，与其出外不如在内，这应是努力的重点。

初九：家中有防备，悔事消亡。

初九为这一卦的开始，阳爻阳位，刚毅得正。说明在家庭能够防患于未然，就不会有悔事发生。

六二：无所抱负，在家中调理饮食之事，占问吉利。

六二阴爻阴位，过于柔顺，本来并不能主动办成任何事，也无所抱负；但得正，又处内卦中位，这是主妇应有的德性。

九三：家人叫苦不迭，虽危厉，可以转化为吉。妇人、孩子成天骄佚嬉笑，终会招致不幸。

九三爻在内卦的最上位，是一家之主的形象。但刚爻刚位，太过于严厉，不中而有悔。但是，由于畏其猛烈而不失家道之法，这才能够保住吉利。至于妇人、孩子成天嘻嘻哈哈，终会招致不幸。说明治家宁可严，不可宽。

六四：使家庭富裕为最大的吉利。

六四阴爻阴位得正，又是外卦巽谦逊顺从的开始；守正道，又能谦逊，顺从本分理家，当然会使家庭富足，因此大吉。

九五：君王明其家道，不要担忧，吉利。

九五刚健、中正，处于君位，又与六二阴阳相应。说明一家人应当相亲相爱，和睦共处。

上九：家长诚信，家教威严，最终吉利。

上九阳爻，在这一卦的最上位，象征一家之主的家长。家长以诚信治家，必然就能感化家人，一心向善。家长具备威严，如此治家，才会吉利。

《象》曰：家人，女正位乎内，男正位乎外①。男女正，天地之大义也。家人有严君焉，父母之谓也。父父、子子、兄兄、弟弟、夫夫、妇妇，而家道正。正家而天下定矣。

[注释]

①女正位乎内，男正位乎外：女人以正道守位于内，男人以正道守位于外。家人卦六二爻以阴居阴，九五爻以阳居阳，皆得正位，女属阴，男属阳，故有此说。王弼《周易注》说："女正位乎内，谓二也；男正位乎外，谓五也。"

[译文]

《象传》说：家人卦，女人以正道守位于内，男人以正道守位于外。男女皆遵循正道，是天地间的大义。一家人中有威严的家长，这就是父母。父为父、子为子、兄为兄、弟为弟、夫为夫、妇为妇，这些齐家的规范端正。家道严正，则天下安定。

《象》曰：风自火出[1]，家人。君子以言有物而行有恒[2]。"闲有家"，志未变也。六二之"吉"，顺以巽也。"家人嗃嗃"，未失也。"妇子嘻嘻"，失家节也。"富家，大吉"，顺在位也。"王假有家"，交相爱也。"威如"之"吉"，反身之谓[3]也。

[注释]

①风自火出：家人卦离下巽上，离为火，巽为风，古人直观认为燃烧伴随空气流通之象，故有此说。风自火出，由内及外，而家人为自内及外，故以此卦象为家人。

②言有物而行有恒：言必有实，行必有常。反对花言巧语，出尔反尔。物，事实；恒，常。

③反身之谓：这是说反求诸己。即先对自己要求严格。

[译文]

《象传》说：风自火生出，是家人卦。君子观此象，当以家人态度处世，言必有实，行必有常。

〔初九〕"闲有家"，齐家的志向未灭。

〔六二〕六二之"吉"，在于其柔顺而谦逊。

〔九三〕"家人嗃嗃"，没有失去节度；"妇子嘻嘻"，有失家规和节度。

〔六四〕"富家，大吉"，柔顺而居位适当。

〔九五〕"王假有家"，交相爱护。

〔上九〕"威如"之"吉"，这是说要反求诸己。

睽卦第三十八

火泽睽（兑下离上）

睽①：小事吉。

初九：悔亡。丧马勿逐，自复②。见恶人③，无咎。

九二：遇主于巷④，无咎。

六三：见舆曳，其牛掣⑤，其人天且劓⑥，无初，有终。

九四：睽孤，遇元夫⑦，交孚，厉⑧，无咎。

六五：悔亡，厥宗噬肤⑨，往何咎？

上九：睽孤，见豕负涂，载鬼一车⑩。先张之弧，后说之弧⑪，匪寇，婚媾。往遇雨则吉。

[注释]

①睽（kuí）：卦名，卦象兑下离上。汉帛《易》作"乖"。有违背、乖异、乖离等义。睽卦的离火，其性炎上；内卦的兑泽，其性沉下，二者互相背反。再者，离象征中女，兑象征少女，中女之性喜欢上升，少女则爱往下，这两女的志向各不相同。这里可以看出其相反的情形。所以《象传》说："火动而上，泽动而下。二女同居，其志不同行。"在家人卦上的各爻，尤其为女卦的关系特别重视内卦的中爻之正与不正，并且以其正为其德。然而，同样为女卦的睽卦，却与家人卦完全相反，其应在内得其正的阴爻却不在二爻而在五爻的位置上。睽卦是出于外而失其位之卦。睽就是矛盾，矛盾又是无处不在的。《象传》说："天地睽而其事同也，男女睽而其志通也，万物睽而其事类也。"

既说明了睽的普遍性,也说明了睽的转化和作用,即睽而事同、睽而志通、睽而事类。也就是从它背反乖异之中,提出其应和之处,作为睽卦之用。

②丧马勿逐,自复:马走失不用去追赶,自己就会返回。喻有悔而悔可去。丧,丧失;逐,追赶;复,返回。

③见恶人:见恶人不要害怕。

④遇主于巷:在小巷中遇到主人。主指六五爻,九二爻与六五爻本为正应,但在睽异之时,是非颠倒,虽正应亦难见于大道,故改为巷遇。相遇则济其睽。巷,里弄,小巷。

⑤见舆曳(yè),其牛掣(chè):见车被向后拖,那牛向前拉。曳,拉;掣,拉牵,或说作觢,即兽角一仰一俯。

⑥天且劓(yì):髡额与割鼻。六三爻欲往应上九,为四所强阻,有重伤之象,故以此为喻。

⑦睽孤,遇元夫:处于睽离孤独之际而遇到善人。元,善;夫,人。

⑧交孚,厉:互相以诚相见。

⑨厥宗噬肤:其与宗人吃肉。厥,其;噬,吃;肤,柔软的肉。

⑩见豕负涂,载鬼一车:见一头猪,背上满是污泥;一辆大车,满载着像鬼怪一样的人。豕,猪;涂,同"塗",污泥。

⑪先张之弧,后说之弧:先是拉开弓欲射,后又放了手。张,拉开;弧,弓;说,脱。

[译文]

睽卦兑下离上,兑为泽,泽润向下;离火,火炎向上。一个在上且向上,一个在下且向下,有二体相违之象。又离为中女,兑为少女,二女虽同居,但毕竟要嫁到不同的人家,也有相违之象。《序卦传》说:"家道穷必乖,故受之以睽。睽者乖也。"睽的意义是睽乖离散。家道必有穷日,家道穷则必睽乖离散,所以家人卦之后排上了睽卦。

睽卦:小事吉利。

这卦是内部有欠圆满的卦,如此可知,表面虽然很平稳、完整，其实内部是在反目或相憎恨的状态中。现在内心有两个目的，究竟应该去努力达成哪一个，正是拿不定主意而苦恼的时候。还有，所作所为的事，与自己的希望发生矛盾，以致感到痛苦的情形为多。目前事体不宜向外进行，倒是应多致力于整顿内部。

初九：悔事消亡。马走失不用去追赶，它自己会返回。碰见恶人不要害怕，无害。

初九与九四不能相应，在背离的情状下，应当相合的却背离，应当背离的反而相合。所以，不相应的初九和九四反而相互应援，使悔事消亡。就像失去的马，不必去追逐，自己就会回来。即使碰到恶人，只要能宽大包容，不去完全排斥，适度地交往，反而可避免祸端。

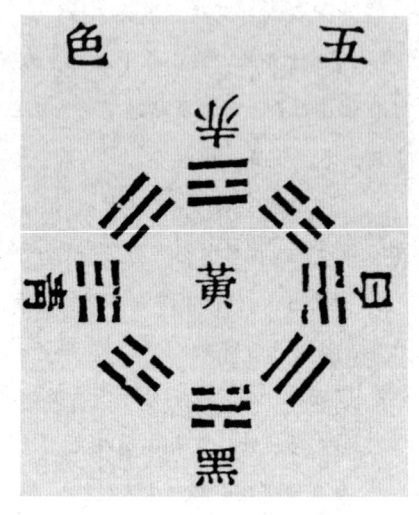

五色

九二：在小巷中遇到主人，无害。

九二爻与六五爻阴阳相应，得以互相沟通。但处在睽反状态下，也就不能十分如愿，就像在大道寻求而不在，却在小巷中碰到一般。如此，不会有害。

六三：见车被向后拖，那牛却向前拉，驾车人受过黥额和割鼻之刑。开始有难，最终却平安无事。

六三爻与上九相应，应当前往，但受到它的比爻九二、九四的干扰，以致与上九相睽违，起初不得相与应和。六三本人就像遭受黥额和割鼻的刑罚般的愤怒。不过，其阴阳相应的关系，艰难终于会消除，开始虽不利，最终还平安。

九四：在睽离孤独之际而遇到善人，以坦诚相见，无害。

九四爻与初九不相应之际，感到孤独，但初九位低，是一个能损己以崇尚谦退之德的善人，只要能互相信任，就能彼此帮助，即使出现危险，也是可以避开的。

六五：悔事消亡，其与宗人吃肉，前往有什么害呢？

六五阴爻阳位，不正柔弱，却处尊位而居中，与九二阴阳相应，可以得到应援，使悔事消除。与宗人和合相处，前进便不会有灾难。

上九：处于睽离孤独之际，见一头猪，背上满是污泥；一辆大车，满载像鬼怪一样的人。先是拉开弓欲射，后又放了手。这不是强盗，而是来迎亲的。前往遇雨则吉利。

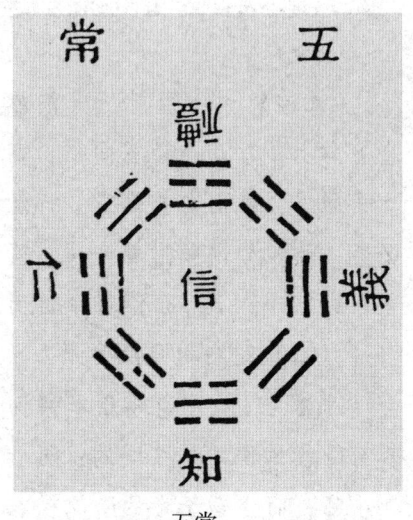

五常

上九爻与六三爻相应，但六三前后都有刚爻牵制，不能前往，与上九会合；而上九又到达睽卦的极点，也是上卦明的极点；因而，上九刚愎自用，满腹猜疑，以致孤立。六三被刚爻包围，就像陷入泥淖中的猪，弄得满身是泥。起初张弓欲射，后来又迟疑，松了手。不过，上九与六三阴阳相应，不是仇敌，猜疑被澄清，终于结合，就像遇雨，洗掉污泥，才看清真相，变为吉祥。

《彖》曰：睽，火动而上，泽动而下。二女同居，其志不同行①。说而丽乎明，柔进而上行，得中而应乎刚，是以"小事吉"。天地睽而其事同也，男女睽而其志通也，万物睽而其事类也。睽之时用大矣哉！

[注释]

①二女同居,其志不同行:同胞姐妹终要各嫁其夫而分离。睽卦上卦离为火,下卦兑为泽,分别代表中女、少女。火性炎上,泽性流下,相互背离,又象二女将分离出嫁,故有此说。二女,姐妹俩;居,居住;行,出嫁。

[译文]

《彖传》说:睽卦,火焰燃烧着向上,水泽流动着向下。两女子同居,她们自有其志,行动不会一致。和悦顺附着光明,阴柔前进上升,〔六五〕得中位而与〔九二〕阳刚相应,因此,只会"小事吉"。天和地相乖离而养育万物的作用是共同的;男女相乖离,而生育子女的心愿是相通的;万物各得其性,千差万别,而生存或繁衍后代的功能是类似的。睽卦为时所用,意义十分重大啊!

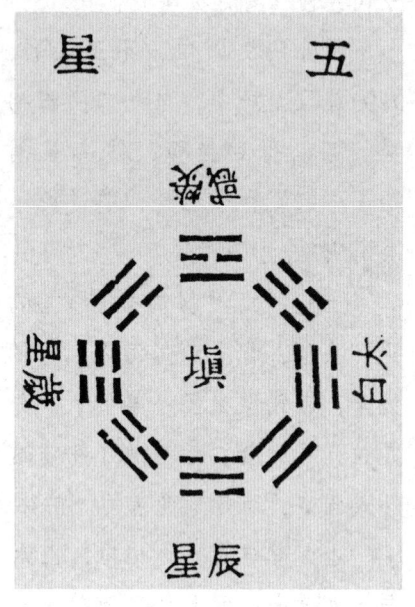

五星

《象》曰:上火下泽,睽。君子以同而异。"见恶人",以辟①"咎"也。"遇主于巷",未失道也。"见舆曳",位不当也。"无初有终",遇刚也。"交孚无咎",志行也。"厥宗噬肤","往"有庆也。"遇雨"之"吉",群疑亡也。

[注释]

①辟:同避。

[译文]

《象传》说:火在上,泽在下,为睽卦。君子观此象,当思万物虽异,莫不存在异中之同。

〔初九〕"见恶人",以躲避灾祸。

〔九二〕"遇主于巷",尚未失去相合之道。

〔六三〕"见舆曳",所处位置不当。"无初有终",是阴柔遇到了阳刚〔上九〕。

〔九四〕"交孚无咎",志向得以实现。

〔六五〕"厥宗噬肤",前往会有喜庆。

〔上九〕"遇雨"之"吉",因为一切猜疑都消失了。

蹇卦第三十九

水山蹇（艮下坎上）

蹇①：利西南，不利东北②。利见大人，贞吉。

初六：往蹇，来誉③。

六二：王臣蹇蹇，匪躬之故④。

九三：往蹇，来反⑤。

六四：往蹇，来连⑥。

九五：大蹇，朋来⑦。

上六：往蹇，来硕⑧，吉。利见大人。

[注释]

①蹇（jiǎn）：卦名，卦象艮下坎上。蹇，原义为跛，引申为行动不便，为艰险困难的意思。朱熹《原本周易本义》说："足不能行，行之难也。"《序卦传》说："乖必有难，故受之以蹇。蹇者，难也。"蹇卦卦义在喻示济涉蹇难的道理。有三层意思：一是济蹇必须进退合宜；二是"大人"是济蹇的主导因素；三是济蹇必须守正。蹇卦内卦艮为山为止，外卦坎为水为陷。水在山上流，备历艰辛险难，终将流出山，进入平坦的原野，得以宽舒平缓自由地泄流。蹇卦之难与屯卦之困的不同之处在于：屯卦是虽然处在险局中，仍然想要前进的艰难情形，而蹇卦却是在险局中，停住了不动的艰难；再一方面，屯是想前进以脱出艰局的苦难之情，而蹇却是停住以忍耐、克服其艰难的情形。更进一步说，屯是虽然有气力，却是尚未成熟的草昧之难，而蹇是力有未逮自己

不得伸展的跛行之难。也可以说，前者有关于"时"、后者有关于"力"方面的不同。在蹇卦上，具有暂缓前进，停止而坚忍其苦难的含义。

②利西南，不利东北：往西南去有利，往东北不利。

③往蹇，来誉：前往经艰险，回来得荣誉。

④王臣蹇蹇，匪躬之故：王之大臣，不避艰险，匡扶其主于蹇难之中。六二为大臣之位，五为王位。六二以柔顺处中，得正，顺应九五，在蹇难之时，五处坎险之中，六二忠臣涉蹇济主，上下一心，终能解难。王，君王；臣，忠臣；前"蹇"，涉险；后"蹇"，济险；匪，非；躬，身；故，原因。

⑤往蹇，来反：前往有难而返归。反，返。

⑥往蹇，来连：前往有难，连接合力来克服。

⑦大蹇，朋来：处大难之中有朋友来相助。

⑧往蹇，来硕：前往则有难，回来将创大功。上六爻处蹇卦之极，前往已无路，故往蹇；来归向内助九五则终其天下之蹇难，故所得丰硕。

[译文]

蹇卦艮下坎上，坎险在前，艮止在后，不能前进。蹇的意思是险阻，是难。

蹇卦：往西南去有利，往东北去不利。拜见大人是吉利的，也宜于守正。

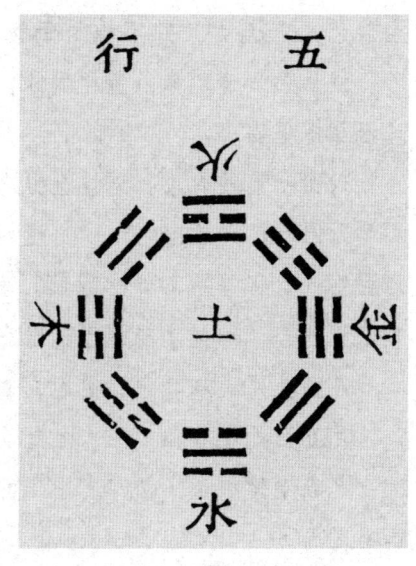

五行

这卦应运用处在险中之艰难的卦义去判断现在不能马上得到吉庆的局面，必须多多反省自身才能之不足。蹇难常起因于内部所隐藏的对立。因此，整治内部当为首要目标，决不可涉及对外行动。与其前进，还不如以消极退守的方针为宜。凡事与其选择高尚的，不如求其平庸。

初六：前往经艰险，回来得荣誉。

初六阴爻阳位，柔弱不正，又与六四阴阳不能相应，勉强前进，必陷入坎陷之中。因而，前往是自寻烦恼，应自知量力，返回来停留原处，以待时机，才能保身又不失其誉。

六二：王之大臣，不避艰险，匡扶其主于蹇难之中。

六二阴爻阴位得正又居中，又与上体的同为中正的九五阴阳相应，应可以顺利向前。然而，九五处在上体坎险的中央，站在臣位的六二不是后退以避其艰险。乃是认定艰险，甘受艰险而在致力于克服之道的时候。虽然千辛万苦，处处阻碍，但是其目的并不为一己利益，所以不能去指责它。

九三：前往有难而返归。

九三爻是内卦的唯一阳爻，成为其他两个阴爻的依靠。然而，九三又与外卦的上六阴阳相应，一心想要升进。可是，上位无位，上六又柔弱无力，并不能给予援引；因而，九三要升进，就艰难了。但如果认清形势，留在内卦，不但使内卦的两个阴爻喜悦，而且本身也平安。

六四：前往有难，连接合力来克服。

六四爻已入坎险之境，进退两难。但阴爻阴位得正，又是离卦的主爻，它将保持离卦"附丽"之性，与九三、九五爻相附丽，与九三相连合，这样才能免于蹇难之苦。

九五：处大难之中，有朋友来相助。

九五爻处于尊位，陷入上卦坎险的正中央，形势非常艰难。不过，九五刚健中正，必定有中正的朋友〔六二〕前来营救，以打破蹇难之局。

上六：前往则有难，回来将创建大功，吉利。宜于拜见大德之人。

上六爻是这卦的终极，要前进也没有地方可去，徒然自寻烦恼，所以艰难。但回头迁就九五，共挽时难，就会有丰硕的成就。到此艰难已经过去了，所以才会吉祥。宜于拜见刚健中正之人。

《彖》曰：蹇，难也，险在前也。见险而能止①，知②矣哉。蹇，"利西南"，往得中也。"不利东北"，其道穷也。"利见大人"，往有功也。当位"贞吉"，以正邦也。蹇之时用大矣哉！

[注释]

①见险而能止：坎为水有险，艮为止，是见险而能止。
②知：智。

[译文]

《彖传》说：蹇卦，是难的意思，见艰难在前，能停止前进而不冒进，便是明智的。蹇卦讲"利西南"，是由于往前走得中道。"不利东北"，是由于道路不通。"利见大人"，前往会建功业。在适当的位置上又"贞吉"，可保民正邦。蹇卦因时致用意义重大啊！

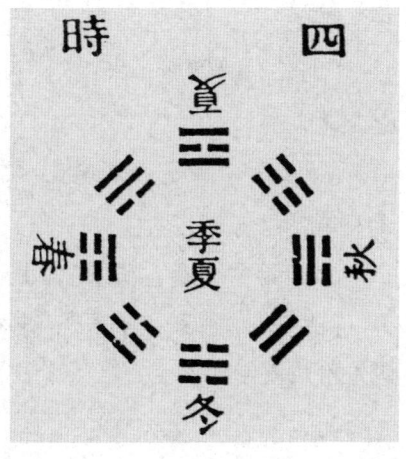

四时

《象》曰：山上有水①，蹇。君子以反身修德②。"往蹇，来誉"，宜待也。"王臣蹇蹇"，终无尤也。"往蹇，来反"，内喜之也。"往蹇来连"，当位实也。"大蹇，朋来"，以中节③也。"往蹇，来硕"，志在内也。"利见大人"，以从贵也。

[注释]

①山上有水：蹇卦艮下坎上，艮为山，坎为水，山阻水险，故为蹇（难）。

②反身修德：反省自身修养其德。

③中节：中正之德，有节制能力。

[译文]

《象传》说：山上有水，水之下流必遭阻难，是蹇卦。君子观此象，当思蹇难之时，应时时反省自身修养其德。

〔初六〕"往蹇，来誉"，宜于等待时机。

〔六二〕"王臣蹇蹇"，最终将无怨尤。

〔九三〕"往蹇，来反"，内心充满喜悦。

〔六四〕"往蹇，来连"，实当其位。

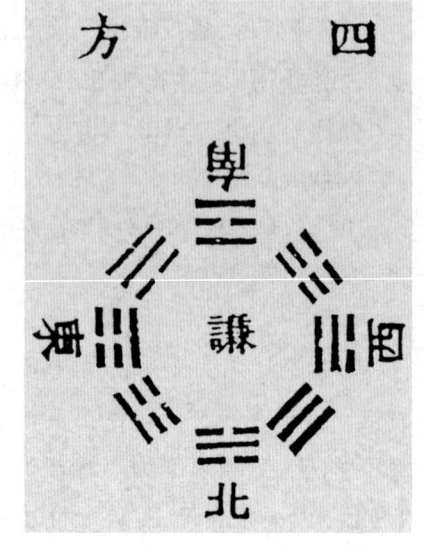

四方

〔九五〕"大蹇，朋来"，由于它有中正的节操。

〔上六〕"往蹇，来硕"，志在向内里求贤。"利见大人"，因它阴柔附从阳刚的君主。

解卦第四十

䷧ 雷水解（坎下震上）

解①：利西南。无所往，其来复，吉。有攸往，夙②吉。

初六：无咎。

九二：田获三狐，得黄矢③，贞吉。

六三：负且乘，致寇至④，贞吝。

九四：解而拇，朋至斯孚⑤。

六五：君子维有解⑥，吉，有孚于小人。

上六：公用射隼于高墉之上⑦，获之，无不利。

[注释]

①解：卦名，卦象坎下震上。汉帛《易》同。解，为解脱、缓解、分解。孔颖达《周易正义》疏说："解者，险难解释，物情舒缓，故为解也。"解卦下为坎象征水的险阻，上为震象征雷的飞腾。雷冲出险阻飞入太空，是解脱了险难。把蹇卦倒过来，就成了雷水解卦。解卦是说，本来处在坎险之前，被迫而艮止的蹇的情形将解消。不过，是为了脱离险难，正在努力更为恰切。所以《序卦传》说："物不可以终难，故受之以解。解者，缓也。"艰难一到终极，当会屈临解缓的时期。难将化解，本来的忧烦也会和缓下来。在大自然里，冲破闭塞的阴气以雨露之鼓动惠泽去促进草木之萌芽。推之于天下，那又是舒缓民间疾苦，以安众人。又可说是君子出现而去小人以除祸根的情形。

②夙：早。

③田获三狐，得黄矢：田猎获得三只狐狸，又得到黄色箭头。田，田猎；黄矢，黄色箭头，为铜箭头，故黄。

④负且乘，致寇至：背着东西又乘坐在车上，会招来强盗。负，背负；且，又；乘，乘车；致，招致。

⑤解而拇，朋至斯孚：解散六三的依附，初六来才能以诚相见。九四与六三近比，又与初六正应，因九四、六三皆不当位，而易比，欲从正应，故需解其拇。解，解散；拇，古人指手或脚的大拇指。斯，乃。

⑥君子维有解：君子能解脱其险难。维，虚词，无义；解，解脱。

⑦公用射隼（sǔn）于高墉之上：王公在高墙之上射中鸷鸟。公，显爵之一或最高的官位。隼，一种凶猛的鸟。

[译文]

解卦坎下震上，震为动，坎为险。震在外，坎在内，动于险外，有出乎险而患难解散之象。震为雷，坎为雨，雷雨已作，阴阳已合，问题已经解决，也有解之象。解卦是天下患难解散的时代。

解卦：西南方有利。无目的而前往，还不如返回来，而获吉利；有目的而前往，越早越吉利。

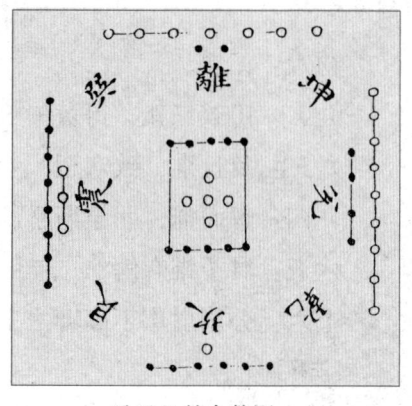

后天八卦合数图

这卦是蹇卦颠倒过来的，又是屯卦的内外卦易位之卦，也是以坤卦包住离卦的一卦。解卦一方面为吉卦，但同时又为凶卦。因为对于现在遭到困难的人，表示其困难将缓解之吉兆；相反地，对于订立契约或婚事等一类的事，却表示其解消的凶兆。还显示，过去总是艰难困苦接二连三而来，但现在这些困苦将渐渐解除，形势也将好转。当然，还不是完全好转的时候，只是好转的机会已经来到。

初六：无灾祸。

初六是柔爻，位于解卦的最下方，柔顺，位置不当，却也可安全。而且，初六与九四阴阳相应，虽然不会大吉，但也不会有灾祸。

九二：田猎时获得三只狐狸，又得到了黄色箭头。占问吉利。

九二阳爻刚毅，在内卦的中位，因而中庸，又与君位的六五相应，得到信任，能够铲除狐一般的奸佞小人，既不可过于严厉，以至于善良也为之畏缩。又不可陷于缓怠而受到欺侮。不但要达到铲除小人的目的，而且又要有得到黄箭头之喜。占问遇此，是吉利的。

六三：背着东西又乘坐在车上，会招来强盗，占问有难。

六三是阴爻，象征小人却位于下卦的最高位，而且阴爻阳位不正，品德与地位不相称，必然会招致强盗的出现。占问时，会遇到困难。

九四：解开被缚的拇指（六三），朋友（初六）至此才会以诚相见。

九四爻与初六爻，位都不正，亦即以不正相应。不过，九四是阳爻，象征君子；初六是阴爻，象征小人；虽然相应，却不能成为同志。九四断然将初六切除，朋友才会到来，对自己产生信心。亦即切断与小人的关系，才会得到君子的信任。

六五：君子能解脱其险难，吉利，得到小人的相信。

六五爻在君位，是君子，这容易与本卦的其他三个阴爻小人相混淆。君子应当只与君子交往，必须远离小人，才会吉祥。所以，君子处此爻能解脱其险难，小人也相信，自动退去，从而获得吉利。

上六：王公在高墙之上射中鸷鸟，射中获得它，没有什么不好。

上六爻处在这卦的最高位，但不如五的君位，所以称公。这是解卦终结的一爻，必然一切困难都已经解除。往后的一切将趋于顺利。

《彖》曰：解，险以动，动而免乎险①，解。解"利西南"，往得众也。"其来复吉"，乃得中也。"有攸往，夙吉"，往有功也。天地解而雷雨作②，雷雨作而百果草木皆甲坼③。解之时大矣哉！

[注释]

①险以动，动而免乎险：解卦坎下震上，坎为险，震为动，所以称险以动。震在坎之上，是动于险之上，即动而免乎险。也可以进一步理解为动才能免于险。

②天地解而雷雨作：解卦坎下震上，坎为水，震为雷。雷下之水，故为雨。雷雨交加，是天地（阴阳二气）之结得以解散，故为解卦。

③雷雨作而百果草木皆甲坼：雷雨兴作而百果草木无不发芽滋长。甲坼，种子裂壳生嫩芽。

[译文]

《彖传》说：解卦，有险而动，动而能免于险，为解卦。解卦"利西南"，前往必得民众的拥护。"其来复吉"，乃在于得到中位。"有攸往，夙吉"，前往必有功。天地解除阻塞而雷雨兴作，雷雨兴作而百果草木无不发芽滋长。解卦因时致用的意义十分重大啊！

《象》曰：雷雨作，解。君子以赦过宥罪①。刚柔之际，义"无咎"也。九二"贞吉"，得中道也。"负且乘"，亦可丑也。自我致戎，又谁咎也？"解而拇"，未当位也。"君子有解"，"小人"退也。"公用射隼"，以解悖也。

[注释]

①赦过宥罪：赦免有过者，宽恕有罪者。赦，免于处罪；过，失误；宥，

宽恕，即从宽处罚。

[译文]

《象传》说：雷雨兴作，是解卦。君子观此象以决刑狱，当赦免有过者，宽恕有罪者。

〔初六〕刚柔相交接，应该是"无咎"的。

〔九二〕九二"贞吉"，在于得到中道。

〔六三〕"负且乘"，是愚蠢而可丑的。自我暴露，招致抢劫，还能怪罪谁呢？

〔九四〕"解而拇"，在于其不当位。

〔六五〕"君子有解"，"小人"必畏服退缩。

〔上六〕"公用射隼"，以解除叛乱。

损卦第四十一

山泽损（兑下艮上）

损①：有孚，元吉，无咎，可贞，利有攸往。曷之用？二簋可用享②。

初九：巳事遄往③，无咎，酌损之。

九二：利贞，征凶④，弗损，益之。

六三：三人行则损一人，一人行则得其友⑤。

六四：损其疾，使遄有喜⑥，无咎。

六五：或益之十朋之龟⑦，弗克违，元吉。

上九：弗损，益之⑧，无咎，贞吉，利有攸往。得臣无家⑨。

[注释]

①损：卦名，卦象兑下艮上。损，损失。它来自地天泰卦，泰九三爻进入上爻，就成了损卦。《序卦传》说："缓必有所失，故受之以损。"损卦的意义，重在"损下益上"。损卦下卦兑为泽，上卦艮为山。泽中水浸蚀着山，是对山石的损。《易》学中所谓的损，还在于它是指该当减损的时候，应损其财，而不在乎赚不赚钱。所以，并不因损其财而觉得可惜。再者，男居于女之下而相感的泽山咸卦的少男少女，到这里已换其位置，变成少女随在少男之后而交往。少男少女在交往中，最重要的莫过于敛其情欲。如不多多节制则必损寿命。损未必终于损，损之而不停，则无可损。于是乃转而为益，所以损才是旺盛之始而益正是衰退之初。这里是说，损或益，莫不应其必要之时而行。

②曷之用？二簋（guǐ）可用享：用什么？用两簋粗饭就可以祭祀。曷通何；簋，饮食器具，用来盛稻米黍稷；享，祭祀鬼神。

③巳事遄（chuān）往：祭祀大事，宜速往参加。遄，迅速。

④利贞，征凶：利在正（固），行则凶。九二爻在下体之中，损之义在损其过。在中非过，不可损，而阳刚亦不宜尽损，故九二宜刚中而居而不从柔（六五）。贞，正；征，行。

⑤三人行则损一人，一人行则得其友：三人同行，（不同心）必有一人离去；一人独行，反会得到朋友（结伴）。

⑥损其疾，使遄有喜：减轻疾病的事，从速则有喜。疾，疾病。

⑦或益之十朋之龟：有人送价值十朋的大宝龟。朋，古代货币单位；十朋之龟，价值昂贵的大龟。龟甲可占卜，为贵重物品。

⑧弗损，益之：不受损反而有益。上九爻处损卦之极，物极而反，损转为益，故有此说。

⑨得臣无家：王得到贤臣辅佐，忘记了家事。臣，贤臣。

[译文]

损卦兑下艮上，兑为山下的沼泽，艮为山。沼泽越深，则能使艮山愈显得高。这点也可看出减损自己以益他人的意思。按照卦变的规律，此卦内卦可以看成乾，外卦可以看成坤，乾的第三爻上去到坤的第三爻的位置上，坤的第三爻往下来放到乾的第三爻的位置上。如此乾坤交错，是损下益上的结果，便形成了损卦。损卦是损下益上，益卦是损上益下。损上损下都是损阳刚之有余，补阴柔之不足。

损卦

损卦：有诚信，开始即吉，无灾祸，可以守正。宜于有所往，用什么（祭祀）呢？用两簋粗饭就可以了。

对于损卦，应可察知，虽然有了不得已的情由或正当的意义，那总是减损财务又多劳心的时候。然而，损卦的道理，虽然起初吃亏或不得称心如意。可是将来还是有发展的希望。同时，该减损的时候应毫不吝惜，才是当前处置之道。愿望上，起初总是投入的多，得到的却很少。但不必气馁，往后情况要渐渐好转。要有再接再厉的勇气和毅力，一次不成，应再次三次地干下去，定会取得成功。

初九：祭祀大事定速往参加，无灾祸，宜酌情减省。

初九爻是这卦的初爻，是损的意思最重的一爻。损卦还是由下而上，其意思逐渐趋于轻微。现在从下面丰厚的一部分拿出增益他人，接受的一方当然盼望越快越是有效。初九的特点，在于处事求其快速。初九阳爻阳位，损己则能得以无灾祸。但仍须要以行动去减损。因为现在必须认清在上之缺乏非常紧迫。所以要斟酌实情，哪怕必要时停止工作，只要该损当损则非减损不可。

九二：利于守正，行动则凶，不可减损，而要增益。

九二阳爻刚毅，在下卦中央，中庸不妄进，因而守正有利；如果积极向外扩展，就会有凶险。有时在不减损自己的情况下而能助益对方，反而会使对方更加有益。

六三：三人同行，（不同心）必有一人离去；一人独行，反会得到朋友（结伴）。

这卦的宗旨是以阳刚之充实弥补阴柔之不足。但是，三阳爻过多而又显杂乱，又不知取舍何爻为当。结果只有一爻达到了目的。从三阳爻看来，同行三人中减少一人，还不如正好一人去则足以弥补其不足，又不至于引起困惑。其含义是，阴阳之相弥补和合，并不在于数目之多，乃是在于求到最需要或最适合的。

六四：减轻疾病的事，从速则有喜，无灾祸。

内卦的三爻，是损己以益他人的立场，到了外卦的三爻，却是接受他人增益以补其不足的时候。六四爻要从其相应的初九处得到助益。其行动务求迅速，这点与初九爻所说的一样。它在其位而力有不足，以至于行动不得如意。如果迅速获得下面的补足，也就可得无咎了。

六五：有人送来价值十朋的大宝龟，不好推辞，大为吉利。

六五爻阴柔中虚，柔顺虚心，且处于君位，正当损下益上的时刻。天下大多数人对这样的君主会减损自己，使君主增益。亦即，柔顺中正又谦虚的人，当会得到大多数人的支持，因而大吉。

上九：不受损反而有益，无灾祸。占问则吉，利于有所往，王得到贤臣辅佐，忘记了家事。

上九爻处最上位，如果强使下面受损，形同掠夺，这是极不恰当的。而且，它本身是阳爻，象征充实，并不需下面受损，相反，应以自己的多余，使下面的人受益才正当。如此，占问吉利，前进也有收获，并且可得到贤臣辅佐，一心为国，忘了家事。

《彖》曰：损，损下益上，其道上行①。损而"有孚，元吉，无咎，可贞，利有攸往。曷之用？二簋可用享"。二簋应有时，损刚益柔有时，损益盈虚，与时偕行。

[注释]

①损下益上，其道上行：减损下面的，增益上面的，其方向是往上走。程颐《伊川易传》说："损之所以为损者，以损于下而益于上也。取下以益上，故云其道上行。夫损上而益下则为益，损下而益上则为损。损基本以为高者，岂可谓之益乎？"

[译文]

《彖传》说：损卦，损减下面的，增益上面的，其方向是向上行。损减而"有孚，元吉，无咎，可贞，利有攸往。曷之用？二簋可用享"。以两簋粗饭设祭，应看具体情况，亦即把握好时机。损刚益柔宜当根据具体的情况，或损或益，或盈或虚，都应以具体的时间条件为转移。

《象》曰：山下有泽①，损。君子以惩忿窒欲②。"巳事遄往"，尚合志也。九二"利贞"，中以为志也。"一人行"，三则疑也。"损其疾"，亦可喜也。六五"元吉"，自上祐也。"弗损，益之"，大得志也。

[注释]

①山下有泽：损卦兑下艮上，兑为泽，艮为山，故有此说。泽在山下，以自卑而崇山高，故为损。

②惩忿窒欲：制止愤怒，克服贪欲。惩、窒，皆为止义；忿，同"愤"；欲，情欲，可引申为贪欲。

[译文]

《象传》说：山下有泽，是损卦。君子观此象，应制止愤怒，克服贪欲。

〔初九〕"巳事遄往"，二者志同道合。

〔九二〕九二"利贞"，能坚守中正之志。

〔六三〕"一人行"可以，三人行必生疑惑。

〔六四〕"损其疾"，也是可喜的事。

〔六五〕六五"元吉"，得到上天的保佑。

〔上九〕"弗损，益之"，踌躇满志。

益卦第四十二

䷩ 风雷益（震下巽上）

益①：利有攸往，利涉大川。

初九：利用为大作②，元吉，无咎。

六二：或益之十朋之龟，弗克违，永贞吉。王用享于帝③，吉。

六三：益之用凶事④，无咎。有孚中行，告公用圭⑤。

六四：中行告公，从⑥。利用为依迁国⑦。

九五：有孚惠心⑧，勿问元吉。有孚惠我德⑨。

上九：莫益之，或击之⑩，立心勿恒，凶。

[注释]

①益：卦名，卦象震下巽上。益，为增益、增加、收益的意思。山泽损卦颠倒过来，就是风雷益卦。不但其象与损卦相反，意思也相反。上卦巽为风，下卦震为雷，风烈雷厉，雷激风怒，风雷互相增益其势，此为增益的象征。益卦是"损上益下"，即对上有所损减，以助益下民。君子观益卦，就应见他人有善言善行则虚心学习，而且自己也可为善。知道自己有缺点则改正，来增益自己的道德修养。益卦反映了《周易》作者对阶级社会中上层与下层之间作用与反作用关系的朴素认识；另一方面，在广义的象征哲理中，则着重提示事物发展过程中时常体现的利弊、福祸的交互变化规律。损卦是由泰卦而来，益卦却是由否卦来的。也就是将否卦九四阳爻补益于初爻，以形成益卦

的。损、益二事是分不开的两面，其关系之密切，也可想而知。

②利用为大作：利于有大的作为。初九以阳刚居动（下体震）始，当益之时，为事之端，故可大作，但在下位卑，又难成大事，兴而不成则有灾。唯其完全成功方可免咎。大作，大作为。

③王用享于帝：王者用此供奉祭祀天帝。享，享祭。

④益之用凶事：把增益用之于凶事。《象传》说："益用凶事，固有之也。"凶事，指天灾人祸。

⑤有孚中行，告公用圭：心存诚信，中道而行，执玉圭而告公。孚，诚信；圭，玉器，古者有大事，用之传递信息。

⑥中行告公，从：持中而行，报告王公，得以见从。

⑦为依迁国：相依从而迁移邦国。在古代，迁国被视为顺上益下的大事。迁，迁移；国，邦国。

⑧有孚惠心：有诚信、施惠之心。九五爻阳刚中正处尊，为中实有孚之象，下之受君之益，以惠于心为大，又六二与之相应，故有此说。孚，诚信。

⑨有孚惠我德：下亦有诚信施惠于我，必有所得。德，得。

⑩莫益之，或击之：得不到增益，却受到人攻击。莫，无、得不到；或，有、有人。

[译文]

益卦震下巽上，震为雷，巽为风。雷与风是相益的关系，风骤则雷迅，雷激则风烈，两相助益，所以叫益卦。《序卦传》说："损而不已必益，故受之以益。"损的反面是益，损发展到一定程度必转变为益，故损卦之后排上益卦。益卦是损上益下。上与下利害本来相关，下为上之本，损下则伤本。损下益上，实际上是下损上亦损，上下通一损，故曰损。益下而本固，本固则枝荣。损上益下，实际上是下益上亦益，上下通一益，故曰益。

益卦：利于有所往，利于涉越大河。

这卦表示现在之丰裕，与其在本卦得到它，倒不如由它卦变来的结果形成这卦更为有利。现在正处盛运之时，尤其得到长辈提拔，会得到意外的成果。表面上的景气固然不错，而其内部却有欠充实。同时，现在该是喜庆美好的顶端。这种景象应如何维持？也是至关重要的。

初九：利于有大的作为，大吉，无灾祸。

初九在这卦的最下位，本来不能有作为，但现在正当上损下益的时候，由于在上者的施予，使初九增益，便可以担当大事，能够获得大吉利。并因此将下面的困乏之咎加以解除。这便是益的目的。

六二：有人送来价值十朋的宝龟，不好谢绝，永远守正吉利。王者用此供奉祭祀天帝，吉利。

六二爻柔顺、虚心、中正，与九五相应，因而，任何人都会施以助益，不过，这爻柔爻柔位，过于柔弱，又强调必须永远守正，是吉利的。由上益下解除民困以治天下，固然需要努力以达成，并且时势的有利因素也至为重要。王将用以祭祀天帝，以感谢其益之利。

六三：把增益用于凶事，无灾祸。心存诚信，中道而行，执玉圭而告公。

六三爻在下卦震的最上位，震为动，所以它自动前往，向六四请求援助。对君子来说，乞求别人，是可耻的行为，但把增益用于凶事，则是例外，统治不会发生灾祸。从而一旦必须向他人求援时，一定不可背离中庸的道理，而要诚信无欺。说明诚实的求助，并不违背原则。

六四：持中而行，报告王公，得以见从，相依从而迁移邦国。

六四爻相当于损上而益下的当事人。那是将天地否卦外卦乾的三阳爻中的一爻，补益于初爻的。乾为君，坤为邦。现在有了变化，把它向外移动，因而才有"迁国"的爻象。因为所行之事极为重大，所以居于君侧的这爻，决不可独断行事。必须向君有所建议，如蒙采纳，凭着君之恩德，就能达成志愿。

九五：有诚信、施惠之心，不必占问，开始即吉利。有诚信且惠施于我，必有所得。

九五阳爻阳位，得中而处君位，是司掌益卦的一爻。又与下卦六二阴阳相应，有力量，有诚信，其心志莫不时时刻刻关怀民众的困乏。以一片慈惠之心，要拯救他们。相应的，民众也必定以其孚诚惠其德。

上九：得不到增益，却受到人攻击，贪求，心无恒常，必然凶险。

上九爻阳刚，已经到达益卦的极点，贪得无厌，只知要求他人奉献，以致没有人再理睬，甚至会受到攻击。只看重利益，意志摇摆不定，结果凶险是必然的。

《象》曰：益，损上益下，民说无疆①。自上下下，其道大光②。"利有攸往"，中正有庆③。"利涉大川"，木道乃行④。益动而巽，日进无疆。天施地生，其益无方⑤。凡益之道，与时偕行。

[注释]

①损上益下，民说无疆：统治者要损己以惠民，而民无限喜悦。

②自上下下，其道大光：从卦的上边下到卦的初始位置，其前途远大光明。上，指卦上；前"下"为下居，后"下"为卦初。

③中正有庆：二五爻皆处中得正，阴阳相应，刚柔调和，故有福庆。

④木道乃行：木道可以通行。木，指上体，巽为木，此指木船；木道，木船航行之道。

⑤天施地生，其益无方：天地生育万物，它的增益没有限量。施，施予；生，化生；无方，没有方域限制，谓广大无限。

[译文]

《象传》说：益卦，统治者能损己以惠民，而民无限喜悦。上面的谦虚主动地到下面，其前途远大光明。"利有攸往"，是〔二爻五爻〕均处中正之位而有福庆。"利涉大川"，木道可以通行。益卦（震）动而（巽）顺，日日前进，前途无量。天地生育万物，它的增益无限量。凡为益的道理，应以时间的推移，而适时损益之。

《象》曰：风雷，益。君子以见善则迁，有过则改①。"元吉，无咎"，下不厚事②也。"或益之"，自外来也。"益用凶事"，固有之也。"告公，从"，以益志也。"有孚惠心"，"勿问"之矣。"惠我德"，大得志也。"莫益之"，偏辞也。"或击之"，自外来也。

[注释]

①风雷，益。君子以见善则迁，有过则改：益卦，下震上巽，震为雷，巽为风，呈"风雷"激荡之象。风烈则雷声益大，雷激则风势益猛，二者相增益，故为益卦。君子观此象以修身，见人有善德则虚心学习，自己有过错则决心改正，道德将日益完善。

②下不厚事：不用大兴作的事项厚劳下民。

[译文]

《象传》说：风雷相助，是益卦。君子观此象以修己，见人有善德则虚心学习而为善，自己有过错则决心改正。

〔初九〕"元吉，无咎"，不用大兴作的事项厚劳下民。

〔六二〕"或益之"，是从外面来。

〔六三〕"益用凶事"，本来就有。

〔六四〕"告公，从"，以增益其勤王的心志。

〔九五〕"有孚惠心"，"勿问"了。"惠我德"，正是志得意满之时。

〔上九〕"莫益之"，是片面的说辞。"或击之"，是说攻击将来自意料不到的场所。

夬卦第四十三

泽天夬（乾下兑上）

夬①：扬于王庭，孚号有厉②。告自邑，不利即戎③，利有攸往。

初九：壮于前趾，往不胜④，为咎。

九二：惕号："莫夜有戎。"勿恤⑤。

九三：壮于頄⑥，有凶。君子夬夬，独行遇雨若濡⑦，有愠，无咎。

九四：臀无肤，其行次且⑧。牵羊悔亡，闻言不信⑨。

九五：苋陆夬夬⑩。中行无咎。

上六：无号⑪，终有凶。

[注释]

①夬：卦名，卦象乾下兑上。汉帛《易》作"夬"。夬有决断、果决、溃决等义。内卦乾为天，外卦兑为泽，水在天之上，必决。也就是水之气升上天，到了凝结之后，将下雨，这就是取象之一。夬卦五个阳爻，一个阴爻，是诸阳长进，要共决一阴之象，所以卦名为夬。但实际上一阴占据最高位置，阳爻决去它并非易事。要经过长期的艰苦斗争，甚至阳爻也要经受损伤。这样方可理解爻辞何以多处谈到受伤和凶险等情况。《序卦传》说："益而不已，必决，故受之以夬。夬者，决也。"夬卦是十二消息卦之一，配以建辰之月即夏

历三月，夬卦立义"果决"，正是从阴阳矛盾激化的角度，强调阳刚必须以"决断"性的气魄制裁阴柔，换言之，即君子应当消除小人，正气应当压倒邪气。《象传》说："夬，决也。刚决柔也。"夬，是阳刚去阴柔。

②扬于王庭，孚号有厉：举事于王庭，诚实地发布号令，告知有危险。扬，举；王庭，王者之庭。

③告自邑，不利即戎：告诫自己封邑的人，不宜立即动武。邑，城邑；戎，兵，引申为用兵。

④壮于前趾，往不胜：伤了前趾，继续前进，不会取胜。壮，伤也。

⑤惕号："莫夜有戎。"勿恤：因恐惧而号呼："晚上有敌人来偷袭。"不要担忧。惕，惧；号，号呼；莫，通暮；戎，敌人；恤，忧。

⑥壮于頄（jiú）：伤了面颧骨。来知德《周易集注》：頄，"面颧也"。

⑦君子夬夬，独行遇雨若濡：君子能果断其决，单独行动，遇雨被淋湿。夬夬，谓夬其夬，果决其断也；若，而；濡，淋湿。

⑧臀无肤，其行次且：臀部受伤，行路艰难而行不远。肤，皮肤；次且，即趑趄（zījū），行走艰难。

⑨牵羊悔亡，闻言不信：〔九四〕牵着羊（指另外的三根阳爻）前行而无悔事，听到忠告，却未信从。

⑩苋（xiàn）陆夬夬：山羊在路上决然前进不息。苋，土羊也。陆，其群行之路。

⑪无号：不用号咷。

[译文]

夬卦乾下兑上，五个阳爻在下，一个阴爻在上，诸阳继续长进，就要把一个阴爻决去了，这正是君子道长、小人道消的时候。夬卦排在益卦之后，就是因为益之极必决而后止，所以益之后次夬。夬有决果、溃决等义。

夬卦：举事于王庭，诚实地发布号令，告知有危险，告诫自己封邑的人，不宜立即动武，利于有所往。

本卦从卦义来说，是阳刚之正以决去阴柔之邪恶的情形。然而，并不能认为阳之气势强大而君子之道助长以造成繁荣。倒是应从相反的角度来判断，也就是，认为被某种强力所贬毁的情形。可推知，势力过于强大而遭到失败。有时候参与各种事业，不自量力承受过大的任务，或者为了谋图急功而发生错误。

初九：伤了前趾，继续前进，不会取胜，必造成灾祸。

初九是下卦乾健的一部分，因而壮大得意扬扬，要往前走；然而，却处在最下位，心有余而力不足，并不能胜任决断小人使命。所以，事先必须有周全的策划与准备，否则会失败。

九二：因恐惧而号呼："晚上有敌人来偷袭。"不要担忧。

九二爻是具有强烈前进的意味，不过，它既得中又处阴位，能够时刻忧惧警惕，便号呼夜晚有敌人来袭，既然如此警觉，也就不会失败了。

九三：伤了面颧骨，有凶险。君子能果断其决，单独行动，遇雨被淋湿，心生不悦。终无灾祸。

九三爻阳刚，而且在一连三个阳爻的最高位，刚强过度。决断的决心是在脸上的颧骨，就像受伤一般显明。却会被小人攻击，以致带来凶险。加上它与这卦唯一的阴爻上六阴阳相应，虽有决断小人的决心，却被其他刚爻怀疑，是与小人妥协。但阴阳调和成为雨；因而，九三爻就像在单独行动被雨淋湿而气愤。不过，九三本身是有决心的君子，最后还是会将小人决断，从而无灾祸。

九四：臀部受伤，行路艰难而行不远。〔九四〕牵着羊前行而无悔事，听到忠告，却未信从。

九四阳爻阴位，又不在中位，象征心中迟疑，坐立不安，就像臀部受伤一般，以致进进退退，行动艰难。在前边牵羊，走起来必然缓慢，跟随其他阳爻前进，才不会发生悔事。不过，当此决断小人之时，无论如何容易发生冲突，虽然也听到许多忠告，恐怕也不会相信。

九五：山羊在路上决然前进不息，居中行而必无咎害。

九五阳爻阳位，在上卦中央的君位，刚毅中正，有将上六决断的决心，又不失中庸之道，不会冲动偏激，所以不会有咎害。

上六：不用号咷，结果必遭凶险。

上六阴爻，是要被决断的小人，在被穷追不舍的情况下，就是大声号咷，也不会有人理会，最终难逃凶险。

《象》曰：夬，决也，刚决柔也。健而说，决而和①。"扬于王庭"，柔乘五刚也。"孚号有厉"，其危乃光也。"告自邑，不利即戎"，所尚乃穷也。"利有攸往"，刚长乃终也。

[注释]

①健而说，决而和：刚健而和悦，果敢而和蔼。乾为健，兑为悦。而且，五阳爻决去一阴爻，有很高的斗争艺术，不是以粗暴的方式，态度是和悦的。

[译文]

《象传》说：夬卦，是决的意思，即以阳刚决去阴柔。刚健而和悦，果敢而和蔼。"扬于王庭"，阴柔凌驾于阳刚之上，"孚号有厉"，以谦和礼对待，不至于决裂，使阳刚之德发扬光大。"告自邑，不利即戎"，但不可以诉诸武力。因凭武力只会扰乱局面，陷于困穷之地。"利有攸往"，是因阳刚之力漫长，而阴邪的小人不得不引退而逃去。

《象》曰：泽上于天①，夬。君子以施禄及下，居德则忌②。"不胜"而"往"，咎也。"有戎，勿恤"，得中道也。"君子夬夬"，终"无咎"也。"其行次且"，位不当也。"闻言不信"，聪不明也。"中行，无咎"，中未光也。"无号"之"凶"，终不可长也。

[注释]

①泽上于天：夬卦乾下兑上。乾为天，兑为泽，泽在天上，必断然成雨

而下，故说夬（决断）。

②施禄及下，居德则忌：既要有恩泽于天下，又要处在有德的地位而能戒忌自满。居德，安居其德而不施。

[译文]

《象传》说：泽上到天之上，是夬卦。君子观此象，既要把恩泽施于天下，又要处于有德的地位而能戒自满。

〔初九〕"不胜"而要"往"，必招致灾祸。

〔九二〕"有戎，勿恤"，因在下卦之中，得中道。

〔九三〕"君子夬夬"，最终也"无咎"。

〔九四〕"其行次且"，因其不当位。"闻言不信"，是因其听觉不明。

〔九五〕"中行，无咎"，虽居中正之位，但其道未能光大。

〔上六〕"无号"之"凶"，最终不能长久。

姤卦第四十四

☰ 天风姤（巽下乾上）

姤①：女壮，勿用取女②。

初六：系于金柅③，贞吉。有攸往，见凶，羸豕孚蹢躅④。

九二：包有鱼⑤，无咎，不利宾。

九三：臀无肤，其行次且。厉，无大咎。

九四：包无鱼，起凶⑥。

九五：以杞包瓜⑦，含章⑧，有陨自天⑨。

上九：姤其角⑩，吝，无咎。

[注释]

①姤（gòu）：卦名，卦象巽下乾上。汉帛《易》作"够"。惠栋《周易述》作"遘"。意外相遇的意思。孔颖达《周易正义》说："姤，遇也。"此卦一柔而遇五刚，故名为"姤"。姤卦是十二消息卦之一，配以建午之月即夏历五月。姤卦阐明事物"相遇"之理。主张"相遇"之道必须合"礼"守"正"，而不应失节乱伦。内卦巽为风，外卦乾为天。风吹遍天下，抚育万物。又一阴爻在下，五阳爻在上，是阴与阳相遇。事物只有相遇，相接触，才能产生各种各样的关系，才能发生作用。夬卦上六一阴爻被下面五阳爻决去，变出乾为天。这好像是决去了阴邪小人，成为君子世界的情形。但是这样的世界也不得维持长久。于是在下面不起眼处，有了一阴爻悄悄地钻了出来。这就是姤之为遇的道理。姤卦的一阴爻的到来，并不受人们的欢迎，而是被嫌弃、厌

恶，自己来到的情形。姤卦的一阴爻，是在夬卦被决去的，那又是不请自来，想来会见五阳爻的一阴，因而这一阴气势大而专心一志地在前进。又内卦巽为长女，为女中之壮者，这也可以看出一阴爻之强。在消息卦来说，也是阴的气势在逐渐增强。

②女壮，勿用取女：女子健壮（伤男），不要娶这女子（为妻）。壮，健壮、壮大，也有伤的意思。

③系于金柅（nǐ）：连系在车子的制动器上。金柅，车子的制动部件。

④羸豕孚蹢躅（zhízhú）：母猪发急不停地来回走动。羸豕，母猪；蹢躅，徘徊。

⑤包有鱼：厨房有鱼。包，通"庖"，即厨房。

⑥包无鱼，起凶：厨房没有鱼，要产生凶险。九四爻本与初六爻正应，但九二爻就近取初六为"包有鱼"，四与初不相得，使九四失去鱼一样美好的阴物。在上失其下民，所以将有凶。

⑦以杞包瓜：以杞叶包瓜。杞，杞柳，这里指杞叶（宽大）。

⑧含章：储蓄章美。九五爻能屈己求贤，内含中正之美德，以此求贤，方可得志。

⑨有陨自天：贤才犹如陨石从天而降。九五以含蓄章美，屈己求贤，终得贤应，故有此说。陨，陨石，喻贤才。

⑩姤其角：遇到角，上九居卦位最上，又为阳刚，远离其下，已无所遇，如同动物的角在头的最上方而刚硬。姤，遇。

[译文]

姤卦巽下乾上。一方面巽下乾上有风行天下之象，风行天下，接触万物，有遇的含义；另一方面为姤卦一阴生于下而与阳刚不期而会，有遇的意思。正如《序卦传》所说："夬者，决也。决必有遇，故受之以姤。姤者，遇也。"姤即是遇，而且是不期而遇的意思。

姤卦：女子健壮，不要娶这女子。

这卦多半是当作不吉利的意思去运用的。这是由于阴邪小人的入侵，内卦乾便缺了一爻。可推知会发生被骗走钱财一类的事。因此,务必格外小心,多方慎防,不与小人相接近,或不可轻易为他人的甜言蜜语所欺骗。现在不可积极行事,只可固守原来的事体,使其不至于发生败坏。日常的小事可以通达,至于大事,却不可。

初六:连系在车子的制动器上,坚守正道,可获吉祥,有所前往,出现凶险。母猪发急不停地来回走动。

初六爻是在纯阳下面开始发生的阴爻,只要将它一阻止,小人的势力就无法形成。所以,像连系在车子的制动器上一样,将小人制止,如此守正而吉祥。如果姑息,容许其前进,君子就会受侵害而有凶险。然而,小人不会甘于寂寞的,而像母猪一般焦急不安,徘徊不定,急于乘隙前进,君子不可不戒备。说明对小人应戒备,在其势力形成之前就要严厉制止。

九二:厨房有鱼,无灾祸,不宜于招待宾客。

九二爻与初六爻相遇,在这卦中,虽然初六和九四相应,但相遇比相应更重要。九二阳爻包住了想前进的初六阴,使初六不能动转,就像厨房有鱼一样。如此这般,使小人的祸害不会扩散,就是遇到小人,也不会有

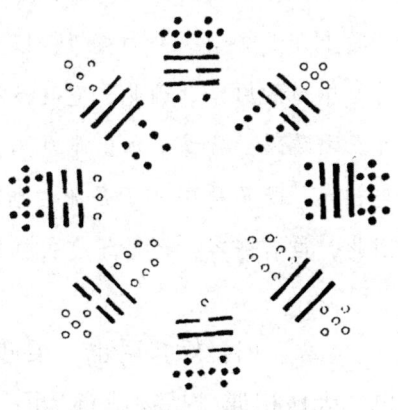

河洛八卦图

灾。如果不制止,使小人与宾客(其他阳爻)接触,就难免被勾引,坠入圈套了。

九三:臀部受伤,走路艰难。有危险,但无大祸降临。

九三爻的爻辞,在夬卦九四爻辞中,也有同样的句子。九三刚爻刚位,过于刚强,又失中庸,以致一意追求异性。但初六已与九二相遇;向上追求,又与上九不能相应。所以,九三处在进退两难的地位,以致徘徊不前。不过,虽孤立无援,有危险,但不会有

大祸。

九四：厨房无鱼，要产生凶险。

九四爻本来与初六相应，但初六被九二阻止，不能前来。初六为阴，以鱼喻之，九四就成厨房无鱼了，是因其远离民众的结果。如此行动，则有凶险。

九五：用杞叶包瓜，含蓄章美，贤才犹如陨石从天而降。

九五爻刚健中正，在中位，是这一卦的主体，满怀正义与力量，下面即或发生少数的小人，也不用担忧，反而完全能将小人包容。九五以含蓄章美，屈己求贤，终得贤应，贤才犹如陨石般从天而降。

上九：遇到角，有悔吝，无灾祸。

上九爻居于一卦的终极，以至于其所作所为过于偏激，而不能符合中道的原则。因此，它既然不能像九二那样予以包容；也不像九三之踌躇、犹豫。加上本身刚强不肯屈就，因而难以相遇。上九与初六，既不是应又不是比，所以，也并不至于那么强烈和执著。因此，虽有悔吝，还是无有灾祸的。

《彖》曰：姤，遇也，柔遇刚也。"勿用取女"，不可与长也。天地相遇，品物咸章①也。刚遇中正，天下大行②也。姤之时义大矣哉！

[注释]

①天地相遇，品物咸章：天与地相遇，化育万物，盛大章明。

②刚遇中正，天下大行：九五以阳刚处中得正，又因其为尊位，故能大行于天下。

[译文]

《彖传》说：姤卦，是相遇的意思，阴柔遇见阳刚。"勿用取女"，因为不能长久相处。天与地相遇，化育万物，盛大章明。〔九五〕以阳刚处中得正，又因其为尊位，故能大行于天下。姤卦为时所用的意义十分重大啊！

《象》曰：天下有风①，姤。后以施命诰四方②。"系于金柅"，柔道牵也。"包有鱼"，义不及宾也。"其行次且"，行未牵也。"无鱼"之"凶"，远民也。九五"含章"，中正也。"有陨自天"，志不舍命③也。"姤其角"，上穷吝也。

[注释]

①天下有风：姤卦巽下乾上，乾为天，巽为风，故有此说。风行天下，遍及四方，上行至下，故为姤。

②后以施命诰四方：人君当使政令如风，遍告四方，万民莫不知晓。施命，实施政策法令；诰，同告。

③志不舍命：有志不违背命令。志者，心志也；舍，违也；命者，命令也。

[译文]

《象传》说：天下有风，是姤卦。人君观此象，当使政令如风，遍告四方，万民莫不知晓。

〔初六〕"系于金柅"，柔道受到牵制。

〔九二〕"包有鱼"，在义理上，不宜牵累到别人。

〔九三〕"其行次且"，无法实现牵制初六之志。

〔九四〕"无鱼"之"凶"，是因远离民众。

〔九五〕九五"含章"，因其正位得中，"有陨自天"，有阳刚之志，却不违背命令。

〔上九〕"姤其角"，处于最上，穷困致吝。

萃卦第四十五

泽地萃（坤下兑上）

萃①：亨，王假有庙②。利见大人，亨，利贞。用大牲吉③，利有攸往。

初六：有孚不终，乃乱乃萃④，若号，一握为笑⑤，勿恤，往无咎。

六二：引吉，无咎，孚乃利用禴⑥。

六三：萃如嗟如⑦，无攸利，往无咎，小吝。

九四：大吉，无咎。

九五：萃有位，无咎⑧。匪孚，元永贞⑨，悔亡。

上六：赍咨涕洟⑩，无咎。

[注释]

①萃：卦名，卦象坤下兑上。汉帛《易》作"卒"，聚集的意思。《序卦传》说："物相遇而后聚，故受之以萃。萃者，聚也。"内卦坤为地为顺，外卦兑为泽为悦。泽在地上，它是象征雨下来之后，积留在地面上，雨水落下之后总是向低洼之处相聚集。加上九五刚毅中正，又与中正的六二阴阳相应，所以，能够聚。这便是萃卦卦名之来由。在自然界中，万物相聚而生。在社会生活中，人们的聚集也是广泛的活动。在萃卦中，认为越是聚集便越亲近，所以它以聚集的动作为基础，在这当中可看出亲密交往的情状。在萃卦，可以说它

几乎和比卦的爻象具有相同的观点，来讨论与各爻的关系。但是比卦是根据于唯一的阳爻：九五爻相亲比的亲与否或迟与速来讨论问题。至于萃卦除了九五爻之外，还有九四爻也是阳爻，因此象征为众阴的人心却被四爻、五爻双方牵动而随之更加复杂。

②王假有庙：君王到宗庙祭祀。古代君王聚拢人心的最方便的办法，就是入太庙进行祭祀。假，至。有，大。大庙即王的宗庙。

③用大牲吉：用大的牺牲来祭祀则吉利。大牲，指祭祀用牛羊等。

④有孚不终，乃乱乃萃：有诚信却不能坚持至终，志乱而妄聚。孚，诚信；萃，聚。

⑤若号，一握为笑：若号哭，会被一屋子人耻笑。号，号哭；握，读为屋之屋；笑，嘲笑。

⑥引吉，无咎，孚乃利用禴（yuè）：相牵引获吉利，无灾祸，诚信乃利于春祭求福；引，牵引；禴，春祭，即薄祭（祭礼从简）。

⑦萃如嗟如：相聚而又叹息。嗟，叹息。

⑧萃有位，无咎：聚会而各有其位，无灾祸。

⑨匪孚，元永贞：不被信任，开始就应恒守正道。匪，非；孚，诚信，信任；元，始；贞，正。

⑩赍（jī）咨涕洟（yí）：叹息悲伤以至于眼泪鼻涕都流下来了；上六处萃卦之最上，逆乘阳刚（九五），下无应援，故痛哭流涕，如此动情，似有悔改之意。赍咨，嗟叹之词；涕，眼泪；洟，鼻涕。

[译文]

萃卦坤下兑上，坤为地为顺，兑为泽为悦。泽在地上，是水相聚。水滋润在地，使万物聚集而生，也是相聚的意思。《序卦传》说："姤者遇也。物相遇而后聚，故受之以萃。萃者聚也。"物相遇必成群，成群即萃聚，所以姤卦之后排上了萃卦。

萃卦：亨通，君王到宗庙祭祀，利于见到大德之人，亨通，宜于守正。用大的牺牲来祭祀则吉利，利于有所往。

萃卦是聚集、热闹的意思，既然物质聚集，利益也同时聚集。而且传来善事也汇集了多人，其兴隆繁荣自不待言。一切事体均显得丰裕、舒畅，而且在逐渐进展中。本卦又显示，在商业、谈判等场合，可获利益又能储蓄钱款。但是不可只求满足物欲，仍以诚意、和悦的态度去对外，并且仍须谨慎其口舌。

初六：有诚信却不能坚持至终，志乱而妄聚。若号哭，会被一屋子人耻笑。不用担忧，前往无灾祸。

初六与九四阴阳相应，所以，初六要前进，与九四会聚。但中间有两个阴爻阻挡，形成障碍。因而，初六纵然有诚意，也难有结果。如果号哭求援，会惹人耻笑，但能被九四理解，伸出援助之手，不用担忧，前往不会有灾祸。

六二：相牵引获吉利，无灾祸，诚信乃利于春祭求福。

六二与九五阴阳相应，当然要相聚，但距离较远，自己又陷

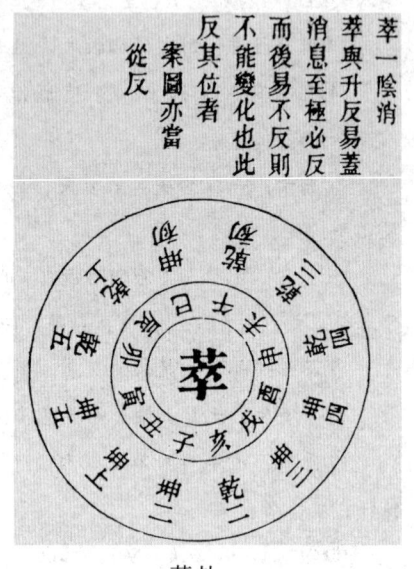

萃卦

于二阴的包围中，必须有九五相牵引，才能相聚而获吉利，不会有灾祸。而且，六二阴爻阴位得正，又处中位，相应的九五阳爻阳位，刚健中正，处于君位，就像春祭一般，只要诚心诚意，虽简单，神灵也会降福。

六三：为了相聚而又叹息，没有利。前往无灾祸，但小有悔恨。

六三爻是阴柔的小人，不中不正，在上方也没有应援，不得已，就想与邻近者会聚。可是，下面的六二与九五相应，上边的九四与初六相应，以至于无人与它会聚，只有叹息，得不到任何利益。唯一的出路，是与上六会聚，虽不应，但当能被容纳，所以前

往不会有灾。不得已与处极端而无位的阴爻结合，多少会有些悔恨。

九四：大为吉利，无灾祸。

九四阳爻阴位不正，但上与刚健中正的九五相聚；下又可与一群阴爻相亲。如此凑合，倒使它无往不利，九四不但熟悉下情，更是处在方便于招抚民心之地位。如果它居心不良的话，甚至会危害社会扰乱时势贬落君主。因此，这爻必须是大人，而且又是没有私心的君子。只有这样的人在其位，才能无灾祸。

九五：聚会而各有其位，无灾祸。不诚，开始就应恒守正道，悔事消失。

九五爻刚毅中正，在君位，以德使天下聚集在他的统治下，当然不会有灾祸。如果仍不被信任，那么，自己仍应恒守正道，悔事就会消失了。

上六：叹息悲伤以至于眼泪鼻涕都流下来了，无灾祸。

上六已到萃卦的终结，柔弱又没有地位，想与人相聚，也无人追随，因而悲伤，叹息涕泣。说明被群众遗弃时，应当反省，不可怨天尤人。

《彖》曰：萃，聚也。顺以说，刚中而应，故聚也。"王假有庙"，致孝享也。"利见大人，亨"，聚以正也。"用大牲吉，利有攸往"，顺天命也。观其所聚，而天地万物之情可见矣。

[译文]

《彖传》说：萃卦，是聚集。〔坤〕顺而〔兑〕悦，阳刚居中而〔六二与九五〕又相应，所以称相聚。"王假有庙"，送去表达孝心的祭品。"利见大人，亨"，以正道相聚。"用大牲吉，利有攸往"，顺从上天的意志。观察天地万物所聚之类别，便能明了其中的共性了。

《象》曰：泽上于地①，萃。君子以除戎器，戒不虞②。"乃乱乃萃"，其志乱也。"引吉，无咎"，中未变也。"往无咎"，上巽也。"大吉，无咎"，位不当也。"萃有位"，志未光也。"赍咨涕洟"，未安上也。

[注释]

①泽上于地：萃卦坤下兑上，坤为地，兑为泽，故有此说。又泽上于地，则有灌溉生物之利，故说萃。

②除戎器，戒不虞：修整好兵器，以防不测事变。萃有万物皆可发生之义，其中难免有变故，故戒之。除，修；戎，兵；虞，度。

[译文]

《象传》说：泽水上到地上，是萃卦。君子观此象，当修整好兵器，以防不测之变。

〔初六〕"乃乱乃萃"，其心志惑乱。

〔六二〕"引吉，无咎"，中正诚信的德性没有变。

〔六三〕"往无咎"，往上会被巽顺接受的。

〔九四〕"大吉，无咎"，位置不当。

〔九五〕"萃有位"，其会聚天下之志未得光大。

〔上六〕"赍咨涕洟"，孤立无应，不能安居上位。

升卦第四十六

䷭ 地风升（巽下坤上）

升①：元亨。用见大人，勿恤。南征吉。

初六：允升，大吉②。

九二：孚乃利用禴，无咎。

九三：升虚邑③。

六四：王用亨于岐山④，吉，无咎。

六五：贞吉，升阶⑤。

上六：冥升，利于不息之贞⑥。

[注释]

①升：卦名，卦象巽下坤上。汉帛《易》作"登"。升，前进、上升、登高的意思。《序卦传》说："萃，聚也。聚而上者谓之升，故受之以升。"升卦阐明顺势上升、积小成大的道理。内卦巽为木，外卦坤为地，是树木在地中生长，不断长高，喻为升。在自然界，生长、发展、壮大、升高是合乎规律的，是吉祥的。在社会生活中，职位、权位的升高是某些人看重和追求的。升卦和萃卦是综卦。以阴为主作为萃聚作用的话，升是聚集之后举而用之的宾主关系。其次，把它颠倒过来，以阳为主作为萃聚而保有的意思来看的话，升可当作"进、赴"的关系。萃卦是从整体的观点来看的，而升卦则是从构成整体的个别来看的。就整体而言，一个组织机构的各组成部分，人人均为重要不可缺少的存在，然而，就个体来看的话，地位越在上，越显得重要。所以

"升进、晋升"二字，除了往上升其位之外，还含有喜悦荣耀的意思。

②允升，大吉：信从而上升，大吉。允，信从。

③升虚邑：登上空虚的城邑。升，登；虚邑，空虚的城邑。

④王用亨于岐山：王祭祀于岐山。亨，祭祀；岐山，地名，在今陕西省岐山县境内。

⑤贞吉，升阶：守正则吉利，登阶而上升。六五阴爻在阳位不正，但体在坤顺，能应九二，二、五易位，则俱得正。升阶，逐阶升迁。

⑥冥升，利于不息之贞：昏冥于升进，只有不停息地守正道，才有利。冥，昏冥；贞，守正。

[译文]

升卦巽下坤上，巽为木，坤为地，木在地下，必萌发生长而向上增高，有升之象。升有前进、上升、登高之意。萃卦就像是集天下之民心，以光大祖业的君主。排在其后的升卦，则像是向前赴进致力以襄赞大业的臣。正如《序卦传》所说："萃者聚也。聚而上者谓之升，故受之以升。"物聚集起来，必然增高，增高必上升，所以萃卦之后排上升卦。

升卦

升卦：开始就亨通。宜于见大德之人，不用担忧。南行征伐吉利。

这卦卦辞显示，当前已经届临地位之晋升或调整薪金的机运。然而情况不能一蹴而就，决不可以焦急，或急进，务必徐缓行进步步踏实。过去被埋没的，现在得以见到光明。因此，凡是发表新计划或着手新的事业等，都是吉利的。乘着时势得到他人提拔以至于诸事感到顺利。自己的愿望，只要不断努力，一定能够达成。

初六：信从而上升，大吉。

初六在最下位，阴爻柔顺，又是下卦巽的主爻。巽顺在上升时，因柔顺，靠自己的力量，不能上升，只能跟从上边的两个阳爻而上升，这样是大为吉利的。

九二：诚信乃利用春祭求福，无灾祸。

九二爻爻辞，与萃卦的六二爻爻辞相同。这爻，刚中的九二与柔中的六五相应，也同样的与人神相互感应的情形相似。对神只要诚心诚意，利用简单的春祭，也能获得保佑，不会有灾祸。

九三：登上空虚的城邑。

九三爻刚爻，一心升进，往前方又登上空虚的城邑。不应有疑虑，应放心大胆前进。

六四：王祭祀于岐山，吉利，无灾祸。

六四爻柔中得正，可以顺利地升进，就像君王在岐山祭祀一般，诚心诚意，任何事均可望成功，因而吉利，没有灾祸。

六五：守正则吉利，登阶而上升。

六五阴爻阳位，本来并不适当，但与九二阴阳相应，得到刚毅有力的人辅助，就能登上君位。不过，六五本身柔弱，必须坚守正道，才能吉祥。登阶梯以上升，能够顺利登上王座。

上六：昏冥于升进，只有不停息地守正道，才有利。

上六爻也将和初六、九三一样往上升晋而出仕。然而，这爻阴柔无力，又升到这卦的极点，其地位及人身的荣耀已到极点。并告诫不可再前进向上，必须加以控制。

《彖》曰：柔以时升①，"巽而顺"。刚中而应，是以大"亨"。"用见大人，勿恤"，有庆也。"南征吉"，志行也。

[注释]

①柔以时升：柔按时上升。

[译文]

《彖传》说：阴柔按时升进，升卦巽下坤上，坤即柔顺，故"巽而顺"。〔九二〕以阳刚居中，上应〔六五〕，因而大"亨"。"用见大人，勿恤"，有福庆。"南征吉"，志愿得以实现。

《象》曰：地中生木①，升。君子以顺德，积小以高大②。"允升，大吉"，上合志也。九二之"孚"，有喜也。"升虚邑"，无所疑也。"王用亨于岐山"，顺事也。"贞吉，升阶"，大得志也。"冥升"在上，消不富也。

[注释]

①地中生木：升卦巽下坤上，坤为地，巽为木，地中生木，将上升于地，故说升。

②君子以顺德，积小以高大：君子因此将（坤）的柔顺之德，日积月累，由小积至高大。

[译文]

《象传》说：地中生树木，为升卦。君子观此象，当顺应事物生长的特点，顺其自然，并将柔顺之德，日积月累，积小以至于高大。

〔初六〕"允升，大吉"，与上卦的三阴爻志同道合，以时而共同升进。

〔九二〕九二的"孚"，有喜庆。

〔九三〕"升虚邑"，勇往直前而无所疑虑。

〔六四〕"王用亨于岐山"，做事可通顺。

〔六五〕"贞吉，升阶"，欲升的志向大为遂愿。

〔上六〕"冥升"在上，只有消减，不会更加富有。

困卦第四十七

䷮ 泽水困（坎下兑上）

困①：亨，贞，大人吉，无咎。有言不信②。

初六：臀困于株木③，入于幽谷，三岁不觌④。

九二：困于酒食，朱绂方来⑤，利用亨祀，征凶，无咎。

六三：困于石，据于蒺藜，入于其宫，不见其妻⑥，凶。

九四：来徐徐，困于金车⑦，吝，有终。

九五：劓刖，困于赤绂⑧，乃徐有说⑨，利用祭祀。

上六：困于葛藟，于臲卼⑩；曰动悔，有悔，征吉。

[注释]

①困：卦名，卦象坎下兑上。穷困、窘迫、困难的意思。内卦坎为水，外卦兑为泽。水都是在泽上，现在泽在上，水在下，是水向下渗透，致使泽中无水，造成泽的窘迫和困乏。困难，是人生经常遇到的问题。困与屯卦、蹇卦、习坎卦等共四卦，被称为《周易》的四难卦，这里仅叙述困卦的一些情况。感到"困"或"穷"的情况有：一是该有某物之处却没有它；二是要想取得所没有的某物；三是某物虽然有却不得其位。这些情形，原是人们所不喜欢的。然而，在现实的社会里或自然界中，这样的事实确实存在。以困卦的各爻，总是以如何克服困穷之道为其主题，从它能否得到救援的观点，来论断其吉凶。《象传》说："有言不信，尚口乃穷也。"那就是在教我们，处在穷困时，诉苦呼吁都是枉费心机，并不会赢得同情和支持。

②有言不信：光凭嘴说，人不相信。处困之时，尚实而不尚辞令，以辞令济困，乃为大忌。信，相信。

③臀困于株木：困坐在树干上。株木，树干。

④入于幽谷，三岁不觌（dì）：进入幽暗的深谷，三年不能与人见面。岁，年；觌，见。

⑤困于酒食，朱绂（fú）方来：为酒食困扰，有大人到来。朱绂，赤绂，古代贵族穿的红色服饰，此处喻大人。

⑥困于石，据于蒺藜，入于其宫，不见其妻：困在乱石之中，身下一片蒺藜，进入宫室，见不到妻子。六三爻以阴质处于阳位，上有九四、九五刚硬如石，是为进不得；下有九二如蒺藜有刺，是为退不得。石，石头；据，居；蒺藜，一种带刺的草。

⑦来徐徐，困于金车：缓缓而来，被金属车困阻。九二喻为金属车（以黄铜镶嵌）。九四与初六是正应，九四下来，寻找初六，但中间隔着九二这辆金属车。徐，缓慢；金车，金黄色的车。

⑧劓刖（yìyuè），困于赤绂：割鼻断足，此窘困皆因其穿着赤绂。九五爻在困之时，以刚居刚而处尊位，有过刚之嫌，故以被劓刖为喻。劓，割鼻；刖，断足。均为古代刑罚。

⑨乃徐有说：后来渐渐得到逃脱的机会。徐，渐渐；说，即脱。

⑩困于葛藟（lěi），于臲卼（nièwù）：被困于葛藤缠绕之中，又动摇不安；葛藟，葛藤，蔓生植物。臲卼，动摇不安之状。

[译文]

困卦坎下兑上，坎为水，兑为泽。若水在泽上则泽中有水，今水在泽下，是泽中干涸无水之象。泽中应有水而无水，正是困乏的表现。又，兑阴在坎阳爻之上，上六阴爻在九四、九五二阳之上，九二陷在初六、六三二阴之中，都是阳刚为阴柔所掩蔽，在人事上则是君子为小人所掩蔽，君子处于穷困之时。《序卦传》说："升而不已，必困。故受之以困。"升是自下往上升，自下往上升须用力气，如果上进不已，必力竭气乏为困，所以升卦之后排上困卦，困有疲惫困乏之意。

困卦：亨通。占问的话，大人吉利，无灾祸。光凭嘴说，人不相信。

这卦显示，人们总认为自己在受苦，而且凡事与愿相违，不得顺利进展。现在心急又有何用呢？虽然容易为不安的心理所迫，以至于轻举妄动。但是于事却无所补益。再者，想改变原来方针，亦非其所宜，只好稍事等待以观察为妥当。一般说，轮到上爻变时，才有亨通之可能。

初六：困坐在树干上，进入幽暗的深谷，三年不能与人见面。

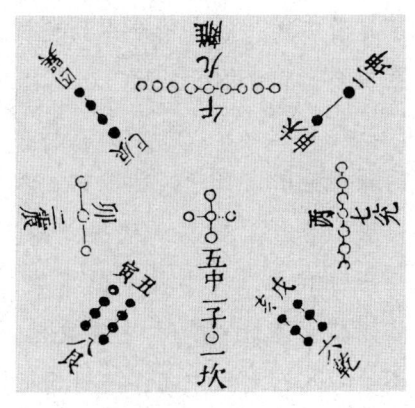

洛书生十二地支图

初六爻是阴柔的小人，在下卦坎险的最低下，穷困已极。因而以臀部困坐于树干为喻，很不舒服，难以长久忍受。就像进入昏暗的深谷中，三年也难以摆脱穷困之境。说明在穷困中，必须明智，极端隐忍，不可浮躁。

九二：为酒食困扰，有大人到来，利于祭祀。出征有凶险，最终无灾祸。

九二爻刚毅中庸，品德身份都相当高贵，但位不正，难免会有穷困。不过，正受诸多困扰，如酒食过于丰盛的困扰一样，有大人到来，并且丰盛的酒食只适宜祭祀之用，平时享用，过于显眼，若出征，必致凶险，应谨守其本分，才会没有灾祸。

六三：困在乱石之中，身上一片蒺藜，进入宫室，见不到妻子，凶险。

六三爻阴柔，是小人，不中不正，难安于位，想前进，又像被困入乱石（指九四、九五、九二）之中。不得已，进入宫室，又看不到妻子。最终仍找不到安身之所，所以凶险。

九四：缓缓而来，被金属车困阻，有困难，但最终有结果。

九四爻与初六爻相应，初六陷于幽谷中，九四应当加以援救；可是，九四的地位不正，力量不足，中间又有九二的金属车妨碍，以至于援救行动迟缓，不得不缓缓进行。虽然有困难，但邪不压正，最后仍能排除九二的阻碍，达到目的。

九五：割鼻断足，此窘困皆因穿着赤绂，后来渐渐得到逃脱的机会，宜于举行祭祀。

九五是阳爻，被上六、六三的阴爻包围在其中，就像被上六割去了鼻子，被六三砍掉了脚。但阳为君子，被小人如此折磨，皆因其穿着赤绂，才导致窘困。不过，九五刚毅中正，经过时间

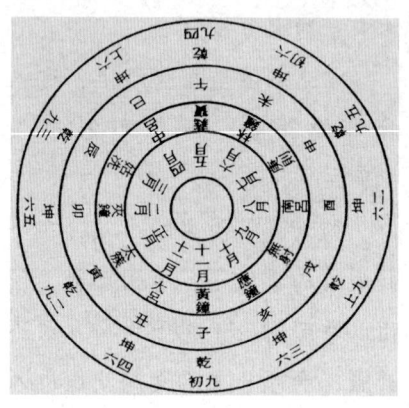

纳音图（"三分损益"图）

的考验，终会有机会逃脱困扰。九五与九二同为阳爻，不能相应，但双方都有如祭祀般的虔诚，就可获得吉祥。

上六：被困于葛藟缠绕之中，又动摇不安；有所举动就有灾祸，若经改悔，听命出征则吉利。

上六爻是阴柔的小人，穷困到极点，就像被葛藟缠绕，无法挣脱而惴惴不安。这时，采取行动会有灾祸，但能悔改，前进仍然吉利。

《彖》曰：困，刚揜也①。险以说，困而不失其所，"亨"②，其唯君子乎？"贞，大人吉"，以刚中也。"有言不信"，尚口乃穷也。

[注释]

①困，刚揜（yǎn）也：困卦，刚被掩盖。揜，掩、藏。

②困而不失其所,亨:困穷中不丧失其操守,亨通。

[译文]

《象传》说:困卦,是阳刚被掩盖的意思。处险(坎)而能悦(兑),在困穷中不丧失其操守,因而才能"亨",只有君子才能做到啊!"贞,大人吉",因为是阳刚居中。"有言不信",崇尚口谈而不务实际,终到困穷。

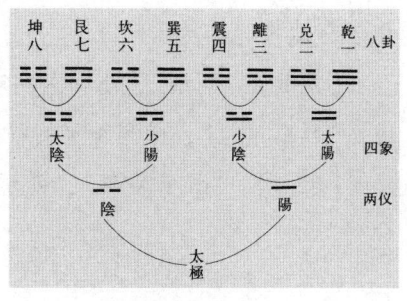

伏羲八卦图

《象》曰:泽无水①,困。君子以致命遂志②。"入于幽谷",幽不明也。"困于酒食",中有庆也。"据于蒺藜",乘刚也。"入于其宫,不见其妻",不祥也。"来徐徐",志在下也。虽不当位,有与也。"劓刖",志未得也。"乃徐有说",以中直也。"利用祭祀",受福也。"困于葛藟",未当也。"动悔,有悔",吉行也。

[注释]

①泽无水:困卦坎下兑上,坎为水,兑为泽,水在泽下,河道干涸,故说泽无水。万物受困,故为困。

②致命遂志:临危授命,忍辱负重,以实现自己的理想抱负。致命,授命;遂志,实现志向。

[译文]

《象传》说:泽中无水,是困卦。君子观此象,当于危困之时,临危受命,忍辱负重,以实现自己的志向。

〔初六〕"入于幽谷",幽暗不明。

〔九二〕"困于酒食",居中道而有吉庆。

〔六三〕"据于蒺藜",弱而下附于刚暴的〔九二〕。"入于其宫，不见其妻"，是不祥的。

〔九四〕"来徐徐"，志在下求〔初六〕。虽然居位不当，正应相与有结果。

〔九五〕"劓刖"，志向未实现。"乃徐有说"，因守中正刚直之道。"利用祭祀"，受到神灵的福佑。

〔上六〕"困于葛藟"，处境未能得当。"动悔，有悔"，出行吉利。

井卦第四十八

☵ 水风井（巽下坎上）

井①：改邑不改井②，无丧无得。往来井井③，汔至，亦未繘井，羸其瓶④，凶。

初六：井泥不食，旧井无禽⑤。

九二：井谷射鲋，瓮敝漏⑥。

九三：井渫不食，为我心恻⑦。可用汲，王明，并受其福⑧。

六四：井甃⑨，无咎。

九五：井洌，寒泉食⑩。

上六：井收勿幕⑪，有孚元吉。

[注释]

①井：卦名，卦象巽下坎上。古时，它是社会组织单位，八家为一井，四井为一邑。井，有井养之意。《序卦传》说："困乎上者必反下，故受之以井。"井卦的大旨，是将"井"人格化，通过展示水井养人的种种美德，譬喻君子应当修养自身，惠物无穷。内卦巽为木为入，外坎为水。木可以作水桶，汲水用。木桶往下，汲水向上，这正是从井中汲水之象。井与人民的生活也是密切相关的，井水能够养育万民。前一卦泽水困颠倒过来，就成了水风井卦。困卦意在于水之干涸而受困。而井卦正相反，是得到水而感到喜悦的意思。《周易》中对于水，赞其功德少而提及水的危难的却很多，现在改变一个角度，以观察水的利用方面的，只有困卦和井卦。困卦是从不能利用水以说明其

困苦、困穷；井卦却从水在日常生活上的重要性来说明之。以巽之伏入而汲取水为井卦之象意，外卦坎为井水。然而来汲取水的吊桶是外坚中虚的互体离☲，同时其所系用的绠（绳索），是下卦巽。所以，本卦的两个要点：一是作为饮用水的本来的功德；二是这些水，还是有赖于吊桶和绳索，才能够物尽其用。

②改邑不改井：村邑变迁，井不迁移。改，迁移；邑，村邑。

③往来井井：来来往往从井中取水。前一个"井"作动词用，即从井中取水。

④汔（qì）至，亦未繘（jú）井，羸其瓶：水汲至井上还未离绳索，却打破了汲水瓶。汔，几（近）；繘，绠（打水绳索）；羸，瘦弱、毁坏。

⑤井泥不食，旧井无禽：井底有淤泥，水不可食用，废旧之井禽鸟也不至。禽，禽鸟。

⑥井谷射鲋（fù），瓮敝漏：井坏渍水成谷，只生小鱼，实难射鲋；（因无处汲水）以致水瓶破漏。井谷，坏井变成的水坑；射，古人捕鱼用箭射之法；鲋，小鱼；瓮，汲水瓶；敝，破败。

⑦井渫（xiè）不食，为我心恻：井已修治好，井水仍不被饮用，使我心中好悲伤。比喻有才能之人不被举用。渫，治，除去污泥；恻，伤悲。

⑧王明，并受其福：君王的贤明，使天下都受到福泽。明，贤明。

⑨井甃（zhòu）：井壁砌好。甃，用砖修理井壁。

⑩井冽，寒泉食：井水清澈，清凉的泉水，可以食用。

⑪井收勿幕：取出井水后，不必加盖。井卦上六爻处卦之终，为井道功成，故有此大同之象。收，收获，即有汲取之义；幕，井盖。

[译文]

井卦巽下坎上，坎为水，巽为木且有入义。巽木下入而坎水上升，恰有井之象。井卦排在困卦之后，困卦卦义在于水之干涸而受困，而井卦正相反，是得到水而感到喜悦的意思。井，有井养的意思。

井卦：村邑变迁，井却不迁移，既无失也无得。来来往往的人从井中取水，水汲至井上，还未离绳索，却打破了汲水瓶，是凶兆。

这卦对诸类事项，均为辛劳操心不得安稳的时候。因为井卦是要进入坎穴中汲取，意味着劳苦的缘故。从进退而言，仍须固守原来的日常状态，反复为之较为有利。如果着手于新办之事业，恐怕会半途遇到挫折。要以毅力和耐心去努力较有希望，若操之过急，则多半不得成功。

初六：井底有淤泥，水不可食用，废旧之井禽鸟也不至。

初六爻是井底，井底有淤泥，以至于水都不堪饮用。而且又不当位，好比是废旧之井，不但没有人要它，甚至游鸟也不到。

九二：井坏渍水成谷，只生小鱼，实难射之；（因无处汲水）以至于水瓶破漏。

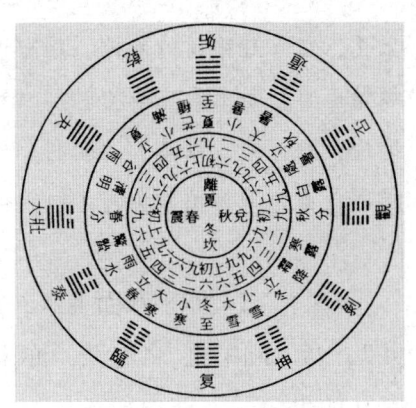

十二消息卦图（二十四节图）

九二刚毅中庸，与上卦的九五不能相应，不被援引，犹如井坏而成谷，养起了小鱼，难以射之。虽有汲水瓶，也已坏，无法使用。这里水便白白浪费掉了。

九三：井已修治好，井水仍不被饮用，使我心中好悲伤。可以汲而用，君王的贤明，使天下都受到福泽。

九三阳爻阳位得正，是井中的水。但不被饮用，未免可惜。这是可以饮用的水，犹如有贤士在野没有人任用他，贤明的君王，应提拔任用这些贤士，使天下都能享受幸福。

六四：井壁砌好，无灾祸。

六四阴爻阴位得正，但柔弱无力。却要修好井壁对井水加以保护，不至于使饮水污浊，因而得以无灾祸。亦即自己应当进修，充实自己,不会没有出头之日。

九五:井水清澈,清凉的泉水,可以食用。

九五爻刚毅中正,表明井水大量涌出,而且清洁甘凉可以饮用。亦即,具备刚毅中正的德性,能普遍施惠给众人。

上六:取出井水后,不必加盖,胸怀诚信,定获大吉。

上六是阴爻,在本卦它却不是井水而是井水的器具。本爻又是上爻,在一卦终了的地位,相当于井水的盖子。同时,就其用途之终始而言,是汲水完毕的时候。然而,必须可靠,确实能够源源不绝地供水,给人以最大的便利。亦即,当人在最高位时,就应当始终诚心诚意地为民服务,才能获得最大的吉祥。

《彖》曰:巽乎水而上水,井①。井养而不穷也。"改邑不改井",乃以刚中也。"汔至,亦未繘井",未有功也。"羸其瓶",是从凶也。

[注释]

①巽乎水而上水,井:井卦巽下坎上,巽为木为入,坎为水,像木桶入于水中将水提上来,是井卦。程颐《伊川易传》说:"巽入于水下而上其水者,井也。"

[译文]

《彖传》说:木桶入于水中把水提上来,为井卦。井水养育人的功能无穷。"改邑不改井",乃是阳刚之爻居于中位。"汔至,亦未繘井",徒劳无功。"羸其瓶",必将招致凶险。

《象》曰:木上有水,井。君子以劳民劝相①。"井泥不食",下也。"旧井无禽",时舍也。"井谷射鲋",无与也。"井渫不食",行恻也;求"王明",受福也。"井甃,无咎",修井也。"寒泉"之"食",中正也。"元吉"在上,大成也②。

[注释]

①劳民劝相：慰劳民众并劝其相互帮助。劳，慰劳；劝，劝告；相，相助。

②大成也：得到大成功。

[译文]

《象传》说：木桶提上来而有水，是井卦。君子观此象，应慰劳民众并劝其相互帮助。

〔初六〕"井泥不食"，处井最下，多有阴浊。"旧井无禽"，为时所舍弃。

〔九二〕"井谷射鲋"，没有应和者。

〔九三〕"井渫不食"，行人也感到惋惜；渴求"王明"，与民共受其福。

〔六四〕"井甃，无咎"，把井修治好。

〔九五〕"寒泉"之"食"，因为中正。

〔上六〕"元吉"在上面，已大功告成。

革卦第四十九

䷰ 泽火革（离下兑上）

革①：己日乃孚②。元亨，利贞，悔亡。

初九：巩用黄牛之革③。

六二：己日乃革之，征吉，无咎。

九三：征凶，贞厉。革言三就，有孚④。

九四：悔亡。有孚改命⑤，吉。

九五：大人虎变⑥，未占有孚。

上六：君子豹变，小人革面⑦，征凶。居贞吉。

[注释]

①革：卦名，卦象离下兑上。汉帛《易》作"勒"。《说文解字》说："革，兽皮治去其毛，革更之象。"从而，革有革新、更革、改革之义。内卦离为火，为中女；外卦兑为泽，为少女。泽中有水。火在下烧，水在火上，水被烧沸而干涸，水如决溢则火灭，总要发生变化，是对原物的变革。又：二女同居，少女在上，中女在下，难以相得，必将变化。事物的变化、变革为普遍规律。顺应规律，勇敢地改革、革新，才能推动历史的进步和发展。改革又是复杂的，要冲破阻力和困难，才能得以实现。《序卦传》说："井道不可不革，故受之以革。"井水虽然经得起长年累月不断地汲取而取之不尽。但是，结果必然会有污秽物掉进或在井底留下了渣滓。这样一来，非要澡清不可。革既然在于去其旧而不用以求其新，所以会亨通。不过，变革必须是循正道前进的一

个转机变化，却不能流于邪恶不正。

②己日乃孚：到己日必须要进行变革，人们才会信从。己，即十天干中的"己"，己日已经越过中央，是盛极而衰必须变革的时刻。孚，信。

③巩用黄牛之革：用黄牛皮革牢固地捆着。巩，固；革，皮革。

④革言三就，有孚：主张变革的言论，多次商量达成一致，才可信。革言，变革的言论；就，合、一致。

⑤有孚改命：有诚信然后革命。改命，即革命。

⑥大人虎变：大人推行变革，迅猛如虎。虎变，变革之势，猛如虎。

⑦君子豹变，小人革面：君子推行改革，灵活如豹；小人被迫革心洗面显出支持改革的神情。豹变，变革之势，灵活如豹；革面，革心洗面。

[译文]

革卦，离下兑上，离为火，兑为泽，泽中有火，火水是两个相灭相息之物，现在处在一起，水灭火，火涸水，有相变革之象，故卦名为革。革卦是水在上而火在下，水之性向下，火之性向上。在上者性向下，在下者性向上，二者相就相克相变革。革有改新、变革、改革之义。

革卦：到己日必须要进行变革，人们才会信从，开始即亨通，利于守正，悔事消亡。

革卦

这卦显示，内部不稳，常发生摩擦、纠纷。正因为呈现这般的现象，所以面临势必加以改革的形势。在不能稳定平静的局面下，要进行改革颇有困难。然而，事实上势在必行，不可犹豫。同时，也应该克服阻碍除旧布新以促其成功。凡事先难后易。如果操之过急，必将失败。如果以耐心毅力克服困难，终将通达。

初九：用黄牛皮革牢固地捆着。

初九以阳爻居阳位，其位虽正，但处卦的最下位，而上又无应爻，说明刚开始燃烧，其火力弱而未十分光明。因而，不能积极有所作为，就像被黄牛皮革捆着一般。所以，变革必须极端谨慎。

六二：到已日便进行改革，出征吉利，没有灾祸。

六二爻是内卦离的中爻，又是进行改革的主爻；加上柔顺中正，又有九五应援，因而，可以发动改革，其成果也是值得嘉许的。

九三：出征凶险，占问危厉。主张变革的言论，多次商量达成一致，才可信。

九三阳爻阳位，过于刚强，到达下卦的最上位，表示操之过急，这时前进，会有危险。不过，以时机来说，又必须采取行动，因而，经再三详细审议，意见一致时，也不至于有人疑心，便可获得成功。

九四：悔事消亡。有诚信然后革命，吉利。

九四阳爻阴位不正，所以有后悔。但已到外卦，已经到了要更新改革目标的时候。以时间来说，已可着手改革。仍然要具有诚信，然后行动，才会吉祥。

九五：大人推行变革，迅猛如虎，不必占问，就有诚信。

九五爻是主卦的主爻，是进行改革而取得成功的时候。这爻阳刚中正，在君位，相当于伟大的人物。领导变革的伟大人物，在进行彻底改革时，必须像老虎一般迅猛，不过，改革虽可成功，但先决条件是，应在占卜之前，已诚信于天下，受到了信赖和支持。

上六：君子推行改革，灵活如豹；小人被迫革心洗面显出支持的神情，出征凶险。安居定然吉利。

上六爻在这一卦之终，也是革卦成就之爻。君子变革，手段、方法极其灵活，对典章制度均将变革一新。至于小人，只顾跟随大势风向，虽然不是自动自发，随从君子所指的方向变革也就可以了。既然完成其变革之后，如果再行前进，势必会有凶险。安居的话，定获吉利。

《彖》曰：革，水火相息，二女同居，其志不相得①，曰革。"己日乃孚"，革而信之。文明以说，大亨以正，革而当，其"悔"乃"亡"。天地革而四时成，汤武革命②，顺乎天而应乎人，革之时大矣哉！

[注释]

①二女同居，其志不相得：革卦离下兑上，以男女取象，离为中女，兑为少女。中女当在上，现少女在上，故志不相得，志不相得则革。

②汤武革命：指商汤以武力推翻夏桀，建商朝；周武王以武力推翻商纣王，建周朝。

[译文]

《彖传》说：革卦，水火相胜而生变化，二女同居，她们的志向不相投合，叫作革。"己日乃孚"，变革以时，民众信任。光明正大的变革，使人心悦诚服；变革极其顺畅，以其措施正确；变革时机得当，悔恨必会消失。天地变革而四季也成变化，商汤、周武王革去旧王朝的天命，顺天意而合人心。革卦的应时而发挥作用的意义十分重大啊！

《象》曰：泽中有火①，革。君子以治历明时②。"巩用黄牛"，不可以有为也。"己日革之"，行有嘉也。"革言三就"，又何之矣。"改命"之"吉"，信志也。"大人虎变"，其文炳③也。"君子豹变"，其文蔚④也。"小人革面"，顺以从君也。

[注释]

①泽中有火：革卦离下兑上，离为火，兑为泽，故有此说。火在下，蒸

发其泽，泽在上，则灭火势，两不相得，故为革。

②治历明时：整治历法以明四时之序，使人民知道朝代的变革。治，整治；历，历法。

③炳：显耀。

④蔚（wèi）：盛、茂。

[译文]

《象传》说：火在泽中燃烧，是革卦。君子观此象制历法，明确时令，颁布人民，使人民知晓朝代的变革。

〔初九〕"巩用黄牛"，不可以再有所作为。

〔六二〕"己日革之"，行动会有吉庆。

〔九三〕"革言三就"，不得不采取变革行动。

〔九四〕"改命"之"吉"，在于相信其志向。

〔九五〕"大人虎变"，因其美德如虎皮斑纹，鲜明而耀眼。

〔上六〕"君子豹变"，因其美德如豹之斑纹，光彩夺目。"小人革面"，因其甘心顺从君主。

鼎卦第五十

火风鼎（巽下离上）

鼎①：元吉，亨。

初六：鼎颠趾，利出否②。得妾以其子③，无咎。

九二：鼎有实④，我仇有疾，不我能即⑤，吉。

九三：鼎耳革，其行塞⑥。雉膏不食，方雨亏悔⑦，终吉。

九四：鼎折足，覆公𫗧，其形渥⑧，凶。

六五：鼎黄耳，金铉⑨，利贞。

上九：鼎玉铉⑩，大吉，无不利。

[注释]

①鼎：卦名，卦象巽下离上。鼎有两义，一是指烹饪器；二是指古代统治者用以象征权力的象器。古代的鼎，多以青铜制成，多圆形，也有方形。多三足两耳，也有四足的。从鼎烹饪时，所用材料发生变化，成为新的物品即食物，所以比喻为取新、立新的意思。内卦巽为木为风为入，离为火。以木入于火，加风吹，是燃火烹饪，使所用的材料生变熟、硬变软，革物成新，是鼎新的意思。鼎卦象征革故鼎新，符合事物的发展规律。鼎卦是借烹物化生为熟，譬喻事物调剂成新之理，其中侧重体现行使权力、"经济天下"、"自新新人"的意义。

②鼎颠趾，利出否：鼎颠覆，脚朝上，有利于倒出秽物。颠，颠倒；趾，支撑鼎的足；否，秽物。

③得妾以其子：将得妾及获子。以，及。

④鼎有实：鼎已满载。九二爻以阳得中，阳为实，故有鼎中实之象。鼎已满载，则不可复加，复加便满出。实，与"虚"相对，满载之义。

⑤我仇有疾，不我能即：我的妻子正生病，不能到我这里来。仇，匹、匹配，指六五。

⑥鼎耳革，其行塞：鼎耳损坏脱去，移动（鼎）有困难。耳革，耳脱落；塞，堵塞，此指移动困难。

⑦雉膏不食，方雨亏悔：肥美的野雉吃不到，刚好下了雨，悔气消了。雉，野鸡；膏，肥。

⑧鼎折足，覆公餗（sù），其形渥（wò）：鼎足折断了，以致把王公的粥倾倒遍地，沾湿了一片。覆，倾覆；餗，粥，或说为糁；渥，沾湿。

⑨鼎黄耳，金铉：鼎，有黄色鼎耳和金属制的鼎杠。黄耳，黄铜做的鼎耳；金铉，即抬鼎用的金属杠。

⑩鼎玉铉：鼎有镶玉所做的抬杠。玉铉，镶有玉石的铉。

[译文]

鼎卦巽下离上，木入于火，有燃烧之义，燃烧而假之以器，故有烹饪之义，有烹饪之义，便是鼎。《序卦传》说："革物者莫若鼎，故受之以鼎。"革和鼎两卦意义相对应，革是去故，鼎是取新，建设新的事物。《杂卦传》说："革，去故也；鼎，取新也。"这是正确的。一样的改革，

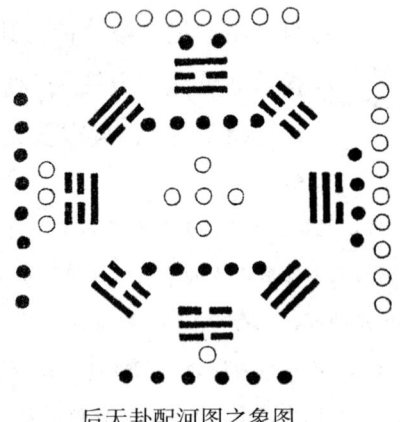

后天卦配河图之象图

革卦的重点在于革除旧事物，而鼎卦是以鼎定其新为主要作用。鼎革互为表里，而且两卦也具有综卦的关系。

鼎卦：大吉大利，亨通。

鼎卦以烹饪为主题，所以它显示，处理一些事物，使其适合人

们的需要或投合人们的胃口的意思。从另一个角度看来，也是所作所为既足以使人欢喜，自己又得到了益处。自私自利唯有招致失败，为人们谋求福利，才会成功。在根本问题上不必变动，只是更新其内容就行了。

初六：鼎颠覆，脚朝上，有利于倒出秽物。将得到妾及获子，无灾祸。

初六在鼎卦的最下位，相当于鼎的脚，它与九四相应，以至于鼎脚向上而翻倒。却把鼎中遗留的秽物倒出，从而有利。犹如讨妾，会引起家庭纠纷，本不是好事，但讨的妾生了儿子，有了后嗣，又另当别论。

九二：鼎已满载，我的妻子正生病，不能到我这里来，吉利。

九二阴爻处中位，有充实的含义，是鼎中装满了食物，我的妻子〔六五〕有疾病，六五阴爻阳位不正，故有疾。不能过来，但处中位，仍吉利。

九三：鼎耳损坏脱去，移动（鼎）有困难。肥美的野雉吃不到，刚好下了雨，悔气消失了，终将吉利。

九三爻相当鼎的腹部，阳爻充实，但刚爻刚位，又离开中位，过于刚强，与相当于鼎耳的六五并不相应，就像鼎失去了耳。移动起来就会困难，象征人才没有出路。上卦离为鸟，以野雉作比喻。虽吃不到美味，但九三得正，将能与六五君王肝胆相照，有施展抱负的一天。九三与六五阴阳相合而成雨，可使上卦离火受亏损，预料中有悔，但最终还是吉利的。

九四：鼎足折断了，以致把王公的粥倾倒遍地，沾濡了一大片，凶险。

九四爻与初六爻相应，但初六是阴柔的小人。九四将重要的工作，交给初六，必将成事不足，败事有余。就像折断了鼎足，使美食倾倒而出，沾濡了一片。说明应知人善用，小人不可以担当重任。

六五：鼎有黄色的鼎耳和金属制的鼎杠，利于守正。

六五阴爻，处中位，本身中虚，与九二相应。受铉以举鼎，有鼎耳之象。上九在鼎之外，贯耳以举鼎，有铉之象。耳为黄耳。黄是中色，中色之耳亦即虚中之耳。虚中这点是很重要的，耳不虚中，铉是贯不进来的。上九是阳爻，故曰金铉。宜于努力守正。

上九：鼎有镶玉所做的抬杠，大吉大利。

上九爻在鼎卦的最上方，以这爻自身而言，以阳居阴，刚而能温，它又是玉铉。玉铉的特点是刚柔适宜，动静不过。鼎卦上九在功成致用的地位，只要善处就好。因而大吉大利。

《彖》曰：鼎，象也。以木巽火，亨饪也①。圣人亨以享上帝，而大亨以养圣贤②。巽而耳目聪明，柔进而上行，得中而应乎刚③，是以"元亨"。

[注释]

①鼎，象也。以木巽火，亨饪也：鼎卦之卦象与鼎之物象相像。以木放入火中，像烹饪。亨饪，即烹饪。

②圣人亨以享上帝，而大亨以养圣贤：圣人的烹饪用来祭天帝，大人的烹饪用来养贤人。亨，烹；享，享祭、祭祀。

③柔进而上行，得中而应乎刚：阴柔之初六上进到六五，六五居上卦之中，与刚毅的九二相应。

[译文]

《彖传》说：鼎卦的卦象与鼎之物象相像。以木放入火中，像烹饪食物。圣人烹煮食物用来祭祀上帝。大人的烹煮是用来养育贤人。〔巽〕谦逊而耳聪目明，阴柔行进而上升，得居中位又与阳刚相呼应，因此是"元亨"。

《象》曰：木上有火①，鼎。君子以正位凝命②。"鼎颠趾"，未悖也。"利出否"，以从贵也。"鼎有实"，慎所之也。"我仇有疾"，终无尤也。"鼎耳革"，失其义也。"覆公餗"，信如何也。"鼎黄耳"，中以为实也。"玉铉"在上，刚柔节也。

[注释]

①木上有火：鼎卦巽下离上，巽为木，离为火，故有此说。木上生火，燃烧烹饪之象，故说鼎。

②正位凝命：居位端正，发布命令沉着稳重。凝，凝结沉稳。

[译文]

《象传》说：木上有火，是鼎卦。君子观此象，当居位端正，发布命令沉着稳重。

〔初六〕"鼎颠趾"，未悖逆大道。"利出否"，正如母从子贵。

〔九二〕"鼎有实"，谨慎秘往。"我仇有疾"，终无怨尤。

〔九三〕"鼎耳革"，失去其应有的作用。

〔九四〕"覆公餗"，信任无能之辈，如何能成功呢？

〔六五〕"鼎黄耳"，具中正之道，使其得以充实。

〔上九〕"玉铉"在上爻，刚柔相济而有节度。

震卦第五十一

震为雷（震下震上）

震①：亨。震来虩虩，笑言哑哑②；震惊百里，不丧匕鬯③。

初九：震来虩虩，后笑言哑哑，吉。

六二：震来厉，亿丧贝④；跻于九陵，勿逐，七日得⑤。

六三：震苏苏，震行，无眚⑥。

九四：震遂泥⑦。

六五：震往来厉，亿无丧，有事⑧。

上六：震索索，视矍矍⑨，征凶。震不于其躬，于其邻，无咎。婚媾有言。

[注释]

①震：卦名，卦象震下震上。汉帛《易》作"辰"。八纯卦之一，震为雷为动。《序卦传》说："主器者，莫若于长子，故受之以震。震者，动也。"鼎是地位鼎定之卦，既然鼎定之后，将来要继承其位的，就是长子。所以鼎卦之后配以震卦。震卦，以人来说，属于长子；在自然界是雷；以季节而言，是春季，至于其性还代表有奋动、威势、决断、恐愕等。震卦取象于"雷动"威势，揭明"震惧"可致"亨通"的道理。比如卦辞就设拟两层相互见旨的譬喻：先是雷动奋起万物畏惧，于是盛行获福笑语声声；再言君主教令震惊百

里,遂致万方警惧,社稷长保。

②震来虩虩(xìxì),笑言哑哑:雷霆袭来,令人恐惧,有人却言笑自如。虩虩,恐惧貌;哑哑,笑声。

③震惊百里,不丧匕鬯(chàng):雷霆震惊百里,祭神者镇定自若,连匙里的鬯酒也未洒落。百里,方百里。周代分封诸侯,最大的诸侯封百里。匕,匙;鬯,用黍米和郁金香草酿成的酒。

④震来厉,亿丧贝:雷震一来就有危险,将要丧失其资财。六二爻逆乘初九阳刚,虽得正位,亦不能保,故有此说。厉,猛烈,危险;亿,度、臆意、猜度;贝,朋贝,古代货币。

⑤跻于九陵,勿逐,七日得:登上九陵高山,勿追索(失去的钱财),过七天就可自得。跻,登上;九陵,九重山陵;逐,追索。

⑥震苏苏,震行,无眚:雷声使人恐惧不安,惧雷前行,终于无灾。眚,灾祸。

⑦震遂泥:霹雳下坠入泥。遂,朱骏声《六十四卦经解》:"遂当作队,古坠字。"

⑧震往来厉,亿无丧,有事:雷电闪来闪去,十分危险,心想不会有损失,照常行事。往来,指电光闪来闪去。

⑨震索索,视矍矍(juéjué):震雷吓得不敢行,电光使人不敢看。索索,畏缩不前的样子;矍矍,惧而不敢正视的样子。

[译文]

震卦震下震上,一阳生于二阴之下,动而上进,有震动之象。震亦即动,动而不曰动而曰震,是由于震不仅有动而惊惧之义,且有雷的奋进之象。震为长男,长男有主器之义,所以鼎卦之后排上了震卦。

震卦:亨通。雷霆袭来,令人恐惧,有人却言笑自如;雷霆震惊百里,祭神者镇定自若,有人却能把握勺匙,使鬯酒未洒落。

震为奋动,表示奋发图强以完成大事。务必戒绝妄动与妄进。同时,除了一定事业之外,不宜轻易涉猎其他。凡事务须注意沉着、坚实，有时，很容易想一气呵成加以完成，因此容易失败。如能多省察自己，顾及本分当不至于失败。另外，震卦也会常常遇到恐惧惊愕，而且不止一次发生这种情形，但不至于遭到灾苦。

初九：雷霆袭来，令人恐惧。迅雷过后，有人言笑自如，吉利。

初九是下卦的主爻，也是震卦的开始，相当于震雷袭来，使人能戒慎恐惧，可使后来获福，所以吉利。

六二：雷震一来就有危险，将要丧失其资才；登上九陵高山，勿追索（失去的钱财），过七天就可复得。

六二爻阴柔，在初九阳刚的正上方。初九是震雷的主体，所以雷霆来临时，六二首当其冲，最危险，以致丧失大量资财，被迫登上高高的山陵去避难。不过六二柔爻柔位，又处中，柔顺中正；因而不必追索失物，也会失而复得。

六三：雷声使人恐惧不安，但在雷声中前行，终无灾难。

六三阴爻阳位，离开中位，不中不正，地位不当，而雷声会使之恐惧不安。但如果因恐惧而能改过迁善，仍不会有灾难。

九四：霹雳下坠入泥。

九四虽然阳刚，但不中不正，上下又被两个阴爻挟持，因而，欠缺实力，就像被霹雳震落入泥潭中，不得动弹。

六五：雷电闪来闪去，十分危险，心想不会有损失，照常行事。

六五阴爻阳位不正，想往上走，却是震雷的极点上位，要往下行，又是震惊主体的刚爻，都有危险。不过，六五在上卦得中，又处尊位，即使有所损失，但不会太大，因而可以照常有所作为。

上六：震雷吓得不敢行，电光使人不敢看，出征必有凶险。雷声震动了四邻，幸未危及自身，无灾祸。婚姻之事必遭闲言碎语。

上六阴爻，又在震惊的极点，气势开始衰退甚至微弱，其所企求的目标又不明确。当此之时，一味地前进，自属不宜。不过，已经有了相当戒备，纵然迫近危机，还是知道如何对付，因而无灾祸。婚姻方面当不会顺利进行，也必然发生许多枝节和阻挠。

《彖》曰：震，"亨"。"震来虩虩"，恐致福也。"笑言哑哑"，后有则也。"震惊百里"，惊远而惧迩①也。"不丧匕鬯②"，出可以守宗庙社稷，以为祭主也。

[注释]

①惊远而惧迩：雷震使远处惊，近处亦当恐惧而慎行。迩，近。

②不丧匕鬯：本句脱漏。程颐《伊川易传》说："彖文脱不丧匕鬯一句。"据此补上。

[译文]

《彖传》说：震卦，"亨"。"震来虩虩"，恐惧警惕，不贸然前行，反而带来福庆。"笑言哑哑"，后来好动有了法则。"震惊百里"，雷震使远处惊恐，近处亦当恐惧而慎行。"不丧匕鬯"，仍是镇定自若的人，可以主持祭祀，出则可以守护宗庙和国家。

《象》曰：洊雷①，震。君子以恐惧修省②。"震来虩虩"，恐致福也。"笑言哑哑"，后有则也。"震来厉"，乘刚也。"震苏苏"，位不当也。"震遂泥"，未光也。"震往来厉"，危行也。其事在中，大"无丧"也。"震索索"，中未得也。虽"凶""无咎"，畏邻戒也。

[注释]

①洊（jiàn）雷：雷相重。洊，再。本卦卦象是震下震上，是雷相重。

②恐惧修省：恐惧修身，省察己过。修，修身；省，反省审察。

[译文]

《象传》说：雷震相重，是震卦。君子观此象，当恐惧修身。省察己过，无时稍息。

[初九]"震来虩虩"，恐惧警惕，不妄行，反致福庆。"笑言

哑哑"，后来行动有了法则。

〔六二〕"震来厉"，阴柔凌驾于阳刚之上。

〔六三〕"震苏苏"，所处位置不当。

〔九四〕"震遂泥"，未能光大。

〔六五〕"震往来厉"，行动有危险，行事守中道，才能无"大丧"。

〔上六〕"震索索"，未得中道。虽然"凶"，却"无咎"，因为邻里受震时而能存畏惧戒备之心。

艮卦第五十二

䷳ 艮为山（艮下艮上）

艮①：艮其背，不获其身②。行其庭，不见其人。无咎。

初六：艮其趾③，无咎，利永贞。

六二：艮其腓，不拯其随④，其心不快。

九三：艮其限，列其夤，厉薰心⑤。

六四：艮其身⑥，无咎。

六五：艮其辅，言有序⑦，悔亡。

上九：敦艮⑧，吉。

[注释]

①艮：卦名，卦象艮下艮上。汉帛《易》作"根"。八纯卦之一，艮为止为山。《序卦传》说："物不可以终动，止之，故受之以艮。艮者止也。"艮卦取义为止，阐发抑止邪欲的道理。艮卦象征山的巍然耸立、寂然静止；坚固、庄重、沉稳，不可动摇。在思想上可喻为信仰坚定、始终如一；在行动上要依时而用，该止就止，该行就行，动、静不失时宜，前途必然光明。

②艮其背，不获其身：背不能动，其整个身体就不能动。其，代词。

③艮其趾：脚趾不能动。趾，脚趾。

④艮其腓（féi），不拯其随：小腿肚子不能动，脚不能随其动。六二爻以阴居下体之中，阴则止，像人的腿肚不动，初六在下为趾，不能随其动，也

就是不能抬腿。腓，小腿肚子；拯，振，抬；随，随从。

⑤艮其限，列其夤（yín），厉薰心：腰止而不能动，脊背肉就如分裂一样的痛，危厉中心急如焚。限，腰；列，分裂；夤，腰脊上的肌肉；薰，烧灼。

⑥艮其身：身子止住不动。身，人体的中部偏上，即胸背部。

⑦艮其辅，言有序：面颊止住不动，说话条理分明。辅，面颊；序，条理。

⑧敦艮：敦厚知止。敦，敦厚。

[译文]

艮卦艮下艮上，艮卦一阳居二阴之上，阴性静，二阴在下静止不动。阳性动，但是一阳既已至于上，则性动也不能动了。下静为止，故为艮。艮止，畜亦止。艮止与畜止有所不同，艮止是自我安止，畜止乃外力制止。事物之动止总是相因的，动则必有止，止则必有动。震即是动，艮即是止。所以震卦之后排上了艮卦。艮即是止，而卦名艮不名止，是因为艮除止义之外还有山之象，有安重坚实之义。

艮卦：背不能动，其整个身体就不能动。在庭院中行走，却见不到人，无咎害。

卦辞显示，凡事与其进行，倒不如停止为宜。硬要前进的话，必然陷于不利，损财而败其身了，现在也难以得到共同合作，虽然知道自己进取必有所成就。然而，自己却有不能前进的苦衷。与其向外进行其计划，或主动去工作，还不如以巩固内部为重要。屯卦、蹇卦均含有难行之象，但艮止的意义却与屯、蹇二卦不同。艮之止是在逐渐向良好的情况转变中。现在虽然受困扰而苦恼地停止下来，然而往下不至于再变坏，所以孜孜经营，必定能够成功。

初六：脚趾不能动，无灾祸，利于永远守正。

初六爻在最下位，相当于脚趾。现在脚趾在受止不能动，使在行动之前已受止，因而不会失当，无灾祸。但初六阴爻柔弱，难免不易长久坚守正道，因而告诫，必须长久守正道，才会有利。

六二：小腿肚子不能动，脚也不能随其动，心里好不痛快。

六二处下卦中位，相当于小腿肚。阴则止，亦即腿肚不能动，初六在下为趾，亦不能动。六二不拯初六，反比九三，因而不能振其跟随。止其腓，趾不拯也。腓体躁而处于止，不得拯其跟随，又不能退听安静，故心中不快。

九三：腰止而不能动，脊背肉就如分裂一样的痛。危厉中心急如焚。

九三正处上下卦的界限，相当腰部，刚爻刚位，又不处中，过分刚强偏激，横暴地停止在腰部，使腰不能屈伸。九三横在四个阴爻的中间，形状像背部的脊肉，由中央被左右分裂，也跟着不能活动。亦即，九三与上下、左右的人，都不能和谐相处，以致在众叛亲离中心急如焚。

六四：身子止住不动，无灾祸。

六四爻阴爻阴位得正，是自己停留在该停留之处。能够自己控制，而不妄动，便不至于发生过错。虽算不上有功劳，也可得以无灾祸了。说明应当知机，自我约束，适可而止。

六五：面颊止住不动，说话条理分明。悔事消亡。

六五爻在卦的上方，相当于面颊部位，面颊不动，口便无以言语。这爻论其爻位不正，只不过它是阴爻又柔顺，配合艮止之中道。所以，不只是艮止于口之所入，而且是对于出口成灾的言语，也能加以控制，使其井然有序地向外表达出去。由于知道艮止，所以能够避免悔事。

上九：敦厚知止，吉利。

上九爻是艮卦的主爻，艮山之上又有一重艮山，因而一切到此终止，一般人很少能够在艮止当中始终如一地坚忍下去，唯有上九这爻，竟使这般谨慎敦厚地坚持下来，所以，最后的坚持，最为重要,也最吉祥。

《彖》曰:艮,止也。时止则止,时行则行,动静不失其时,其道光明。艮其止,止其所也。上下敌应,不相与也①。是以"不获其身,行其庭,不见其人,无咎"也。

[注释]

①上下敌应,不相与也:上下相敌不相应、不相助。这里指艮卦的初六与六四、六二与六五、九三与上九,或同为阴爻,或同为阳爻,上下相敌而不相应,自然也不会相互援助。

[译文]

《彖传》说:艮卦,是止的意思。当止的时候便止,当行的时候便行,动静行止适时,前途就会光明。艮其止,就是止其所当止的场合。艮卦上下二体相互排斥而不能相应。因此,"不获其身,行其庭,不见其人,无咎"。

《象》曰:兼山,艮。①君子以思不出其位②。"艮其趾",未失正也。"不拯其随",未退听也。"艮其限",危"薰心"也。"艮其身",止诸躬也。"艮其辅",以中正③也。"敦艮"之"吉",以厚终也。

[注释]

①兼山,艮:上下卦兼为山,是艮卦。

②君子以思不出其位:君子观其兼山之象,当思考问题时,不可超越自己所居之职位,妄自干预他人之事。

③以中正:六五爻得中,不得为正。说中正,不当。

[译文]

《象传》说:二山相兼,为艮卦。君子观此象,在思考问题时,不可超越自己所居之职位,妄自干预他人之事。

〔初六〕"艮其趾",未至于丧失正事。

〔六二〕"不拯其随",未能退而听从下位的意见。

〔九三〕"艮其限",危险在"薰心"。

〔六四〕"艮其身",使自身静止,不受干扰。

〔六五〕"艮其辅",因为居中。

〔上九〕"敦艮"之"吉",以敦厚为归宿。

渐卦第五十三

风山渐（艮下巽上）

渐①：女归吉②，利贞。

初六：鸿渐于干③。小子厉，有言④，无咎。

六二：鸿渐于磐，饮食衎衎⑤，吉。

九三：鸿渐于陆⑥。夫征不复，妇孕不育，凶。利御寇。

六四：鸿渐于木，或得其桷⑦，无咎。

九五：鸿渐于陵⑧。妇三岁不孕，终莫之胜，吉。

上九：鸿渐于陆，其羽可用为仪⑨，吉。

[注释]

①渐：卦名，卦象艮下巽上。艮为山，巽为木。山在下，树木在上。我们不难想象，高大的树木，并不是一朝一夕成长的。它是每天在不知不觉中，时时刻刻无间断地成长，终于成为这样的大树的，这般的依序渐进，才是渐卦的含义。又艮为少男，巽为长女，男在下，女在上。是男下于女，男求娶、女出嫁之象。婚姻要有发展过程，要有完备的程序，比如古时必须经过纳采、问名、纳吉、纳征、请期、亲迎的六礼，依序成期婚礼。渐卦是以它为主题来设其卦辞的。《杂卦传》说："渐女归而男待行。"就是基于这点来说的。渐卦阐明了事物发展过程中"循序渐进"的道理。因而，办事不能超越事物必要的发展阶段，不能操之过急，好大喜功，要承认事物发展的过程。在咸卦上为"娶女吉"，那是以男为主，将去迎娶女的情形，渐卦却以女为主，取其嫁的

一面说的。那是巽的长女嫁出艮门之外的卦象。

②女归吉：女子出嫁，吉利。归，嫁。

③鸿渐于干：鸿雁渐进到河岸。鸿，鸿雁，鸟名。据说这种鸟定时南翔北归，飞行有序而不乱。又雌雄互相忠诚，不再择偶，所以古代婚礼上用此鸟，以示吉祥。故而此卦六爻皆取鸿为象。干，河岸。朱熹注为"水涯也"。

④小子厉，有言：新婚丈夫脾气不好，时有言语中伤。小子，指新婚丈夫；厉，色厉，脾气躁。

⑤鸿渐于磐，饮食衎衎（kànkàn）：鸿雁渐进到大石上，可得饮食和乐。

⑥鸿渐于陆：鸿雁渐进到高地。九三爻处位不中，以刚居阳，与上九不应，有躁进之义，失渐进之道。鸿本水鸟，进于陆地，则凶多吉少。陆，地之高平曰陆。

⑦鸿渐于木，或得其桷（jué）：鸿雁进入山林，栖息在树枝上。木，树林；桷，横伸的树枝。

⑧鸿渐于陵：鸿雁飞上高山，喻人君得尊位，行君道。九五以阳刚处尊居中，高高在上，故比之陵。陵，高山。

⑨鸿渐于陆，其羽可用为仪：鸿雁进入高山之顶，它的羽毛可用于装饰。陆，即陵之高者。仪，装饰。

[译文]

渐卦艮下巽上，木在山上，木因山而高，木之高是有根据的，不是偶然的，正像进而有序，故名曰渐。《序卦传》说："艮者止也。物不可以终止，故受之以渐，渐者，进也。"渐是进，止的结果必有进，这是屈伸消息之理，所以艮卦之后排上了渐卦。渐是进，但不是一般的

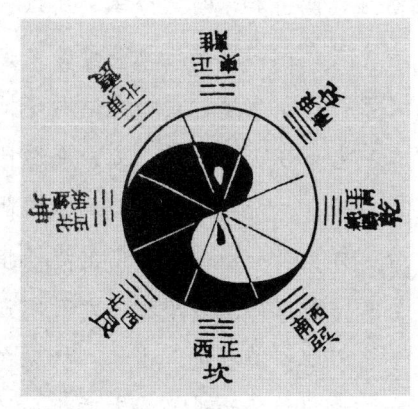

阴阳鱼图

进，而是渐进。渐进亦即缓进。缓进也是有次序的。渐就是不越次

序因而缓慢地进。

渐卦：女子出嫁吉利。有利于占问。

渐卦显示，从前在否塞不通的境况下累积的辛劳，现在将迈开第一步打开困局的时候。不过，急求事功则招致挫折，所以必须控制浮动之心，依序渐进为宜。凡事戒绝急进、轻率，要依序而按部就班。

初六：鸿雁渐进到河岸。新婚丈夫脾气不好，时有言语中伤，但无灾祸。

初六爻是这一卦的开始，是鸿雁渐飞翔到河岸感到困扰不安的情形。比喻新婚的丈夫，其位不得其正，因而烦躁不安。上又无应爻引导上进，所以不得上升，于是只好中伤他人以解其烦。不过，由于其经验还浅，其危殆也是不得已，故还是无灾祸的。

六二：鸿雁渐进到大石上，可得饮食和乐，吉利。

六二爻已渐进到大石上，坚固平坦，是落脚最安稳的场所，六二柔顺中正，又与九五阴阳相应，所以可在大石上饮食和乐。六二是臣位，五是君位，又有九五赐给俸禄，六二不但自己和乐饮食，而且也能将其乐与人分享。所以，吉利。

九三：鸿雁渐进到高地，丈夫应征服役，没有回家，妻子当孕之时，而不生育，是凶兆。利于抵御敌人的入侵。

九三在下卦的最上方，鸿雁已渐渐飞到高地上。九三与上九不能相应，只好与情意不合的六四阴爻相亲。丈夫指九三，因情感不合，如出征一般一去不回；妻子指六四，因婚姻不正常，当孕而未生育，所以凶险。不过，九三刚强，对防御外敌还是有利的。

六四：鸿雁进入山林，栖息在树枝上，无灾祸。

六四爻已经进到树木这边来了。这里也不是鸿雁所能安居之所在。然而，以阴爻居阴位，符合渐卦渐进之道，也就无急进之危。

九五：鸿雁飞上高山，妇女结婚多年没有生育小孩，困难终究没有将她压倒。吉利。

九五爻,鸿雁已飞上了高山,以阳爻居阳位,所以不适宜渐进之道。再从爻象看,九五之应爻为六二(是妇之位),而九五与六二的互体为火水未济,有不孕之象。但是,九五处尊位而得中,虽然情势未当,其位得中正,与六二之中正刚柔结合而能得到吉利。虽然遇到障碍而不孕,然而这些障碍不能长此阻挡,必将被克服过。

上九:鸿雁进入高山之顶,它的羽毛可用作装饰品,吉利。

上九在这一卦的最上位,象征鸿雁在高山之顶的上空飞翔,还是整然有序而不乱。以人为喻,好比居极高之位而又荣华的君子,却毫无骄矜之色,仍然践履顺序而无所逾越。这是可为世人楷模的人,所以为吉。

《彖》曰:渐之进也。"女归吉"也。进得位,往有功也。进以正,可以正邦也。其位刚得中也。止而巽,动不穷也。

[译文]

《彖传》说:渐卦,是渐进的意思。"女归吉",前进会得正位〔指六二、六四〕,前往有功。〔九三、九五〕均为正位,〔九五〕正位为君,故可以端正邦国。〔九五〕阳刚而得中。谦和沉静,不急不躁,缓缓前进,不致穷困。

《象》曰:山上有木,渐。君子以居贤德善俗①。"小子"之"厉",义"无咎"也。"饮食衎衎",不素饱也。"夫征不复",离群丑也。"妇孕不育",失其道也。"利用御寇",顺相保也。"或得其桷",顺以巽也。"终莫之胜,吉",得所愿也。"其羽可用为仪,吉",不可乱也。

[注释]

①居贤德善俗:渐积其贤良品德,美化其风俗。这些都是渐进之功,故

以渐卦明之。贤德,贤良的品德;善俗,美化风俗。

[译文]

《象传》说:山上有木,为渐卦。君子观此象,应渐积其贤良品德,移风易俗。

〔初六〕"小子"之"厉",其义"无咎"。

〔六二〕"饮食衎衎",不是白吃饭的。

〔九三〕"夫征不复",离开众类为丑行;"妇孕不育",有违正道。"利用御寇",和顺才能相互保护。

〔六四〕"或得其桷",只能顺从自然,因时制宜。

〔九五〕"终莫之胜,吉",得以实现志愿。

〔上九〕"其羽可用为仪,吉",因其志不可乱。

归妹卦第五十四

雷泽归妹（兑下震上）

归妹①：征凶，无攸利。

初九：归妹以娣，跛能履②。征吉。

九二：眇能视，利幽人之贞③。

六三：归妹以须，反归以娣④。

九四：归妹愆期，迟归有时⑤。

六五：帝乙归妹，其君之袂不如其娣之袂良⑥。月几望⑦，吉。

上六：女承筐无实，士刲羊无血⑧。无攸利。

[注释]

①归妹：卦名，卦象兑下震上。这卦也是三阴三阳的卦，也是和前一卦渐卦一样，是有关男女关系的一卦，而且其男女关系是不正常的。古代女嫁人为归，少女为妹。"归妹"即嫁出少女之义。归妹卦阐明男婚女嫁是人类繁衍的因素，强调女子出嫁必须严守正道，以柔顺为本，成内助之功；反此而行，必为凶兆。内卦兑为泽为悦为少女，外卦震为雷为动为长男。雷震而泽动，为相从之象；悦（爱悦）而动（嫁娶），才能结成婚姻；少女从长男，是为女嫁人，所以叫归妹卦。《彖传》阐明了"说以动"的婚姻原则，即男女只有相爱悦，才能产生爱情，然后才可以结婚。把爱悦作为爱情婚姻的起点和基础，这是正确的。大凡异性之间的交往，如果完全听任其自由发展，必定过分沉溺之

余发生错误或失败。所以情欲是应该控制到一定的节度为宜。如果震动只顾为了欢悦,那并不配婚嫁之道,若是女人进而求取快乐,其为凶兆,可想而知。所以,《大象》说:"君子以永终知敝。"即要人们严肃地对待择偶结婚,以永其终。又要警惕择偶中的种种流弊,防止婚姻中的不幸。这也是有益的劝告。

②归妹以娣(dì),跛能履:少女出嫁,妹妹陪嫁,跛脚的人能走路。以,及;娣,古代随姐姐陪嫁的妹妹;跛,瘸了一条腿。

③眇能视,利幽人之贞:如同瞎了一只眼,能看却看不清,利于守妇人之道。幽人,幽居深闺的少女;眇,瞎一只眼的偏盲。

④归妹以须,反归以娣:姐妹同嫁,陪嫁的妹妹被休弃回家。须,即嫛,古代楚人谓姊为嫛;反归,休弃回娘家。

⑤归妹愆(qiān)期,迟归有时:女子嫁期推迟,迟嫁因有所等待。九四爻位不正,且无应,故愆期,但以阳刚在上体,有贤女之象,贤女等待佳偶而后嫁。愆,拖延、推迟。

⑥其君之袂(mèi)不如其娣之袂良:王后的嫁衣(袖)还不及她妹妹的漂亮。君,帝乙之女为周文王的夫人,可称为君。袂,衣袖。

⑦月几望:每月十六日为既望。

⑧女承筐无实,士刲(kuī)羊无血:少女捧筐,空无果品;青年男子斩羊,却没出血。古代贵族成婚,有祭祀之礼。出现上述情况为不祥之兆。刲,割杀。

[译文]

归妹卦兑下震上,兑为泽为悦为少女,震为雷为动为长男。雷震则泽动,有相从象;少女从长男,是为女嫁人。因而该卦叫归妹。归妹卦取义就取在归之妹的这个妹字上,妹为少女,少女自嫁而不待嫁,这种婚嫁没有一个循序渐进的过程。《序卦传》说:"渐者进也。进必有所归,故受之以归妹。"渐虽不是进,但有进义;进必有所至,所以渐也有归义。所以渐卦之后排上归妹卦。归妹是渐的反对卦,取象取义都与渐卦不同。渐卦取象女归就取在女之归的"归"字上。归妹卦从妹字上取义,故其义恰与循序渐进之渐义相反。

归妹卦：出征则凶险，无所利。

卦辞显示出色情问题或假公济私一类的事情，已经不能再隐匿，到了其暴露其真相的时候。本卦常常在不正常的男女关系上遇到的卦。归妹卦是长男震配上少女兑，现在其相配的却不正。这点表示异性之间容易发生不正常的交往。归妹是由泰卦变成否卦的第一步，因此可看到各事项在开始发生衰颓的征兆。所志愿的事，涉及私欲或只顾在追求眼前的欢悦，其结果必招致后来的错误与失败。所以，不宜进取只可以固守，以保持平稳的局面为要。

初九：少女出嫁，妹妹陪嫁，跛脚的人能走路。出征吉利。

初九在归妹卦的最下方，地位低，与上卦没有正当的相应，所以不是正妻，以跟随姊姊出嫁的妹妹比拟。不过，初九阳爻阳位，象征女人而有阳刚的德性，表示贞节，因而吉祥。

九二：如同瞎了一只眼，能看却看不清，利于守妇人之道。

九二爻阳刚得中，对女人来说，表示有坚定的贞操和中庸的德性，又与六五相应，象征有正常的配偶。可是，六五是阴柔的小人，阴爻阳位不正。虽然娶了这样的贤妻，也不能发挥内助的作用，就像瞎了一只眼，能看也看不远。不过，能够洁身自好，也是有利的。

六三：姐妹同嫁，陪嫁的妹妹被休弃。

六三爻是归妹之主角的女人。这爻阴柔又不中不正，就像姐妹一起嫁出，因妹妹不能守贞，只求兑悦，被休弃回到娘家。

九四：女子嫁期推迟，迟嫁因有所等待。

九四爻在下卦没有相应，以致找不到配偶。但九四阳刚，不肯轻易许嫁，以致延误婚期。等到有了正当的对象，当然会出嫁。

六五：帝乙嫁女。王后的嫁衣还不及她妹妹的漂亮。月满之日出嫁，很吉利。

六五阴爻处君位，相当于天子的女儿，与九二相应，象征下嫁给臣子。六五爻，既阴柔又得其中，能够体会为妻之柔顺德行，不以美色以求丈夫的宠爱。虽然降嫁于臣下，却不骄矜。所以为吉利。

上六：少女捧筐，空无果品；青年男子斩羊，却没出血，不吉利。

上六阴柔，缺乏坚定的德性，已经到达这一卦的极点，在下卦没有相应，表示得不到配偶。虽然订婚，也不能成婚，即或勉强结婚，也是有名无实，终将分离。婚礼完毕，当祭祀祖先。祭祀时已出现不祥之兆，所以，处天地不变万物不兴之时，自然难成为家之道，不吉利是很自然的。

《彖》曰：归妹，天地之大义也[①]。天地不交，而万物不兴。归妹，人之终始也[②]。说以动，所归妹也。"征凶"，位不当也。"无攸利"，柔乘刚也。

[注释]

①归妹，天地之大义也：归妹卦，符合天地的大义。

②归妹，人之终始也：男女婚嫁，是阴阳匹配的大事，也是人类生育繁衍的开始。

[译文]

《彖传》说：归妹卦，符合天地的大义。天地阴阳二气不交媾，万物便不会兴作。婚媾，是人类不断得以发展的关键。少女喜悦而出嫁，长男心动而娶妻，此即"所归妹"也。"征凶"，因〔二、三、四、五爻〕均不当位。"无攸利"，阴柔〔六三、六五〕分别凌驾于阳刚〔九二、九四〕之上。

《象》曰：泽上有雷①，归妹。君子以永终知敝②。"归妹以娣"，以恒也。"跛能履，吉"，相承也。"利幽人之贞"，未变常也。"归妹以须"，未当也。"愆期"之志，有待而行也。"帝乙归妹"，"不如其娣之袂良"也，其位在中，以贵行也。上六"无实"，"承"虚"筐"也。

[注释]

①泽上有雷：归妹卦兑下震上，兑为泽，震为雷，故有此说。雷动则泽随，卦义为女从男，故说归妹。

②永终知敝：知有敝坏之理以预防之，以便能持之以恒。如知夫妻之道失败之因而谋其恒久。永，长久、坚持；敝，同弊。

[译文]

《象传》说：泽上有雷，是归妹卦。君子观此象，当知敝坏之理以预防之，以便能持之以恒。

〔初九〕"归妹以娣"，乃是常规。"跛能履，吉"，是得到了帮助的缘故。

〔九二〕"利幽人之贞"，不失常道。

〔六三〕"归妹以须"，处位不当。

〔九四〕"愆期"的目的，在于有所等待而嫁。

〔六五〕"帝乙归妹"，"不如其娣之袂良"，但有中正的德操，以尊贵出嫁。

〔上六〕上六"无实"，所"承"的"筐"空无一物。

丰卦第五十五

雷火丰（离下震上）

丰①：亨，王假之②。勿忧，宜日中③。

初九：遇其配主，虽旬无咎，往有尚④。

六二：丰其蔀，日中见斗⑤。往得疑疾，有孚发若⑥，吉。

九三：丰其沛，日中见沫⑦，折其右肱⑧，无咎。

九四：丰其蔀，日中见斗，遇其夷主⑨，吉。

六五：来章，有庆誉⑩，吉。

上六：丰其屋，蔀其家⑪，窥其户，阒其无人，三岁不觌⑫，凶。

[注释]

①丰：卦名，卦象离下震上。汉帛《易》作"豐"。有丰厚盛大之义。内卦离为火为日为电，因而也为明。震为动为雷。明而动，动而能明，才能丰盛。丰卦说明事物"丰大"的道理。卦辞称颂物丰可以致亨通，并强调指出善处"丰"时的两项准则：一是必须道德丰美，故称有德君王可以致"丰"；二是必须光明常照，故云太阳正中可以无忧。显然，丰卦虽取名于"丰美硕大"，却深诫求丰不易，保丰更难。提醒人们丰不忘衰，盈不忘亏，寓意深切。

②亨，王假之：君王亲自来祭祀。亨，同享，祭祀；假，至。

③勿忧，宜日中：不要担忧，宜在中午进行。日中，中午。

④遇其配主，虽旬无咎，往有尚：遇到与其相匹配的主人，唯有十天内

无灾祸，前往会得到奖赏。配，匹配；配主，指九四；旬，十日；尚，赏。

⑤丰其蔀（pǒu），日中见斗：由于蔀过于丰大，以至于遮掩了日光，中午尚且可见星斗一般之黑暗。蔀，草名。震为草之象，震之草因离日而得以伸长。然而，其伸长蔓生不但对于离日无利益可言，相反地却在妨碍它。

⑥往得疑疾，有孚发若：往后会得怪病，有诚信则能去病。发，去，引申为消除；若，助词。

⑦丰其沛，日中见沫：大幡幔遮天蔽日，中午出见小星。

⑧折其右肱（gōng）：折断了右臂。肱，臂。

⑨遇其夷主：初九称九四为配主；现在九四称初九为夷主。夷，侪辈、同事。这是说，如果与其同德的初九，互相协力合作，必将得到吉利。

⑩来章，有庆誉：下来求贤，则有喜庆和美誉。在丰之时六五以柔处尊，其才不足。六二爻虽与其不应，但毕竟有中正之德。六五以诚相召，可得其辅。来，下来，谓屈尊求贤；章，章美。

⑪丰其屋，蔀其家：屋子宽大，但家被遮蔽。

⑫窥（kuī）其户，阒（qù）其无人，三岁不觌：从门缝向里探视，听不到声响，看不到人，往后多年不见人影。喻不识时务者处丰大之时反而深自隐藏，自绝于人。窥，探视；阒，寂静；觌，见。

[译文]

丰卦离下震上，震为动，离为明。明可以照，动可以亨。能照能亨，然后足致丰大。《序卦传》说："得其所归者必大。故受之以丰。丰者大也。"得其所归者必大，这种说法未免牵强。

丰卦：祭祀，王亲自赶来。不用担忧，宜在中午进行。

该卦可推知，现在虽然盛大，但是衰退之兆已显现眼前，表面上虽然是离之华美与震之奋

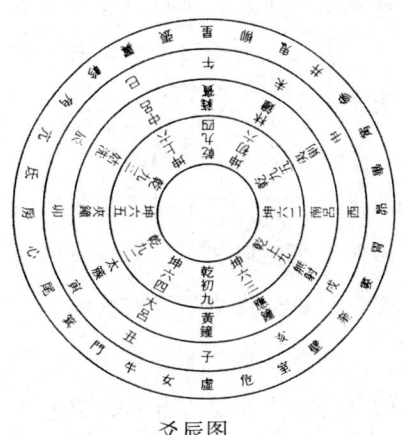

爻辰图

动，既开朗又充满活力。然而，里面却隐藏着互卦大过的纷扰与担忧以及隐秘之处。震雷离电均属暴烈之势，因而难免会发生意外凶祸之危机，宜妥加防备。愿望上，凡是讲求快速争取时间的事体，必能如愿以偿。至于时间稍长的事，还是不能达成。

初九：遇到与其相匹配的主人，唯有在十天内无灾祸，前往会得到奖赏。

初九与九四同为阳爻，四是初的匹配；初称四为配主；相对的，四称呼初为夷主。虽不相应和，但其同德相辅相成，以保丰之盛大而得以无祸。初九爻前进受到其匹配主人的敬遇。那是因为这爻还在本卦之初始，其丰盛尚未开始衰退，才能够谈到相互配合协助。

六二：由于蔀过于丰大，以至于遮掩了日光，中午尚且可见到星斗一般的黑暗，往后会得怪疾，有诚信则能去病。吉利。

六二是下卦离的主爻，离为明，所以六二最光明。上卦震有草之象，草因离日得以伸长，但其伸长蔓生过于丰大，以致遮掩日光，日中尚且能见到星斗般的黑暗。前往会像得怪病一般受到猜疑和嫉恨，不过，可以以诚信启发对方的意志，结果仍然吉祥。

九三：大幡幔遮天蔽日，中午出见到小星星。折断了右臂，无灾祸。

九三爻是下卦离明的终了，正午已过，太阳偏斜；而且与昏暗的上六相应，就像用大幡幔遮住了天日，正午可看到小星。但九三阳刚，虽然明智，但就像折断了右臂，无能为力。不过，九三爻处阳位得正，应当不会有灾祸。

九四：由于蔀过于丰大，以至于遮掩了日光，遇到了与其同德的初九，互相协力合作，吉利。

九四爻和初九爻均为阳爻，不能应和。于是发生丰其蔀，日中见斗的暗昧。可是这并不是六二、九三被外面遮盖阳光，而是震草自己造成的。如果自己觉察到这点，自动与其合作，必能得到吉利。

六五：下来求贤，则有喜庆和美誉，吉利。

六五阴爻在君位，是昏暗的君主，本身并不具备吉祥的样子，但如果能使对应的六二，这一有美德的贤士前来辅助，就会得到吉庆和美誉，因而吉祥。

上六：屋子宽大，但家被遮蔽。从门缝向里探视，听不到声响，看不到人，往后多年不见人影，凶险。

上六是阴柔小人，在丰卦的极点，又是上卦动的终了，因而不安定；下卦光明，也不能到达，以致黑暗。就像一个巨大的房屋，里面既黑暗又杂草蔓生，窥视一下，静寂不见人影，往后多年也见不到人。

《彖》曰：丰，大也。明以动，故丰。"王假之"，尚大也。"勿忧，宜日中"，宜照天下①也。日中则昃，月盈则食，天地盈虚，与时消息。而况于人乎？况于鬼神乎？

[注释]

①宜照天下：应该像中午的太阳普照天下。

[译文]

《彖传》说：丰卦，是大。（离）明而（震）动，所以是丰卦。"王假之"，崇尚盛大。"勿忧，宜日中"，应像中午的太阳普照天下。太阳过了中天，就要向西偏斜，月亮圆满，就会逐渐亏缺；天地盈虚，随着时间的推移而消长。更何况人呢？何况鬼神呢？

《象》曰：雷电皆至①，丰。君子以折狱致刑②。"虽旬无咎"，过旬灾也。"有孚，发若"，信以发志也。"丰其沛"，不可大事也。"折其右肱"，终不可用也。"丰其蔀"，位不当也。"日中见斗",幽不明也。"遇其夷主",吉行也。六五之"吉",有庆也。"丰其屋",天际翔也③。"窥其户,阒其无人",自藏也。

[注释]

①雷电皆至:丰卦离下震上,离为明,闪电亦明,震为雷,故有此说。霹雷闪电同时发作,沉雷轰鸣电光闪耀,声势极其盛大,威明并用,故为丰。

②折狱致刑:决断狱讼,致用刑罚。折狱,断狱;致刑,用刑。

③"丰其屋",天际翔也:其屋高大,是自己裹藏自己,飞翔于天,脱离群众。

[译文]

《象传》说:雷鸣电闪,声光极盛,是丰卦。君子观此象,当决断狱讼,致用刑罚。

〔初九〕"虽旬无咎",过了十天就会有灾。

〔六二〕"有孚,发若",能信守中道,则可开拓光明之心志。

〔九三〕"丰其沛",不可以做大事。"折其右肱",终究不可再用。

〔九四〕"丰其蔀",所处爻位不当。"日中见斗",大地幽暗不明。"遇其夷主",此行吉利。

〔六五〕的吉利,是有喜庆之事。

〔上六〕"丰其屋",像鸟在天空中飞翔。"窥其户,阒其无人",是自己把自己隐藏起来。

旅卦第五十六

火山旅（艮下离上）

旅①：小亨。旅贞吉。

初六：旅琐琐，斯其所取灾②。

六二：旅即次，怀其资，得童仆贞③。

九三：旅焚其次④，丧其童仆，贞厉。

九四：旅于处，得其资斧，我心不快⑤。

六五：射雉，一矢亡⑥；终以誉命⑦。

上九：鸟焚其巢⑧，旅人先笑后号咷。丧牛于易⑨。凶。

[注释]

①旅：卦名，卦象艮下离上。旅有羁旅、旅行之义。《杂卦传》说："亲寡，旅也。"内卦艮为山为止；外卦离为火为明为丽，山止于下，而火烧于上，只得离开所附丽的山，失其居，此为行旅之象。旅卦，也就像一把火在内卦艮的门外，所以把它当作旅卦了。旅卦之所谓旅，并不是游山玩水，那是失其位抛其家。又是离其国之旅，或因经商、外交而远适异邦的象意。所以，非但不能尝到旅行之乐，只有更多不便与愁思。同时，在"旅"而"难居"的情况下，人应善处"行旅"之道，比如磨炼自己，观察各国风俗人情，或知己朋友或寻访故旧联络情谊。更进一步克服许多艰难而完成任务，或得到事业之成就等，就是旅的目的。旅既然是艰苦，虽然心里企盼顺利、亨通。但是，毕竟还是难于大亨通。所以只可以是卦辞所说的"小亨"。并且也应该以小亨

而满足。

②旅琐琐，斯其所取灾：旅行中猥琐卑贱，这将致灾。琐琐，猥琐卑贱；斯，此、这。

③旅即次，怀其资，得童仆贞：旅人住进旅馆，怀揣着钱财，得到忠诚可靠的童仆。即，就，住下；次，旅舍；怀，怀揣；资，钱财；贞，正。

④旅焚其次：旅居的旅馆被焚烧。

⑤旅于处，得其资斧，我心不快：在旅途中的住处，得到自己的钱财和斧头，我心中仍不高兴。

⑥射雉，一矢亡：射野鸡，只一箭未中。雉，山鸡；矢，箭。

⑦终以誉命：最终得到了荣誉和受到爵命。命，爵命。

⑧鸟焚其巢：鸟巢被焚毁。上九旅至极高位，犹如鸟在高处筑巢，旅以谦和为宜，而上九以阳刚居上，过刚自傲，位失其正，不能安居，犹鸟巢见焚。

⑨丧牛于易：在田畔丢了牛。易，通"埸"，疆埸，边界。

[译文]

旅卦艮下离上，山止于下，火炎于上，其去其所止而不居之象，又离在外，有丽乎外之象，故曰旅。《序卦传》说："丰者，大也。穷大者必失其居，故受之以旅。"丰是盛大，旅是羁旅；丰大至于极点，必将失去其所居；失其所居，便成了羁旅之人了。所以丰卦之后补上了旅卦。

旅卦：小有亨通。旅行遵守正道，才会吉利。

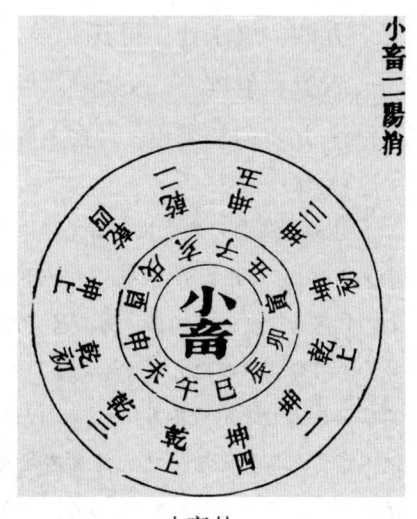

小畜卦

这卦是说，在旅途的时候，难免感到困乏，亲人寡少，不得安稳，诸多辛苦均觉不能如意。这也是盛运之极，到了衰退困穷的时候。从卦辞"小亨"引申的结果，凡是重大的事体或积极行事等，均不相宜。并且要远离物欲之困扰与诱惑。本卦显示，在持家方面，尤其操心劳苦。愿望是几乎不得通达，趁早断此念头不失为贤明的抉择。

初六：旅行中猥琐卑贱，这将致灾。

初六阴柔，而且在最下位，是猥琐的小人，在辛劳的旅途中，更加吝啬小器，所以招来灾难。

六二：旅人住进旅馆，怀揣着钱财，得到忠诚可靠的童仆。

六二阴爻柔顺中正，因而旅行中重要的三件事，就是旅馆、旅费与童仆，在爻辞上均反映出来。这就具备了旅行的基本条件。

九三：旅居的旅馆被焚烧，童仆被抢走，占问有危险。

九三刚爻刚位，过于刚直，难以安定；而且又在下卦的最高位，态度高傲，难怪会遭遇到不幸了。

九四：在旅途中的住处，得到自己的钱财和斧头，我心中仍不高兴。

九四阳爻阴位，刚柔并济，又在上卦的最下位，态度谦虚，因此，在旅行时，能得到住处，保有自己的钱财和斧头。但毕竟处位不正，而且上方六五是阴爻，没有强力的援手，下有初六相应，但力量柔弱，因而，心中仍不快乐。

六五：射野鸡，只一箭未中，最终得到了荣誉和受到爵命。

六五爻是离卦的主爻，阴爻得中，柔顺中庸，就像射野鸡时，只一箭未中，最终得到了荣誉和爵命。古时被任命为官吏时，有将山鸡作为礼物，献给君王的习俗，以象征立身处世应有光明磊落的态度。

上九：鸟巢被焚烧，旅人先笑后号咷大哭，在荒远的田畔丢了牛，有凶险。

上九爻在最高位，所以用鸟比喻。上九爻阳刚处最上位，表示倨犟傲慢。这是旅卦所忌嫌的，又在离卦之极点上，是火性最烈之处。于是，就像鸟巢被焚烧，柔顺的牛也丢失，亦即失去了柔顺的德性，所以凶险。

《彖》曰：旅，"小亨"。柔得中乎外①，而顺乎刚，止而丽乎明②，是以"小亨，旅贞吉"也。旅之时义大矣哉！

[注释]

①柔得中乎外：指六五爻阴柔居于外卦的中间。

②止而丽乎明：下卦依附上卦，下卦艮为止为山；上卦离为火为明。丽，附丽，依附。

[译文]

《彖传》说：旅卦为"小亨"。它是阴柔〔六五〕在外卦而得中。而顺以阳刚〔上九〕艮止而依附着光明，因此，"小亨，旅贞吉"。旅卦为时所用的意义重大啊！

《象》曰：山上有火①，旅。君子以明慎用刑而不留狱②。"旅琐琐"，志穷灾也。"得童仆贞"，贞终无尤也。"旅焚其次"，亦以伤矣。以旅与下，其义丧也。"旅于处"，未得位也。"得其资斧"，心未快也。"终以誉命"，上逮也。以旅在上，其义焚也。"丧牛于易"，终莫之闻也。

[注释]

①山上有火：旅卦艮下离上，艮为山，离为火，故有此说。山上之火，行而不居，故说旅。

②明慎用刑而不留狱：用刑明细慎重，稳妥如山；决狱果断而不滞留，迅若扑火。留狱，对讼狱拖延不决。

[译文]

《象传》说：山上有火，是旅卦。君子观此象，在用刑上应明细慎重，稳妥如山；决狱果断而不滞留，迅若扑火。

〔初六〕"旅琐琐",穷心极虑,自取灾咎。

〔六二〕"得童仆贞",终究不会有怨尤。

〔九三〕"旅焚其次",很悲伤;旅居于外而行为卑下,遭到损失,也是活该。

〔九四〕"旅于处",不得其位。"得其资斧",心情毕竟还不畅快。

〔六五〕"终以誉命",能上承先王旨意。

〔上九〕因旅人高高在上,住处被焚是必然的。"丧牛于易",最终无人告知。

巽卦第五十七

☴ 巽为风（巽下巽上）

巽①：小亨。利有攸往，利见大人。

初六：进退，利武人之贞②。

九二：巽在床下，用史巫纷若③，吉，无咎。

九三：频巽④，吝。

六四：悔亡，田获三品⑤。

九五：贞吉，悔亡，无不利，无初有终。先庚三日，后庚三日⑥，吉。

上九：巽在床下，丧其资斧⑦，贞凶。

[注释]

①巽：卦名，卦象巽下巽上。汉帛《易》作"筭"。八纯卦之一。巽为顺为入。巽为风，上下齐吹风，将被吹之物吹倒，使其顺伏。又：卦画为一阴处于两阳之下，是顺伏于阳而善于入，所以为巽卦。卦辞一方面表明此时柔小谦顺者可致亨通，利有所往；另一方面指出上下巽顺的最终归宿是利于大人施治申命。但卦中诸爻所明"顺从"的内在含义，却并非一味强调无条件地盲从卑顺，而往往是以"刚健"之德为勉。

②进退，利武人之贞：进退犹豫不决，利于武人守正道。武人，刚武之人。

③巽在床下，用史巫纷若：卑顺如伏于床下，又用很多祝史、巫觋为之

祈福驱灾。史，祝史，专门从事祭祀活动；巫，巫觋，从事降神驱灾活动；纷若，盛多之貌。

④频巽：巽顺而不专注其心。频，摇摆不定。

⑤田获三品：田猎可得到多种野兽。六四虽以柔乘刚（九三），但顺居九五至尊之下，又得正位，故悔可亡，获甚丰。田，田猎；品，物之种类。

⑥先庚三日，后庚三日：依天干顺序，"庚"前三日的"丁"日，"庚"后三日的"癸"日。或说"庚"前的丁日、戊日、己日，"庚"后的辛日、壬日、癸日。

⑦丧其资斧：丧失了钱财和斧头。资，钱财；斧，斧头。

[译文]

巽卦巽下巽上，巽为风为入。巽卦如风之飘动、辗转不停。由旁人看来，来者匆匆去如风。单就这点推想，旅卦之后配上巽卦，也是极有道理的。因而，《序卦传》说："旅而无所容，故受之以巽。巽者入也。"巽之入不是一般的入，是一阴伏于内，二阳入而散之的入。是阳入而解决阴的问题，不是阴入而解决阳的问题。巽之入，是入于其内，察其细微的入，是深入内里的入，因此卦名曰巽。

巽卦：小有亨通。利于有所往，宜于拜见大德之人。

这卦显示，巽风可比喻为动荡不安的处境。因此，将有变动、调动的事情，并且，要提高警惕以防小人之伏入。在巽风的境地里，凡事不宜独断专行，务必多向亲友或长辈请教为宜。愿望上，小事必将出乎意外地能够通达，至于有关终身大事等，总是一进一退，实难如愿以偿。

初六：进退犹豫不决，利于武人守正道。

初六是下卦巽的主爻。初六阴柔，又处在最下方，有过度谦卑的现象。因而，缺乏信心，或进或退，不能决断。如果武人能守此正道就吉利了。

九二：卑顺如伏于床下，又有许多祝史、巫觋为之祈福驱灾。有吉利，无灾祸。

九二阳爻阴位，有自卑的现象，虽然是谦逊的巽卦，但如此伏于床下，则未免会被认为畏惧或阿谀。不过，九二能以卑顺态度，诚心敬神，仍然吉祥，不会有灾祸。

九三：巽顺而不专注其心，有羞辱。

九三刚爻刚位，过于刚强，又在下卦的最上位，并非谦逊。然而，却频频表示具有谦逊的态度，又不能心甘情愿，终究会露出马脚，招来羞辱。

六四：悔事消亡，田猎可得到多种野兽。

六四爻接近于九五之尊位，又阴爻阴位得正，是巽卦之正主，具有巽风之善德。不但能在狩猎中获取很多猎物，更能够建立功劳。

九五：占问吉利，悔事消亡，无所不利。开始行事不利，终有好结果。庚日前的第三天，即丁日发令；庚日后的第三日，即癸日执行。吉利。

九五在外卦得中得正，会吉祥，使悔事消亡，没有不利。必须叮嘱群众知道，命令下了之后，就要慎重对待其执行情况，吉利。

上九：卑顺如伏于床下，丧失了钱财和斧头，占问凶险。

上九阳刚，在这一卦的最上位，却谦逊到极点，就像伏于床下，未免太过分了。又像在旅途中，丧失了钱财和斧头，这样卑顺、阿谀，确实凶险。

《象》曰：重巽以申命①，刚巽乎中正而志行。柔皆顺乎刚，是以"小亨，利有攸往，利见大人"。

[注释]

①重巽以申命：巽下巽上，为两巽相重，以便反复申明命令。

[译文]

《象传》说：两巽相重，以反复申明命令。阳刚之爻〔九五〕

居中正之位而使君王的意愿能施行于天下。阴柔之爻都顺从阳刚之爻。因此说"小亨，利有攸往，利见大人"。

《象》曰：随风①，巽。君子以申明行事②。"进退"，志疑也。"利武人之贞"，志治也。"纷若"之"吉"，得中也。"频巽"之"吝"，志穷也。"田获三品"，有功也。九五之"吉"，位中正也。"巽在床下"，上穷也。"丧其资斧"，正乎"凶"也。

[注释]

①随风：巽卦巽下巽上，巽为风，故说随风。随风则为巽（顺）。随，随从、相继。

②申命行事：三令五申于行事之先，雷厉风行于申令之后，民则随令而行，勿敢迟延。申命，申明命令。

[译文]

《象传》说：上下风相随，是巽卦。君子观此象，当申明命令于先，雷厉风行推行政事于后，民则随令而行。

〔初六〕"进退"，心中疑惑不定。"利武人之贞"，心中不再疑惑不定。

〔九二〕"纷若"之"吉"，因其居下体之中位。

〔九三〕"频巽"之"吝"，意志穷困，迫不得已。

〔六四〕"田获三品"，可建功业。

〔九五〕九五之"吉"，位正而居中。

〔上九〕"巽在床下"，已顺从至极，处于困穷境地。"丧其资斧"，面临困境而继续前行，必遭凶险。

兑卦第五十八

兑为泽（兑下兑上）

兑①：亨，利贞。

初九：和兑②，吉。

九二：孚兑③，吉。悔亡。

六三：来兑④，凶。

九四：商兑未宁，介疾有喜⑤。

九五：孚于剥⑥，有厉。

上六：引兑⑦。

[注释]

①兑：卦名。卦象兑下兑上。汉帛《易》作"夺"。八纯卦之一。有说话、喜悦的意思，兑，是"说"的本字，后来写作"悦"。兑为泽为说（悦）。泽能润养万物，使万物喜悦。兑卦一阴爻前进到二阳爻上方，大为喜悦。该卦着重讲使民怡悦，当领导的必须以身作则，吃苦在前，这样民众不但怡悦，而且感奋。但又强调以"刚中柔外"为悦，即刚柔为本，悦不失正。卦辞既称物情欣悦可致亨通，又云欣悦应当守持正固，正是揭明此旨。君子应从中受到启迪，欣悦于朋友之间相互讨论学习，相互增益。《序卦传》说："巽者入也。入而后悦之，故受之以兑。兑者悦也。"兑又为口象，口是以使人喜悦，因而又容易变成巧言令色。而兑之时尤须讲求信用。悦又足以令人为耽溺，所以务必格外谨慎。

②和兑：能融和处世，则有喜悦。和，融和；兑，悦。

③孚兑：诚信喜悦以待人。孚，诚信。

④来兑：非诚非当，贸然去谋求愉悦。来，谋求。

⑤商兑未宁，介疾有喜：商谈求怡悦之事尚未确定；出点小毛病，终会令人高兴。商，商谈；未宁，未定；介疾，小毛病。

⑥孚于剥：悦信于失信之人。剥，消，丧失；孚，信（这里兼有悦义）。

⑦引兑：引发他人共同欢悦。引，诱。

[译文]

兑卦兑下兑上，兑卦一阴爻前进到二阳爻上方，如仰天开口欢笑貌，因此兑的性质为说（悦）。那也是阴柔的弱者，被刚强有力的人抬高起来的象，如此则没有不感到欢悦的，于是才推之为"悦"。兑卦所缺在上，就人体来说，正可以当做口来看。凡是心里欢悦的时候，嘴边必定先显露出来，亦认为兑为悦。口足以使人欢悦，所以容易变成巧言令色而兑的时候，尤须讲求信用。

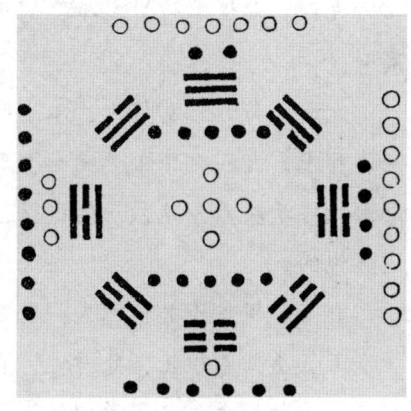

先天卦配河图之象图

兑卦：亨通，利于占问。

这卦大体说来，凡是小事可以通达而喜悦，至于大事，将有中途挫折之虞。或者，嘴上讲得甜言蜜语，表面上冠冕堂皇，可是真实却不相配的情形。愿望上看来似乎有希望，却很难达成。口头上虽然答应，但是，信以为真的结果，却令人大失所望。

初九：能融和处世，则有喜悦，吉利。

初九在阳位为正，又是一卦之初，还没有兑悦的轻浮。它与九四阳刚不能相应，以正大光明的态度使人喜悦的形象。与人融和相处但不同流合污，因而和悦又吉利。

九二：诚信喜悦以待人，吉利。悔事消亡。

九二爻不但其位不正，而且与媚悦之主六三爻相比，本来应该有悔。只因它阳刚得中，心存诚信，在兑悦中又不失其诚信，所以能够无悔而吉利。

六三：非诚非当，贸然去求悦，凶险。

六三爻是内卦的主爻，阴柔，不中不正，外卦又无应爻，因而，只好自动去谋求愉悦，失之于轻率而招来凶恶。

九四：商谈求怡悦之事，尚未确定；出点小毛病，但最终令人高兴。

九四爻与六三爻接近，本来阴阳相悦，但六三不中不正，是否应当相悦，九四心中未免嘀咕，商议未果，不得安宁。然而，九四刚毅，终于决然拒绝六三的诱惑，就像出点小毛病一般，但还是令人喜悦的。

九五：悦信于失信之人，有危厉。

九五爻阳刚中正，处君位，有被取悦他的小人包围的危险。而且，与上卦的主爻、阴柔的小人上六最亲近。上六正以一切邪恶狐媚的手段，取悦君王，想将九五的阳刚气概剥落。如果信用这样的小人，当然危险。

上六：引发他人共同欢悦。

上六是上卦的主爻，阴柔，在兑卦的极点，正在不择手段取悦于人，引诱下方的两个阳爻。但这种手段毕竟不光明正大，对方是否会被引诱，还难以断定。

《彖》曰：兑，说也。刚中而柔外，说以"利贞"。是以顺乎天而应乎人。说以先民，民忘其劳；说以犯难，民忘其死[①]。说之大，民劝矣哉！

[注释]

①说以先民，民忘其劳；说以犯难，民忘其死：以人民的喜悦为先，民众就会忘记劳苦；带领人民去战胜困难，民喜悦，人民就会忘掉死亡的威胁。犯，胜也。

[译文]

《象传》说：兑卦，为悦。〔九二、九五〕阳刚处于中位而〔六三、上六〕阴柔分居上下体之外，使人喜悦而"利贞"，因此，上顺应天道，而下符合人心。以人民的喜悦为先，民众就会忘记其劳苦；带领人民去战胜困难，人民就会忘掉死亡的威胁。悦民原则的大用，在于使民众奋勉努力！

《象》曰：丽泽①，兑。君子以朋友讲习②。"和兑"之"吉"，行未疑也。"孚兑"之"吉"，信志也。"来兑"之"凶"，位不当也。九四之"喜"，有庆也。"孚于剥"，位正当也。上六"引兑"，未光也。

[注释]

①丽泽：兑卦兑下兑上，兑为泽，丽为连，故为丽泽。丽泽浸润，故为兑（悦）。

②朋友讲习：朋友之间相互交流、相互学习。这是最值得喜悦的事。

[译文]

《象传》说：两泽浸润，是兑卦。君子观此象，当知朋友之间相互交流、相互学习，有相互补益之效，不致孤陋寡闻。

〔初九〕"和兑"之"吉"，行动不相疑。

〔九二〕"孚兑"之"吉"，表达了内在的意向。

〔六三〕"来兑"之"凶"，位置不当。

〔九四〕九四之"喜"，会有吉庆。

〔九五〕"孚于剥"，居位正当。

〔上六〕上六"引兑"，未必正大光明。

涣卦第五十九

☵☴ 风水涣（坎下巽上）

涣①：亨，王假有庙②，利涉大川，利贞。

初六：用拯马壮③，吉。

九二：涣奔其机④，悔亡。

六三：涣其躬⑤，无悔。

六四：涣其群⑥，元吉。涣有丘，匪夷所思⑦。

九五：涣汗其大号，涣王居⑧，无咎。

上九：涣其血，去逖出⑨，无咎。

[注释]

①涣：卦名，卦象坎下巽上。汉帛《易》作"涣"。《说文解字》说："涣，水流散也。"兑卦之后排上涣卦，《序卦传》说："说而后散之，故受之以涣。涣者，离也。"涣卦所谓"涣散"，并非立义于"散乱"，而是兼从对立的角度提示"散"与"聚"互为依存的关系，说明事物形态虽散而神质能聚可致亨通，并强调此时行事利于守正。涣卦的内卦坎为水，外卦巽为风，风吹水流散。风比喻德教，涣又指传播德教。风吹水动，又有荡涤污秽的意思。涣卦也是三阴三阳之卦，本来在否塞不通的否卦，其四爻的一阳与二爻的一阴相交，以形成这卦，而冲散否塞不通的局面。就人世间之俗事而言，坎为忧为难，涣如同春风拂面一般以涣散其内心的忧闷，也就是涣的最浅近常见的一例。说到涣卦所涣散之坎苦，因为以巽风去吹散它，所以比较属于观念上的或

精神上的。由于这个理由,涣之坎苦,比较侧重于忧闷,苦闷。

②王假有庙:王至庙中(祭祀)。假,至。

③用拯马壮:如用壮马加以拯救。拯,救。

④涣奔其机:水流奔向房子的台阶。奔,急赴;机,汉帛《易》作"阶",即台阶。

⑤涣其躬:水冲洗自己。喻清除德行之邪恶。躬,自身。

⑥涣其群:以水冲洗群众。喻清除群众德行之邪恶。群,群众。

⑦涣有丘,匪夷所思:水来而有丘陵,不是平常所能想象的。匪,非;夷,常。

⑧涣汗其大号,涣王居:洪水浩大,人们奔走呼号。洪水冲向王宫。汗,漫汗,指水势浩大;号,呼号;王居,王宫。

⑨涣其血,去逖(tì)出:水的冲击散去,使忧虑恐惧散失。血,通"恤",即忧虑;逖,通"惕",惊惧。

[译文]

涣卦坎下巽上,风在水上吹过,水遇风则涣散,故卦名曰涣。涣就是离,就是散。比如,人在忧愁的时候,气血就结聚,在喜悦的时候,气血就舒散。涣卦所谓"涣散",并非立义于"散乱",而是从对立角度揭示了"散"和"聚"互为依存的关系,说明事物形态虽散而神质能聚可致亨通。

涣卦:亨通。王至庙中祭祀,利于涉越大河。利于占问。

对于涣卦,若由否卦的变卦来看的话,原来艰难辛苦的人,现在行将脱离苦海,前程展现出开朗的远景。或由于得到外界的支援,或由于出现有人作为中心,以承担一切艰难的情形。不过,从另一面加以观察,现在诸事得以顺利进行的人,由于习惯于承平而失去奋励上进之志。或由于怠惰成性而丧失信用,或为其信赖的人所抛弃等。其际遇自然不同。

初六:用壮马加以拯救,吉利。

初六正当涣散的开始,迹象还不严重,用健壮的马追赶,就可以拯救，转为吉祥。初六阴柔又不当位，因而拯救工作要多倚仗他人，即其比爻九二便是。九二具有刚中之力，比喻为健壮的马。

九二：水流奔向房子的台阶，悔事消亡。

九二阳爻阴位不正，应当有悔，但因其处于中位，就像水流奔到房子的台阶，而所处仍然安定，使其心之所欲得以通达。

六三：用水冲洗自己，没有悔事。

六三阴柔，不中不正，本来有自私自利的性格。可是，因为在刚位，能够克制私心，使私涣散，积极有所作为，就像水冲洗自己一般，克服自己缺点，因而不会有悔事。

六四：以水冲洗群众，大吉；水来而有丘陵，不是平常所能想象到的。

六四阴爻阴位得正，上与九五的君王接近，相当于担当拯救涣散重任的人。六四在下卦无应，象征没有私党，亦即用水冲洗群众，以清除其德行之邪恶，故大吉大利。水来时，群众聚结得像丘陵，这是平常难以想象的壮举。

九五：洪水浩大，人们奔走呼号，洪水冲向王宫，人们奋力拯救无灾祸。

九五爻是涣卦主卦之主爻，阳刚中正，处于君位，涣散声势浩大，人们惊呼。作为圣明的君王，还是能够稳住阵脚，致力以济天下而萃集民心，可以无咎。

上九：水的冲击散去，使忧虑恐惧消失，无灾祸。

上九是涣散的极点，但距离下卦的险最远，不会受到忧患的困扰，因而不会有灾祸。

《彖》曰：涣，亨。刚来而不穷①，柔得位乎外而上同。"王假有庙"，王乃在中也。"利涉大川"，乘木有功②也。

[注释]

①刚来而不穷：涣卦九二、九五均为刚爻，在内卦为主，在外卦居尊。象征君王施权势于民而不穷困。

②乘木有功：涣卦坎下巽上，巽为木，为船，坎为水。象征船行于水上，平安得渡，无灾而有功。

[译文]

《彖传》说：涣卦，亨通。阳刚来而不穷困，阴柔〔六四〕得位于外卦而与上面行为相同。"王假有庙"，王〔九五〕处于中位。"利涉大川"，乘木船渡河有功劳。

《象》曰：风行水上①，涣。先王以亨于帝，立庙②。初六之"吉"，顺也。"涣奔其机"，得愿也。"涣其躬"，志在外也。"涣其群，元吉"，光大也。"王居，无咎"，正位也。"涣其血"，远害也。

[注释]

①风行水上：涣卦坎下巽上，坎为水，巽为风，故有此说。风在水上行，水起波浪，由近及远，有离散之象，故说涣。

②亨于帝，立庙：祭祀上帝，建立宗庙，宣扬先祖功德，增强凝聚力，防止民心涣散。亨，享祭；帝，上帝；庙，宗庙。

[译文]

《象传》说：风吹于水上，是涣卦。先王观此象，应祭祀天帝、建立宗庙。

〔初六〕初六之"吉"，阴柔顺从了阳刚。

〔九二〕"涣散其机"，得其所愿。

〔六三〕"涣其躬"，其志向在于救济自身以外的人。

〔六四〕"涣其群，元吉"，是非常光明正大的。

〔九五〕"王居，无咎"，是其位中正。

〔上九〕"涣其血"，可以避免灾害。

节卦第六十

水泽节（兑下坎上）

节①：亨。苦节，不可贞②。

初九：不出户庭③，无咎。

九二：不出门庭④，凶。

六三：不节若，则嗟若⑤，无咎。

六四：安节⑥，亨。

九五：甘节⑦，吉，往有尚。

上六：苦节，贞凶，悔亡。

[注释]

①节：卦名，卦象兑下坎上。节，本义为竹节，此为止、节制、节度的意思。内卦兑为泽，外卦坎为水。泽蓄水，对水有所节制。引申为人的行为也要有所节制。该卦以泽和水的关系，说明事物要有限度、有节制。如泽容水，不加节制，水就会泛滥成灾。适当地"节制"，往往是事物顺利发展的重要因素。水泽节卦是风水涣颠倒过来的。节除了有止、节度等义外，还有调节的意思，那就是在一定的分寸上，求其平均平衡的作用。《杂卦传》说："节，止也。"要节制自然不得不有所"止"。美色当前不为所动，花言巧语以及高位厚禄不为所诱。这也是节的一面，于是称之为节操、贞节。要做到节，还要有相应的适宜的重要制度。《象传》说"节以制度"，才能做到"不伤财，不害民"。《象传》也提出："君子以制数度，议德行。"都强调了制度的重要性。

既要自觉受到节制，又要有行之有效的制度，二者相辅相成，节就可以畅行无阻了。

②苦节，不可贞：过于苦地节约，则不可为正道。节，节约。

③不出户庭：不出门户庭院。户，门户；庭，庭院。

④不出门庭：不出大门内庭院。门庭，大门内的庭院，即外院。

⑤不节若，则嗟若：不善节俭，必然会带来忧愁嗟叹。若，语助词；嗟，嗟叹。

⑥安节：安然地奉行节俭。

⑦甘节：甘心节俭。

[译文]

节卦兑下坎上，兑为泽，坎为水。泽上有水，泽中本已有水，泽上又有，泽之容有限，水满则不容，正是有节之象，故卦名为节。《序卦传》说："涣者，离也。物不可终离，故受之以节。"事物既已离散，就要节制，不可能永久地离散下去，所以涣卦之后排上了节卦。节，也有止之义。节之止，是一种限制，使事物不至于发展太过，应适可而止。节之止回答的是人们行为的

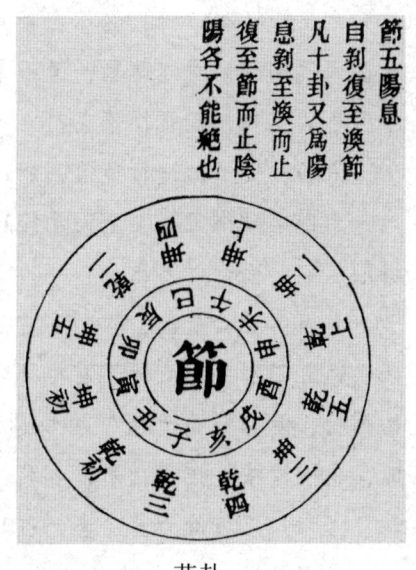

节卦

控制问题，即告诫人们要明白，纵然是当行的事情，也要有一个限度。

节卦：亨通。过于苦的节约，则不可为正道。

这卦是地天泰卦的五爻与三爻相交而形成的。泰之终极，行将变为否，为了保持泰盈之局面不使倾颓，务必要有节度。为了维持身体的康泰，以免衰弱，就要靠着节制、节度借以保持的了。处理

事务须适可而止。不可过分贪求自己分外的事,不可以干预或有所主张。时时留意不可轻举妄动,或过分固执。

初九:不出门户庭院,无灾祸。

初九阳刚得正,有出人头地的能力,但正处节卦的开始,还不是适当的时候。因而,自我节制,不走出庭院,能如此谨慎,就不会有灾祸。

九二:不出大门的内庭院,凶险。

九二阳刚得中,已经可以外出。只因其位不正,又无应爻,不知道融通,所以仅仅偏于小节而止,因而会招致凶恶。

六三:不善节俭,必然会带来忧愁嗟叹,能责怪谁呢?

六三阴柔,意志薄弱,又不中不正,以致不能节俭,造成不得不叹息的结果,能责怪谁呢?

六四:安然地进行节俭,亨通。

六四柔顺得正,在上面承接这一卦的主体九五,受其感化,能够顺从它,而得以亨通。

九五:甘心节俭,吉利,前往有奖赏。

九五阳刚中正,处于君位,以王者的地位,节制天下,以中正的德行,使其畅通无阻,愉快地节制自己的欲望,并使他人节制时,也能愉快地接受,所以吉利。积极行动,可建立功绩。

上六:以节俭为苦痛者,占此必凶。反之,悔事消亡。

上六是这一卦的极点,极端地节制,因而痛苦。这样坚持下去,就有凶险。若有悔改,凶险才会消失。

《彖》曰:节,"亨"。刚柔分而刚得中①。"苦节不可贞",其道穷②也。说以行险③,当位以节,中正以通④。天地节而四时成⑤。节以制度⑥,不伤财,不害民。

[注释]

①刚柔分而刚得中：刚，指上卦坎为阳卦；柔，指下卦兑为阴卦；刚得中，指九二、九五阳爻处中。以此释卦名和"节，亨"之义。

②道穷：指上九爻穷极于上。此释卦辞"苦节不可贞"。

③说以行险：节卦兑下坎上，兑为说（悦），坎为险。卦爻自下而上行，因此说：说以行险。

④当位以节，中正以通：居位妥当就能自觉有所节制，处中正之位而得通达。

⑤天地节而四时成：天地有所节度，一年四季得以形成。

⑥节以制度：君主以典章制度为节制，就能不浪费资财，不残害百姓。

[译文]

《彖传》说：节卦，亨通。内外卦分刚柔，而阳刚〔九二、九五〕得中位。"苦节，不可贞"，乃是穷困之道。喜悦而冒险，〔九五〕当位而加以节制，中正得以通畅。天地有所节度，一年四季得以形成。以典章制度为节制，就能够不浪费资财，不残害百姓。

《象》曰：泽上有水①，节。君子以制数度，议德行②。"不出户庭"，知通塞也。"不出门庭，凶"，失时极也。"不节"之"嗟"，又谁咎也。"安节"之"亨"，承上道也。"甘节"之"吉"，居位中也。"苦节，贞凶"，其道穷也。

[注释]

①泽上有水：节卦兑下坎上，兑为泽，坎为水。大泽之上有水（须筑堤防水为患）。

②制数度，议德行：制定礼仪制度以节制贵贱，评议道德行为以规范善德，务使贵贱有节，不致越出规范。数度、数目和长短度量，引申为节制尊卑礼仪、规范。

[译文]

《象传》说：泽上有水〔须筑堤防水为患〕，为节卦。君子观此象，当制定礼仪制度以节制贵贱，评议道德行为以规范善德。

〔初九〕"不出户庭"，知道通畅或阻塞的把握。

〔九二〕"不出门庭，凶"，丧失了极好的时机。

〔六三〕"不节"之"嗟"，又能责怪谁呢？

〔六四〕"安节"之"亨"，遵奉君上之道。

〔九五〕"甘节"之"吉"，得位而中正。

〔上六〕"苦节，贞凶"，是陷入了穷途末路。

中孚卦第六十一

䷼ 风泽中孚（兑下巽上）

中孚①：豚鱼吉②。利涉大川。利贞。

初九：虞吉，有它不燕③。

九二：鸣鹤在阴，其子和之；我有好爵，吾与尔靡之④。

六三：得敌，或鼓或罢，或泣或歌⑤。

六四：月几望，马匹亡，无咎。

九五：有孚挛如⑥，无咎。

上九：翰音登于天⑦，贞凶。

[注释]

①中孚：卦名，卦象兑下巽上。汉帛《易》作"中复"。中孚，意为心中诚信。《杂卦传》说："中孚，信也。"内卦兑为泽，外卦巽为风。风行泽上，无所不周，如同诚信泽及万物，无所不至。《象传》说"中孚以利贞，乃应乎天也"，它顺应于天，具有巨大的意义。不仅作用于人，也作用于自然界的万事万物。中孚排在节卦之后，这是由于节制本来为的是束缚管制人的恣欲。但是，不管法令规章如何严密，还是难以实行。首先务必使人确立其信心，居上位亦身体力行。如此国民竞相效法去做。这似乎更进一层具有道义上的意义。节，必须具有诚心，才能够光大。徒具礼节之形式，也就不能达成其目的。因而，风泽中孚卦是以诚信为其卦义的基础。中孚卦的三四爻为大成卦的中爻为阴，为中虚之象，也显示出孚诚的意义。

②豚（tún）鱼吉：用豚及鱼祭祀则吉。豚，小猪。

③虞吉，有它不燕：安守诚信可获吉祥。别有他求则不得安宁。虞，安；燕，通"晏"，亦安之义。

④鸣鹤在阴，其子和之；我有好爵，吾与尔靡之：雌鹤在树荫下鸣叫，雄鹤随叫应和；我盛满了美酒，愿与你同享共乐。鸣鹤，雌鹤；其子，夫子；阴，树荫；和，应和；爵，饮酒器，假借为酒；靡，共。

⑤得敌，或鼓或罢，或泣或歌：偷袭成功，俘获敌人，击鼓班师，士卒凯旋歌唱，喜泪交流。得，指俘获；得敌，俘获敌人；鼓，击鼓；罢，收兵、回师。

⑥有孚挛如：有诚信广系天下之心。挛，系。

⑦翰音登于天：飞鸟鸣叫声虚升于天。上九居中孚之极，诚信衰，虚伪起，虽有虚声响彻天空，而诚信不实。喻人无诚信，只有虚名远扬而已。翰，王弼、孔颖达等释为高飞，当指飞鸟。

[译文]

中孚卦兑下巽上，泽上有风，风行泽上而感动于水中，叫中孚。中孚卦，分上下二体看，则上下二五都是阳中实；合上下二体为一卦看，则四阳在外，二阴在内，为中虚。中实为信之质，中虚为信之本。内外皆中实而全体中虚，有中孚之象。中孚是诚信的意思。《序卦传》说："节而信之，故受之以中孚。"节必须有信。制度制定出来，要看执行，执行的问题主要看人们是否信守。上头信守，下边信从，就做到了"节而信之"。因而，中孚卦排在了节卦之后。

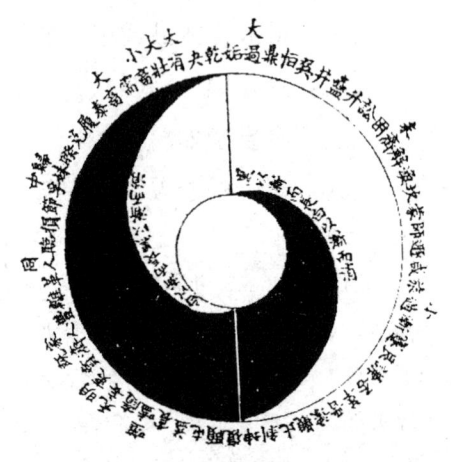

来知德伏羲太极六十四卦图

中孚卦：用豚及鱼祭祀则吉利。利于涉越大河，利于占问。

这卦彼此以兑口相接，就是互相亲和之象。因此，务必彼此敞开胸襟以相谈论，以真诚相见以得其宜。所以洽商之事尤可推断为吉。

初九：安守诚信可获吉祥，别有他求则不得安宁。

初九爻是这一诚信卦的开始，但必须妥为引导，安守诚信，不致错误，其能与六四应爻以孚相待，则可以得到吉利。如其不然，见异思迁，则必然不得安宁。

九二：雌鹤在树荫下鸣叫，雄鹤随叫应和；我盛满了美酒，愿与你同享共乐。

九二爻与九五爻在内外卦均得中，阳刚充实，象征心中诚信，虽然远离，但仍能遥相呼应。这也是众多爻辞中最美妙的句子。有诚信就可克服困扰而相应和，就像雌鹤鸣叫，雄鹤随即应和。自己有好酒，愿与你共同享受，彼此的诚意能达到沟通。

六三：偷袭成功，俘获敌人，击鼓班师，士卒凯旋歌唱，但损失惨重，喜悲交加，热泪横流。

六三阴爻阳位，有盲目冲动的倾向。可是前面有六四阻挡，同性相斥；六三虽有上九相应，但六四与初九相应，势均力敌，不可能亲近。于是六三采取偷袭的办法，获得了一些战果，班师回归，士卒歌唱，又喜泪交加。虽然有所收获，但其位不当，亦损失不少，因而亦显慌乱。

六四：满月之时，马匹走失，无灾祸。

六四阴爻阴位得正，最接近九五君位，是地位最高的大臣，所以，用几乎是满月来比喻。因六四始终向九五致其孚诚，虽与其匹配应爻初九绝交，也不会有灾祸。

九五：有诚信广系天下之心，无灾祸。

九五爻为中孚的主卦爻，又刚中，所以取之为有孚之象。以其孚诚相系于天下之心，会得以无灾祸。

上九：飞鸟的鸣叫声虚升于天，占问凶险。

上九阳刚，不中又不正，为这卦之终，而变成空虚，失信又失实。像鸟叫声虚升于天，比喻人之内心并无孚诚，至为空虚，却假装有孚诚的样子。

《彖》曰：中孚，柔在内而刚得中，说而巽，孚乃化邦①也。"豚鱼吉"，信及豚鱼也。"利涉大川"，乘木舟虚②也。中孚以"利贞"，乃应乎天也。

[注释]

①说而巽，孚乃化邦：中孚卦兑下巽上。兑为悦，巽为谦。在下者欣悦，在上者和顺，上下交孚，诚信之德就能教化邦国。

②乘木舟虚：中孚卦画的形状，外实内虚，有木舟之象。又中孚卦体上巽为木，下兑为泽，有木行水上的乘舟之象。

[译文]

《彖传》说：中孚卦，阴柔爻〔六三、六四〕在内部而阳刚爻〔九二、九五〕得中位。下悦上谦逊，这样的诚信之德可以教化邦国。"豚鱼吉"，诚信之心通过用豚鱼祭祀表达出来。"利涉大川"，乘着中空的木船。诚信以"利贞"，因其顺应了天道的规律。

《象》曰：泽上有风①，中孚。君子以议狱缓死②。初九"虞吉"，志未变也。"其子和之"，中心愿也。"或鼓或罢"，位不当也。"马匹亡"，绝类上也。"有孚挛如"，位正当也。"翰音登于天"，何可长也。

[注释]

①泽上有风：中孚卦下兑为泽，上巽为风，为泽上有风之象。象征诚信如大泽之风，广施信德，无所不及。

②议狱缓死：在决狱之先要周详审议，若决死刑，应缓死复查，务求信实，使受刑者诚心伏罪。

[译文]

《象传》说：泽上有风，是中孚卦。君子观此象，应在决狱前周详审议，若决死刑，应缓死复查，务求信实。

〔初九〕初九"虞吉"，心志虔诚，从不动摇。

〔九二〕"其子和之"，是发自内心的真诚愿望。

〔六三〕"或鼓或罢"，因其处位不当。

〔六四〕"马匹亡"，绝其同类而上附九五。

〔九五〕"有孚挛如"，中正而位当。

〔上九〕"翰音登于天"，不能长久。

小过卦第六十二

雷山小过（艮下震上）

小过①：亨，利贞②。可小事，不可大事③。飞鸟遗之音④，不宜上，宜下。大吉。

初六：飞鸟以凶⑤。

六二：过其祖，遇其妣⑥；不及其君，遇其臣⑦。无咎。

九三：弗过防之，从或戕之⑧，凶。

九四：无咎，弗过遇之，往厉，必戒⑨，勿用，永贞。

六五：密云不雨，自我西郊⑩。公弋，取彼在穴⑪。

上六：弗遇过之⑫。飞鸟离之⑬，凶，是谓灾眚。

[注释]

①小过：卦名，卦象艮下震上。汉帛《易》作"少过"。意为稍有过度。内卦艮为山，外卦震为雷。山上有雷，雷声过高，超过平常传播的范围，是小过之意。小过卦有三层含义：一是指全卦六爻四柔对二刚，柔过而刚不过，阳为大，阴为小，故柔过而称小过；二是指阴柔过越甚小，三刚三柔平衡适中，四柔对二刚是稍稍偏中，所以小过又是阴柔过越甚小，也可以称阴柔稍过；三是指既然阴柔稍过则可以进行矫正，矫正又必须过其正，唯有过正而后才能反归于中，这也可以称小过。小过是要脚踏实地去实现目标、完成任务。太过，则锋芒毕露，过于刚强，就会有凶。小过具体表现为"可小事，不可大事"，"不宜上，宜下"。即从细微做起，埋头苦干，不好高骛远，不脱离实际。要

柔弱胜人，不要以刚强自居，要后发制人，不要一意取先。全卦宗旨可概括为：一是此理必须用在处置"柔小"之事上；二是"过越"的本质体现在谦恭卑柔。

②亨，利贞：亨通，利于占问。

③可小事，不可大事：可做小事，不可做大事。古代以出征、祭祀为"大事"，普通事为小事。

④飞鸟遗之音：飞鸟传来的哀叫声。

⑤飞鸟以凶：飞鸟带来的凶兆。

⑥过其祖，遇其妣（bǐ）：错过祖父，遇到祖母。祖，祖父。妣，祖母。

⑦不及其君，遇其臣：不能到达君王面前，却遇到臣仆。不及，没达到。

⑧弗过防之，从或戕（qiāng）之：没有过失，但要预防；一旦放纵，将会被人伤害。防，防备；戕，伤害。

⑨弗过遇之，往厉，必戒：没有过失而逢（过失），前往有危厉，必须警戒。厉，危厉。

⑩密云不雨，自我西郊：乌云密布，从我西郊而来，但不下雨（见《小畜》卦辞）。

⑪公弋（yì），取彼在穴：王公射鸟，从洞穴取得了猎物。弋，张弓射禽；彼，指射中的飞禽；穴，指六二。

⑫弗遇过之：没有碰到阻挡，以致过于骄慢。

⑬飞鸟离之：上六亢高，像飞鸟穷飞，遭到射杀。离，通"罹"，指飞鸟遭射杀。

[译文]

小过卦艮下震上，艮为山，震为雷。山上有雷，雷在山上震响，其声高过常，故为小过。又，阴为小，小过卦四阴在外，二阳在内，是阴多于阳，小者过也，故为小过。《序卦传》说："有其信者必行之，故受之以小过。"中孚是讲信的。人有所信，必表现于行动，有行动必有所过，因此中孚卦之后排上了小过卦。小过是小者过，小事过和过之小。

小过卦：亨通，利于占问，可做小事，不可做大事。飞鸟传来的哀叫声,不宜于往上,而宜下,大吉。

这卦顾名思义凡事有了稍过的情形,而且超越应有的分寸或节度,猛进妄进而招致灾害的意思至为浓烈。工作上很想承担重大任务,但其愿望往往与自己身份、实力不相配。本卦为四阴二阳,阴之气势过大。

初六:飞鸟带来的凶兆。

初六阴柔,与九四相应,因而一心想飞。但好高骛远,不知收敛,当然凶险。其凶是咎由自取。

六二:错过祖父,遇到祖母,不能到达君王面前,却遇到了臣。无灾祸。

六二爻柔顺而中正,过而得以通达。五位如果是阳爻,就相当于祖父、君;如果是阴爻,就相当于祖母、臣。二与五相应,因而六二能顺利升进,但五位是阴,所以说,错过了祖父,遇到了祖母;不能到达君王面前,遇到了臣。即使如此,仍可以得到协助,所以不会有灾祸。

九三:没有过失,但要预防;一旦放纵,将会受到伤害、凶险。

九三阳刚得正,是刚正的君子,所以勇往直前。相应的上六是阴柔小人,如果九三有所预防,就可以防止;如果放纵,凶灾之波及于身的危险,至为强烈。

九四:无灾祸,没有过失而逢(过失),前往有危险,必须警戒,这样的事不要做,要永远恪守正道。

九四刚爻柔位,刚而兼柔,不会逞强,所以无灾祸。九四与初六相应,初六是阴柔小人,一心想侥幸高升;但九四刚柔并济,没有过失而逢(过失)。如果积极进取,就有危险,不可不警惕,要永守正道。

六五:乌云密布,从我西部而来,但不下雨。王公射鸟,从洞穴中得到了猎物。

六五在君位，但阴爻力弱，心有余而力不足，无力从事积极的事业，所以说，阴太过以致不能调和所以不能下雨。六五君位，由于阴柔以至于不能化成膏泽以滋润其民。因此，为了打开这一沉滞的局面，只有起用谦恭的六二，正像射鸟，于穴中得到一般。

上六：没有碰到阻挡，以致过于骄傲。上六亢高，像飞鸟穷飞，遭到射杀，凶险，这叫灾祸。

上六是阴柔的小人，也是这一阴过盛的极点，没有遇到什么阻挡，以致飞升过度，终于触及法网。就像飞鸟穷飞，没有安身之处，而遭射杀一般的凶险。

《彖》曰：小过，小者过而亨也。过以"利贞"，与时行也。柔得中，是以"小事吉"也。刚失位而不中①，是以"不可大事"也。有飞鸟之象焉。"飞鸟遗之音，不宜上，宜下，大吉"，上逆而下顺也。

[注释]

①刚失位而不中：指九四失位不在上卦中间，九三得位而不在下卦中间。九四、九三阳爻为刚。

[译文]

《彖传》说：小过卦，小的事情有所超过而亨通。小过之所以"利贞"，这是依据具体情况施行的缘故。阴柔之爻〔六二、六五〕得中位，所以"小事吉"。阳刚失位而不居中，所以"不可大事"。有飞鸟的象征。"飞鸟遗之音，不宜上，宜下，大吉"。因为向上是逆行，向下是顺行。

《象》曰：山上有雷①，小过。君子以行过乎恭，丧过乎哀，用过乎俭。② "飞鸟以凶"，不可如何也。"不及其君"，臣不可过也。"从或戕之","凶"如何也。"弗过遇之",位不当也。"往厉,必戒",终不可长也。"密云不雨",已上也。"弗遇过之",已亢也。

[注释]

①山上有雷:小过卦下艮上震,艮为山,震为雷,是山上有雷,山顶上响着超常之雷,象征着小有过越。

②行过乎恭,丧过乎哀,用过乎俭:行为少许恭谨过人,居丧少许悲哀过人,费用少许节俭过人。虽为小过,反可获得人们的称赞。

[译文]

《象传》说:山上有雷,是小过卦。君子观此象,应当行为少许恭谨过人,居丧少许悲哀过人,费用少许节俭过人。

〔初六〕"飞鸟以凶",无可奈何。

〔六二〕"不及其君",难以逾越臣下而见君王。

〔九三〕"从或戕之",其凶险不可测度。

〔九四〕"弗过遇之",所处位置不当。"往厉,必戒",最终不会长久。

〔六五〕"密云不雨",阴已上得过高之故。

〔上六〕"弗过遇之",升得过高,已至尽头。

既济卦第六十三

水火既济（离下坎上）

既济①：亨，小利贞。初吉，终乱②。

初九：曳其轮，濡其尾③，无咎。

六二：妇丧其茀，勿逐④，七日得。

九三：高宗伐鬼方⑤，三年克之，小人勿用。

六四：繻有衣袽⑥，终日戒。

九五：东邻杀牛，不如西邻之禴祭⑦，实受其福。

上六：濡其首⑧，厉。

[注释]

①既济：卦名，卦象离下坎上。汉帛《易》作"既济"。"济"，渡河，有成的含义。《杂卦传》说："既济，定也。""定"有事已完成的意思。内卦离为火，外卦坎为水。火在下，水在上，水火相济，以成事功。既济的阳爻皆在奇数位置上，阴爻皆在偶数位置上，六爻皆当位有应，构成完整和谐的卦形，表明矛盾得到全部解决，事物发展到了穷尽，一切都定下来了。从乾坤到既济和未济，表明宇宙事物发展的一个大过程，既济表示斗争已经止息，旧的过程已经到此结束。同时，既济卦也阐释了"守成艰难"的道理。提示君子在事成之后要思虑可能出现的祸患并预先做好防备，防患于未然。《周易》并不是以既济卦而告终，而是又排上未济卦，以示事物并不成其济而告终，始终在不断循环的道理。易之妙趣无穷，殆可赞叹。既济、未济两卦推之以乾坤两

卦来说的话，其象意可当作泰、否二卦来看待。换言之，既济卦能以泰卦的意思来解释；未济卦可用否卦之象来阐述。

②亨，小利贞。初吉，终乱：亨通，占问有小利。开始吉利，但最终会有祸乱。

③曳其轮，濡其尾：拉住车轮，缓缓渡水，沾湿了小狐的尾巴。曳，牵引、拖拉；轮，车轮；濡，沾湿。

④妇丧其茀（fú），勿逐：妇女丢失了头巾，用不着去追寻。茀，头巾；丧，丢失；逐，追寻。

⑤高宗伐鬼方：殷高宗讨伐鬼方。高宗，殷武王丁；鬼方，国名，古代西北地区的"猃狁"部落之一。《竹书纪年》载武丁三十二年伐鬼方，三十四年王师克鬼方。此以古代事件为例说明事之时尚有余患，仍需持久努力，才能安保其成。

⑥繻（rú）有衣袽（rú）：船漏水，用破衣败絮去堵塞。繻，通"濡"，湿；袽，败絮。

⑦东邻杀牛，不如西邻之禴祭：东邻杀牛献牲，不如西邻薄祭。东，是阳的方位，指九五；西，是阴的方位，指六二；杀牛，举行盛大祭祀；禴，薄祭（见《萃》六二条）。

⑧濡其首：（渡水）沾湿了狐狸的头。

[译文]

既济卦离下坎上，离为火，坎为水。水在上，火在下，水火相济，以成事功。既济卦六爻都当位，阴爻居阴位，阳爻居阳位。六爻皆有应皆当位，表明矛盾全解决了，事物已发展到了穷尽的时候，一切都已经定了。《序卦传》说："有过物者必济，故受之以既济。物不可穷也，故受之以未济终焉。"前一句说明既济卦排在小过卦之后。后一句则提示了《易经》关于此卦排列的整体思想。依据"物不可穷也，故受之以未济终焉"的说法，我们可以看出《易经》作者将既济、未济两卦放在六十四卦之最后，是有深刻原因的。既济列在六十四卦倒数第二卦，与小过其实并没有什么必然联系。不管六十四卦倒数第三卦是哪一卦，其倒数第二卦是既济，当是肯定无疑的。《易经》把六十四卦看作世间万事万物的一个大的发展过程。乾坤两卦是这个过程的开始，中间六十卦是这个过程的展开，既济、未济是这个过程结束。六十四卦的最终两卦是既济、未济，其意义如同将乾坤两卦置诸六十四卦开头一样深刻，它反映了《易经》作者的"物不可穷"的伟大的辩证观点。

既济卦：亨通，占问有小利。开始吉利，但最终有祸乱。

这卦总是在本卦得到了它而之卦变为它卦为凶，相反地，如果有它卦变为这卦则为吉了。凡是日常一般小事，固然能得到吉，至于大事则不得亨通、成就。因为起初虽然事事顺利，却是不能持续，所以事先应妥为处置。这卦是六十四卦中，唯一的六爻均得其正位的卦。这点无异于表示，到此顶点以后，再也不得成就与亨通。为持盈保泰，必

既济卦

将至感艰辛。一有变动必然发生混乱或遭受损失。所以，凡是新创的事业，均应暂缓进行。

初九：拉住车轮，缓缓渡水，沾湿了小狐的尾巴。无灾祸。

初九爻在这一卦的最下方，相当于车轮、狐尾。"曳其轮"、"濡其尾"，表示不得前进。既济贵在止而保持其"济"（成），所以得以无灾祸。

六二：妇女丢失了头巾，用不着去追寻，七天后会失而复得。

六二爻中正，是下卦离光明的主爻；又与上卦九五阳刚中正的

君位相应,应当有出人头地的机会。然而,九五的君王,功成名就,正踌躇满志,并不急于寻求遗贤。六二怀才不遇,就像妇女丢失了头巾,不能打扮,显露才华。不过,也不必积极去寻找,过了七日,遗失的头巾会出现,而且,时机就会来到。如果硬要追逐前进的话,将会招致既济之乱。采取保守不前进的做法,反而适于既济之道。

九三:殷高宗讨伐鬼方,苦战三年才征服。小人不可任用。

九三刚爻刚位,处在内卦离的极点,那是火性至烈之处。为不使人民沉溺于安泰而怠倦松懈,乃发动战争鼓舞人心,以征伐远国的夷狄。然而,苦战三年才取得胜利,使国力将疲惫甚而会演为既济之乱。此时尤其不宜起用小人以乱国政。

六四:船漏水,用破衣败絮去堵塞。可要终日戒备。

六四柔爻柔位,具备凡事细心,设想周到的性格,渡河时,为防止船漏水,而准备有破衣破布,以便用于急时所需。说明在成功时不可自满,应当戒慎恐惧,时刻戒备。

九五:东邻杀牛献牲,不如西邻的薄祭所实际秉受的福佑多。

九五爻在这一卦的君位,事业已成,天下太平,但既济之骄与其乱的现象逐渐浓厚,正趋没落。在祭祀方面,更不可只重表面之盛大丰富,而应像六二那样奋发有为,用虔诚的简单的祭祀,却得到了更多的福佑。

上六:(渡水时)沾湿了狐狸的头,有危厉。

上六爻在最上位,相当于狐狸的头。上六阴柔,冒险渡水,头将沉入水中,其危殆之情,可想而知。说明不可被成功冲昏了头脑,盲目冲进,必招致危险。

《彖》曰:既济,"亨",小者亨也。"利贞",刚柔正而位当也。"初吉",柔得中也。"终"止则"乱",其道穷也。

[译文]

《彖传》说：既济卦，"亨"，做小事可亨通。"利贞"，刚柔端正而位置恰当。"初吉"，是因阴柔的〔六二〕得下体之中位。"终"止就"乱"，是因它已陷入穷途末路。

《象》曰：水在火上①，既济。君子以思患而豫防之②。"曳其轮"，义"无咎"也。"七日得"，以中道也。"三年克之"，惫也。"终日戒"，有所疑也。"东邻杀牛"，不如西邻之时也。"实受其福"，吉大来也。"濡其首，厉"，何可久也。

[注释]

①水在火上：既济卦离下坎上，坎为水，水性润下；离为火，火性炎上。水火不相入而相资，对立面能够统一起来发挥其济物之功，故称既济。

②思患而豫防之：事成之后要思虑可能出现的祸患并预先做好准备。

[译文]

《象传》说：水在火上面，是既济卦。君子观此象，应当在成功之后思虑祸患之可能出现而预以防范，乃可达到既济的目的。

〔初九〕"曳其轮"，应该"无咎"。

〔六二〕"七日得"，由于守中正之道。

〔九三〕"三年克之"，自身也疲惫不堪。

〔六四〕"终日戒"，疑虑重重。

〔九五〕"东邻杀牛"，不如西邻薄祭而符合当时的具体情况。"实受其福"，吉利才能大来。

〔上六〕"濡其首，厉"，怎能长久呢？

未济卦第六十四

䷿ 火水未济（坎下离上）

未济①：亨。小狐汔济，濡其尾②，无攸利。

初六：濡其尾，吝。

九二：曳其轮，贞吉。

六三：未济，征凶③。利涉大川。

九四：贞吉，悔亡。震用伐鬼方④，三年有赏于大国⑤。

六五：贞吉，无悔，君子之光，有孚吉⑥。

上九：有孚于饮酒⑦，无咎。濡其首，有孚失是⑧。

[注释]

①未济：卦名，卦象坎下离上。济，是渡河，有成的含义。未济，是未定、未完成的意思。离火在坎水之上，不相为用，事功无成之象。为什么《周易》在大功告成的既济卦之后，又排上未济呢？这是独具匠心、意味无穷的。这表现了《周易》中事物变化无穷尽，一个过程终止，正是另一个过程的开始，生生不息，永无休止的辩证思想。未济卦全部爻都不正，意味着一切事物都有待发展。对事物的发展进程而言，既济是相对的、暂时的、阶段性的，未济才是绝对、永久的、全局性的。《序卦传》说："物不可穷也，故受以未济终焉。"说明"事未成"之时，若能审慎进取，促使其成，则"未济"之中必有"可济"之理。因此，以未济终结此卦，虽言有尽而意无穷，反映了事物永恒发展变化的规律。从这个意义上讲，未济是好事，所以卦辞赞之以

"亨"，给予了充分肯定。

②小狐汔济，濡其尾：小狐狸渡河将成，河水沾湿了尾巴。狐，狐狸；汔，几。濡，沾湿。

③未济，征凶：事未成而冒进必有凶险。六三以柔居坎险之上，力弱失正，又处"未济"之时，不宜冒进，否则将有凶险。

④震用伐鬼方：以雷霆之势讨伐鬼方。此指周人讨伐鬼方。震，雷霆之势；用，使民从事，指派遣兵员。

⑤三年有赏于大国：经过三年苦战，取得胜利，得到殷国的封赏。赏，奖赏；大国，指殷商。

⑥君子之光，有孚吉：君子之德光辉日新，心怀诚信者必然吉祥。光，光辉；孚，诚信。

⑦有孚于饮酒：以至诚之心饮酒庆贺。孚，诚信。

⑧濡其首，有孚失是：像狐狸涉水沾湿其头一般，比喻逸乐过度，虽有诚信，却已失去正道。失是，失正道。

[译文]

未济卦坎下离上，火在水上，火向上而水向下，不相为用，而且六爻皆不当位，故为未济。《序卦传》说："物不可穷也，故受之以未济终焉。"六十四卦发展到既济卦，事物似乎已经到了穷尽的地步，乾坤或几乎息矣。矛盾消失了，斗争止息了，问题解决了。但是乾坤不能息，"物不可穷"，所以既济之后还有未济。物不可穷，是说事物的变化无有穷尽，一个过程终止了，接着是下一个过程，生生不已，没有止境。

未济卦：亨通。小狐狸渡河将成，水却沾湿其尾巴，没有什么利。

这卦与既济卦相反，还是在本卦得到它，再变为它卦为吉利。现在既没有得到崇高的地位，也没有多大幸运之可言。当开始进行之时，如果估计有错，或加以轻视的话，中途必将遇到挫折，会陷入更为困穷的境地，所以务必戒慎，不可轻举妄动。虽有财富，却不能当作资金发挥功用；虽有才却未加起用。因此，难免十分焦虑。仍要压抑一时的激动，以毅力、耐心继续努力持之以恒，才是重要的。凡事呈先难后易之迹象，应不急、不怠，孜孜经营不久当可成就。

初六：小狐狸渡水，沾湿了尾巴。有羞辱。

初六在最下方，相当狐之尾巴。它阴柔无力，又正当未济的开始，难以渡河，以致尾巴被沾湿，将招来羞辱。

九二：拉住车轮，占问吉利。

九二刚爻柔位，于下卦得中，恭顺中庸，能够克制自己，就像渡河拉住车轮，不会逞强，正处在天下尚未平定，面临成功前期最艰难的时候，应该吉利。

六三：事未成而冒进必有凶险，利于涉越大河。

六三爻居于内卦之极，也就是未济将到极点之处，是即将脱离坎险的时候。然而，六三柔弱，位置又不中不正，因而，此时行动当然不利。可是，若能考虑到不利的条件，经过慎重周详的策划，前进以突破险境，找到出路，所以会有利。

九四：守正则吉，悔事消亡。以雷霆之势讨伐鬼方，经过三年苦战，取得胜利，得到殷国的封赏。

九四阳爻阴位不正，因坚守正道，才能使悔事消亡；然而，它本身不正，想坚守正道，又有困难，所以又要奋起，发挥其阳刚之质，这样的话，只有长期坚持才行。正如振奋以雷霆之势讨伐夷族，经过三年苦战，终于完成了任务，才得到殷国的封赏。

六五：守正则吉，无悔事，君子之德光辉日新，心怀诚信者必然吉祥。

六五爻已经到了未济卦中的既济之境，犹如刚渡完河的时候。同样"贞吉"，在九四爻为"悔亡"，而六五爻却以"无悔"表达。这爻是离明之主，既有九二之应，又有九四之比。它正凭着发挥柔中之德，以挽救未济之局面。

上九：怀至诚之心饮酒庆贺，无灾祸。像狐狸涉水沾湿了头一般，逸乐过度，虽有诚信，却已失去了正道。

上九爻在未济卦之终极，未济已完成进入了既济的成就阶段。因否极而泰来，因而它摆宴饮酒庆贺，以诚相待，饮食便不会有灾祸了。然而耽溺于喜乐而不知奋勉的话，而是逸乐无度，那么千辛万苦换来的成果，也将毁于一旦，而再度堕落于未济的旧状态中。

《彖》曰：未济，"亨"，柔得中①也。"小狐汔济"，未出中②也。"濡其尾，无攸利"，不续终③也。虽不当位，刚柔应也。

[注释]

①柔得中：六五爻居未济卦上体离之中间，为得中；阴爻为柔。
②未出中：九二居未济卦下体坎之中，未能出险。
③不续终：不能持续至终。初六居卦下而"濡尾"，力弱未能持续至终，遂使九二也难以出险，而济事不成。

[译文]

《彖传》说：未济卦，"亨"，阴柔的〔六五〕居中位。"小狐汔济"，未能出险中。"濡其尾，无攸利"，不能持续至终。虽然诸爻均不当其位，但刚柔是相应的。

《象》曰：火在水上①，未济。君子以慎辨物居方②。"濡其尾"，亦不知极也。九二"贞吉"，中以行正也。"未济，征凶"，位不当也。"贞吉，悔亡"，志行也。"君子之光"，其晖吉③也。"饮酒"、"濡首"，亦不知节也。

[注释]

①火在水上：未济卦上离为火，下坎为水，火性炎上而不下达，水性滞下而不上交，水火不相交，不能发挥济物之功，故称未济。
②慎辨物居方：审慎地分辨事物的特性及其所居的位置，采取妥善措施

加以引导，争取好的前途。居，处；方，方所、位置。

③其晖吉：其品德光辉灿烂，吉利。

[译文]

《象传》说：火在水之上，是未济卦。君子观此象，当审慎地分辨事物的特性，使其处于各自适当的位置上。

〔初六〕"濡其尾"，是不自量力，徒逞刚强。

〔九二〕九二"贞吉"，因居中而行中道。

〔六三〕"未济，征凶"，所处位置不当。

〔九四〕"贞吉，悔亡"，志愿得以实现。

〔六五〕"君子之光"，其品德光辉灿烂，吉利。

〔上九〕"饮酒"、"濡首"，也是因不知道节制。

系辞传

　　《系辞传》是孔子所作《易传》七种中最为重要的一种。它是对《易经》的通论。对《易经》的筮、卦、爻、辞四大要素的产生过程、逻辑根据以及它们的性质、作用等作出分析，是它的基本内容。而《杂卦传》、《说卦传》、《文言传》、《序卦传》、《象传》、《彖传》各自从不同侧面对《易经》进行了阐明和发挥。《系辞传》则不仅保留了以上诸传所论之长，而且站在当时人类对宇宙认识的最高水准上，以高屋建瓴之势，畅论了天、地、人三才之道。《系辞传》既从分析的角度上牢牢把握了宇宙的基本规律——阴阳对立统一法则；又从综合的意义上阐叙了天、地、人三才的统一性，广泛探讨了世界运动、变化、发展的内在根据。《系辞传》把《易经》作为一部伟大的哲学著作，因而它论述的重点在哲学方面。它发掘了《易经》蕴涵在卜筮之中的深刻的哲学意义。没有它，我们对《易经》很难有深入的认识。它是《易经》的传，也是中国最古老的哲学论文。因为它的文字较多，古人把它划分为上下两篇，注释家的分章方式从不一致。本书分章采取朱熹《周易本义》的分法，上下各分十二章。

系辞上传

第一章

天尊地卑，乾坤定矣①。卑高以陈，贵贱位矣②。动静有常，刚柔断矣③。方以类聚，物以群分④，吉凶生矣。在天成象，在地成形⑤，变化见矣。

是故刚柔相摩，八卦相荡⑥，鼓之以雷霆⑦，润之以风雨⑧。日月运行，一寒一暑。乾道成男，坤道成女⑨。

乾知大始，坤作成物⑩。乾以易知，坤以简能⑪。易则易知，简则易从⑫。易知则有亲，易从则有功⑬。有亲则可久，有功则可大⑭。可久则贤人之德，可大则贤人之业⑮。易简，而天下之理得矣⑯；天下之理得，而成位乎其中矣。

[注释]

①天尊地卑，乾坤定矣：天高而尊，地卑而贱，乾坤两卦仿此确定而不再变了。

②贵贱位矣：事物的贵与贱就各居其位。

③动静有常，刚柔断矣：天地动静有一定法则，阳刚阴柔的性质就判断

分明。常，指一定的规律、法则；断，判断分明。

④方以类聚，物以群分：事情以类聚，人物以群分。方，事情的方向，指事情。

⑤在天成象，在地成形：指事物的象和形的关系。象为形之精华，形为象之体质，二者实质相同，只是表现形式不同而已。

⑥刚柔相摩，八卦相荡：刚柔相摩是指乾坤两相交感。刚为乾三，柔为坤三，相摩即交感。八卦相荡即指八卦两两相推而重为六十四卦。相荡，指八卦之间以卦为单位的整体推移与相互搭配，即经卦相重而为别卦。

⑦鼓之以雷霆：八卦以震为雷，离为电。指大自然雷霆鼓动，催发万物生机。

⑧润之以风雨：大自然中的风雨润泽万物。八卦以巽为风，坎为雨。润，泽。

⑨乾道成男，坤道成女：乾道为天，为阳，为男；坤道为地，为阴，为女。乾道与坤道为宇宙间两种最基本的相互对立的势力和属性，《周易》把乾作为男性的象征，把坤作为女性的象征。此处男女，并不限于人类，凡是生物界的雌雄皆包括其中。

⑩乾知大始，坤作成物：乾的作用在于促成万物之发生，坤的作用在于确保万物以长成。知，为、主；大始，指万物之始生。

⑪乾以易知，坤以简能：乾坤即天地，天地造化万物，资始资生，全属自然而然，并无丝毫有意造作，乾以此为知，故曰易知。坤以此为能，故曰简能。

⑫易则易知，简则易从：乾知大始，自然实现，故容易认识；坤作成物，也是自然完成，故容易顺从。知，知晓、认识。

⑬易知则有亲，易从则有功：容易认识，则会有众人顺应并亲依它。容易顺从，人们则会利用之并发挥效用。

⑭有亲则可久，有功则可大：亲者众多则事业能长久，功业卓著则能发展壮大。久，指时间；大，指空间。

⑮可久则贤人之德，可大则贤人之业：认识了天道的永恒规律，掌握并运用之，就具备了有才能的人的德性。认识了地道规律，运用使之发展壮大，

则是有才能人的事业。

⑯易简，而天下之理得矣：明白乾坤的平易和简约，天下事物的道理就都懂得了。理，道理。

[译文]

天高而尊，地卑而贱，乾坤两卦仿此确定而性能不再变了。由于地卑而天尊的层次确定之后，于是事物及卦爻由下至上的贵贱等次也就各居其位了。天地动静有一定的法则，阳刚阴柔的性质也就判断分明。宇宙万物的性向不同，因同类聚合，自然形成分离的群体，彼此利害的调和

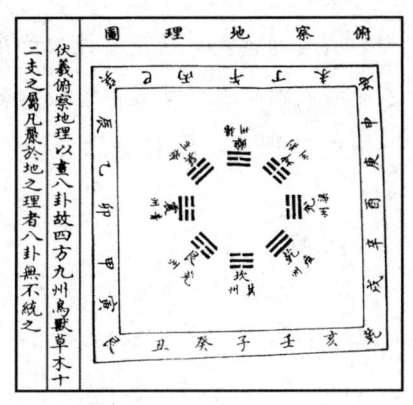

俯察地理图

与冲突，于是君子就义，小人背理，各以品性不同而聚合；牛入牛群，羊入羊群，也各以种类不同而分别。因此，就善者，得善果；趋恶者，遭恶报，吉凶之途自别。所以，在天上，呈现日月星辰、昼夜以及季节气候等现象；在地上，形成山河、动植物等各种形体，产生错综复杂的变化。

因而，刚与柔这两种作用，相感相摩、八卦的相推相荡，一切的变化就产生了。先是由震雷与离电触动了万物的生机，接着是巽风坎雨滋润了万物的成长。再配以离日坎月的交替运行，一寒一暑的相消相长。最后由阳刚的乾道，产生了阳性的生物；阴柔的坤道，产生了阴性的生物。于是男女合，万物便得到生生不已的发展。

乾的作用在于促成万物之发生，坤的作用在于确保万物以长成。乾坤即天地，天地造化万物，资始资生，全属自然而然，并无丝毫有意造作，乾的自发行为的作用，被称为知；坤的作用在于结

果,因而称为能。乾知大始,自然实现,故容易认识;坤性简易,别人才能服从你。容易为人所知,彼此才会融洽,容易为人所从,做事才会发生效用。亲者众多则事业能够长久,功业卓著,事业才会发展壮大。认识了天道的永恒规律,掌握并运用之,就具备了有才能的人的德性。认识了地道的规律,运用使之发展壮大,则是有才能的人的事业。所以,能明白乾坤的平易和简约,便能契合天下万物的事理。能够把握天下万物的事理,便可以和天地共参造化了。

[说明]

以上为第一章。以乾坤比喻天地,认为天地万物的矛盾对立和运动变化规律,可以用八卦来说明。指出宇宙的道理即乾坤变化的道理是简单明了的,号召人们去研究并掌握它。朱熹《原本周易本义》说:"此第一章以造化之实,明作经之理。又言乾坤之理,分见于天地,而人兼体之也。"《系辞》作者的睿智并不仅仅体现在人们所称道的乾坤哲学或阴阳哲学上,而是一开篇便抓住由阴阳两种爻组成的八个经卦,并以此构成一个简易的八卦宇宙模型。《系辞》在以下的文字中对这个模型还有许多具体的说明。人们或许以为这种简易的模型根本不可能反映浩瀚的宇宙面貌,然《系辞》作者对此却充满了十足的信心。因为这个模型的基石是阴阳两种爻画,而这两种爻画正好象征着宇宙万物的基本矛盾——阴阳(即乾坤)的对立统一。乾以易为特征,善施而能顺应万物之情;坤以简为特征,顺受而能成就天下之事。因而说"易简而天下之理得矣"。人们位于天地之间,找到了这一简易的途径,无异于把握了通向宇宙奥秘的钥匙。

第二章

圣人设卦观象[①],系辞焉而明吉凶〔悔吝〕[②],刚柔相推而生变化[③]。是故吉凶者,失得之象也;悔吝者,忧虞之象也;变化者，进退之象也；刚柔者，昼夜之象也。六爻之动，三极之道④也。

是故君子所居而安者，《易》之序⑤也。所乐而玩者，爻之辞⑥也。是故君子居则观其象而玩其辞，动则观其变而玩其占。是以自天祐之，吉，无不利。

[注释]

①圣人设卦观象：圣人模拟自然界的物象而设立卦象。

②系辞焉而明吉凶〔悔吝〕：给每卦和每爻系之以辞（即卦辞和爻辞），以判断吉凶悔吝。"明吉凶"下诸本无"悔吝"。

③刚柔相推而生变化：一卦六爻以阳刚阴柔两类爻画的进退、升降、推移等现象，产生出种种变化。

④六爻之动，三极之道：六爻的变化体现着天地人的道理。三极，指天、地、人"三才"。动，即变化也；极，至也；三极，天地人之至理。

⑤所居而安者，《易》之序：随居而安，顺应事物发展规律，就符合《易》所体现的一定的位序。如处于某卦某一爻位，就安于那种地位、次序。《易》之序，在卦体中，六爻自下而上，有初、二、三、四、五、上之序；在八经卦有伏羲先天次序与文王后天次序；在六十四别卦中，有《杂卦》卦序、《序卦》卦序、长沙马王堆出土的帛书卦序，后世更有汉代的京房卦序、六十四别卦之序，但据文意连贯理解，此处主要当指后天八卦之序，取居于所居而安者，贵在与时偕行而已。

⑥所乐而玩者，爻之辞：仔细揣摩，慢慢玩味每爻之辞，有得于心，所以乐趣无穷。玩，揣摩、玩味；爻之辞，即爻辞。

[译文]

圣人模拟自然界的物象而设立卦象，根据卦象写下文字，来说明吉凶悔吝的道理。一卦六爻以阳刚阴柔两类爻画的进退、升降、推移等现象，产生出种种变化。所以，系辞上的吉凶，是指人事上的得失现象；悔吝是忧愁和顾虑的象征。卦爻上的变化，是象征阴阳的升降；刚柔是象征日夜的交替。由此可见，六爻的变化，正体现着天地人三才的道理。

所以君子能随居而安，顺应事物的发展规律，就符合易卦所体现的爻位次序。仔细揣摩，慢慢玩味每爻之辞，有得于心，所以乐趣无穷。因此君子在静居时宜深观卦象，品玩系辞；在准备行动时观察卦爻变化，细品先机。这样就能把握动与静、进与退的规律，便能有人助天助地般一切顺利，毫无困难。

[说明]

以上为第二章，论述《易卦》的著作意向，指出君子认真学习《易经》的重要性及其学习方法。朱熹《原本周易本义》说："此第二章，言圣人作《易》、君子学《易》之事。"这一章十分强调学《易》应运用《易》理，并充分发挥自己的能动作用，趋吉避凶，成就事业，但又常常错误地把客观辩证法的作用与天的意志混为一谈，将人们根据《易》理行事所取得的成功，说成是"自天祐之"的结果。《系辞》作者一再提及西周统治者"以德配天"的这一思想沉积，目的在于保留《易经》作为一部占筮之书的神学依据。

第三章

彖①者，言乎象者也。爻者，言乎变者也。吉凶者，言乎其失得也。悔吝者，言乎其小疵②也。无咎者，善补过也。是故列贵贱者存乎位③，齐小大者存乎卦④，辨吉凶者存乎辞⑤，忧悔吝者存乎介⑥，震无咎者存乎悔⑦。是故卦有小大，辞有险易⑧。辞也者，各指其所之⑨。

[注释]

①彖：指卦辞，不是《彖传》。

②小疵：小病，引申为小的问题、小的疏漏。是指悔吝处于吉凶之间，小疵既指称悔，又指称吝，悔吝都是小疵。

③列贵贱者存乎位：贵贱的问题表现在爻位里。

④齐小大者存乎卦：小大的问题表现在卦里。据《说卦》所说，凡经卦主爻是阳爻的为阳卦，为大，如八卦中的乾、震、坎、艮。凡经卦中主爻是阴爻的为阴卦，为小，如八卦中的坤、巽、离、兑。

⑤辨吉凶者存乎辞：吉凶问题表现在爻辞里。

⑥忧悔吝者存乎介：悔和吝处于吉凶之间，二者的界限非常细小，忧虑于悔和吝，防止超越界线。介，纤细，指划分吉与凶界限的细微处。

⑦震无咎者存乎悔：不因无咎而心安理得，反而因之有所震惊，其表现在于内心有所悔悟。震，惊。

⑧卦有小大，辞有险易：卦有阴阳大小，卦爻辞中有善有恶。

⑨辞也者，各指其所之：卦爻中的文辞，是分别指示给人应该趋避的方向。辞，爻卦之辞；之，往。

[译文]

卦辞的作用，是总论卦象的；爻的性能，是表现刚柔变化的。吉和凶，是指人生的得与失；悔和吝，是指我们所犯的过与不及的小毛病；无咎，是指我们善于悔过自新。因此，分列身份的贵贱高低，依六爻的位置而定；区别事情的大小好坏，是在由卦构成的形象中去认识。吉凶的辨别，须从卦、爻辞的文字中去寻求。悔与吝处于吉凶之间，二者的界限非常细小，忧虑于悔与吝，防止超越界限。不因无咎而心安理得，反而因此而戒慎恐惧，内心有所悔悟，才会使自己不致遭受麻烦。所以就卦爻之象和卦爻之来说，虽有阴阳大小，险难平易。但卦辞和爻辞都是在指示我们应该趋避的方向。

[说明]

以上为第三章，论述《易经》对人事的指导意义。朱熹《原本周易本义》说："此第三章，释卦爻辞之通例。"

第四章

　　《易》与天地准①,故能弥纶②天地之道。仰以观于天文,俯以察于地理,是故知幽明③之故。原始反终,故知死生之说④。精气为物,游魂为变⑤,是故知鬼神之情状⑥。

　　与天地相似,故不违⑦。知周乎万物而道济天下,故不过⑧。旁行而不流,乐天知命⑨,故不忧。安土敦乎仁⑩,故能爱。范围天地之化而不过⑪,曲成万物⑫而不遗,通乎昼夜之道而知,故神无方而《易》无体⑬。

[注释]

①《易》与天地准:《周易》以天地为准则,包涵天地间的一切道理。

②弥纶:包涵一切。弥纶,即普遍包络,也就是包涵一切。

③幽明:幽隐无形和显明有形。如夜为幽,昼为明等。以视觉分,不可见者为幽,可见者为明。

④原始反终,故知死生之说:原察万物之始,故知其所以生;反求万物之终,故知其所以死。原,察;反,求。

⑤精气为物,游魂为变:精气聚合形成可见之物,气魂消散则形成无形的变化。精气,气凝聚;游魂,气消散。

⑥知鬼神之情状:知道所谓鬼神的情况,不过是阴阳变化、气之聚散而已。人之生,是阴精阳气凝聚而成形;人之死,是阴精阳气溃散而无形;知道这种道理便知鬼神不过是阴阳变化,往来屈伸而已。

⑦与天地相似,故不违:《易》是模仿天地万物之理而设,《易》与天地万物之理等同,所以它不违背天地阴阳变化的规律。相似,等同。

⑧道济天下,故不过:圣人知识广备,其道德可以匡济天下,其动止不会有偏差。

⑨乐天知命:乐在顺应天道自然的变化,知晓人物生死之规律。

⑩安土敦乎仁：安处其环境，无求舍，无私心，以敦厚施行仁义。安土，随遇而安；敦仁，宽厚而爱人，无私心。

⑪范围天地之化而不过：《易经》广大悉备，天地万物化育之理，它全部包括了，并无所逾越。范围，包括；过，逾越、超过。

⑫曲成万物：通晓《易》书的人能适时而变，运用其理成就万物而无所遗漏。

⑬神无方而《易》无体：神无方所而《易》无形体。

[译文]

《周易》以天地为准则，包涵天地间的一切道理。易理之所以能如此，是由于圣人首先对上能深观天道的垂象，对下能细察地道的理路，所以知道宇宙间幽隐无形和显明有形相继相成的道理。其次，圣人能原察万物之始，故知其所以生；反求万物之终，故知其所以死。因而能明了

易知来数往图

生死交替，善生就是善死的道理。最后，圣人能以精气聚合形成可见之物，气魂消散则形成无形的变化中，知道所谓鬼神不过是阴阳变化、气之聚散而已。

《易》是模仿天地万物之理而设，《易》与天地万物之理等同，所以它不违背天地阴阳变化的规律。圣人知识广备，其道德可以匡济天下，其动止不会有偏差。广泛地大有作为而不流于邪僻，乐在顺应天道自然的变化，知道人物死生之规律，而不为一时所困而忧。安处其环境，无求舍，无私心，以敦厚施行仁义。这样就能博爱万物。《易》广大悉备，天地万物的化育之理，它全部包括了，并无所逾越。通晓《易》书的人能适时而变，运用其理成就万物而无所遗漏。这都是由于《易》理的知性能通达昼夜等自然变化背后

的大道的缘故。所以造物的神性，是高深莫测，变化不定，没有方所的，而能知神的易理也是随变化而变化，没有固定的形体、不变的原则的。

[说明]

以上为第四章。极力渲染《易》道的博大神妙，也提出了如"精气为物"这样的朴素唯物主义命题。宣扬掌握《易》道能深通天地万物之理、可以兼济天下的巨大作用。朱熹《原本周易本义》说："此第四章，言易道之大，圣人用之如此。"《周易》宇宙动态模型，以天地为模拟对象，故可以与天地相齐准，普遍包涵天地间一切事物运动变化的法则。这也是圣人对天地自然界仰观俯察的感情积累与原始反终的理性推求的产物。但《易》实际上并不是一部无所不包的百科全书，《易》所构造的宇宙动态模型也不可能仅仅停留在外形的相似。因此，对《周易》模型的富有广大，《系辞》的其他章节中又作出了进一步的理论说明。

第五章

一阴一阳之谓道①。继之者善②也，成之者性③也。仁者见之谓之仁，知者见之谓之知，百姓日用而不知④，故君子之道鲜⑤矣。

显诸仁，藏诸用⑥，鼓万物而不与圣人同忧⑦。盛德大业至矣哉！富有之为大业，日新之谓盛德⑧。生生之谓易⑨。成象之谓乾，效法之谓坤⑩。极数知来之谓占⑪，通变之谓事⑫，阴阳不测之谓神⑬。

[注释]

①一阴一阳之谓道：宇宙间每个事物都有阴有阳，阴阳相互对立、转化是宇宙的根本规律。《易传》作者认为《易》就是以"阴阳"为范畴来确立卦象、爻象，以及说明阴阳爻变易原则的，"分阴分阳，迭用柔刚，故易六位而

成章"(《说卦传》)。承认事物内部存在着两重性,要求人们从阴阳两个方面去观察事物的性质,这既是《周易》的哲学基础,也是对古代辩证思维的概括和总结。这一命题对后来的易学和哲学的发展产生了深刻的影响。阴阳两字,后代《易》学家多把它们当作气来看,但气是形而下的,又怎能作为形而上的道呢?程颐曾说:"离了阴阳,便无道,所以阴阳者,是道也。阴阳,气也,气是形而下者,道是形而上者。"朱熹《朱子语类》也说:"理则一而已矣,其形者,则谓之器!其不形者,则谓之道。然而道非器不形,器非道不立。盖阴阳亦器也,而所以阴阳者,道也,是以一阴一阳,往来不息,而圣人指以明道之全体也。"这两段话中的"所以"两字甚为紧要,阴阳的作用,只是自然的变化,而在其背后,使其"所以如此"的乃是道,也就是说,使阴阳产生作用的乃是道。

②继之者善:此处言天人相继之际,天降人受,人道承继天道而有自然之善。继,接续不息;善,美好。

③成之者性:人依天道而成就事业,正是人的本性,"成之",以及上句的"继之"和下文两处"见之"的"之",皆指道。成,成就;性,本质属性。

④百姓日用而不知:老百姓日常的生活离不开阴阳之"道",每天都在应用它,但他们自己并未意识到。

⑤君子之道鲜:真正能够理解和全面把握道的人很少。原因是君子亦见仁见智,往往失于偏面,百姓则日用而不知。鲜,少。

⑥显诸仁,藏诸用:"道"显现在仁德上,其造化功能隐藏在各种具体效应之中,不易被人觉察。显,显现;藏,隐藏;用,功能。

⑦鼓万物而不与圣人同忧:道无思无为而按自然规律鼓动万物生、长、壮、老、死,圣人则为济世利民而忧虑,所以"道"不与"圣人"同忧虑。

⑧富有之谓大业,日新之谓盛德:赞阴阳之道生育万物的德业达到极致无以复加。

⑨生生之谓易:万物时时处于生生不息的变化状态之中。生生,阴阳之道化育万物,新陈代谢不已之貌;易,谓易之道,亦谓易之书。阴生阳,阳生阴,阴阳交迭,变化无穷,这就叫易。

⑩成象之谓乾,效法之谓坤:成象,犹言"成天之象";效法,犹言"效地之式"。这两卦说明乾坤两卦的画成,正是天地阴阳的象征。

⑪极数知来之谓占:穷尽蓍策之数,以预知未来之事叫作占筮。通过穷极蓍数之变,方能知道事物变动之理。极,尽;数,大衍之数;占,占筮。

⑫通变之谓事:通晓变化之理,行动能适时变通,有利于天下民众才叫作事业。通,通晓;事,事业。

⑬阴阳不测之谓神:一阴一阳交迭变化才是道,阴阳变化难以测定则是神。一阴一阳是事物变化的必然性,阴阳不测是必然性赖以表现的偶然性。

[译文]

宇宙间每个事物都有阴和阳,阴阳相互对立、转化是宇宙的根本规律。天人相继之际,天降人受,人道承继天道而有自然之善,人依天道而成就事业,正是人的本性。因此,仁爱的人看天道仁的一面,智慧的人看到天道智的一面,而老百姓在日常生活中离不开阴阳之"道",每天都在应用它,但他们自己并未意识到。所以,真正能够理解和全面把握道的人是很少的呀!

这个"道"显现在仁德上,其造化功能隐藏在各种具体效应之中,不易被人察觉。道无思无为而按自然规律鼓动万物生、长、壮、老、死,圣人则为济世利民忧虑。这个道体现的盛德和大业实在太伟大了呀!由于它使万物都丰富其所有,所以称它有大业;由于它使万物都能日日更新其德,所以称它有盛德。它之所以能如此,就是因为它使万物时时处于生生不息的变化状态之中。天地造化而生成万物各种现象,称之为乾;效法天道,成长万物的各种现象,称之为坤。穷尽蓍策之数,以预知未来之事叫作占筮;通晓变化之理,行动能适时变通,有利于天下民众才叫作事业。一阴一阳交迭变化才是道,阴阳变化难以测定则是神,亦即是神奇奥妙的。

[说明]

以上是第五章,论述阴阳的对立统一和道的作用。朱熹《原本周易本义》说:"此第五章,言道之体用不外乎阴阳,而其所以然者,则未尝倚于阴阳也。"《周易》宇宙模型体现了宇宙运动变化的基本法则——"一阴一阳之谓道"，提示出决定事物运动轨迹的内在作用力——"阴阳不测之谓神"。这两个命题，受到历代思想家的重视，并不断得到了丰富和发展，成为中国传统哲学辩证思维的独特表达形式。

第六章

夫《易》广矣大矣，以言乎远则不御①，以言乎迩则静而正②，以言乎天地之间则备③矣。夫乾，其静也专，其动也直④，是以大生焉；夫坤，其静也翕，其动也辟⑤，是以广生焉。广大配天地⑥，变通配四时，阴阳之义配日月，易简之善配至德。

[注释]

①远则不御：从远处说则是易道变化幽深，像天一样没有止境。

②迩则静而正：从近处说易理宁静端正，像地一样没有邪僻。

③天地之间则备：从天地之间的事物说则易理无所不备。备，具备、完备，此处为无所不有之义。

④夫乾，其静也专，其动也直：乾在宁静时是专一的，变动时则是刚直的。说明象征阳的乾，具有"静专"、"动直"而刚大的性质。

⑤夫坤，其静也翕，其动也辟：坤在宁静时能敛伏潜藏，变动时能展开而生育万物。

⑥广大配天地：《易》模拟宇宙，以其乾坤广大之义与天地相似。配，相似、吻合。

[译文]

易理是非常广博、伟大的啊！从远处说易道则是变化幽深，像天一样没有止境；从近处来说，易理则是宁静端正，像地一样没有邪僻；从天地之间的事物说，易理则是充塞天地、无所不备的。易理之所以伟大，是由于乾道的健行之质，在宁静时是专一的，变动时则是刚直的，使生命得以广大发扬；由于坤道的柔顺之质，在静态时能敛伏潜藏，变动时能展开而生育万物，使生命得以绵延不绝；《易》模拟宇宙，以其乾坤广大之义与天地相吻合；变化通达，犹如四季循环；阴阳交替的规律性，与日月运行相当；乾坤平易简单的完美性，犹如天地至高无上的德性。

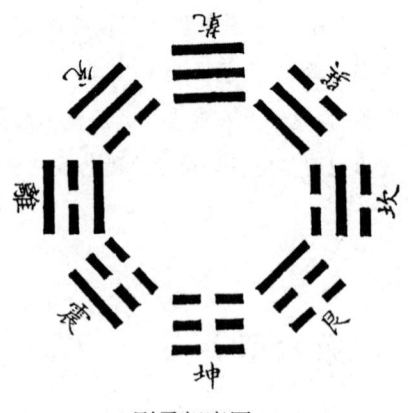

刚柔相摩图

[说明]

以上是第六章，极言《易》道的广大。

第七章

子曰："《易》，其至矣乎！夫《易》，圣人所以崇德而广业①也。知崇礼卑，崇效天，卑法地②。天地设位而《易》行乎其中矣。成性存存，道义之门③。"

[注释]

①崇德而广业：充实德性，扩大业绩。崇，高，充；广，扩大。

②知崇礼卑，崇效天，卑法地：智慧崇高以仿效天之高远，礼节卑谦以仿效地之卑下。知，智；礼，礼节。

③成性存存，道义之门：用《易经》的道理修身养性，而成就仁善的德性，并且不断地涵养蕴存这种德性，就是找到了进入天地之道和易理真谛的门户。性，本性；存存，存而又存。

[译文]

孔子说："《易经》的道理，已经达到极致了！《易经》，本来是圣人用来充实德性而扩大自己业绩的。智慧崇高以仿效天之高远，礼节卑谦以仿效地之卑下。在天地的崇卑之位设定以后，《易传》的道理也就在天地之间发挥作用了。用《易经》的道理修身养性，而成就仁善的德性，并且不断地涵养蕴存这种德性，就是找到进入天地之道和易理真谛的门户了。

[说明]

以上为第七章，极言《易》道的功用。

第八章

圣人有以见天下之赜①，而拟诸其形容②，象其物宜③，是故谓之象。圣人有以见天下之动，而观其会通④，以行其典礼⑤，系辞焉以断其吉凶，是故谓之爻。言天下之至赜而不可恶⑥也，言天下之至动而不可乱也。拟之而后言⑦，议之而后动，拟议以成其变化⑧。

"鸣鹤在阴，其子和之；我有好爵，吾与尔靡之⑨。"子曰："君子居其室，出其言善，则千里之外应之，况其迩者乎？居其室，出其言不善，则千里之外违之，况其迩者乎？言出乎身，加乎民；行发乎迩，见乎远。言行，君子之枢机。枢机之发，荣辱之主也⑩。言行，君子之所以动天地⑪也，可不慎乎？"

"同人，先号咷而后笑⑫。"子曰："君子之道，或出或处，或默或语。二人同心，其利断金。同心之言，其臭如兰⑬。"

"初六，藉用白茅，无咎。"⑭子曰："苟错诸地而可矣，藉之用茅⑮，何咎之有？慎之至也。夫茅之为物薄，而用可重⑯也。慎斯术也以往，其无所失⑰矣。"

"劳谦君子有终，吉⑱。"子曰："劳而不伐，有功而不德⑲，厚之至也。语以其功下人者也。德言盛，礼言恭[20]。谦也者，致恭以存其位者也。"

"亢龙有悔[21]。"子曰："贵而无位，高而无民，贤人在下位而无辅，是以动而有悔也[22]。"

"不出户庭，无咎[23]。"子曰："乱之所生也，则言语以为阶[24]。君不密则失臣，臣不密则失身[25]，几事不密则害成[26]，是以君子慎密而不出也。"

子曰："作《易》者，其知盗乎！《易》曰：'负且乘，致寇至[27]'，负也者，小人之事也。乘也者，君子之器也。小人而乘君子之器[28]。盗思夺之矣。上慢下暴，盗思伐之[29]矣。慢藏诲盗，冶容诲淫[30]。《易》曰：'负且乘，致寇至。'盗之招也。"

[注释]

①赜（zé）：复杂。

②拟诸其形容：画卦是把事物之理用合适的形象表达出来。拟，比拟；诸，之于。

③象其物宜：圣人作卦画用来象征特定事物所适宜的意义。象，像也，意为象征；物宜，万物之性各有其宜。

④观其会通：在事物复杂的变化中，观察它们之间阴阳的会合贯通。

⑤行其典礼：观察事物会通变化而推行应时的社会典章制度。行，推行；典礼，典章礼仪。

⑥言天下之至赜而不可恶：对待宇宙极端复杂的现象，要有耐心，而不可厌烦。

⑦拟之而后言：卦象是对客观事物的模拟，有事而找相类之卦象详观之，而后出言有据。拟，观象也。

⑧拟议以成其变化：拟之议之而后使自己的言行符合《易》理，从而促成事物向好的方向变化。成，促成。往下凡举出《易》中的六爻之例，以拟议主事。

⑨此举中孚卦（第六十一卦）九二爻辞，注详见该卦。

⑩言行，君子之枢机。枢机之发，荣辱之主也：言论和行为，就像门户或弩牙一样，一旦旋转或发动，就决定了是荣誉还是耻辱。枢，户枢也，即门户的转轴；机，弩牙也，犹今枪械之扳机。

⑪言行，君子之所以动天地：指君子言行的作用。是说言论和行为是君子用来鼓动天地万物的。

⑫此举同人卦（第十三卦）九五爻辞，注详见该卦。

⑬二人同心，其利断金。同心之言，其臭如兰：两人同心合力，如同能截断坚硬的金属，锋利无比。比喻同心团结，则无往而不摧。心意相同的语言，其气味像兰草那样芬芳。臭，气味；如兰，喻其香。

⑭此举大过卦（第二十八卦）初六爻辞，注详见该卦。

⑮苟错诸地而可矣，藉之用茅：当祭祀时，用白茅作铺垫，再把祭品放上以显示慎重之至。指做事谨慎方可无害。苟，如果；错，借为措，置也。

⑯茅之为物薄，而用可重：茅草本是极其微薄的东西，但却可以承重。

⑰慎斯术也以往，其无所失：遵循慎重之道行事，就可以无过失。慎，遵循。

⑱此举谦卦（第十五卦）九三爻辞，注详见该卦。

⑲劳而不伐，有功而不德：有劳苦而不自夸，有功德而不自居。伐，自夸。

⑳德言盛，礼言恭：德以盛为本，礼以恭为主。

㉑此举乾卦（第一卦）上九爻辞，注详见该卦。

㉒此句与《文言传·乾》重出，详见前注。

㉓此举节卦（第六十卦）初九爻辞，注详见该卦。

㉔乱之所生也，则言语以为阶：动乱之产生，往往是由于言语不慎造成的。说明为人处世要节制慎守，不可狂言乱语。

㉕君不密则失臣，臣不密则失身：君主不守机密，使臣下受损失。臣下不守机密就会使自身受损失。

㉖几事不密则害成：办事的开始就不守机密必将造成灾难。

㉗此举解卦（第四十卦）六三爻辞，注详见该卦。

㉘小人而乘君子之器：身份低贱的人乘坐高贵之人的车很不相称。

㉙上慢下暴,盗思伐之:在上位者松懈散漫,在下位者恃强逞暴,盗寇便会产生攻伐的打算。思伐,虽未伐而欲攻伐之。

㉚慢藏诲盗,冶容诲淫:懈怠于收藏财物,无异于教唆人来偷窃;女子打扮得过分妖艳,无异于引诱人来调戏自己。亦即祸由自招的意思。慢藏,懈怠于收藏财物;冶,妖冶;诲,教也,此处有招致、引诱之意。

[译文]

圣人能看出天下事物的复杂多样性,而模拟其形态,通过作卦画而把象征特定事物所适宜的意义表达出来,所以叫作象。圣人能看出天下事物的变动,观察它们之间阴阳的会合贯通,推行应时的社会典章制度,以求使它们能依此典章制度而行事,这就是系作卦爻辞来判断吉凶的做法,所以称为爻。对待宇宙极端复杂的现象,要有耐心,而不可厌烦;对待天下万物变动的至理,应理路顺畅,而不使人有混乱的感觉。所以圣人用卦象而对客观事物进行模拟,有事而找相类的卦象详观之,而后便会出言有据;根据万物变化会通的道理而动。因此,拟之以为卦象,议之以为爻辞,从而使自己言行符合《易》理,从而促使事物向好的方向变化。

中孚卦九二爻辞上说:"鸣鹤在阴,其子和之;我有好爵,吾与尔靡之。"这是写"同声相应,同气相求"的道理,孔子发挥说:"君子平日居住在家中,如果所言都合理的话,那么千里之外都会有人应和他,何况近处的人呢?如果所言不合理的话,千里之外都会有人反对,何况近处的人呢?可见言论是从自己口中发出,却能在民众身上产生影响;行为是始于近处,却会影响到远方。所以言论和行为两项,就像门户和弩牙一样,一旦旋转和发动,就决定了是产生荣誉还是耻辱。可见言论和行为是君子用来鼓动天地的法宝,怎么可以不慎重呢?"

同人卦九五爻辞上说:"同人,先号咷而后笑。"孔子说:"君子立身处世的道理,无论是入世或隐居,无论是保持缄默,或发表言论。必须以诚待人,须知两人同心合力,如同能截断坚硬的金属,锋利无比;心意相同的语言,其气味像兰草那样芬芳,令人眷恋不已。"

大过卦初六爻辞上说:"藉用白茅,无咎。"孔子说:"祭品本来放在地上就可以了,现在却在下面铺上洁白的茅草,还会有什么过错可言呢?这是极端慎重细心的。茅草本是柔软、微薄的东西,但却可以承重。因此只要遵循慎重之道行事,就可以无过失了。"

谦卦九三爻辞上说:"劳谦,君子有终,吉。"孔子说:"有劳苦而不自夸,有功德而不自居,这是禀性厚道的最高表现。总把功劳说到别人身上,自甘居下。这样的德性,才称得上完美的上德;这样的礼仪,才称得上虚心的恭敬。德以盛为本,礼以恭为主。谦虚能使人恭让,以此可保存我们在天地之间应有的地位。"

乾卦上九爻辞上说:"亢龙有悔。"孔子说:"过分自贵,则会失去其地位;过分自高,则会失去其民众。使得贤人久居下位,使他无辅佐,因而动辄便会有悔恨。"

节卦初九爻辞上说:"不出户庭,无咎。"孔子说:"动乱的产生,往往是由于言语不慎造成的。君主不守机密,会使臣下受损失;臣下不守机密,就会使自身受损失。因此,办事的开始就不守机密必将造成灾难。所以君子必须慎重,不可随便说话。"

孔子说:"《易经》的作者难道真的知道盗贼祸乱产生的原因吗?这个问题,在解卦六三爻辞上说'负且乘,致寇至',背东西,是小民的事情,而乘的车辆却是高贵人用的工具。身份低贱的人乘坐高贵之人的车,很不相称,盗寇就想抢夺他了。在上位者松懈散漫,在下位者恃强逞暴,盗寇便会产生攻伐的打算。懈怠于收藏财物,便会引起人的盗心。女子打扮得过分妖艳,无异于唆教淫乱。所以,《易经》说:'负且乘,致寇至。'这是说强盗是自己招来的。"

[说明]

以上为第八章，讲卦爻的应用。朱熹《原本周易本义》说："此第八章，言卦爻之用。"这章还论叙了读《易》者应善于运用《易》理，拟之议之以成就事物的变化。《系辞》在这里列举了孔子释《易》八爻为例，引导读《易》者要善于举一反三，阐发爻辞的微言大义，以收到下学上达之效。

第九章

天一，地二；天三，地四；天五，地六；天七，地八；天九，地十[①]。天数五，地数五，五位相得而各有合[②]。天数二十有五，地数三十[③]，凡天地之数五十有五。此所以成变化而行鬼神[④]也。

大衍之数五十[⑤]，其用四十有九[⑥]。分而为二以象两[⑦]；挂一以象三[⑧]，揲之以四以象四时[⑨]；归奇于扐以象闰[⑩]，五岁再闰，故再扐而后挂[⑪]。

乾之策二百一十有六，坤之策百四十有四[⑫]，凡三百有六十，当期之日[⑬]。二篇之策[⑭]，万有一千五百二十，当万物之数也。是故四营而成易[⑮]，十有八变而成卦，八卦而小成[⑯]。引而伸之，触类而长之，天下之能事毕矣。

显道神德行[⑰]，是故可与酬酢，可与佑神[⑱]矣。子曰："知变化之道者，其知神之所为乎？"

[注释]

①天一……：这一句，韩康伯注本在第十章"《易》有圣人之道四焉"的前面。张载、程颐、朱熹都认为应调到这里来。

②天数五，地数五，五位相得而各有合：天数五，指一、三、五、七、

九等五个数，天为阳，其数奇。地数五，指二、四、六、八、十等五个数，地为阴，其数偶。五位，指天地奇偶之数分处河图之位，一、六处北，二、七处南，三、八处东，四、九处西，五、十居中。相得，指一与二相对，三与四相对，六与七相对，八与九相对，五与十相对，奇偶与宾主之相对而相得也。合，指一与六、二与七、三与八、四与九、五与十奇偶配合，分居北、南、东、西、中五位。晋韩康伯注说："五数相配，以合成金木水火土。"此为汉代流行之说法。北水，南火，东木，西金，土居中。

③天数二十有五，地数三十：天的数，即一、三、五、七、九之和为二十五。地的数，即二、四、六、八、十之和为三十。

④成变化而行鬼神：成变化，指奇偶数之间的生成变化。以五行、五方配河图之数，可以使河图数字模型生出无穷变化，此属汉代学者之一大贡献，或非《系辞传》作者之始料所及。行鬼神，指推衍天地之数的生成变化，有鬼神行乎其间，故可以占筮过去未来之事。

⑤大衍之数五十：指占筮时用以演算的蓍草之数。大衍，指占筮。用来运算的竹签或蓍草当是五十五根。上文有"凡天地之数五十有五"，这里的大衍之数亦当为五十五。故金景芳《易通》说："'大衍之数五十有五'，脱'有五'二字。"金说确切可从。

⑥其用四十有九：大衍之数五十有五，但在演算时，减去六（表示六根爻），只有四十九。因为全用则不能进行分二，挂一，揲四，归奇而得七、八、九、六几个数了。

⑦分而为二以象两：指将占筮用的四十九根蓍草任意分为两部分以象征阴阳两仪，这为占筮的第一营。自此以下叙述占筮时的设卦过程及其象征意义。

⑧挂一以象三：此为第二营。指从分成的两部分蓍草中任取一根，挂于左手无名指与小指之间。象三，象征天、地、人三才也。

⑨揲（shé）之以四以象四时：此为第三营。揲之以四，指以四为单位，分数两部分蓍草，每部分的余部分别为或一，或二，或三，或四，而不超过四。象四时，象征春、夏、秋、冬四季。揲，间而数之也。

⑩归奇于扐（lè）以象闰：此为第四营。指将第三营的两部分各自所余

之蓍草数放置于别处。奇,指四揲后所余之蓍草;扐,夹在手指之间;象闰,象征历法中将每年之余数归聚而成之闰。

⑪五岁再闰,故再扐而后挂:五岁再闰,来知德《周易集注》说:"一年十二月,气盈六日,朔虚六日,共余十二日,三年则余三十六日。分三十日为一月,又以六日为后闰之积,其第四、第五年又各余十二日,以此二十四日凑前六日,又成一闰。此是五岁再闰也。"再扐而后挂,指归奇于扐之后,复将揲四之两部分蓍草合而为一,此为一变。然后再对两部分合一之蓍草再分、再挂、再揲、再归奇,此为二变。接着将二变之后的两部分合一之蓍草再分、再挂、再揲、再归奇,此为三变。三变之后两部分蓍草之和或二十四,或二十八,或三十二,或三十六,不会超出此四个数字之外。以四除之,得数不外六、七、八、九。六为老阴,八为少阴,七为少阳,九为老阳。依实得之数画爻,奇数为阳爻,偶数为阴爻,凡三变得一爻,总共有十八变,依次由下而上可画出初、二、三、四、五、上六个爻,故后文有"十有八变而成卦"之语。

⑫乾之策二百一十有六,坤之策百四十四:乾用九,三变过揲数为三十六,六爻凡十八变,六乘以三十六,故乾之揲数之和为二百一十六。坤用六,三变过揲数为二十四,六乘以二十四,故为一百四十四。策,指十有八变后的过揲之数。

⑬当期之日:与一年日数相当。乾卦二百一十六策,坤卦一百四十四策,相加为三百六十策,与一年三百六十天的日数相当。期,指一年。

⑭二篇之策:《易经》上、下两篇。六十四卦之总爻数为三百八十四,阴阳爻各一百九十二爻。阳爻每爻三十六策,一百九十二爻为六千九百一十二策;阴爻每爻二十四策,一百九十二爻为四千六百零八策。合计总策数为一万一千五百二十策,象征万物之数。

⑮四营而成易:指分二、挂一、揲四、归奇。即指四营为一变。

⑯八卦而小成:指九变之后所得的是由三爻组成的卦。

⑰显道神德行:《易经》能彰显幽隐的道理,能神奇地玉成其德行。显,彰显;神,神奇。

⑱可与酬酢(zuò),可与佑神:运用《易》理可以应对万物之求,可以佑助神化之功。酬酢,应对;佑,助。

[译文]

占筮中所用数字，是以天地之数为依据的。奇数为阳，偶数为阴。天为阳地为阴。天的数为一、三、五、七、九；地的数为二、四、六、八、十。五个代表天的奇数和五个代表地的偶数，其位是奇偶相得，而其变化正是合于天地变化之道的。代表天数的一三五七九相加是二十五，代表地数的二四六八十相加是三十，合起来共计为五十五。这些数字构成了易理的变化之道，就能如同神鬼般，神奇地推算判断未来了。

易理上占筮推衍之数，使用五十五根蓍草，而实际占筮时运算起来只用四十九根。先把四十九根蓍草任意分为两部分放在左右手，以象征阴阳两仪，这为第一营。再从右手的蓍草中拿出一根挂在无名指与小指之间，以象征天地人三才，这为第二营。再以四为单位，分数左右手的蓍草，以象征四季的交替，这为第三营。将第三营之后两部分各自所余之蓍草挟在左右手无名指与中指之间，以象征闰月，此为第四营。五年中有两次闰月，所以，在占筮中也分四个步骤，其中两次有的余数加上所挂的一根蓍草为（或五或九），这便是第一变。

乾卦的蓍数有二百一十六策，坤卦的蓍数有一百四十四策，合起来为三百六十策，正相当于一年的日数。《易经》上下两篇六十四卦，共一万一千五百二十策，相当于万物之数。所以按照筮占之法，经过四个步骤（即四营）而完成一次变化。经过十八次变化便得到一卦。其实第九变之后所得的是由三爻组成的卦，即八卦，已成就了宇宙万物变化之象。由八卦而引申为六十四卦，根据八卦的特征，分类赋予和丰富了八卦所象征的事物，内、外卦所代表的各种物象之间的复杂关系，可将天下之能事尽都囊括其中了。

《易经》能彰显幽隐的道理，能神奇地玉成其德行，运用《易》理可以应对万物之求，可以佑助神化之功。孔子说："能够掌握这一套卦爻和宇宙变化道理的人，大概知晓神灵的所作所为吧！"

[说明]

以上第九章，讲求卦的具体方法、步骤。朱熹《原本周易本义》说："此第九章，言天地大衍之数，揲蓍求卦之法，然亦略矣。意其详具于太卜筮人之官，而今不可考耳。其可推者，启蒙备言之。"这章论述了天地之数和大衍之数。天地之数和大衍之数是易数系统的重要组成部分，其主要功能是构造宇宙结构的数字模型，并为占筮提供推衍与检索程序。在易学的整体系统中，易数事实上是一个最不发达的分支。它本身在绝大多数场合只是一些没有位权的不可换算的代码，不足以表现各种素朴的易象模型中的数量关系。

第十章

《易》有圣人之道四焉：以言者尚其辞①，以动者尚其变②，以制器者尚其象③，以卜筮者尚其占④，是以君子将有为也，将有行也，问焉而以言⑤。其受命也如响⑥。无有远近幽深，遂知来物。非天地之至精，其孰能与于此。参伍以变，错综其数⑦。通其变，遂成天地之文⑧；极其数，遂定天下之象⑨。非天下之至变，其孰能与于此。《易》无思也，无为也，寂然不动，感而遂通天下之故。非天下之至神，其孰能与于此。

夫《易》，圣人之所以极深而研几⑩也。唯深也，故能通天下之志；唯几也，故能成天下之务；唯神也，故不疾而速，不行而至。子曰："《易》有圣人之道四焉者，此之谓也。"

[注释]

①以言者尚其辞：用《易》立论者崇尚其卦辞、爻辞。以，用；言，论；尚，崇、从。

②以动者尚其变：用《易》决定行动时，应仿效其中的阴阳变化，以趋吉避凶。变，爻画的刚柔变化。

③以制器者尚其象：用《易》的道理来制造器物，要重视其卦的象征关系。象，卦象。

④以卜筮者尚其占：用《易》的道理来占筮，要重视大衍之数的推衍程序。占，揲蓍求卦。

⑤问焉而以言：占筮之人将有所行动或作为，就用蓍求卦问其吉凶，通过卦爻辞获得回答。然后据以发言行事。

⑥受命也如响：蓍策受令后立即开始运策衍算，从而寻到所要贞问之卦爻。如响，如声之应响。

⑦参伍以变，错综其数：在揲蓍求卦中，有叁数、伍数的变化，其数交错综合。

⑧通其变，遂成天地之文：把爻的变化会通起来，就形成宇宙间错综复杂的事物。通，会通；遂，就；成，定；文，物相杂。

⑨极其数，遂定天下之象：穷究《周易》卦爻之数，就明确了天下事物的种种现象。极，尽。

⑩极深而研几：由于《易》理精深，故圣人用以探求事物之理，可以极尽其幽深，研求其几微。

[译文]

《易经》中有圣人应用的四项方法，即用《易》立论者崇尚其卦辞、爻辞；决定行动时，应仿效其中的阴阳变化，以趋吉避凶；制造器物时，要重视其卦的象征关系；进行筮占时，要重视大衍之数的推衍程序。所以，君子将有所作为、将有所行动时，必占筮以求教于系辞。蓍策受令

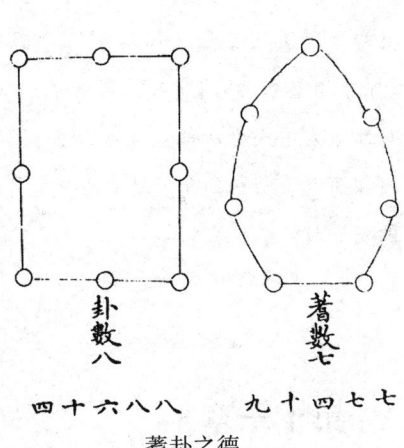

蓍卦之德

后立即运策衍算，从而寻找所要贞问的卦爻，不论远近、幽暗难明、深奥难懂，随即知道未来的事物。因而，要不是易理具有如此精妙的道理，又怎能有这样的功效啊！在揲蓍求卦中，有参数、伍数的变化，其数交错综合。把爻的变化会通起来，就形成宇宙间错综复杂的事物；穷究《易经》卦爻之数，就明确了天下事物的种种现象。所以，如果易理不是含有如此真实的变化，哪又会有这样的功能呢？《易经》本身没有思维功能、没有作为、寂静不动的，但只要能够感应，就能贯通天下一切道理。所以，如果不是易理具有如此的神妙性，又如何有这样的功能呢？

由于易理精深，故圣人用它来探求事物之理，可以极尽其幽深，研求其几微。正因为易理深隐，所以能贯通天下人的意志；正因为易道微妙，所以能成就天下的事物；正因为易道有如此神妙的功能，所以虽无心疾求，却应对神速，虽不用力去行，却能以理贯通天下。孔子赞叹说："《易经》中包含了辞、变、象、占这种圣人应用的方法，就是讲的这个道理啊！"

[说明]

以上为第十章，赞扬《易》道的"至精"、"至变"、"至神"和"尚其辞"、"尚其变"、"尚其象"、"尚其占"等四方面的"圣人之道"。朱熹《原本周易本义》说："此第十章，承上章之意，言《易》之用有此四者。"这章阐发圣人之所以能在四个方面运用《易》，原因在于通过《易》可以极深研几、穷神知化。其中心也在于圣人用《易》之四事，说明《易》理的宏大精深。

第十一章

子曰："夫《易》何为者也？夫《易》开物成务，冒天下之道①，如斯而已者也。"是故圣人以通天下之志，以定天下之业，以断天下之疑。是故蓍之德圆而神，卦之德方以知，六爻之义易以贡②。圣人以此洗心③，退藏于密，吉凶与民同患④。神以知来，知以藏往⑤，其孰能与于此哉！古之聪明睿知神武而不杀⑥者夫！

是以明于天之道，而察于民之故，是兴神物以前民用⑦。圣人以此斋戒，以神明其德夫⑧。是故阖户谓之坤，辟户谓之乾⑨，一阖一辟谓之变⑩，往来不穷谓之通，见乃谓之象，形乃谓之器，制而用之谓之法⑪，利用出入⑫，民咸用之谓之神⑬。

是故《易》有太极，是生两仪，两仪生四象，四象生八卦⑭，八卦定吉凶，吉凶生大业⑮。是故法象莫大乎天地，变通莫大乎四时；悬象著明莫大乎日月；崇高莫大乎富贵；备物致用、立功⑯成器以为天下利，莫大乎圣人；探赜索隐，钩深致远⑰，以定天下之吉凶，成天下之亹亹⑱者，莫大乎蓍龟⑲。

是故天生神物，圣人则之。天地变化，圣人效之。天垂象，见吉凶，圣人象之。河出图，洛出书，圣人则之⑳。《易》有四象，所以示㉑也；系辞焉，所以告也；定之以吉凶，所以断也。

[注释]

①夫《易》开物成务，冒天下之道：《易》揭示事物的规律以成天下之事，已经把天下的道都包括在内了。冒，覆盖、包括。

②蓍之德圆而神，卦之德方以知，六爻之义易以贡：蓍占的性能于圆中而有神奇，卦的性能于方正之中有智慧，卦之六爻的意义是通过变化，以告人吉凶。易，变易、变化；知，智；贡，告。

③洗心：用卜筮解除万物之疑心。

④退藏于密，吉凶与民同患：将所占之事及其结果记录下来，退而藏之于密处，以待来日观其应验。圣人所占，事涉天下百姓，其吉凶和人民的利害是一致的。

⑤神以知来，知以藏往：《易》可预知未来，包藏过去。

⑥睿（ruì）知神武而不杀：《易》以其神可知来物，使人知惧而不犯，古之睿智之人得此，则不必以刑杀服人而人自服矣。

⑦是兴神物以前民用：圣人创制神妙的卜筮之法以引导百姓日常使用，避凶趋吉。神物，指蓍草与龟壳。殷人尚卜用龟壳；周人尚筮，用蓍草。西周至春秋，卜筮并行，二者并称神物。兴，起而用之。

⑧圣人以此斋戒，以神明其德夫：圣人用《易》肃敬并反省自己，使其德性神奇英明。斋，敬；戒，警戒、反省。

⑨阖（hé）户谓之坤，辟户谓之乾：关门闭户叫作坤，开启门户叫作乾。阖，闭合；辟，开。

⑩一阖一辟谓之变：门户一关一开叫作变化。喻乾坤阳阴往来不停地运动变化。

⑪制而用之谓之法：制作器物供人使用叫作仿效。法，效法；制，制作。

⑫利用出入：运用上述法则，以作为出入进退的依据。

⑬民咸用之谓之神：指不离开人民的生活日用，这才是真正的所谓神之用。这句话点明了神固然阴阳莫测，但并非虚脱，而是"显诸仁，藏诸用"的。

⑭《易》有太极，是生两仪，两仪生四象，四象生八卦：《易经》有太极，因而产生了两仪，两仪产生四象，四象产生八卦。太极即大极，是至高无上之物，是宇宙的本体。两仪指日月，四象指四时。

⑮八卦定吉凶，吉凶生大业：八卦衍成六十四卦，卦爻变动可判吉凶，预知到事物是好的或坏的结局，就能成就大事业。生，成就；大业，大事业。

⑯功：今本脱此字，补上。高亨《周易大传今注》说《书》引《易》曰："'立功成器。'今据增。"

⑰探赜索隐，钩深致远：探寻和索求深奥、隐晦的道理，占筮能钩取出事物之深奥，推究事物的玄远。赜，精微、深奥、复杂。

⑱亹亹（wěiwěi）：勤勉。朱熹《原本周易本义》说："亹亹，犹勉勉也；疑则怠，决故勉。"

⑲莫大乎蓍龟：成就人事，奋发作为，以蓍、龟作用最大。亦即蓍、龟

非常灵验。

⑳河出图，洛出书，圣人则之：黄河里出现龙图，洛水里出现龟书，圣人依据"河图"创作八卦，依据"洛书"创作九畴。河，黄河；洛，洛水。

㉑《易》有四象，所以示：《易经》有少阳、老阳、少阴、老阴四种爻象，以此显示其变化。

[译文]

孔子说："《易经》究竟有什么用处呢？《易经》是用来揭示事物的规律，以成就天下之事，它已经把天下的道都包含在内了，不过如此而已。"所以，圣人用它沟通天下人的意志，奠定天下人的事业，判断天下人的疑问。由于蓍占的性能是圆通而神奇的，卦体的性能是方正而有智慧的，六爻的意义是通过变化而告人吉凶的。因此，圣人体察易理，用卜筮解除万物之疑心，将所占之事及其结果记录下来，退而藏之于密处，以供来日观其应验与否。圣人所占，事涉天下百姓，其吉凶和人民的利害是一致的。《易》可以预知未来而且能包藏过去。究竟有谁能达到这种境地呢？大概只有那具有聪明睿智，不必以刑杀服人而人自服的古代圣王才能如此吧！

因此，深明天道的阴阳变化，细察人民的生活事故，圣人创制神妙的卜筮之法以引导百姓日常使用，避凶趋吉。圣人用《易》肃敬并反省自己，使其德性神奇英明。关门闭户叫坤，开启门户叫乾，门户的一关一开叫作变化，亦即乾坤阴阳往来不停地运动变化。一往一来的变化不停便是所谓感通。感通之后显现可见的成为象，阴阳相和而生成，有形有质的便是器。制定创造与使用器物的规范叫作法。运用上述法则，以作为进退的依据，不离开人的生活日用，其受用不尽，就是所谓的神。这就是《易经》以六爻变易告知吉凶，其中所包含的阴、阳、变、通、象、器、法、神八种道理。

所以，《易经》有太极，是阴阳未分天地混沌时期宇宙万物由此创始。太极即大到了极点。由太极产生了阴阳两仪，两仪产生四象，再由四象的作用，演化成八卦。八卦形成之后，卦爻的变动可判断吉凶，预知到事物是好的或坏的结局，就能成就大事业。所以，取法的映象没有比天地更伟大了；变化通达没有比四季更大顺了；能够悬象著明没有比日月更辉光了；在人世间最为尊崇的没有比得上富有天下，贵为天子的了；为人民准备好物资，制成完备的器具，为天下人谋福利，没有比圣人更伟大的了；探寻和索求事物的深奥、隐晦的道理，占筮能钩取出事物深奥，推究事物的玄远，以断定吉凶之理，使天下人心因明吉凶而知所勤勉的，没有比使蓍草、龟甲占卜更灵验的了。

所以，天生蓍草、龟甲等通神之物，圣人依据它们而创作了占卜的法则。天地产生的各种变化，圣人效法它们建立了卦爻的原理。天显示出各种自然现象表现了吉凶的道理。黄河里出现龙图，洛水里出现龟书，圣人依据河图创作了八卦，依据洛书创制了九畴。《易经》有少阳、老阳、少阴、老阴四种爻象，以此显示其变化。在卦爻之下系辞，就是要告诉人们何去何从，定之以吉凶的道理，就是要人们知所选择，能趋吉避凶。

[说明]

以上为第十一章，论述卜筮之法的产生、作用和意义，有些为玄奥虚夸之词。朱熹《原本周易本义》说："此第十一章，专言卜筮。"以太极为原初的宇宙衍化论是战国时期比较流行的一种有关宇宙发展衍化理论。这一理论力求探索宇宙的起始，回答宇宙衍化的进程。这一体系建立以后，基本上奠定了东方哲学的思维模式，往后的发展大多体现在各个纵向点的横向联结之上；纵向的内涵虽然也起了重大的变化，但其形式则一直维持到清代。依据大衍之数进行推演的筮法，亦是对太极演化理论的仿效。五十置一于侧以象太极，二以象两仪，挂一以象天、地、人三才，揲四以象四季，归奇以象闰。预测之所以灵应，以其取意之深远，用物（蓍龟）亦为神物之故也。"天垂象，见吉凶"云云者，更加充满了神秘色彩，为战国后期的方术之士以及汉代盛行的望气占候之术和谶纬神学提供了经典依据。

第十二章

《易》曰："自天祐之，吉，无不利①。"子曰："祐者，助也。天之所助者，顺也；人之所助者，信也。履信思乎顺②，又以尚贤也。是以'自天祐之，吉，无不利'也。"

子曰："书不尽言，言不尽意③。"然则圣人之意其不可见乎？子曰："圣人立象以尽意④，设卦以尽情伪⑤，系辞焉以尽其言⑥，变而通之以尽利，鼓之舞之以尽神⑦。"

乾坤，其《易》之缊⑧耶，乾坤成列而《易》立乎其中矣。乾坤毁则无以见《易》。《易》不可见，则乾坤或几乎息矣，是故形而上者谓之道，形而下者谓之器⑨。化而裁之谓之变，推而行之谓之通，举而错之天下之民谓之事业。

是故夫象⑩，圣人有以见天下之赜，而拟诸其形容，象其物宜，是故谓之象，圣人有以见天下之动，而观其会通，以行其典礼，系辞焉以断其吉凶，是故谓之爻。极天下之赜者存乎卦，鼓天下之动者存乎辞。化而裁之存乎变，推而行之存乎通，神而明之存乎其人。默而成之⑪，不言而信⑫，存乎德行⑬。

[注释]

①自天祐之，吉，无不利：引自大有卦（第十四卦）上九爻辞。从"《易》曰：'自天祐之……'"至"是以'自天祐之，吉，无不利'也。"这一节与上下文联属不顺，故朱熹《原本周易本义》说："或恐是错简，宜在第七章之末。"高亨《周易大传今注》也认为是错简。

②履信思乎顺：践履诚信，存心顺从天道。

③书不尽言，言不尽意：文字是记载语言的，语言是表达思想意识的，但文字和语言一旦形成后便具有相对的稳定性。对于生动活泼的思想意识来

说，这稳定性无疑使文字和语言的表达功能受到局限。这一卓越思想，对中国古代哲学，以及诗歌、书法、绘画、音乐、舞蹈、气功、医学等理论的发展产生过重大影响。书，指文字；言，指语言；意，指思想、意识、意念。

④立象以尽意：设立卦象来表达其思想。《易传》引孔子言论说明《周易》的象征可以表达语言所不能尽述的深意。

⑤设卦以尽情伪：设制六十四卦反映事物的诚伪。

⑥系辞焉以尽其言：在卦下撰系文辞来尽行表达圣人的意旨。

⑦鼓之舞之以尽神：鼓励推动人们尽行运用《易经》之理以发挥其神妙功用。

⑧乾坤，其《易》之缊（yùn）：缊，藏。朱熹《原本周易本义》说："缊所包蓄者，犹衣之著也。《易》之所有，阴阳而已，凡阳皆乾，凡阴皆坤。画卦定位，则二者成列，而《易》之体立矣。乾坤毁，谓卦画不立；乾坤息，谓变化不行。"

⑨形而上者谓之道，形而下者谓之器：《易》不以形之有无，而是以形之上下来分别道和器。形而上，是指形的向上提升；形而下，是指形的向下落实。就拿阴阳来说，其向上提升，是阴阳之中和，便是道；而其向下落实，是阴阳之相感以生万物，便是器。形，事物的形体；道，阴阳对立统一的客观规律性；器，有形质的物体。

⑩夫象：王夫之《周易考异》引郭京说："无夫象二字。"

⑪默而成之：默然潜修而有所成就。说明学《易》者若能立足于美好的"德行"，必然能默而有成。

⑫不言而信：不用言辞而能取信于人。

⑬存乎德行：全在于人的品德修养和实际行动。

[译文]

《易经》大有卦上九爻辞上说："自天祐之，吉，无不利。"孔子说："祐就是助的意思。天帮助顺从天道的人；人帮助诚信的人。践履诚信，存心顺从天道，而在品行上又能尚贤崇德，这样的话，才能得到天的保佑，获得吉祥，没有不利了。"

孔子说："文字是记载语言的，语言是表达思想意识的，但文字和语言一旦形成后便具有相对的稳定性，对于生动活泼的思想意识来说，这稳定性无疑使文字和语言的表达功能受到了局限。"这样说来，难道圣人立言垂教的精意，就晦而不明了吗？接着又说："圣人设立卦象来表达其思想；设制六十四卦反映事物的诚伪；在卦下撰系文辞来尽行表达圣人的意旨；由卦爻和系辞之理，应变求通，以尽万物厚生之利；鼓励推动人们尽行运用《易经》之理以发挥其神妙功用。"

乾坤两卦是《易》理所蕴含的精义吧！乾坤对待成列，《易》理就存在于其中。乾坤毁灭了，就无法表露《易》理的存在，于是乾坤的作用就几乎终止了。所以，抽象超出形体之上的叫作道，可见具有形体的叫作器。阴阳运化，而裁成万物的叫作变。阴阳鼓动，而发挥作用的叫作通。兴举阴阳之理，以供天下人民使用的，叫作事业。

所以，圣人能看出天下事物的复杂多样性，而模拟其形态，通过作卦画而把象征特定事物所适宜的意义表达出来，因而叫作象。圣人能看出天下事物的变动，观察它们之间阴阳的会合贯通，推行应时的社会典章制度，以求使它们能依此典章制度而行事，这就是系作卦爻辞来判断吉凶的做法，所以称为爻。极尽天下一切繁杂的现象都存于卦中，鼓动天下万物的变化，都存在于卦爻辞中。阴阳运化而裁成万物的，都存在于变化中，阴阳鼓动而发挥作用，都存在于贯通中。曲尽其神妙，以光照万物的，就在于人的运用了。默然潜修而有所成就，不用言辞而能取信于人，全在于人的品德修养和实际行动。

[说明]

以上为第十二章，论述乾坤是《易》的基础。《易》将语言、文字无法表达的事理，以象征的方式显示出来；而对《易》的领会运用，其关键在于人的品格和德行。还指出了圣人善于以卦象表达思想，要人们理解卦爻的指导作用，利用道和器又加以变通，以成就事业。

系辞下传

第一章

　　八卦成列，象在其中①矣；因而重之，爻在其中②矣。刚柔相推，变在其中③矣；系辞焉而命之，动在其中④矣；吉凶悔吝者，生乎动者也。刚柔者，立本者也；变通者，趣时者也⑤；吉凶者，贞胜⑥者也。

　　天地之道，贞观⑦者也；日月之道，贞明⑧者也。天下之动，贞夫一⑨者也。夫乾，确然示人易矣；夫坤，隤然示人简矣⑩。爻也者，效此者也。象也者，像此者也。爻象动乎内，吉凶见乎外，功业见乎变，圣人之情见乎辞⑪。

　　天地之大德，曰生⑫。圣人之大宝，曰位。何以守位？曰仁。何以聚仁？曰财。理财正辞⑬，禁民为非，曰义。

[注释]

①八卦成列，象在其中：八卦排成，事物的象就在它们中间了。

②因而重之，爻在其中：三画的八卦相重为六画的六十四卦，三百八十四爻尽包括其中。

③刚柔相推，变在其中：六十四卦中刚爻和柔爻互相推动，事物变易的道理都在其中。

④系辞焉而命之，动在其中：根据卦爻刚柔变化，在每卦每爻下系上卦辞、爻辞，告诉人们吉凶变化的道理，占者该如何行动也就在其中了。系辞，给卦、爻系之以辞；命之，告之以吉凶悔吝。

⑤变通者，趣时者也：人们行事、万物变通应趋向适宜的时机。趣，同趋。

⑥贞胜：守正者就可获胜。贞，正；胜，取胜。

⑦贞观：天无私覆，地无私载，为天地之贞。天地正，其象方可为人所崇仰观瞻。贞，正。

⑧贞明：日月以明普照天下，日月之正者，以其所照无私也。

⑨贞夫一：万物都应当专一守正，即纯一。

⑩夫乾，确然示人易矣；夫坤，隤（tuí）然示人简矣：乾卦，刚劲却向人显示平易；坤卦，柔顺便向人显示简约。确然，刚健之貌；隤然，柔顺之貌。

⑪圣人之情见乎辞：圣人的思想表现在卦辞和爻辞中。

⑫天地之大德，曰生：天地的最大功能是化生万物。德，功能；生，化生。

⑬理财正辞：圣人管理财物需颁布各项制度法令。理财，管理财物；正辞，端正言辞号令。

[译文]

八卦排成之后，事物的象就在它们中间了；由八卦相重叠为六十四卦，三百八十四爻尽包括其中。由刚爻和柔爻互相推动，事物变易之理都在其中了；在每卦每爻下系上系辞、爻辞，告诉人们吉凶变化的道理，占者该如何行动也包含在其中了。吉、凶、悔、吝的判断是一切活动产生的结果；刚爻和柔爻是推演宇宙万物变易的根本；万物变通，人们行事应趋向适宜的时机；吉凶的辞语，在于守正便可获胜，也就是必须坚持正常的道理，才能胜利。

天地运行有其常规，也在于展示天无私覆，地无私载，要人们体认正常之理；日月之道，是以光明普照天下，日月之正在于其照无私，要人们认清正常之理。同样，天下万物的变化也本着专一守正，即统一的道理，那就是善则吉、恶则凶的常理。乾卦，刚劲却向人显示平易的性能；坤卦，柔顺便向人显示简约的功用。爻是效法乾坤易简的性能，象是表现乾坤易简的功用。卦中爻象的象征是以内在动机启示人事微妙的际遇，而一旦行动表现于外，就见到吉凶，一切的功业都是在于能应变求通。圣人的思想表现在卦辞和爻辞中。

天地的最大功能是化生万物，圣人最大的宝物是崇高的地位。圣人怎样才能保住地位呢？那就是仁德。能使人民归聚的，除了仁德外，也不能忽视物质的条件，就是财。圣人管理财物要颁布各项法令制度，使人民能分辨是非、善恶，不至于为非作歹，这就是道义。

[说明]

以上为第一章，论述《易经》的义蕴和功用，说明了卦爻吉凶的意义和治国的原则，这就是要使人民富足安乐才能让万物来归。所以，首先要正令理财，然后指导人民向善并明辨是非，最后以法制约束统一人民的行为，国家才可富强，从而指出了守位治民的要点。朱熹《原本周易本义》说："此第一章，言卦爻、吉凶、造化、功业。"这章也重申了《易》卦宇宙模型中各种物件（单卦、重卦、爻等）的地位和作用，着重强调了这一模型所体现的贞一之道。

第二章

古者包牺氏①之王天下也，仰则观象于天，俯则观法于地，观鸟兽之文与地之宜，近取诸身，远取诸物，②于是始作八卦，以通神明之德，以类万物之情。作结绳而为网罟，以佃以渔，盖取诸《离》③。

包牺氏没，神农氏④作，斫木为耜，揉木为耒⑤，耒耨⑥之利，以教天下，盖取诸《益》。日中为市⑦，致天下之民，聚天下之货，交易而退，各得其所，盖取诸《噬嗑》。

神农氏没，黄帝、尧、舜氏作。通其变，使民不倦。神而化之，使民宜之⑧。《易》，穷则变，变则通，通则久⑨。是以自天祐之，吉，无不利。黄帝、尧、舜，垂衣裳而天下治，盖取诸《乾》、《坤》⑩。

刳木为舟，剡木为楫⑪，舟楫之利，以济不通，致远以利天下，盖取诸《涣》。服牛乘马，引重致远，以利天下，盖取诸《随》⑫。重门击柝⑬，以待暴客，盖取诸《豫》。断木为杵，掘地为臼⑭，杵臼之利，万民以济，盖取诸《小过》。弦木为弧，剡木为矢⑮，弧矢之利，以威天下，盖取诸《睽》。

上古穴居而野处，后世圣人易之以宫室，上栋下宇，以待风雨，盖取诸《大壮》⑯。古之葬者，厚衣之以薪，葬之中野，不封不树，丧期无数。后世圣人易之以棺椁，盖取诸《大过》⑰。上古结绳而治，后世圣人易之以书契，百官以治，万民以察，盖取诸《夬》⑱。

[注释]

①包牺氏：又称伏羲氏。传说中原始社会渔猎时代的氏族代表。伏羲氏生活时期距今约七千年之久。春秋战国时期，南北文化合流，伏羲进入中原的圣王系统，称为太昊，三皇之最先者。《系辞》据传说所作的这一记载，对八卦起源的探讨有重要的文献价值。

②近取诸身，远取诸物：指古人（包牺氏）在创制八卦时，就近探讨人的身体，至远则探讨了各种事物。诸，之于。

③结绳而为网罟（gǔ），以佃以渔，盖取诸《离》：结绳作网，用以捕捉

鸟兽和捕鱼，这是自《离》卦。罟，网；佃，本亦作田，猎取鸟兽；渔，捕鱼。《离》卦为离下离上，是重离。离为目，重目象网之形。

④神农氏：炎帝，兴起于西北甘陕一带的姜姓氏族首领，后迁徙入中原。

⑤斫(zhuó)木为耜(sì)，揉木为耒(lěi)：砍削树木制成耒耜的犁头，揉弯木杆制成耒耜的曲柄，这大概是吸取采用了《益》卦（木体能入土下而动）卦象。斫，砍削；揉，揉弯、揉折；耒耜，古代翻土之农具，即今之犁。

⑥耨(nòu)：古代的锄草农具。

⑦日中为市：正午开辟交易市场。日中，正午。《噬嗑》卦震下离上，震为动，离为日，如日中众人在集市上攒动，有"日中为市"之象。

⑧神而化之，使民宜之：巧妙地加以变化，使人民感到合用。

⑨穷则变，变则通，通则久：《易》的道理在于阴极则变为阳，阳极则变为阴，变动则顺通，顺通则长久。运用到社会历史发展上，则是一种朴素的社会进化论。亦即指事物发展到穷尽之点，便会出现逆向运动之"变"。在"变"的基础上顺其势而运动，即上文所谓"通其变，使民不倦"。通则久长，久长则复归于穷，穷——变——通，循环往复，以至无穷。

⑩垂衣裳而天下治，盖取诸《乾》、《坤》：始制衣裳，垂示天下而天下大治，是取象于乾坤两卦。古代服装上衣下裳，据传自黄帝始。上衣取象乾，下裳取象坤。

⑪刳(kū)木为舟，剡(yǎn)木为楫：将大木挖空制作为舟，削制木材制作舟楫。这大概是采用了《涣卦》的卦象。刳，劈开、挖空；剡，削尖；楫，船桨。

⑫服牛乘马，引重致远，以利天下，盖取诸《随》：牛马驾车，载重远行，使天下人得益，这是取象于《随》卦。服、乘，驾车；引重，拉引重物；致，向、到。随卦震下兑上，兑前震后。兑为泽，处卑下，比喻牛马。震为雷为动，比喻车在动，车声辚辚作响。所以说牛马驾车取象于《随》卦。

⑬重门击柝(tuò)：设置多重门户并在夜间派人敲梆警戒。重门，层层门；柝，巡夜打更用的梆子。

⑭断木为杵(chǔ)，掘地为臼(jiù)：圣王制作舂米器具，以方便百姓

的日用饮食,这是取法于小过的卦象。杵、臼,古代舂米器具。小过卦艮下震上,艮为山为止,震为雷为动。雷动于山、石之上,发出声响,象征杵。小过画象重坎,坎陷,臼之象也。巽为木为入;震为动;艮为手,为土,手执木杵动入臼土之象。所以说杵臼取象于《小过》卦。

⑮弦木为弧,剡木为矢:使木弯曲上弦成弓,削木使其锐利成箭。有了弓箭之利就能威服天下,这大概是从《睽》卦卦象得到的启发。古人有"兵"为"不祥之器"的观念,作弓制箭乃是不得已采取制伏"乖僻"之人的手段,这一点正好与《睽》卦象征意旨颇为接近。弧,弓;矢,箭。

⑯"上古穴居而野处"句:远古的人居住在穴洞或住在旷野,后世的圣人创造了房屋来代替,上有栋梁四周有墙壁,以防御风雨,这大概是从《大壮》卦卦象得到启发的。

⑰古之葬者……盖取诸《大过》:古代埋葬死人,只用柴草厚厚地裹缠死者的遗体,埋在荒野之间,不堆坟墓也不植树木,没有限定的居丧期限,后来的圣人发明棺椁改变了过去的丧葬习俗,这大概取象于《大过》卦。以薪,以柴草盖尸;中野,即野中;树,植树;棺椁,盛葬尸体之具,内层为棺,外层为椁。《大过》卦巽下兑上,巽为木,指棺椁。兑为泽,指坑洼,指把棺椁葬在土穴中。所以说,这是取象于《大过》卦。

⑱"上古结绳而治"句:远古的人结绳子做标志来处理事务,后代圣人发明契刻文字以记事,改变了过去的结绳方式,百官可以用它治理事务,万民可以用它稽查琐事,这大概是吸取了《夬》卦(断事明决)的象征。

[译文]

上古时期,包牺氏统治天下,他仰观天上日月星辰昼夜四时等种种现象,俯察则研究地上高下卑湿的种种法则,再观察鸟兽的斑纹以及草木金石等地利,就近探讨取决人的身体,至远探讨并模仿万物之貌,于是用这些素材作成八卦,上可融会贯通明智造化的德行,下可以分类比拟万物的情状。结绳作网,用以捕捉鸟兽和捕鱼,这大概是取自于《离》卦的形象。

包牺氏死了以后,神农氏兴起,砍削树木制成耒耜的耜头,揉弯木杆制成耒耜的曲柄,他之所以用耒耜等农具之利,来教导天下人农耕,这大概是取法于《益》卦的卦象。正午开辟的交易市场,招来天下人民,聚集天下财货,交易之后又各自散去,大家都各得其所需,这大概是取法于《噬嗑》卦的卦象。

神农氏死后,黄帝、尧、舜相继兴起,他们都能通达地改变人民的生产方式,使人民不感到厌倦,并巧妙地加以变化,使人民感到合用。《易经》告诉我们,事物发展到穷尽之点就要变化,变化就能通达,能通达便可恒久。这样的话,便能得到天助,吉祥而无不利了。黄帝、尧、舜,始制衣裳,垂示天下而天下大治,这大概是取法于《乾》、《坤》以定尊卑的道理。

将大木挖空制作为船,削制木材制作舟楫,船桨的便利在于,渡过本来无法通行的水上阻塞以达远方,使天下得到利益,这大概是取法于《涣》卦之象。牛马驾车,载重远行,使天下人得益,这大概是取法于《随》卦之象。设立多重门户并在夜间派人敲梆警戒,来对付盗匪,这大概是取法于《豫》卦之象。圣人制作舂米器具,砍削木头做成杵,挖掘泥

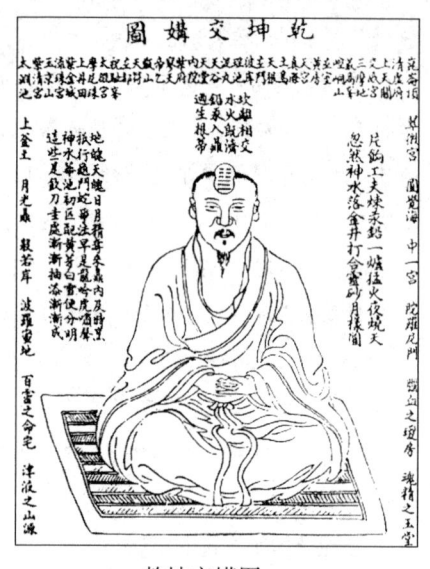

乾坤交媾图

土做成臼,以方便百姓的日用饮食,使万民能得到所养,这大概是取法于《小过》卦之象。使木弯曲上弦成弓,削木使其锐利成箭,有了弓箭之利就能威服天下,这大概是取法于《睽》卦之象。

远古的人冬天居住在穴洞,夏天住在旷野,后代圣人建造房屋居住,房屋上有栋梁,四周有墙壁,以防御风雨,这大概是取法于《大壮》卦之象。古代埋葬死人,只用柴草厚厚裹缠死者的遗体,

埋在荒野之间，不堆砌坟墓也不植树木，没有限定的居丧期限，后来的圣人发明了棺椁改变了过去的丧葬习俗，这大概是取法于《大过》之象。远古的人用结绳子做标志来处理事物，后代圣人发明锲刻文字记事，改变了过去的结绳方式，百官可以用它治理事务，万民可以用它稽查琐事，这大概是取法于《夬》卦之象。

[说明]

以上为第二章，说明卦象与器物的关联性。朱熹《原本周易本义》说："此第二章，言圣人制器尚象之事。"此章主要以圣人用《易》四道之一的观象制器，说明《周易》卦爻之象对促进古代文明史的发展所起的重大作用。所列举之例，未免牵强附会，甚至因果倒置，但《系辞》作者却有意无意地表现出两点极其宝贵的思想：第一，人类文明史的发展与生产工具的改进存在着密切的关系；第二，重视发明创造，并把《易》象看作是发明创造的思想源泉。这两点思想火花，在以后两千多年易学的发展过程中导致了《周易》对中国传统文化的全面渗透和影响，人们几乎在各种思想意识和文化现象中都能找到《周易》的踪迹。

第三章

是故《易》者，象也①。象也者，像也②。彖者，材也③。爻也者，效天下之动者也，是故吉凶生而悔吝著也。

[注释]

①《易》者，象也：《易》卦是象征宇宙万物的。象，模拟、象征。

②象也者，像也：象，就是万物之像。

③彖者，材也：指论一卦材德的卦辞，意为彖辞是说一卦的才德。

[译文]

由以上所述，可知《易经》的内容是在于象征，所谓象征是模拟宇宙万物的形象。彖辞、卦辞是总括一卦的意义，也是对卦象的一种裁断。爻是效法,六爻的变化以效法天下错综复杂的微妙变动,使人们了解产生吉凶悔吝的道理。

[说明]

以上为第三章,论述卦象和卦爻辞的作用。说明《易》的内容是象征性的。卦象为一卦的根本。卦象和卦爻辞反映人事的吉凶悔吝。

第四章

阳卦多阴,阴卦多阳①,其故何也?阳卦奇,阴卦耦②,其德行何也?阳一君而二民③,君子之道也;阴二君而一民④,小人之道也。

[注释]

①阳卦多阴,阴卦多阳:阳卦多阴爻,阴卦多阳爻。八卦之中,除乾(☰)为纯阳,坤(☷)为纯阴之外,其余六卦亦分阴阳:阳卦为震(☳)、坎(☵)、艮(☶),均为一阳二阴,故称"多阴";阴卦为巽(☴)、离(☲)、兑(☱),均为一阴二阳,故称"多阳"。

②阳卦奇,阴卦耦:阳卦为奇数,阴卦为偶数。阳卦有一根阳爻,两根阴爻。阳爻一个爻画,阴爻为两个爻画。所以,阳卦共有五个爻画。五为奇数,所以说阳卦奇。阴卦有一根阴爻,两根阳爻,共有四个爻画。四为偶数,所以说阴卦耦(偶)。

③阳一君而二民:阳卦一阳爻,二阴爻,阳象征君,阴象征臣民,故曰"阳一君而二民"。阳,阳卦。

④阴二君而一民:阴卦二阳爻,一阴爻,所以说"阴二君而一民"。阴,阴卦。

[译文]

阳卦之中阴爻多,阴卦之中阳爻多,这是什么缘故呢?因为,阳卦的爻是一阳二阴,所以奇数的阳爻成为主体;阴卦的爻一阴二阳，所以偶数的阴爻为主体。它们代表的德行是什么呢？因为阳卦是一位君主而有两位臣民，两位臣民即含有众多之义，正是万民归心的君子之道；阴卦是一位臣民而有两位君主相争，两君即形容政出多门，互相争夺，国家大乱，这是小人之邪道。

[说明]

以上为第四章，讲述阳卦、阴卦的特点和性质。

第五章

《易》曰："憧憧往来，朋从尔思①。"子曰："天下何思何虑？天下同归而殊途，一致而百虑②。天下何思何虑？日往则月来，月往则日来，日月相推而明生焉；寒往则暑来，暑往则寒来，寒暑相推而岁成焉。往者屈也，来者信也，屈信相感而利生③焉。尺蠖之屈，以求信④也。龙蛇之蛰，以存身⑤也。精义入神，以致用⑥也；利用安身，以崇德也。过此以往，未之或知⑦也。穷神知化⑧，德之盛也。"

《易》曰："困于石，据于蒺藜，入于其宫，不见其妻，凶⑨。"子曰："非所困而困焉，名必辱⑩。非所据而据焉，身必危。既辱且危，死期将至，妻其可得见邪！"

《易》曰："公用射隼于高墉之上，获之，无不利⑪。"子曰："隼者，禽也；弓矢者，器也；射之者，人也。君子藏器于身，待时而动，何不利之有？动而不括，是以出而有获⑫，语成器而动者也。"

子曰："小人不耻不仁，不畏不义，不见利不劝，不威不惩⑬。小惩而大诫，此小人之福也。《易》曰：'屦校灭趾，无咎'⑭，此之谓也。""善不积不足以成名，恶不积不足以灭身。

小人以小善为无益而弗为也，以小恶为无伤而弗去[15]也。故恶积而不可掩，罪大而不可解[16]。《易》曰：'何校灭耳，凶[17]。'"

子曰："危者，安其位者也；亡者，保其存者也；乱者，有其治者也。是故君子安而不忘危，存而不忘亡，治而不忘乱，是以身安而国家可保也。《易》曰：'其亡其亡，系于苞桑[18]。'"

子曰："德薄而位尊，知小而谋大，力小而任重，鲜不及矣！《易》曰：'鼎折足，覆公𫗧，其形渥，凶[19]。'言不胜其任也。"

子曰："知几，其神乎[20]！君子上交不谄，下交不渎[21]，其知几乎？几者，动之微，吉之先见者[22]也。君子见几而作，不俟终日。《易》曰：'介于石，不终日，贞吉[23]。'介如石焉，宁用终日，断可识矣。君子知微知彰，知柔知刚，万夫之望[24]。"

子曰："颜氏之子，其殆庶几[25]乎！有不善未尝不知，知之未尝复行也。《易》曰：'不远复，无祗悔，元吉[26]。'"天地絪缊，万物化醇[27]；男女构精，万物化生。《易》曰："三人行则损一人，一人行则得其友[28]。"言致一也。

子曰："君子安其身而后动[29]，易其心而后语，定其交而后求。君子修此三者，故全也。危以动，则民不与[30]也；惧以语，则民不应也；无交而求，则民不与也。莫之与，则伤之者至矣。《易》曰：'莫益之，或击之，立心勿恒，凶[31]。'"

[注释]

①此句引自咸卦（第三十一卦）九四爻辞，详见该卦注解。

②天下同归而殊途，一致而百虑：天下人的目标是相同的，而所走的道路暂时是不同的，天下人的趋向是一致的，而想法暂时是多样的。

③屈信相感而利生：收缩与伸展交相感应而利益常生。屈，收缩；信，借为伸，有伸展之义。

④尺蠖（huò）之屈，以求信：尺蠖毛虫把身子弯曲起来，是为了向前

进。尺蠖，又名屈伸虫。昆虫名。

⑤龙蛇之蛰，以存身：龙蛇潜藏起来，是为了保存生命。蛰，冬眠潜藏。

⑥精义入神，以致用：精研上述往来相推、屈信相感之理，并以此致用于人事，亦可得以屈求伸、以蛰求存之利。

⑦过此以往，未之或知：除了上面讲的以外，那就有所不知了。此，指"精义入神"与"利用安身"。

⑧穷神知化：穷究微妙之理，探知变化之道。"穷神知化，德之圣也"的命题集中体现了儒家传统的智慧与道德合一的特点。

⑨此句引自困卦（第四十七卦）六三爻辞，其注详见该卦。

⑩非所困而困焉，名必辱：人困穷于不妥当的处所，其名必受损辱。

⑪此句引自解卦（第四十卦）上六爻辞，其注详见该卦。

⑫动而不括，是以出而有获：有所行动而无阻滞，外出必有收获。说明"藏器"、"待时"，则动必畅通无阻。引申为君子怀才德于身，行动方能成功。括，闭塞阻碍。

⑬小人不耻不仁，不畏不义，不见利不劝，不威不惩：小人不知羞耻，不明仁德，不畏正理，不讲道义，不见利益不努力干，不受到刑威便达不到惩戒的目的。小人，无才德之人；劝，努力；威，刑威；惩，惩戒。

⑭此句引自噬嗑卦（第二十一卦）初九爻辞，详见该卦之注。

⑮小恶为无伤而弗去：小人把小恶看成无伤大体的事而不愿意除去。

⑯恶积而不可掩，罪大而不可解：小人不积小善，不改小恶，以致恶行积累而无法掩盖，罪行极大而难以解救。

⑰此句引自噬嗑卦（第二十一卦）上九爻辞，详见该卦之注。

⑱此句引否卦（第十二卦）九五爻辞，详见该卦之注。

⑲此句引自鼎卦（第五十卦）九四爻，详见该卦之注。

⑳知几，其神乎：预知事物的微妙征兆，合乎其规律。

㉑上交不谄，下交不渎：君子与地位在己上的人交往不谄媚，与地位在己下的人交往不轻慢，这才算是懂得事理。谄，阿谀奉承取媚于人；渎，轻慢。

㉒几者，动之微，吉之先见者：几是事物细微的变动，吉凶的结局先有

所隐约的显现。

㉓此句引自豫卦（第十六卦）六二爻辞，详见该卦之注。

㉔知微知彰，知柔知刚，万夫之望：知晓隐微的前兆就可知晓昭著的结局，知晓阴柔的功益也就知晓阳刚的效用。微，隐微；彰，昭著；万夫，万人，喻多；望，仰望。

㉕颜氏之子，其殆庶几：颜回自知不善的苗头，一知不善，便不重犯。颜氏之子，指颜回，孔子的大弟子。殆，大概；庶几，接近、差不多。

㉖此句引自复卦（第二十四卦）初九爻辞，详见该卦之注。

㉗天地絪（yīn）缊（yūn），万物化醇（chún）：天地阴阳二气交融，万物衍生，更加普遍。絪缊，阴阳二气相交融；醇，普遍。

㉘此句引自损卦（第四十一卦）六三爻辞，详见该卦之注。

㉙安其身而后动：具备安身后动的美德，于己于人两全其美。

㉚危以动，则民不与：冒险以动，侥幸求成，百姓就不予赞助。不与，不助、不予。

㉛此句引自益卦（第四十二卦）上九爻辞，其注详见该卦。此处为虽立起心然不能持之以恒者，不可能修全上述三个方面，故有凶危。

[译文]

《易经》咸卦九四爻辞上说："憧憧往来，朋从尔思。"孔子说："天下的人到底在思考什么呢？忧虑什么呢？天下人的目标是相同的，而所走的道路暂时是不同的；天下人的趋向是一致的，而想法暂时是多样的。天下

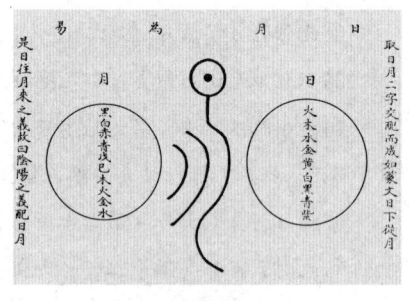

日月为易图

的人到底在思考什么忧虑什么呢？就像日月的往来，运转不息，由于它们的交感相生，而使宇宙长明，寒暑交替推移形成春、夏、秋、冬的时序的变化。日月寒暑的往，是代表阴的收缩，日月寒暑的来，是代表阳的伸展，收缩和伸展交相感应而利益常生不已。又

像尺蠖毛虫把身子弯曲起来,是为了下一步的伸展,虫蛇潜藏起来是为了保存生命。这都说明了自然界的道理,也是先在静时有所蓄,到了动时才有所用。因此,人们要精研上述之理,并以此致用于人事,亦可得以屈求伸、以蛰求存之利;使自己心安理得,是为了德行崇高。除了这些以外,那就有所不知了。所以,人们真正能够穷究微妙之理,探知变化之道,就只有像圣人那样具备崇高的道德了。"

《易经》困卦六三爻辞上说:"困于石,据于蒺藜,入于其宫,不见其妻,凶。"孔子说:"人受困于不妥当的处所,其名必受损辱;以不择手段的方法来自保的,反而加深了自己的危险。陷入这种既羞辱又危险的境况,死期已经不远了,哪里还会见到他的妻子呢?"

《易经》解卦上六爻辞说:"公用射隼于高墉之上,获之,无不利。"孔子说:"隼,是指飞禽;弓矢,是打猎的利器;能执弓而射禽的是人。君子将利器藏于身上待机行动,又怎么会不利呢?有所行动而无阻滞,外出狩猎必有收获。这也是所谓必须先能藏器,然后再动的道理。"

孔子说:"小人不知羞耻,不明仁德,不畏正理,不讲道义,不见利益不努力干,不受到刑威便达不到惩戒的目的。因此,若能给他们小小的惩罚,使他们得到教训,而不至于犯太大的错误,这点小惩对他们来说,还算是小福气的。这正是《易经》噬嗑卦初九爻辞上所谓的:'屦校灭趾,无咎。'"孔子接着说:"不累积善行,就不足以成名天下;不累积恶行,就不足以至杀身之祸。小人做事,看到了小善,以为不足轻重,就不肯去做;看到了小恶,以为无伤大体,而不肯悔改。最后弄到恶行累积到不可掩饰,罪行极大而难以解救的地步。正如《易经》噬嗑卦上九爻辞所谓:'何校灭耳,凶。'"

孔子说:"危险是由于认为安全而发生;灭亡是由于认为可以长久而发生。因而,君子在安定的时候,不要忘记危难;在图存的时候,不要忘记败亡;在社会安定的时候,不要忘记祸乱。这样的话,他就会自身可保安全,国家也能够长存。这正如《易经》否卦九五爻辞上所谓的:'其亡其亡,系于苞桑。'"

孔子说:"德行浅薄却地位尊贵,智慧低下却图谋大事,才力弱小却担当重任,这样的话,很少有不招灾祸的。《易经》鼎卦九四爻辞上说:'鼎折足,覆公悚,其形渥,凶。'这就是形容才智不足以胜任的毛病。"

孔子说:"预知事物的微妙征兆,合乎其规律,可以说已达到神化的境界了。君子若能做到与地位在己上的人交往不谄媚,与地位在己下的人交往不轻慢,这才算是懂得事理。什么是几?几是事物的微妙变动,吉凶的结局先有所隐约的显现。君子的工夫就在能认清事物的变动,把握时机而行动,无须等待事物变的结果,事情真相大白之时。《易经》豫卦六二爻辞上说:'介于石,不终日,贞吉。'所谓'介于石',就是有识见、有定力,情思很明显就可判断,哪里还须犹豫不决去等待呢?知晓隐微的前兆就可知晓昭著的结局,知晓阴柔的功益就知晓阳刚的效用。具备了这些德行,就是众人所仰望的人物。"

孔子说:"颜回自知有不善的苗头,一知不善,便不会再犯同样的过错。《易经》复卦初九爻辞上说:'不远复,无祇悔,元吉。'"天地阴阳二气交融,万物衍生,更加普遍。所以,《易经》损卦六三爻辞上说:"三人行则损一人,一人行则得其友。"这就是说,天下的道理就是要达到一致。

孔子说:"君子具备安其身而后动的美德,于己于人两全其美;先心平气和,然后再发表你的言论;先建立彼此之间的诚信,然后再向别人提出请求,如能有这三方面的基本修养,才能与人相处,没有偏失。冒险行动，侥幸求成，百姓就不予赞助；专爱唱高调，以权威吓人，百姓就不会响应你；没有建立相互信任关系就去要求，则百姓不会答应支持，如果得不到支持，伤害你的人就要来到了。所以，《易经》益卦上九的爻辞上说：'莫益之，或击之，立心勿恒凶。'"

[说明]

以上为第五章，对九卦十一条爻辞作了解释。以上的卦爻辞大约写成于殷末周初，因为这些卦爻辞多含危惧警戒之意，反映了殷末周初周文王兴起与商纣王灭亡的历史经验和教训。

第六章

子曰："乾坤，其《易》之门邪①？"乾，阳物也；坤，阴物也。阴阳合德，而刚柔有体②。以体天地之撰③，以通神明之德。其称名也，杂而不越④。于稽其类⑤，其衰世之意邪？

夫《易》彰往而察来⑥，而微显阐幽⑦，开而当名辨物，正言断辞，则备⑧矣。其称名也小，其取类也大⑨。其旨远，其辞文，其言曲而中，其事肆而隐⑩。因贰以济民行，以明失得之报⑪。

[注释]

①乾坤，其《易》之门邪：乾卦、坤卦，大概是《易经》的门户吧！其，大概。

②阴阳合德，而刚柔有体：阴阳德性相配合而阳刚阴柔都表现在具体事物上。德，德性，即性质；体，形体。

③以体天地之撰：用乾坤来概括天地间事物的总数。

④其称名也，杂而不越：《周易》卦爻辞称述的物名尽管繁杂，却不逾越卦爻之理。其，一说指《周易》，一说指卦。称名，卦爻辞所称之物名；不

越,不逾越卦爻之理。

⑤于稽其类:考察这些卦名取象比类的含义。于,语助词;稽,考察;类,比类。

⑥彰往而察来:彰明往昔事物变故之理,用以察辨未来事态的演变。彰往,明于往事;察来,观察来事。

⑦微显阐幽:显示初微的征兆而阐明幽深的道理。微,细微、微小;显,显示;阐,阐明;幽,潜隐。

⑧开而当名辨物,正言断辞,则备:开列所当卦名,明辨事物,以正确言辞判断吉凶,这就完备了。开,开列。

⑨其称名也小,其取类也大:卦爻辞取名为微小的事物,但它所类比的事理极大。

⑩其旨远,其辞文,其言曲而中,其事肆而隐:它的旨意深远,言辞文雅,语言曲折而切中事理,它的叙事虽明白显露,但其中隐藏着深奥的哲理。曲,委曲;中,切中、中肯;肆,暴露;隐,隐藏深奥。

⑪因贰以济民行,以明失得之报:运用《周易》阴阳两方面的道理济助百姓的行动,使明确事物吉凶得失的应验。贰,朱熹解作疑,来知德解作副。此据李鼎祚《周易集解》说:"二谓乾与坤也。"黄寿祺《周易译注》主此说。

[译文]

孔子说"乾卦,坤卦,大概是《易经》门户吧!"乾代表阳,坤代表阴。阴阳德性相配合而阳刚阴柔表现在具体事物上。用乾坤来概括天地间事物的总数,可以通晓神明的德性。《易经》卦爻辞称述的物名尽管繁杂,却不逾越卦爻之理。考察这些卦名取象比类的含义,好像是殷末周初衰败时代的情形吧!

《易经》的内容,是在于彰明过去事物变化之理,用以察辨未来事态的演变,从初微的征兆中而阐明幽深的道理,开列所当卦名,明辨事物,以正确的言辞判断吉凶,这样就完备了;卦爻辞所取的名称虽然很微小,但它所类比的事理极大。它的旨意深远,言辞文雅,语言曲折而切中事理,它的叙事虽明白显露,但其中隐藏着深奥的哲理。运用《易经》阴阳两方面的道理济助百姓的行动，使他们了解善恶的不同报应。

[说明]

以上为第六章，论述乾坤两卦，作为《易经》门户的极端重要性，论述了卦爻辞的特点和作用。并说明《易经》完成的时代。

第七章

《易》之兴也，其于中古①乎？作《易》者，其有忧患乎②？是故履，德之基③也；谦，德之柄④也；复，德之本⑤也；恒，德之固⑥也；损，德之修⑦也；益，德之裕⑧也；困，德之辩⑨也；井，德之地⑩也；巽，德之制⑪也。

履，和而至⑫；谦，尊而光⑬；复，小而辨于物⑭；恒，杂而不厌⑮；损，先难而后易⑯；益，长裕而不设⑰；困，穷而通⑱；井，居其所而迁⑲；巽，称而隐⑳。

履以和行㉑；谦以制礼㉒；复以自知；恒以一德；损以远害；益以兴利；困以寡怨；井以辨义㉓；巽以行权㉔。

[注释]

①中古：指殷周之际。

②作《易》者，其有忧患乎：《周易》作者处在中古衰世，因而作者多有忧患意识。

③履，德之基：小心履礼是道德修养的基础。履卦象征"小心行走"，含有遵循礼制而行的意义；人能遵循"履"道，则可防范而不违礼，故为"立德之基"。

④谦，德之柄：行为谦恭为道德之把柄。谦卦象征"谦虚"；人能行谦，犹如把握道德有了"把柄"，故谓"德之柄"。柄，器具被人所执持的部位，犹如斧刃以把柄为用。

⑤复，德之本：回复正途是道德修养的根本。复卦象征"回复"，含有"归复阳刚正道"的意义；人能归复善道，则为进德的根本。

⑥恒，德之固：守正有恒是巩固道德的前提。恒卦象征"恒久"，含有"恒久守正"之义；人以恒心守持正道，则道德能固。

⑦损，德之修：减损恶念和私欲，使道德得以完善。损卦象征"减损"，有"自损不善"之义；人能自损不善，减抑愤欲，必可修美道德。

⑧益，德之裕：增益善行与美德施益于人，使其道德日益充实。益卦象征"增益"，含有"施益于人"之义；人能施益于外，则可充裕己德。

⑨困，德之辨：经过困穷的考验方能辨别道德水平的高低。困卦象征"困穷"，含有"处困守正"之义；人于困穷之时，适可分辨、检验其是否固守德操。

⑩井，德之地：在道德修养上，要像井一样坚定不移地居守道德的处所。井卦象征"水井"，含有"井养不穷"之义；人能遵循"井养"之道，则为居守美德之所。

⑪巽，德之制：明察事物之理，遇事裁断准确。制，裁断适宜。

⑫履，和而至：履卦教人以礼待人和而不争，行事方可达到目的。和，不争；至，犹到达。

⑬谦，尊而光：谦恭自损就会受别人的尊崇，其德行愈为光大。

⑭复，小而辨于物：复卦教人认识到阳气虽微小，但其光明能辨阴气之暗昧。喻正能胜邪。

⑮恒，杂而不厌：世事皆

火候崇正图

正邪、美丑、善恶相杂。正不被邪所诱，美不被丑所染，善不被恶所侵，持德而不厌倦，唯恒而已。

⑯损，先难后易：损卦教人损其恶念和私欲，开始很艰难后来就容易了。

⑰益，长裕而不设：益卦教人施益于人，己德长裕而其益不造作。设，造作。

⑱困，穷而通：人陷于困境，坚持德操不移，至于尽头，则转化为畅通。穷，尽头。

⑲井，居其所而迁：井卦教人居其所，迁其水以养人。喻居其位而能施德于人。

⑳巽，称而隐：称而隐，此巽之才德，所以极其善也。

㉑履以和行：礼之用，和为贵。行，用。

㉒谦以制礼：用谦的方法中和严礼，才能有效。制，制伏。

㉓井以辨义：井卦之用，在于广养万物，辨明道义。

㉔巽以行权：巽卦之用在于顺势利导、顺时制变。权，即德之权，是对德的灵活变通的表现。

[译文]

《易经》的产生，大概是在中古的殷周之际吧！《易经》作者处在中古衰世，因而作者多有忧患意识啊！因而，《易经》的许多卦都是就忧患而立德的。例如履卦要人们小心履礼，这是道德修养的基础；谦卦要人们行为谦恭，这为道德的把柄；复卦要人们回复正途，这是道德的根本；恒卦要人们守正有恒，这是巩固道德的前提；损卦要人们减损恶念和私欲，这样才能使道德得以完善；益卦要人们增益善行与美德并施益于人，这样才能使其道德日益充实；困卦要人们经历困穷的考验，这样才能辨别道德水平的高低；井卦要人们在道德修养上，应像井一样坚定不移地居守道德的处所；巽卦要人们明察事物之理，顺天应人，遇事裁断准确，这是道德的制权作用。

履卦教人以礼待人，和而不争，行事方可达到目的；谦卦要人谦恭自损从而受到他人的尊崇，使其德行愈为光大；复卦教人认识到阳刚之气虽微小，但其能辨物欲，正能胜邪；恒卦教人明了世事皆正邪、美丑、善恶相杂，能坚守原则，不改其乐；损卦教人损其恶念和私欲，开始时虽然艰难，但工夫成熟，最后其道平坦；益卦教人施益于人，已德长裕而其益毫不造作；困卦要人们陷于困境而能坚持德操不移，至于尽头则转化为畅通；井卦教人固守岗位迁其水以养人，使人向善；巽卦教人因顺万物，而不露锋芒。

履卦是说礼之用，以和为贵；谦卦是以谦的方法中和严礼，才能有效；复卦是通过自我反省来恢复本性；恒卦要人们用始终如一的德行来贯彻到底；损卦要人们克制欲望去远避祸害；益卦能使我们因积德修学而获利；困卦能使人人经验丰富而少怨悔；井卦能使人们自养并广养万物，辨明道义；巽卦教人们顺天应人、因势利导以行权变之宜。

[说明]

以上为第七章，说明有忧患，就必须养德，并三次用九卦反复论述要加强修养。朱熹《原本周易本义》说："此第七章，三陈九卦，以明处忧患之道。"此章三陈九卦，以明处忧患而修德之原则。其对卦名的阐叙方法合于卦名是以小喻大、曲直并用的特点，意在阐发其微言大义，不在于训释卦名的原意。

第八章

《易》之为书也不可远①，为道也屡迁②，变动不居，周流六虚③，上下无常，刚柔相易，不可为典要，唯变所适④。其出入以度，外内使知惧⑤，又明于忧患与故，无有师保，如临父母⑥。初率其辞而揆其方⑦，既有典常⑧。苟非其人，道不虚行。

[注释]

①《易》之为书也不可远:《易》书所讲,都为人生实用之理,吉凶悔吝之道,所以不离人生。亦即易书所谈决不远离人生。远,远离。

②为道也屡迁:道,一阴一阳也;屡,数也;迁,更改。

③变动不居,周流六虚:《易》中体现的变化运动永不停止,周流于各卦六爻位之间。居,停;六虚,六爻位。

④上下无常,刚柔相易,不可为典要,唯变所适:六爻的流转变化上下往来没有定准,阳刚阴柔、相互转变更易,没有常法可循,只有适时而变。典,常。

⑤其出入以度,外内使知惧:此句是说由占筮之出于本卦,入于变卦,而审度外卦(即变卦)与内卦(本卦)的联系与态势,使人知所警惕。度,审。

⑥无有师保,如临父母:虽无"师保"教习,却如面临父母亲教诲,始终戒惕行事,不犯过咎。师保,古代负责教习贵族子弟的师长。

⑦初率其辞而揆其方:开始学《易》要依卦、爻辞而揣摩它的意义,计度其指引的方向。

⑧既有典常:这些是有法则可把握的。

[译文]

《易经》所讲,都为人生实用之理,吉凶悔吝之道,所以不远离人生实用。但《易经》所谈的一阴一阳之道则经常实用。它体现的变化运动永不停止,周流于各卦六爻位之间,六爻的流转变化上下往来没有定准,阳刚阴柔、相互转变更易,没有常法可循,只有适时而变。占筮之出于本卦,入于变卦,而审度外卦与内卦的联系和态势,使人们知所警惕。同时易理又能深知忧患及其产生的原因,虽没有老师的指导教习,却如面临父母的亲诲。始终能戒惕行事,不犯过咎。开始学《易》要依卦、爻辞而揣摩它的意义,计度其指引的方向,这些是有一定的法则可把握的。但这要因人而异,如果是不具备深厚修养而能用智慧去运用的人,那么,《易经》深刻的法则也只是形同虚设了。

[说明]

以上为第八章，说明了学习《易经》的要领，并进一步强调了《易》道"变动不居"的特点。

第九章

《易》之为书也，原始要终以为质①也。六爻相杂，唯其时物②也。其初难知，其上易知③，本末也。初辞拟之，卒成之终④。若夫杂物撰德⑤，辨是与非，则非其中爻不备。噫！亦要存亡吉凶，则居可知矣。知者观其象辞⑥，则思过半矣。二与四同功而异位，其善不同。二多誉，四多惧，近也⑦。柔之为道，不利远者⑧，其要无咎，其用柔中也。三与五同功而异位，三多凶，五多功⑨，贵贱之等也。其柔危，其刚胜⑩邪？

[注释]

①原始要终以为质：推原事物的初始，探求事物的终结，从而形成卦体大义。原，推原；一说察。要，求；一说归纳。

②六爻相杂，唯其时物：六爻阴阳掺杂，共居一卦之中。反映出特定的时宜和阴阳物象。

③其初难知，其上易知：从一卦的初爻较难理解其意义，但从上爻便容易理解了。

④初辞拟之，卒成之终：初爻之辞是拟其事物之开端，上爻之辞定其事之结局。初辞，初爻之辞；卒，事物之终结。

⑤杂物撰德：错杂各种物象而撰述阴阳德性。杂物，刚柔物象错杂；撰德，撰述阴阳之性能。

⑥象辞：在此指卦辞。

⑦二多誉，四多惧，近也：卦中的第二爻处于下卦之中位，故多美誉。

第四爻离第五爻近,故多恐惧。因迫近至尊的君位,不能自安。

⑧柔之为道,不利远者:阴柔的道理,不利于有远大作为。

⑨三与五同功而异位,三多凶,五多功:卦中的三爻、五爻都处于阳位,其功相同。但五居上卦为贵,三居下卦为贱,地位不同。第三爻居下卦之极其处境多凶,第五爻居上卦尊位又处中,故多功。

⑩其柔危,其刚胜:阴柔居阳位则有危患,阳刚居之则可胜任。

[译文]

《易经》这部书,是推原事物的初始,探求事物的终结,从而形成卦体大义。就爻来说,六爻阴阳掺杂,共居一卦之中,反映出特定的时宜和阴阳物象,便形成了爻变的作用。从一卦的初爻为本,较难理解其意义,但到上爻为末,既成定局便容易理解了。初爻之辞是拟其事物的开端,上爻之辞是定其事物的结局。真正能错杂各种物象,而撰述事物的阴阳之特性,辨别其是非的,就只有中间的二、三、四、五爻加在一起综合判断才能明了完整的含义。唉!如能把握中爻,要求存亡吉凶之理,即使静处不动,也能了如指掌了。然而,有智慧的人能闻一知十,触类旁通,只要看一卦的卦辞,多半都理解整体的意思了。二爻与四爻都是阴位,其上下的位置不同。然而,二多赞誉之事,四多恐惧之感,这是因为四爻靠近五爻至尊的君位啊,阴柔的道理,不利于有远大作为。为避免灾难,需坚守柔顺与中庸的原则。三爻与五爻都处于阳位,其功相同而上下位置不同。然而,三爻居下卦之极其处境多凶险,五爻居上之中又处尊位而多有大功。这是由于两爻贵贱之位的不同啊!这两爻位都属阳位,阴柔居阳位则有危患,阳刚处之则能胜任了。

[说明]

以上为第九章,指出了六爻的特点,并阐明了研读《易经》的方法。

第十章

《易》之为书也,广大悉备①。有天道焉,有人道焉,有地道焉，兼三才而两之，故六②。六者，非它也，三才之道也。道有变动，故曰爻。爻有等，故曰物③，物相杂，故曰文④。文不当，故吉凶生⑤焉。

[注释]

①广大悉备：又广又大，无所不包，无所不具。

②兼三才而两之，故六：兼有天地人三才，而两相重复，故成六爻。

③爻有等，故曰物：卦中六爻有上下贵贱的等次是象征阴阳物象的，所以称为物。

④物相杂，故曰文：阴阳刚柔物象相杂而成文理。

⑤文不当，故吉凶生：物与物错综杂有当与不当，于是就产生了吉与凶。

[译文]

《易经》这部书，至广至大，无所不包，无所不具，有天道的阴阳，有人道的仁义，有地道的柔刚。兼有天地人三才，而两相重复，故成六爻。六爻就是指三才之道。三才之道是变动不居的，所以立"爻"以效法天、地、人变动的意思。卦中六爻有上下贵贱的等次是象征阴阳物象的，所以称为物。阴阳刚柔物象相杂列而成文理。物与物相杂有当与不当，于是吉与凶就产生了。

[说明]

以上为第十章，论述了《易经》取法于天、地、人三才，"广大悉备"，并铺陈了吉凶得以产生的复杂玄妙过程。

第十一章

《易》之兴也，其当殷之末世，周之盛德邪？当文王与纣之事邪？是故其辞危①，危者使平，易者使倾②。其道甚大，百物不废③。惧以终始，其要无咎④。此之谓《易》之道也。

[注释]

①是故其辞危：所以撰述的卦爻辞多含警戒危惧之义。辞，卦爻辞。

②危者使平，易者使倾：知道危惧的人则能平安，掉以轻心者将导致倾覆。易，简慢，即掉以轻心。

③其道甚大，百物不废：《易经》道理大而全，一切不能除外。金景芳《周易讲座》主此说。

④惧以终始，其要无咎：因惧而生警戒之心，自始至终谨慎从事，只求无咎而已。

[译文]

《易经》的产生，是正当殷代末期，周文王德业兴盛的时期吗？其所写的，是正当周文王与殷纣王之间发生事端的时候吗？所以《易经》撰述的卦辞、爻辞多含警戒危惧之义。知道危惧的人则能平安，掉以轻心者将导致倾覆。《易经》的道理大而全，一切事物都不能除外。因惧而生警戒之心，这是自始至终应遵从的道理。

[说明]

以上为第十一章，阐述了《易经》的主旨。它认定《易经》可能创作于殷商末世，周文王兴起，所以多警惕之词。强调了"危者使平，易者使倾"为《易经》之道。

第十二章

夫乾，天下之至健也，德行恒易以知险；夫坤，天下之至顺也，德行恒简以知阻①。能说诸心，能研诸侯之虑②，定天下之吉凶，成天下之亹亹者。

是故变化云为，吉事有祥③，象事知器，占事知来④。天地设位，圣人成能⑤；人谋鬼谋，百姓与能⑥。八卦以象告，爻彖以情言，刚柔杂居，而吉凶可见⑦矣。变动以利言，吉凶以情迁⑧。是故爱恶相攻而吉凶生，远近相取而悔吝生，情伪相感而利害生⑨。凡《易》之情⑩，近而不相得⑪则凶，或害之，悔且吝。将叛者其辞惭，中心疑者其辞枝⑫，吉人之辞寡，躁人之辞多⑬，诬善之人其辞游⑭，失其守者其辞屈⑮。

[注释]

① 夫乾，天下之至健也，德行恒易以知险；夫坤，天下之至顺也，德行恒简以知阻：乾是天下最刚健的象征，它的性质和作用是恒久平常而可以知晓艰难；坤是天下最柔顺的象征，它的性质和作用是恒久简约，因此可以知晓阻碍。健，刚健；易，平易；险，险难；顺，柔顺；简，简约；阻，阻塞。

② 能说诸心，能研诸侯之虑：因《易》能知险阻而使占者免于忧患，所以能喜悦占者之心，又能揣摩到占者的思虑。

③ 变化云为，吉事有祥：乾坤的变化，有语言表述，也有动作行为，好事多有先兆。祥，征兆，不分吉凶。

④ 象事知器，占事知来：观察卦象即可知道制作器物的方法，占筮可以推知未来的吉凶。象，卦象；占，占筮。

⑤ 天地设位，圣人成能：天地设立刚柔尊卑的位置，圣人依此创成《周易》，广施功用。成能，即成功。

⑥ 人谋鬼谋，百姓与能：通过占筮人的谋虑沟通人和鬼神的谋虑，连百姓也能掌握《周易》之功用。

⑦ 八卦以象告，爻象以情言，刚柔杂居，而吉凶可见：八卦用卦爻所象征的事物告诉人，卦爻辞仿取事物的具体情态来表述其卦义。刚柔二类爻画交错杂居于六位之中，吉凶的道理就显现出来。

⑧ 变动以利言，吉凶以情迁：卦爻的变动可以教占者趋利避害，所以说有利；吉凶也随情况的变化而转移。变动，爻卦之变动；迁，转移。

⑨ 情伪相感而利害生：上下两爻间的诚实和虚伪互相矛盾斗争，利害由此产生。感，感应。

⑩《易》之情：《周易》拟喻事物情态。

⑪ 不相得：即相恶。

⑫ 中心疑者其辞枝：对事情心中有疑惑，说话就会模棱两可，散乱无章。

枝，模棱两可、歧而不一。

⑬躁人之辞多：烦躁的人话多而繁杂。躁，烦躁，浮躁。

⑭诬善之人其辞游：诬陷善良之人的人没有事实依据，故其言辞游离不定。游，游离不定。

⑮失其守者其辞屈：失其操守的人没有自己的主见，只能随声附和，其言辞屈服于别人。

[译文]

乾，是天下最刚健的象征，它的性质和作用是恒久平常，因而可以知晓艰难；坤，是天下最柔顺的象征，它的性质和作用是恒久简约，因而可以知晓阻碍。因《易经》能知险阻而使占者免于忧虑，所以能喜悦占者之心，又能揣摩到占者的思虑，便能裁定天下万物吉凶之理，便能鼓动天下人心的向善避恶。

乾坤的变化，有语言表述，也有动作行为，好事多有先兆，观察卦象即可知道制作器物的方法，占筮可以推知未来的吉凶。天地设立刚柔尊卑的位置，圣人依此创成《易经》，广施功用；通过占筮人的谋虑沟通人和鬼神的谋虑，连百姓也能掌握《易经》之功用。八卦用卦爻所象征的事物告诉人，卦爻辞仿取事物的具体情态来表述其卦义。刚柔二类爻画交错杂居于六位之中，吉凶的道理就显现出来。卦爻的变动可以教占者趋利避害，所以说有利，吉凶也随情况的变化而转移。所以在卦中上下两爻间异性吸同性斥而产生爱与恶的相互冲突也就形成了吉与凶。六个爻远近的关系，远者或疏或应，近者或昵或比，而产生后悔和羞辱。上下两爻间的诚实和虚伪互相矛盾斗争，利害由此产生。《易经》的感应之情，要我们近而相比相亲，否则，便有凶险，便有灾害，并难免会有后悔和羞辱。想背叛的人，说话会有惭愧的表情；对事情心中有疑惑的人，说话就会模棱两可，散乱无章；凡是有修养的大吉之人，说话一定简单朴实；烦躁的人，话多而繁杂；诬陷善良之人的人没有事实依据,故其言语游离不定;失其操守的人没有自己的主见,只能随声附和,其言辞就会理不直气不壮而屈服于别人。

[说明]

以上为第十二章,首先论述乾坤的特点和巨大作用。然后论及《易经》在占筮方面的作用。

说卦传

《说卦传》是解说八卦的性质、方位、象征意义以及重卦由来的专论。主要讲八卦的基本卦象及相对应的象征意义。孔颖达《周易正义》疏说："说卦者，陈说八卦之德业变化及法象所为也。"《说卦传》列举了八卦的象征事物，即乾为天为健、坤为地为顺、震为雷为动、巽为风为入、坎为水为陷、离为火为丽、艮为山为止、兑为泽为悦，这些基本卦象和象征意义，广泛应用于六十四卦的象征义理中，除此之外，还有大量的引申卦象，这为认识《易》象的内涵及其推演提供了基本信息。也是《易》取象类比思维方法的体现。文中以乾坤为父母，其他六卦为六子，被宋人视为后天次序。《说卦》认为圣人作《易》的宗旨即"穷理尽性以至于命"，成为后世理学道德性命理论的基础。《说卦》提出"天地定位，山泽通气，雷风相薄，水火不相射"学说，并确定了"帝出乎震"的八卦方位，即震东、巽东南、离南、坤西南；兑西、乾西北、坎北、艮东北，成为后天方位说的渊源。马王堆汉墓出土的帛书《系辞》中有通行本《说卦》的前三节内容。

第一章

昔者圣人之作《易》①也，幽赞于神明而生蓍②，参天两地而倚数③，观变于阴阳而立卦，发挥于刚柔而生爻，和顺于道德而理于义，穷理尽性以至于命④。

昔者圣人之作《易》也，将以顺性命之理⑤，是以立天之道曰阴与阳，立地之道曰柔与刚，立人之道曰仁与义⑥，兼三才而两之，故《易》六画而成卦。分阴分阳，迭用柔刚⑦，故《易》六位而成章⑧。

[注释]

①昔者圣人之作《易》：从前伏羲、文王等圣人创作了《周易》。

②幽赞于神明而生蓍：圣人作《易》暗中受到神明的赞助，发明用蓍草进行占筮的方法。幽，隐、暗；赞，赞助；蓍，蓍草，传说为多年生的神草，古代用以占筮吉凶。

③参天两地而倚数：以三的奇数为天，以两的偶数为地，确立卦爻之数。用七、八、九、六的阴阳象征数，配合占筮。

④穷理尽性以至于命：《易》穷究万事万物的至理和生灵之本性，以至于通晓人与万物的先天禀赋。

⑤顺性命之理：顺应事物本性和自然变化规律的普遍原理。性，事物的本性；命，自然变化规律。

⑥立天之道曰阴与阳，立地之道曰柔与刚，立人之道曰仁与义：确立天的法则为阴与阳两方面的对立统一，确立地的法则是刚与柔两方面的对立统一，确立人的法则是仁与义两方面。

⑦分阴分阳，迭用柔刚：六十四卦每卦六爻，分为阴位阳位，刚与柔交相迭用。

⑧《易》六位而成章：《易》卦六个爻位，阴柔和阳刚相互交错，组成一个完整的体系。章，文理，引为完整的体系。

[译文]

从前，圣人制作《易经》，暗中受到神明的赞助，发明了用蓍草进行占筮的方法，以三的奇数代表天，以两的偶数代表地，从而确立卦爻之数；观察天地阴阳变化，效法之设立了卦；发挥阳刚和阴柔的作用，产生了爻；应和顺从于道德而显示义理，穷究万事万物的至理和生灵之本性，以至于通晓人与万物的先天禀赋。

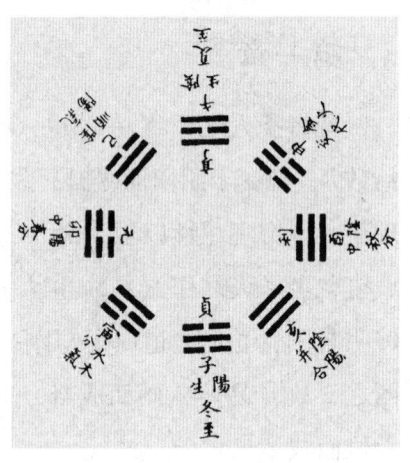

说卦配方图

从前，圣人创造了《易经》来研究宇宙万物，顺应事物的本性和自然变化规律的普遍原理。所以，将天的法则，定义为阴与阳；将地的法则，定义为柔与刚；将人的法则，定义为仁与义。所以，八卦包括了天、地、人三者的道理。将两个三画的八卦，重叠成六画的六十四卦。每卦六爻，分为阴位阳位，刚与柔交相迭用，故而

《易经》以六爻位而成文理。

[说明]

以上为第一章，阐述《易经》和卦爻及义理的关系。明了卦、爻的制作原理和目的，以及卦象的建立法则。

第二章

天地定位，山泽通气①，雷风相薄，水火不相射②。八卦相错，数往者顺，知来者逆，是故《易》逆数也③。

雷以动之，风以散之，雨以润之，日以烜④之，艮以止之，兑以说⑤之，乾以君之，坤以藏之⑥。

帝出乎震⑦，齐乎巽，相见乎离，致役乎坤⑧，说言乎兑，战乎乾⑨，劳乎坎，成言乎艮。万物出乎震，震东方⑩也。齐乎巽，巽东南也，齐也者，言万物之絜齐⑪也。离也者，明也，万物皆相见，南方之卦也。圣人南面而听天下，向明而治，盖取诸此也。坤也者，地也，万物皆致养焉，故曰致役乎坤。兑，正秋也，万物之所说也，故曰说言乎兑。战乎乾，乾，西北之卦也，言阴阳相薄也。坎者水也，正北方之卦也，劳卦也，万物之所归也，故曰劳乎坎。艮，东北之卦也，万物之所成终，而所成始⑫也，故曰成言乎艮。

神也者，妙万物而为言者⑬也。动万物者，莫疾乎雷⑭；桡万物者，莫疾乎风⑮；燥万物者，莫熯乎火⑯；说万物者，莫说乎泽；润万物者，莫润乎水；终万物始万物者，莫盛乎艮。故水火相逮⑰，雷风不相悖，山泽通气，然后能变化，既成万物也。

[注释]

①天地定位，山泽通气：乾坤两卦的位置，犹如天在上地在下，确定不

移;山与泽一高一低交流沟通气息。天,即乾卦;地,即坤卦;山,即艮卦;泽,即兑卦。

②雷风相薄,水火不相射:风和雷既各自发动,又相互应和,从而使雷声浩大,风速迅猛;水火虽异性却不相厌弃而相资助。雷,即震卦;风,即巽卦;薄,入;水,即坎卦;火,即离卦;射,厌弃。

③八卦相错,数往者顺,知来者逆,是故《易》逆数也:八卦互相摩荡错杂而生六十四卦,占《易》而推知过去之事,由古及今,推论已发生之事,此为顺。占《易》而推知未来之事,由现在及未来,推论未发生之事,故谓逆。《易》是逆知未来之事的,故可说《易》通预测之术。错,犹摩;数,推算。

④烜(xuān):晒干。

⑤说:同悦。

⑥乾以君之,坤以藏之:乾天为万物的主宰,坤地用以包藏万物。君,主宰;藏,包藏、包容。

⑦帝出乎震:"帝"用雷震使万物生长;帝,非上帝,古人心中的大自然的主宰者。

⑧致役乎坤:役使坤地养育万物。来知德《周易集注》说:"致者,委也。坤乃顺承天,故为阳所委役。"

⑨战乎乾:万物归藏时事物内部的矛盾运动。乾卦于方位、时令象征西北、立冬;立冬为暑尽寒来,阴阳交争之季,西北为阴方,与乾为阳性相搏,而万物亦处于盛衰的转折之际阴阳相争,故为"战乎乾"。

⑩万物出乎震,震东方:万物出生于东方,春分时节。《说卦传》将八卦与季节、方位相配。配四时,配八方。按古代一年约三百六十天,分为八,各为四十五天。震为正东,为正春;巽为东南,为春末夏初;离为正南,为正夏;坤为西南,为夏末秋初;兑为正西,为正秋;乾为西北,为秋末冬初;坎为正北,为正冬;艮为东北,为冬末春初。

⑪絜齐:整齐。

⑫万物之所成终,而所成始:万物终始相因,生生不已。艮卦方位在东北,于时为冬末春初,冬末是万物成终之时,春初是万物成其始之时。说明

旧的生命停止了，新的生命又开始，如此往复不已。

⑬神也者，妙万物而为言：大自然化育万物之功神奇微妙。神，指大自然运化规律的神奇功能。

⑭动万物者，莫疾乎雷：鼓动万物化育者，没有比雷霆更急骤的。疾，急。

⑮桡万物者，莫疾乎风：吹拂万物生长者，没有比风更疾速的。桡，同挠，吹拂长养。

⑯燥万物者，莫熯乎火：使万物干燥，没有比火更炎热的。燥，干燥；熯，火盛。

⑰水火相逮：水火不相容，却能相互济及。逮，及。

[译文]

乾坤两卦的位置，犹如天在上地在下，确定不移；山与泽一高一低交流沟通气息；风和雷既各自发动，又相互应和，从而使雷声浩大，风速迅猛；水火性质相反，却相互资助而彼此不厌弃。天、地、山、泽、雷、风、水、火，并非隔绝孤立，而是交互影响，互通声息；同样的，八卦也不孤立，互相摩荡错杂而生

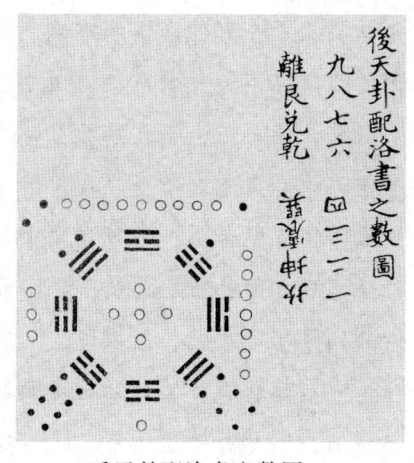

后天卦配洛书之数图

六十四卦，占《易》而推知过去之事，由古及今，推论出已发生的事，称之为"顺"。占《易》而推知未来之事，由现在及未来，推论未发生之事，称之为"逆"。所以说《易》是"逆数"，也就是追溯以往和推测未来之意。

震象征雷，鼓动万物。巽象征风，使阴气散发。坎象征雨，滋润万物。离象征月，照耀万物，使万物干燥温暖。艮象征山，以阻止万物的行动。兑象征和悦，使旺盛的阳气被阴气所软化。乾象征

天，为万物的主宰。坤象征地，能够包藏万物。

　　由"帝出乎震"到"成言乎艮"是纲目，之后才开始详细地解释。"帝"用雷震使万物生长，在文王八卦中，震象征春天，代表东方，太阳由东方升起普照万物；到巽卦使万物整齐，巽象征春夏之间，代表东南方，这时太阳已经升起，使万物鲜明，齐一生长；离卦象征光明，相当于夏季，离代表南方，这时太阳正当中午，照耀大地，使万物显明都可以看到；圣人成为帝王，坐在北方，面对南方听取天下的政务，象征面对光明，治理天下，就是取法这一卦。坤卦象征地，养育万物，所以说，是造物主役使坤地养育万物的，坤卦相当于夏秋之间，代表西南方；兑卦象征秋季，正是结果累累，万物喜悦的季节，代表西方；万物归藏时事物内部的矛盾运动，因为乾卦代表西北方，象征秋冬之间，这时太阳西沉，明与暗，阴与阳，正在挣扎交替；坎卦象征水，代表正北方，象征冬季，坎卦以水流不息表现出劳苦的现象，太阳这时完全沉没，大地黑暗，万物劳累，说明应该休息了；艮卦象征山，代表东北方，象征冬春之间，正当黎明，黑暗即将过去，光明即将到来，万物终始相因，生生不已，所以说，艮卦完成了一切。

　　大自然化育万物之功神奇微妙。鼓万物化育者，没有比雷霆更急骤的；吹拂万物生长者，没有比风更疾速的；使万物干燥者，没有比火更炎热的；象征泽的兑卦比任何东西都更使万物喜悦；而只有象征水的坎卦才能使万物滋润；使万物终结又同时重新开始，没有比艮更盛大的。这一切，都是神明的奇妙作用。所以，水火不相容，却能相互济及，风雷不相互背离，山泽气息相通，而后产生变化使万物生成。

[说明]

　　以上为第二章，是对八卦卦象的总论。从八卦的对立和统一入手，结合八卦配八方、配四时的特点，论述了八卦的主要象征意义。

第三章

乾，健也。坤，顺也。震，动也。巽，入也。坎，陷也。离，丽也。艮，止也。兑，说也①。

乾为马，坤为牛，震为龙，巽为鸡，坎为豕，离为雉，艮为狗，兑为羊②。

乾为首，坤为腹，震为足，巽为股，坎为耳，离为目，艮为手，兑为口③。

乾，天也，故称乎父。坤，地也，故称乎母④。震一索而得男，故谓之长男⑤。巽一索而得女，故谓之长女。坎再索而得男，故谓之中男。离再索而得女，故谓之中女。艮三索而得男，故谓之少男。兑三索而得女，故谓之少女。

乾为天，为圜，为君，为父，为玉，为金，为寒，为冰，为大赤，为良马，为老马，为瘠马，为驳马，为木果⑥。

坤为地，为母，为布，为釜，为吝啬，为均，为子母牛，为大舆，为文，为众，为柄。其于地也，为黑⑦。

震为雷，为龙，为玄黄，为旉，为大途，为长子，为决躁，为苍筤竹，为萑苇。其于马也，为善鸣，为馵足，为作足，为的颡。其于稼也，为反生。其究为健，为蕃鲜⑧。

巽为木，为风，为长女，为绳直，为工，为白，为长，为高，为进退，为不果，为臭。其于人也为寡发，为广颡，为多白眼，为近利市三倍。其究为躁卦⑨。

坎为水，为沟渎，为隐伏，为矫揉，为弓轮。其于人也为加忧，为心病，为耳痛，为血卦，为赤。其于马也，为美脊，为亟心，为下首，为薄蹄，为曳。其于舆也，为多眚。为通、为月、为盗。其于木也，为坚多心⑩。

离为火，为日，为电，为中女，为甲胄，为戈兵。其于人也，为大腹。为乾卦，为鳖，为蟹，为蠃，为蚌，为龟。其于木也，为科上槁⑪。

艮为山，为径路，为小石，为门阙，为果蓏，为阍寺，为指，为狗，为鼠，为黔喙之属。其于木也，为坚多节⑫。

兑为泽，为少女，为巫，为口舌，为毁折，为附决。其于地也，为刚卤。为妾，为羊⑬。

[注释]

①乾象征天，刚健而主动。坤象征地，柔顺而配天。震象征雷，震动而生变化。巽象征风，吹拂大地无孔不入。坎象征水，物进则陷。离象征火，附丽于物才能燃烧。艮象征山，山静止不动且阻止他物运动而为止。兑象征泽，润育动物植物，使之生长、喜悦。健、顺、动、入等均指八卦的基本象征意义，即意象，又称卦德。

②乾性刚健，而马为行健者，故乾为马。坤性柔顺，而牛为顺服者，故坤为牛。震性活跃，而龙善飞腾于天地间，故震为龙。巽风吹而万物动，如同鸡鸣而人起，故巽为鸡。坎性如坑中泥水，而豕为泥淖中的嬉戏者，故坎为豕。离性附丽，象征有鲜丽羽毛附于其身的野雉。艮性制止，象征禁止外人进入的看家狗。兑性喜悦，象征人所抚爱的羊羔。以上马、牛、龙、鸡、豕、雉、狗、羊为八卦代表的动物形象，取象利于比类，八卦的取象仍在于喻意。

③乾为天，天在上，如同人的头在身体的上部，故乾为首。坤为地，地能含藏万物，如同人腹能容纳食物，故坤为腹。震为动，而足为行动者，故震为足。巽为木，股似木之干，象大腿，故巽为股。坎为水，水成坑洼，如耳为头上的坑洼，故坎为耳。离为火，火为明，如目的明，故离为目。艮为山，山陵起伏，犹人之手指，故艮为手。兑为泽，吞容众流，如人之口吞入饮食，故兑为口（从高亨说）。以上八句取人体的八种器官，喻八卦取象贯彻"近取诸身"的原则。

④乾,天也,故称乎父。坤,地也,故称乎母:乾为天,刚健而有为;坤为地,柔顺而生物。故乾相当于父,坤相当于母。

⑤震一索而得男,故谓之长男:一求为震卦而得男,所以称为长男。这一句与下文"巽一索而得女,故谓之长女。坎再索而得男,故谓之中男。离再索而得女,故谓之中女。艮三索而得男,故谓之少男。兑三索而得女,故谓之少女",是讲通过变爻变卦,从乾卦和坤卦产生新卦形,及乾坤六子的产生。乾卦的三根阳爻,使它的第一根爻变为阴爻,即变为巽卦,因女性属阴,就叫做得女,因是第一爻变,就叫做长女。索,是求的意思,即求其爻变。因是第一次爻变,所以叫一索。以下类推,乾卦第二根爻变为阴爻,即为离卦,也就是离再索而得女,叫做中女。乾卦的第三爻变为阴爻,即为兑卦,也就是兑三索而得女,叫做少女。坤卦为三根阴爻,使它的第一根爻变为阳爻,即为震卦,因男性属阳,就叫做得男,因是第一爻变,就叫一索而得长男。坤卦的第二根爻变为阳爻,即为坎卦,也就是坎再索而得男,叫做中男。坤卦的第三根爻变为阳爻,即为艮卦,就是三索而得男,叫做少男。这三男三女,叫做乾坤六子。

⑥乾比为天。圜,圆也,古时有以天为圆形之说,所以乾又比为圆。乾属阳性,故比为君、父。天清明而刚,故比为金、玉。乾主秋末冬初且位居西北,常遭天寒、冰冻,故为寒,为冰。大赤为纯阳之色,故乾又比为大赤。良马,刚健有力;老马,喻人年老资深受敬重;瘠马,即瘦马,精干;驳马,斑驳出众,均为乾之特性。木果,圆而坚硬,亦为乾之特性。

⑦坤比为地。坤为阴性,故比为母。布柔软且能包藏(人被衣、物所包裹),犹地之性。大地能使万物成长成熟,如同釜可煮物使熟,故比为釜。大地生万物而不能移动,似吝啬,故比为吝啬。均,平均,犹大地普载万物,不分轻重,故比为均。子母牛,幼小的牝牛,柔嫩可爱,故比之。大地能载万物,如同大车能载藏物品,故比为大舆。万物相杂而成文彩,故比为文。众为臣民,卑下而顺从,故比为众。大地为生物之本,故比为柄。沃壤色黑,故坤为黑色。

⑧震动如雷,故比为雷。雷震动于空中如龙飞于空中,故比为龙。天玄而地黄,代表天地的颜色,震为天与地始交,故象玄黄交杂。旉(fū),花的

总称。震为正春季节，桃花盛开，故比为尃。大涂即大路。震性动，故代行动的大道。震一索而得男，故比为长子。决躁，疾步行走，犹雷急速刚动，故比为决躁。苍筤（láng）竹，是青色的竹子，震配青色，故比为苍筤竹。萑（huán）苇，芦类植物。丛生蔓衍相连，如同打雷时电闪蜿蜒，故比为萑苇。雷鸣，马亦好鸣叫，故比作马的善鸣。䮵（zhù），后左右足白色的马。作足，动作矫健的马。的颡，额头长白毛的马。此四种马，均行动迅速，取其"动"意。果实（属刚）在地下，枝叶（属柔）在地上，如土豆、地瓜、生姜等。象震（☳）之阳刚在下，阴柔在上，故比为反生。震为正春，草木茂盛，所以比为蕃鲜。

⑨巽为风，易招风者莫若木，故巽比为木。巽一索而得女，故比为长女。木需引绳而取直，故比为绳直。以绳加工木头，是木工，故比为工。木去其表皮，其里为白色，故比为白。长，长远，谓风扫大地，吹拂千万里，故比为长远。高，风能上至云霄，故比为高。风吹时进时退，故比为进退。风向不定，强弱亦不定，犹人不果断，所以比为不果。臭，气味，风吹拂物体，必散发各种气味，故比为臭。寡发，头发稀疏；广颡，头额宽广；白眼，眼睛白色部分较多。古代相面术以寡发、广颡和多白眼为秉木质（即质朴）之性。巽为木，木工市场之利可近三倍，故比为近利市三倍。巽风吹动不止，其势躁急，故比为躁动。

⑩坎为水。水流而成沟渠，故比为沟渎。阳爻藏于阴爻中间，故比为隐伏。矫，使曲者变直；輮，使直者变曲。水流或曲或直，故比为矫輮。弓轮，指弯曲之物，犹水之性。加忧，增加忧愁，坎为险，故比为加忧。心和耳都中间空虚，现阳爻在中，故比为心病耳痛。地之有水，犹人之有血。血，赤色。故坎为血卦，比为赤。阳爻在中间，象马脊，故比为美脊之马。爻在中间，故比为亟心。阴爻在上，是柔在上，马头低而不昂。阴爻在下，是柔在下，马蹄荡而不厚，故比为下首，比为荡蹄。古代相马术认为，以上四种马均行路迟缓，易于驾驭。曳，牵引。水上可牵引运物，故比为曳。眚（shěng），灾害。坎为坑陷，易使车行路不利，故比为多眚。水流动可通，故比为通。月光如水，故比为月。盗贼之性喜隐伏，如水之喜潜行，故比为盗。阳爻在中间，是中尽刚而突，所以比为木坚多心。

⑪离卦一阴爻在中，两阳爻在外。电、火、日均为光明之物，故比之为火、日、电。离再索而得女，故比为中女。胄，盔；兵，兵器。甲胄和戈兵均为防卫身体的坚固武器，离卦为两阳护卫一阴，呈外刚内柔之象，与甲兵护身之象同。阴爻在内则内柔，象腹，故比为大腹。火和日能烤干东西，故比为乾。因鳖、蟹、蠃、蚌、龟均有坚硬的外壳，而内藏肉身，如离卦外刚内柔之象，故比之。科上槁谓树干空心，亦外强中空，离卦之象。

⑫艮卦一根阳爻在上，两根阴爻在下。阴为土，阳为木，土积于下，木生于上，为山之象，故比为山。山中有羊肠小道，比为径路。山中有小石，故比为小石。门阙，门的两旁所筑的楼台，中有通道，象艮（☶）之形。果蓏（luǒ），木本植物结实为果，草本植物结实为蓏。山中多产果蓏，故比为果蓏。阍（hūn），阍人，守门外不准人妄入；寺，寺人，守门外不准人妄出，都是阻止人擅自出入，取艮为"止"意，故比为阍寺。山峰林立如指，故比为指。鼠，山鼠。狗看门，禁止人入内，艮为止，故比为狗。黔，黑。黔喙（huì），食肉之野兽，亦居于山中。阳爻在上，故坚。喻山木坚硬而多节。节，有"止"意，故比为木坚多节。

⑬兑为泽。兑三索而得女，故比为少女。兑为少女，为口，喻女巫以口舌通神。口舌，即兑的象征。兑为秋季，秋天果实成熟，枯枝易毁折，故比为毁折。附决，断决，犹果实成熟落地，与树枝断决，故比为附决。泽水久滞形成碱，碱地不长庄稼，故比为刚卤。泽位低下，如同妾卑贱，所以比为妾。羊具有任人摆布的温顺性格，似少女之性，故比为羊。

[译文]

乾是刚健。坤是柔顺。震是动。巽是入。坎是陷落。离是附丽。艮是静止。兑是喜悦。

乾为马，坤为牛，震为龙，巽为鸡，坎为猪，离为野雉，艮为狗，兑为羊。

乾为头，坤为腹，震为脚，巽为腿，坎为耳，离为眼，艮为手，兑为口。

乾为天，刚健而有为，所以称为父。坤为地，柔顺而生物，所以称为母。一求为震卦而得男，所以称为长男。一求为巽卦而得女,所以称为长女。二求为坎卦而得男,所以称为中男。二求为离卦而得女,所以称为中女。三求为艮卦而得男,所以称为少男。三求为兑卦而得女,所以称为少女。

乾为天,为圆,为君,为父,为玉,为金,为寒,为冰,为大赤,为良马,为老马,为瘦马,为杂色马,为树果。

坤为地,为母,为布,为釜,为吝啬,为平均,为小牛母牛,为大车,为文彩,为众多,为把柄,它在地为黑色。

震为雷,为龙,为玄黄色,为旉,为大路,为长子,为急躁,为青色竹,为芦苇。它在马,为善鸣,为后左足白色的马,为动作矫健的马,为白额的马。它在庄稼为返生。总之,震卦的性质,结论是刚健、繁茂、新鲜。

巽为木,为风,为长女,为绳直,为木匠,为白,为生长,为增高,为进退,为不果断,为臭味。它对于人来说,为头发稀疏,为宽额,为白眼多,为三倍利市。总之,巽卦的性质,结论是急躁的,正如同风的性质。

坎为水,为沟渎,为隐伏,为矫輮,为弓和车轮。它对于人来说,为增加忧虑,为心头病,为耳朵痛,为血卦,为赤色。它对于马,为美脊梁,为心情烦躁的马,为低头,为马蹄薄,为牵曳。它对于车来说,为多险阻。为通,为月,为盗。它对于木来说,象征木心坚实。

离为火,为日,为电,为中女,为盔甲,为戈等兵器。对人来说,为大腹。离卦为火、日,所以是干燥的卦。为鳖,为蟹,为螺,为蚌,为龟。对于木来说,为腐朽中空枯槁的树木。

艮为山,为小路,为小石,为门阙,为瓜果,为看门守寺人,为指,为狗,为鼠,为黑嘴兽之类。它对于木,为坚硬多节。

兑为泽,为少女,为巫,为口舌,为摧折毁坏,为溃决。对于地来说,为盐碱地。为妾,为羊。

[说明]

以上为第三章,叙述了八卦卦象。列举了八卦所象征的事、动物、人本部位和器官、父母子女家庭成员。又分别单独列举了乾、坤、震、巽、坎、离、艮、兑各卦各自所象征的事物。象征的事物丰富多彩、光怪陆离,代表了天地宇宙万事万物,表现了八卦的丰富内涵。象征事物中,乾为天,坤为地,震为雷,巽为风,坎为水,离为火,艮为山,兑为泽,为基本卦象,能够言之有理,在六十四卦中有广泛的应用。其余的为引申卦象,多有牵强附会之意,在六十四卦中也极少应用。但这毕竟是《易经》最古老的解释,值得参考。

序卦传

　　《序卦传》的中心思想是说明《周易》六十四卦的排列顺序或结构，即以乾坤两卦居首，咸恒两卦居下经之首，既济未济两卦居六十四卦之末的排列次序所含的精义。根据卦名，揭示卦与卦之间相互联结的哲学意义。孔颖达《周易正义》疏说："序卦者，文王既由六十四卦分为上下两篇，其先后之次，其理不见，故孔子就上下二经各序其相次之义，故谓之《序卦》焉。"《序卦传》借助已有的经传文字，或取卦象，或取卦义，以两卦为一组，用对立统一思想，试图将六十四卦建立起因果关系链。其反映的各卦之间的因果或相反的关系和好事坏事互相转换的变化，具有朴素的辩证观点。但有些对卦名的解释也存在牵强、片面之处，但其本身的思想观点仍值得深入地研究。全传分为上、下两部分，上部分解说上经从《乾》至《离》三十卦的顺序；下部分解说下经从《咸》至《未济》三十四卦的顺序。马王堆帛书《周易》中未见《序卦传》。

经　上

　　有天地，然后万物生焉。盈天地之间者唯万物，故受之以《屯》。屯者，盈也①。屯者，物之始生也。物生必蒙，故受之以《蒙》。蒙者，蒙也，物之稚也。物稚不可不养也②，故受之以《需》。需者，饮食之道也。饮食必有讼，故受之以《讼》。讼必有众起，故受之以《师》。师者，众也。众必有所比③，故受之以《比》。比者，比也。比必有所畜④，故受之以《小畜》。物畜然后有礼⑤，故受之以《履》。履者，礼也。履而泰然后安，故受之以《泰》。泰者，通也。物不可以终通⑥，故受之以《否》。物不可以终否，故受之以《同人》。与人同者，物必归焉，故受之以《大有》。有大者不可以盈⑦，故受之以《谦》。有大而能谦必豫⑧，故受之以《豫》。豫必有随，故受之以《随》。以喜随人者必有事⑨，故受之以《蛊》。蛊者，事也。有事而后可大⑩，故受之以《临》。临者，大也。物大然后可观，故受之以《观》。可观而后有所合⑪，故受之以《噬嗑》。嗑者，合也。物不可以苟合而已⑫，故受之以《贲》。贲者，饰也。致饰然后亨则尽⑬矣，故受之以《剥》。剥者，剥也。物不可以终尽剥，穷上反下⑭，故受之以《复》。复则不妄矣，故受之以《无妄》。有无妄，然后可畜，故受之以《大畜》。物畜然后可养，故受之以

《颐》。颐者，养也。不养则不可动⑮，故受之以《大过》。物不可以终过，故受之以《坎》。坎者，陷也。陷必有所丽⑯，故受之以《离》。离者，丽也。

[注释]

①受之以《屯》，屯者，盈也：乾坤之后接着是象征事物生长的"屯"。屯，表示阴阳之气充盈，万物萌生。受，继，紧接着。受之以，接着是。以下通篇如此。盈，充盈，充满。

②物稚（zhì）不可不养也：物始生而幼稚，不能不加以养育。稚，幼小。

③众必有所比：众人参与其事，必定各有所亲比辅助。比，亲附，亲比。

④比必有所畜：彼此亲密互助，力量就会有所蓄存集聚。畜，同蓄。

⑤物畜然后有礼：人物蓄聚多了，必须要有一定的礼仪制度，以便组织和管理。礼，礼仪制度。

⑥物不可以终通：事物不可能永远通畅而无阻碍，发展到极点就会向其反面转化。

⑦有大者不可以盈：大有成就的人不可骄傲自满，而应谦虚谨慎。

⑧有大而能谦必豫：成就大业且能谦虚谨慎的人，必定安逸快乐。豫，安乐。

⑨以喜随人者必有事：因私心所好而随从他人的人，终会惹起事端。有事，即起祸乱。

⑩有事而后可大：能够拯治事端，然后可以成大志、临大事。

⑪可观而后有所合：能受人敬仰，则可上下融合。

⑫物不可以苟合而已：事物不可苟且草率地聚合，必有待于礼乐文饰。

⑬致饰然后亨则尽：极端修饰，丧失其本质，然后亨通的路途就穷尽了。亨，亨通，顺达。

⑭物不可以终尽剥，穷上反下：事物不可能终久剥落穷尽，穷尽于上，便会反复于下。

⑮不养则不可动：万物得不到滋养，就不可有所发展，然而滋养应防止过甚，否则，便不可有所动作，动则失败。

⑯陷必有所丽：遭遇险陷必然要依靠旁人的帮助才能获援助脱险。丽，依附，附着。

[译文]

有天地，然后产生万物。乾为天，坤为地，充满天地间的，唯有万物，因而表现为屯卦，屯即充满、创始之义。万物创生时必然蒙昧、幼稚，因而接着是蒙卦。蒙是蒙昧，是万物幼稚时期。幼稚之物不能不养育，因而接着是需卦。需卦，是讲饮食的道理。为了饮食必有争讼，因而接着是

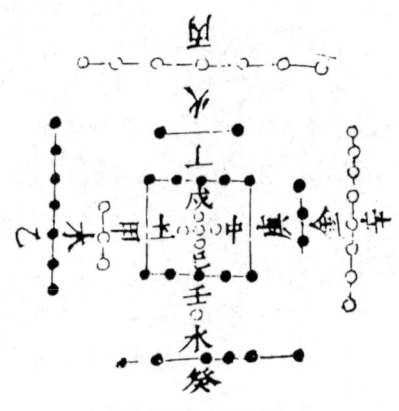

河图生十天干图

讼卦。争讼必有众人奋起，因而接着是师卦，师即众义。众人参与其事，必定各有所亲比辅助，因而接着是比卦，比就是亲近之义。彼此亲密互助，力量就会有所蓄存集聚，因而接着是小畜卦。人物蓄聚多了，必须要有一定的礼仪制度，以便组织和管理，因而接着是履卦，履是礼仪。有了礼仪就会安泰，因而接着是泰卦，泰有通畅之意。事物不可能永远畅通而无所阻碍，发展到极点就会向其反面转化，因而接着是否卦。阻塞不可能持久，所以接着是同人卦。和谐共处，万物必归顺，因而接着是大有卦。大有成就的人不骄傲自满，而应谦虚谨慎，因而接着是谦卦。成就大业且能谦虚谨慎的人，必定安逸快乐，因而接着是豫卦。使民安必来追随，因而接着是随卦。因私心所好而随从他人的人，终会惹起事端，因而接着是蛊卦，蛊即腐败生事之意。发生了事端才可由乱而治，创造大业，因而接着是临卦，临即君临，大治小是突出大之义。大了就有了观摩的条件，因而接着是观卦。具有观摩条件能使人敬仰，则可上下融合，因而接着是噬嗑卦，嗑为合义。但万物不可苟且草率地聚

合，必有待于礼乐文饰，因而接着是贲卦，贲即文饰之义。极端修饰，丧失其本质必生弊端，亨通就到了尽头，因而接着为剥卦，剥即剥落。事物不可能终久地剥落穷尽，穷尽于上，便会反复于下，因而接着为复卦。重新回复到真实就不会虚妄，因而接着是无妄卦。不虚妄，才会大量积蓄，因而接着是大畜卦。颐即养的意思。万物得不到滋养，就不可有所发展，然而滋养应防止过甚，否则便不可有所动作，动则失败，因而接着是大过卦。万物不能始终过度，因而接着是坎卦，坎是陷的意思。遭遇险陷必然要依靠旁人的帮助才能获援助脱险，因而接着是离卦，离，即附丽的意思。

（以上为上经，解说上经三十卦的顺序。）

经　下

　　有天地然后有万物，有万物然后有男女，有男女然后有夫妇①，有夫妇然后有父子，有父子然后有君臣，有君臣然后有上下，有上下然后礼义有所错②。夫妇之道不可以不久③也，故受之以《恒》。恒者，久也。物不可以久居其所，故受之以《遁》。遁者，退也。物不可以终遁④，故受之以《大壮》。物不可以终壮，故受之以《晋》。晋者，进也。进必有所伤⑤，故受之以《明夷》。夷者，伤也。伤于外者必反其家，故受之以《家人》。家道穷必乖⑥，故受之以《睽》。睽者，乖也。乖必有难，故受之以《蹇》。蹇者，难也。物不可以终难，故受之以《解》。解者，缓也。缓必有所失，故受之以《损》。损而不已必益⑦，故受之以《益》。益而不已必决，故受之以《夬》。夬者，决也。决必有所遇⑧，故受之以《姤》。姤者，遇也。物相遇而后聚，故受之以《萃》。萃者，聚也。聚而上者谓之升，故受之以《升》。升而不已必困，故受之以《困》。困乎上者必反下⑨，故受之以《井》。井道不可不革⑩，故受之以《革》。革物者莫若鼎⑪，故受之以《鼎》。主器者莫若长子⑫，故受之以《震》。震者，动也。物不可以终动，动必止之，故受之以《艮》。艮者，止也。物不可以终止，故受之以《渐》。渐者，进也。进必有所归，故受之以《归妹》。得其所归者必大，故受之以《丰》。丰者，大也。穷大者必失其居⑬，故受之以《旅》。旅而无所容，故受之以《巽》。巽者，入也。入而后悦之，故受之以《兑》。兑者，说也。说而后散之，故受之以《涣》。涣者，离也。物不可以终离，故受之以《节》。节而信之，故受之以《中孚》。有其信者必行之⑭，故受之以《小过》。有过物者必济⑮，故受之以《既济》。物不可穷⑯也，故受之以《未济》，终焉。

[注释]

①有男女然后有夫妇：有了男性、女性然后才能配成夫妇。从卦象讲，咸卦艮下兑上，艮为少男，兑为少女。男在女下，为男下女，男到女家迎娶。从少男少女互相感应结成婚配，这是人伦的开始。

②错：置。

③夫妇之道不可以不久：男女必结成夫妻，这是恒久不变的自然法则。

④物不可以终遁：万物不可始终隐避，到一定程度便会兴盛壮大。遁，退避，隐退。

⑤进必有所伤：事物不断发展、前进，终久会走向反面而遭受损伤。

⑥家道穷必乖：家道失节，流于穷困，家人必会彼此乖离。乖，离散。

⑦损而不已必益：事物减损达到极点，物极必反，必然转化为增益。

⑧决必有所遇：清除溃决、邪恶必然有所喜遇。韩康伯《周易正义》注说："以正决邪，必有喜遇也。"遇，遇合。

⑨因乎上者必反下：困穷于上，必然要返归于下，以求休养安居。

⑩井道不可不革：井有淤积，所以用久必变革整治（淘洗）。

⑪革物者莫若鼎：变革事物的性质，没有比把食物化生为熟的鼎的效果更显著了。

⑫主器者莫若长子：鼎是祭祀用的礼器，古代陈鼎器而主祭者是嫡长子。主器，主宗庙之器。

⑬穷大者必失其居：丰盛富有到极点必将丧失其安居的住处。

⑭有其信者必行之：坚守诚信的人，不妨小有过越地去履行其职责。亦

即在于矫枉过正而能归于正。

⑮有过物者必济：善于超越常规行事者，办事定能成功。过物，超越常规。济，成。

⑯物不可穷：事物的存在和发展不可穷尽，总是周而复始，不断地变化发展。说明事物的发展永无终止。人们不可因成功而故步自封，应不断前进。

[译文]

上经由天道开始，下经由人伦开始。先有天地，而后才有万物；有了万物，然后分出雌雄，在人称作男女；有了男女，然后才有夫妻，咸卦就象征夫妻。有了夫妻，然后才有父子和君臣；有了君臣才分出上下的等级名分，并建立及实施礼仪。夫妻关系不可不长久，这是恒久不变的法则，因而接着是恒卦；恒，即持久的意思。然而万物难以长久不变，因而接着是遁卦；遁，即退避的意思。但万物不能始终退避，因而接着为大壮卦。事物不可能始终壮大，因而接着是晋卦；晋是前进的意思。事物不断发展前进，终久会走向反面而遭受损伤，因而接着是明夷卦；夷即痍，创伤的意思。在外受伤必返回家中，因而接着是家人卦。家道失节，流于穷困，家人必会彼此乖离，因而接着是睽卦；睽即乖离的意思。乖离必会有灾，因而接着是蹇卦；蹇为灾的意思。万物不会始终有灾，因而接着是解卦；解为解除、缓和的意思。缓和就会有损失，所以接着是损卦。事物减损达到极点，物极必反，必然转化为增益，所以接着是益卦。不停增益必决溃，因而接着为夬卦；夬为溃决的意思。清除溃决及邪恶必然有所喜遇，因而接着是姤卦；姤为邂逅、不期而遇的意思。事物相遇后必聚集，因而接着为萃卦；萃为丛生、聚集的意思。聚集而上叫作升，所以接着为升卦。上升不止，必然形成进退两难的困境，因而接着是困卦。困穷于上，必然要返归于下，以求休养安居，因而接着是井卦。井有淤积，所以用久必须变革整治（淘洗），因而接着是革卦。变革事物的性质，没有比把食物化生为熟的鼎的效果更显著了，因而接着是鼎卦。鼎是祭器，祭祀祖先是长子的责任，震象征长子，因而接着是震卦；震是动的意思。万物不能始终在动，有时需止息，因而接着是艮卦；艮是止的意思。但万物不可能始终止息，因而接着是渐卦；渐是渐进的意思。前进必然就有归宿，因而接着是归妹卦。有良好的归宿必然能强大，因而接着为丰卦；丰是盛大的意思。丰盛富有到极点必将丧失其安居的处所，因而接着是旅卦。旅行找不到容身的地方，就要设法进入，所以接着是巽卦；巽是进入的意思。进入后会喜悦，兑为喜悦，因而接着是兑卦。喜悦可使闷气涣散，因而接着是涣卦；涣是离散的意思。万物不会始终涣散，因而接着是节卦。节制会使人相信，信即孚，因而接着是中孚卦。坚守诚信的人，不妨小有过越地去履行其职责，因而接着是小过卦。善于超越常规行事者，办事定能成功，因而接着是既济卦。事物的存在和发展不可穷尽，总是周而复始，不断地变化发展，因而接着是未济卦。说明事物的发展永无终止。人们不可因成功而故步自封，应不断前进。

（以上为下经，解说了下经三十四卦的顺序。）

[说明]

《序卦传》现存有两种卦序，一种是通行本《周易》的卦序，另一种是长沙马王堆出土帛书《周易》的卦序。《序卦传》作者将通行本《周易》六十四卦，俨然看作依次序紧密相连贯的整体，犹如环环相扣的链条，每一卦均是此链条中不可或缺的一环。值得肯定的是，其中包含着较深刻的有机整体论的哲学思想。但同时必须指出，通行本《周易》六十四卦的卦序并不如《序卦传》作者所描述的那么严密，那么令人信服，因为其叙说六十四卦的顺序除以卦象为据来解释乾坤咸震四卦之外，其余六十卦均是以卦名为依据，有不少与经义不合的。这说明《序卦传》难免有牵强附会之处。

杂卦传

　　《杂卦传》是将六十四卦原来的顺序打乱，重新排列。每两卦对举，以精练提要的词语概括卦旨。也就是以相反相成观点把六十四卦分为三十二对，两两一组，一正一反，用一两个字解释其卦义和相互关系，与《序卦传》互相补充印证。韩康伯《周易正义》注说："杂卦者，杂糅众卦，错综其义，或以同相类，或以异相明也。"卦形成或错或综，错是六爻相互交变，综是卦体相互倒置，也叫反对。卦义多成相反。吉凶祸福动静刚柔多相对。通过卦义相反和卦形错综，使卦旨对比、衬托、补充，而更加鲜明和深刻。朱震《汉上易传》说："杂卦传以刚柔升降，反复取义。又揉杂众卦，以畅无穷之用。"马王堆帛书《周易》无《杂卦传》。

乾刚坤柔①。比乐师忧②。临观之义，或与或求。屯见而不失其居。蒙杂而著③。震，起也。艮，止也。损、益，盛衰之始也。大畜，时也。无妄，灾也。萃聚而升不来也④。谦轻而豫怠也⑤。噬嗑，食也。贲，无色也。兑见而巽伏也⑥。随，无故也。蛊则饬也⑦。剥，烂也。复，反也。晋，昼也。明夷，诛也⑧。井通而困相遇也。咸，速也。恒，久也。涣，离也。节，止也。解，缓也。蹇，难也。睽，外也⑨。家人，内也。否、泰，反其类也。大壮则止，遁则退也⑩。大有，众也。同人，亲也。革，去故也。鼎，取新也。小过，过也。中孚，信也。丰，多故也。亲寡，旅也。离上而坎下也⑪。小畜，寡也。履，不处也。需，不进也。讼，不亲也。大过，颠也⑫。姤，遇也。柔遇刚也。渐，女归待男行也⑬。颐，养正也。既济，定也。归妹，女之终也⑭。未济，男之穷也⑮。夬，决也，刚决柔也，君子道长，小人道忧也⑯。

[注释]

①乾刚坤柔：乾为天，天性刚健；坤为地，地性柔顺。乾坤为六十四卦刚柔变化的根本，所以《杂卦传》以此为始。

②比乐师忧：论述比与师的对立性质。比和师均为一阳统五阴。比，一

阳居九五尊位，为君主之象，上下皆顺从，乐安其位，故为比乐。师，一阳居九二，为帅位，率师出征，多忧而凶险，故为师忧。师（☷☵）和比（☵☷），阴阳同体而上下相反，为相综卦。《杂卦传》通篇以相综或相错关系论述两卦的特性。

③蒙杂而著：杂，交错，指童蒙未发而杂处于明暗之际，如卦中二阳皆处阴位；著，犹明，指童真昭著正可发蒙，犹二阳处阴位而相杂成文。

④萃聚而升不来也：萃卦为集聚，升卦为开始上升，还没有下降。来，还。

⑤谦轻而豫怠也：谦卑之人，不看重自己，自轻居下，不致怠惰；逸豫享乐之人过分看重自己，必然怠惰亡身。

⑥兑见而巽伏也：兑喜悦显现而巽谦逊隐伏。

⑦蛊则饬也：蛊表示有事，需勤加整治。蛊，事；饬，整治。

⑧明夷，诛也：明夷卦离下坤上，是日在下，地在上。是日受伤的表现。诛，伤。

⑨睽，外也：睽卦卦义为乖离，乖离则疏远而外。

⑩大壮则止，遁则退也：事物壮大到极点，当有所止，保持稳定，抑制衰退。遁，乃退守，积蓄力量，以求再进。二卦相综，一主进中防退，一主退中求进。

⑪离上而坎下也：离为火，坎为水。火势炎上，水势流下。

⑫大过，颠也：大过卦巽下兑上，巽为木，兑为泽。是泽中大水淹没木舟，是木舟颠覆舟沉人亡。自大过以下的八卦，旧简错乱，未按错、综关系排列次序，有待重新清理。其次序或可为大过与颐相错，渐与归妹、既济与未济、姤与夬相综。以下注释，仍依原文。

⑬渐，女归待男行也：渐卦为渐进，女子出嫁等待男子来迎亲而行，以达到从订婚开始而渐进夫家。归，出嫁。

⑭归妹，女之终也：女子必终嫁于夫家，故以出嫁为终。归，出嫁；妹，少女。

⑮未济，男之穷也：未济，事业未成。男子志在创业。若事业未成，是男子尚未摆脱穷困。

⑯夬，决也，刚决柔也，君子道长，小人道忧也：夬卦五阳决除一阴，阳刚热盛，阴柔将消，故称刚决柔。阳象君子，阴象小人，依阴消阳长的趋势，故说"君子道长，小人道忧"。正气压倒邪气，君子排除小人。绝，拒决，断决，除决。

[译文]

乾为天，天性刚健；坤为地，地性柔顺。比卦快乐，师卦多忧。临卦和观卦的意义，或有给予或有营求。屯卦的意义是虽已显现但又不会失掉其身的处所，蒙卦阴阳杂居而其文显著。震卦是兴起的意思，艮卦是止住的意思。损卦和益卦是盛和衰的起点。大畜卦的要害是时机，无妄卦是讲灾的问题。萃卦的实质是聚而升是只想到上就下不来了。谦卑之人，不看重自己，自轻居下，不致怠惰；逸豫享乐之人，过分看重自己，必然怠惰亡身。噬嗑卦的本义是吃东西，贲卦的前提是素白无色。兑卦喜悦显现而巽卦谦逊隐伏。随卦是随时制宜，不拘泥于旧规，蛊卦是办坏了事，要加以整顿。剥卦的意思是烂熟而落，复卦的意思是反本。晋卦是白昼光明之时，明夷卦是日受伤的表现。井卦是通达不困的，困卦是遭遇障碍。咸卦是快速，恒卦是永久。涣卦就是离散，节卦就是制止。解卦是缓解，蹇卦是艰难。睽卦相违而离别在外，家人卦是相聚在内。否卦和泰卦是相互反复其类别的卦。大壮卦是事物壮大到极点，当有所止，保持稳定，抑制衰退；遁卦乃是退守，积蓄力量，以求再进。大有卦是众多的意思，同人卦是与人亲密的意思。革卦是去掉旧的，鼎卦是取来新的。小过卦是阴多阳少为过度，中孚卦是中阴虚空是诚信。丰卦是丰到极点会多事，旅卦是旅行在外亲友少。离火炎上，坎水流下。小畜卦是一阴养众阳力不足，所以寡；履卦也为一阴，但阴爻在阳位不安，所以要出走。需卦是等待而不进，讼卦是不亲和。大过卦是颠覆。姤卦就是相遇，是阴柔遇阳刚。渐卦是女子出嫁，等待男方迎娶方行。颐卦是颐养而守正，既济卦是说矛盾已解决，一切已定形。归妹卦是讲女子出嫁有了归宿。未济卦是说男子的事业没有成功。夬卦是决断、决去的意思，是阳刚对阴柔决断，象征君子之道发展壮大，小人之道逐渐消亡。

[说明]

《杂卦传》并不是杂乱无章，只是对《序卦传》所定卦序，有所错杂。它本身是按相错或相综的原则安排次序的。相错卦即旁通卦，二卦阴阳爻正好错开、相反。六十四卦，相错之卦共四对，即乾与坤，小过与中孚，离与坎，大过与颐，共是八种卦体；相综之卦共二十八对，比与师，临与观，既济与未济，夬与姤等，共是二十八种卦体，倒、顺各为一卦。所以，六十四卦中，只有三十六种卦体。《杂卦传》是按卦体的错综关系，排成三十二对。这三十二对错综关系，实际上是突出一个中心思想，即卦与卦之间存在的对立统一关系。比如相错之卦，同位之爻其爻性相异，乃"以异相明"；相综之卦，一卦之爻位，上下颠倒，便得另一卦，其卦体相同，乃"以同相类"。无论是"以异相明"还是"以同相类"，卦义均存在对立统一的错综关系。它诱导人们时时从相反的方面去思考问题，既知其一，必知其二；防止只知其一，不知其二的形而上学思维方法。《杂卦传》从错综关系上分析卦义，往往提出一些耐人寻味的问题和论断，如乾刚坤柔；比乐师忧；损益，盛衰之始也；否泰，反其类也；革，去故也，鼎，取新也，等等。这些论断，言简意赅，一语中的，成为千古哲言，发人深思。《杂卦传》是一篇独特的论文，若无深湛的哲学思想，是不可能写出的。

主要参考文献

[1] 王弼，韩康伯注. 周易正义［M］. 孔颖达疏. 上海：上海古籍出版社，1990.

[2] 李鼎祚. 周易集解［M］. 北京：中国书店，1984.

[3] 程颐. 伊川易传［M］. 四库全书. 台北：商务印书馆，1986.

[4] 朱熹. 原本周易本义［M］. 四库全书. 台北：商务印书馆，1986.

[5] 吴澄. 易纂言［M］//纪昀等. 四库全书. 台北：商务印书馆，1986.

[6] 来知德. 周易集注［M］. 四库全书. 台北：商务印书馆，1986.

[7] 孙星衍. 周易集解［M］//王云五. 丛书集成. 台北：商务印书馆，1936.

[8] 金景芳，吕绍纲. 周易全解［M］//纪昀等. 长春：吉林大学出版社，1989.

[9] 金景芳. 周易讲座［M］. 长春：吉林大学出版社，1987.

[10] 吕绍纲. 周易阐微［M］. 长春：吉林大学出版社，1990.

[11] 黄寿祺，张善文. 周易译注［M］. 上海：上海古籍出版社，1989.

[12] 唐明邦主编. 周易评注［M］. 北京：中华书局，1995.

[13] 刘大钧主编. 周易研究（1-14期）[J]，1996.

[14] 刘大钧. 周易概论 [M]. 济南：齐鲁书社，1986.

[15] 高亨. 周易大传今注 [M]. 济南：齐鲁书社，1979.

[16] 尚秉和. 周易尚氏学 [M]. 北京：中华书局，1980.

[17] 孙振声. 白话易经 [M]. 台北：星光出版社，1981.

[18] 程振清，何成正. 周易·太极思维与现代管理 [M]. 桂林：漓江出版社，1993.

[19] 张其成主编. 易学大辞典 [M]. 北京：华夏出版社，1992.

[20] 吕绍纲主编. 周易辞典 [M]. 长春：吉林大学出版社，1992.

[21] 蓝允恭. 太极预测学 [M]. 兰州：敦煌文艺出版社，1994.

[22] 雾灵叟. 六十四卦经解读 [M]. 北京：气象出版社，1989.

[23] 吴怡注译. 易经系辞传解义 [M]. 台北：三民书局，1991.

[24] 刘长林. 中国系统思维 [M]. 北京：中国社会科学出版社，1990.

[25] 薛贻康，张大同，等. 中国智慧精典 [M]. 济南：山东大学出版社，1993.

[26] 王骥. 易经注译 [M]. 北京：中国社会科学出版社，1990.

[27] 胡道静，戚文，等. 周易十日谈 [M]. 上海：上海书店，1992.

[28] 周止礼. 易经门窥——《易经》与中国文化 [M]. 北京：学苑出版社，1990.

[29] 罗炽，刘泽亮. 易文化传统与民族思维方式 [M]. 武汉：武汉出版社，1994.

[30] 郭树森，张吉良主编. 大道之源——《周易》与中国文化 [M]. 长沙：湖南师范大学出版社，1993.

[31] 朱伯崑主编. 周易知道通览 [M]. 济南：齐鲁书社，1993.

[32] 张其成主编. 易经应用大百科 [M]. 南京：东南大学出版社，1994.

[33] 杨维增，何洁冰. 周易基础［M］. 广州：花城出版社，1994.

[34] 陈凯东主编. 周易志［M］. 北京：方志出版社，2001.

[35] 李申，郭彧. 周易图说总汇（上、中、下）［M］. 上海：华东师范大学出版社，2004.

[36] 汪致正. 易学津梁［M］. 北京：人民出版社，2006.

[37] http：/zhouyi. sda. edu. cn/jingzhuanjiedu.

[38] 萧汉明. 《周易》本义导读［M］. 济南：齐鲁书社，2003.

[39] 李学勤. 周易溯源［M］. 成都：巴蜀书社，2006.

[40] 蒋凡，李笑野. 中国文化经典要文全书·周易要文［M］. 北京：光明日报出版社，1996.

[41] 王永宽. 河洛图书探秘［M］. 郑州：河南人民出版社，2006.